U0526818

ANNA

The Biography
Amy Odell

安娜·温图尔传

为信仰痴狂

[美]艾米·奥德尔 著　柳晨曦 译

中国出版集团
中译出版社

ANNA: The Biography Original English Language edition Copyright © 2022 by Amy Odell
All Rights Reserved.
Published by arrangement with the original publisher, Gallery Books, a Division of Simon & Schuster, Inc.
Simplified Chinese Translation copyright © 2023 By China Translation &Publishing House

著作权合同登记号：图字01-2022-5496

图书在版编目（CIP）数据

安娜·温图尔传：为信仰痴狂 /（美）艾米·奥德尔
（Amy Odell）著；柳晨曦译. -- 北京：中译出版社，2023.8
书名原文：ANNA :The Biography
ISBN 978-7-5001-7419-6

I.①安… II.①艾…②柳… III.①安娜·温图尔 IV.
—传记 IV.①K835.615.42

中国国家版本馆CIP数据核字(2023)第137264号

安娜·温图尔传：为信仰痴狂
ANNA WENTUER ZHUAN: WEI XINYANG CHIKUANG

出版发行：	中译出版社
地　　址：	北京市西城区新街口外大街28号普天德胜主楼四层
电　　话：	（010）68002926
邮　　编：	100088
电子邮箱：	book@ctph.com.cn
网　　址：	http://www.ctph.com.cn
作　　者：	[美]艾米·奥德尔
译　　者：	柳晨曦
策划编辑：	温晓芳　周晓宇
责任编辑：	温晓芳
营销编辑：	梁　燕
装帧设计：	肖晋兴
排　　版：	壹原视觉
印　　刷：	北京中科印刷有限公司
经　　销：	新华书店
规　　格：	710毫米×1000毫米　1/16
印　　张：	30
字　　数：	376千字
版　　次：	2023年8月第1版
印　　次：	2023年8月第1次

ISBN 978-7-5001-7419-6　　　　　　　　定价：108.00元

版权所有　侵权必究
中译出版社

献给我的丈夫里克（Rick）

"人们常带着世俗的成见评判他人。"

――――

2018 年 10 月 18 日,安娜·温图尔于纽约

目 录

序　I

第 一 章　　溯　源　9

第 二 章　　不只是校服　20

第 三 章　　解雇和受雇　28

第 四 章　　安娜·温图尔：时尚助理　37

第 五 章　　纽约新生活　50

第 六 章　　Viva 的生命力　60

第 七 章　　转战 Savvy 杂志　73

第 八 章　　与 Vogue 杂志结缘　79

第 九 章　　屈居第二　104

第 十 章　　Vogue 杂志的"双城记"　120

第十一章　　住宅与服装　135

第十二章　　安娜·温图尔：主编　143

第十三章　　预期风险　150

第十四章　　　"去"与"留"　164

第十五章　　　第一助理，第二助理　177

第十六章　　　新项目，老朋友　195

第十七章　　　跟着钱走　203

第十八章　　　离　婚　228

第十九章　　　关于网站　243

第二十章　　　全新联盟　253

第二十一章　　互利互惠　267

第二十二章　　Vogue 大家族　277

第二十三章　　冲　击　290

第二十四章　　政治与痛楚　304

第二十五章　　安娜·温图尔：艺术总监　316

第二十六章　　改　变　334

第二十七章　　大都会艺术博物馆慈善晚宴　361

后　记　　　　新冠疫情　373

致　谢　383

注　释　391

序

不出所料，她戴上了墨镜。

安娜·温图尔（Anna Wintour）走进 *Vogue* 杂志员工会议室，环顾会议桌四周的人群，这些人早上10点半就赶到了这里。然而就在前一晚，他们很多人加班工作到深夜，想尽办法试图解释必须面对的出人意料的结果。也有些人，惊醒于睡梦中，因突如其来的焦虑而崩溃大哭[1]。在许多方面，安娜拥有超乎寻常的影响力，但这次美国大选的结果显然让她鞭长莫及。

这一天是2016年11月9日。虽然希拉里·克林顿（Hillary Clinton）落选，但安娜像往常一样开始了新的一天。此前，*Vogue* 杂志全力声援这位总统候选人，可谓该杂志124年历史上破天荒的一件大事。每天早上，安娜五点起床，五点半或六点开始运动，具体时间取决于她选择每周两次的网球运动，还是和私人教练一起锻炼。花半个小时做完发型、化完妆之后，她便让司机把她送到世界贸易中心一号大楼的办公室。她的三个助理很早就候在办公室里等待她的到来。办公桌上一如既往摆放着星巴克全脂拿铁和蓝莓松饼早餐，但是她几乎从未动过[2]。

那天早上，安娜身着印花红裙，踩着一双高筒蟒皮靴刚走进办公室[3]，就让第一助理通知全体员工开会。对于助理们而言，无论是白天还是夜晚,无论是工作日还是周末,安娜随时都有可能发出工作指令,而且她的电子邮件永远都不写标题。通常来说,她的行程安排都非常讲究。但是这次的召集更像是临时的想法,而且出乎意料的是,她也让助理们出席了会议。没人知道开会的原因,不过他们明白,如果安娜叫你到场,"没有早到就等于迟到"[4]。

当天,Teen Vogue 杂志网站编辑总监菲利普·皮尔卡迪(Phillip Picardi)原本让员工居家工作。因为就在前一天,该杂志史无前例地对选举活动进行了现场报道,员工们都工作到很晚,试图向数百万少女解释唐纳德·特朗普(Donald Trump)赢得大选的消息。这些年轻人都曾幻想过,自己可以像安娜一样大有可为。

早上 7 点半,就在皮尔卡迪结束工作 3 个小时后,他的助理接到了安娜召开全体员工会议的通知。他只好打给筋疲力尽且情绪低落的员工,叫他们赶快前往办公室[5]。

白色的会议室座无虚席,座位后的周围空间也被员工们挤满了,他们都在等候安娜的到来[6]。平日里,Vogue 杂志的员工都会打扮得光鲜亮丽。然而,据皮尔卡迪回忆,当天除了安娜之外,大家都一反常态,看起来垂头丧气。

身为商人精英和行业领袖,安娜最出众的能力在于,她总能化解前进道路上的一切阻碍,不管是生儿育女、情绪起伏、公司动荡还是人生失意。她此刻意识到,眼前的团队最需要的是一根定海神针。

她站在会议室前对大家说:"今天,有篇报道指责我们对希拉里·克林顿的支持有些过火。她是首位竞选美国总统的民主党女性候选人。"她说的正是当天上午发表在《女装日报》(Women's Wear Daily)上的一篇文章,标题为"安娜·温图尔与 Vogue 杂志对希拉里·克林顿的声援是否过火?"[7]。

"随着激烈的大选接近尾声,Vogue 杂志、女性杂志以及时尚界将面对诸多质疑。"该文章写道,"比如:Vogue 杂志是否失去了公信力?

女性杂志也要像通讯社一样刊登新闻吗？身为编辑的安娜是否显得胃口太大？"[8]

有传言称，安娜曾争取大使一职，如果事成，就可能会离开 Vogue 杂志。竞选顾问表示："虽然希拉里认为安娜有能力成为一名出色的大使，而且有机会获得提名，但正式的流程还未开始。"当时，竞选团队和安娜的老板都不清楚，她自己是否认真考虑过此事[9]。她的时任男友谢尔比·布莱恩（Shelby Bryan）称："如果是驻英国大使的职位，我认为安娜会认真考虑的。"[10]

面对会议室中的员工，安娜继续说道："我想对今天在场的每一位员工说，如果你们认为，支持性少数群体和女性群体的权利、声援女性参与竞选、移民以及全国人民平等，就意味着过火，那么我希望你们未来的每一天都更进一步。"[11]

安娜的声音有些哽咽[12]。这十分罕见，因此引起了前员工斯蒂芬妮·温斯顿·沃尔科夫（Stephanie Winston Wolkoff）的注意，她称这是"心碎的声音"[13]。在 Vogue 杂志团队看来，虽然希拉里落选让安娜备受打击，但是他们从未料到安娜会难掩心中情绪。这位女强人非常反感在工作中表露自己的情绪，她甚至常年戴着墨镜，试图掩盖所有情绪。她曾在美国 CNN 的采访中说，墨镜就像"拐杖"一样"非常实用"，总能用来掩饰自己的真实想法和感受[14]。然而，这一次，她的盾牌没能护她周全，在她得知消息的当晚未曾发生的事情，却在第二天早上发生了[15]：

她哭了[16]。

安娜从未停下自己的脚步，始终不过多纠缠木已成舟的事。"现在，特朗普成了总统，"安娜说道，"我们只能向前看。"[17]

话音刚落，她便转身离开，会议室响起热烈的掌声[18]。随后，大家纷纷拿出手机，向外出取景、旅游、出差等所有不在办公室的同事发消息："天哪，安娜刚才在大家面前哭了。"[19]

* * *

特朗普正式就任前，*Vogue* 杂志的员工依然有些难以接受他胜利的消息，安娜也极不情愿地与他取得了联系。以往，特朗普经常出席安娜的活动，他非常欣赏她的影响力和判断力，而且似乎把她当成摇钱树。特朗普的女儿伊万卡·特朗普（Ivanka Trump）是安娜的老友[20]，安娜请她出面[21]，安排和特朗普在特朗普大厦（Trump Tower）的会面。特朗普将会面的事情转告了妻子梅拉尼娅·特朗普（Melania Trump）。然而，安娜从未亲口向梅拉尼娅提起过此事，这让梅拉尼娅勃然大怒。在会面时，她甚至没有和安娜寒暄。梅拉尼娅还不明白，此前之所以能受邀参加安娜的活动，是因为自己是 2005 年 2 月 *Vogue* 杂志的封面人物，而不是因为与安娜的好友关系[22]。

安娜派专人将特朗普接到了世界贸易中心一号大楼办公室，同康泰纳仕集团（Condé Nast）的其他主编同坐。安娜身边的人深知，她并不总是表露动机，但心里的如意算盘始终在运作。在场的人都认为，她的内心想法是：谁不想与新当选的总统见面呢？[23] 在特朗普正式就任总统前后，安娜的团队两度邀约梅拉尼娅为 *Vogue* 杂志拍照。但 *Vogue* 不能保证梅拉尼娅的照片出现在杂志封面，梅拉尼娅没有应邀。她曾说："我根本不在意 *Vogue* 杂志。"[24]

事实上，她非常在意 *Vogue* 杂志，她希望自己的照片能再次登上封面[25]。

* * *

自 1988 年担任 *Vogue* 杂志主编以来，安娜·温图尔一直是业界最具影响力的人物之一。"我不知道安娜是何方神圣，"她的早期助理劳里·谢克特（Laurie Shechter）说，"即使她离开这个行业，也能赚到

安娜·温图尔传：为信仰痴狂

数百万甚至数十亿美元，就像神话传说。"[26] 然而，此书的诸多受访者都难以说清楚安娜的力量源泉，而且认为这种原动力深不可测。

30多年来，对于 *Vogue* 杂志及其他衍生刊物而言，安娜不仅定义了时尚流行趋势，而且树立了审美标准，数百万人都在聆听她的声音——该买什么、如何欣赏以及应该关注谁。安娜不仅决定希望出镜的名人和模特，还为这些人指定服饰搭配。她还会推荐某个设计师与更出名的品牌合作，让此人更具影响力。她具备这样的才能，很多著名品牌的掌门人都会征求并遵循她的建议。安娜的前创意总监格蕾丝·柯丁顿（Grace Coddington）这样评价她："安娜爱憎分明。和她'作对到底'并不明智，因为她不一定真心喜欢拍摄出的作品。如果她不欣赏你的照片，即便是刊登出来，数量也会少得可怜。"[27]

"我从未听她说过'不要按照你的想法做事，要按照我的意思执行'之类的话。通过眼神，你可以察觉某人对某物的喜爱，同样，也能感受到冷漠。"时尚编辑托恩·古德曼（Tonne Goodman）解释说。他从1999年开始为安娜工作，与她共同出席了多次时装展会[28]。莎莉·辛格（Sally Singer）曾为安娜工作了20年，在她看来："从来没有人认为 *Vogue* 杂志只是一本编辑刊物，它的野心是影响整个时尚界。"[29]

鉴于安娜在时尚界的权威地位，该杂志的行业影响力在很大程度上堪称卓越。汤姆·福特（Tom Ford）是时尚行业的巨头，也是安娜的密友。作为"*Vogue* 杂志的招牌"，他长期享有特殊待遇。这类朋友和安娜及其编辑团队的关系甚密，不仅可以获得安娜及其团队的衣品建议，还能学到经商法则。此外，这些社会名流还会出现在杂志中，甚至可以收获安娜的支持和建议。安娜没有被动等待新一代设计师的出现，而是选择主动出击，通过美国时装设计师协会/*Vogue* 时尚基金（Council of Fashion Designers of America/*Vogue* Fashion Fund）为潜在设计师提供资金支持。拥有这样的帮助，设计师可以免受破产之危，而且有可能取得不可思议的成功。"尽管得到了她的青睐，我仍会感到惴惴不安。"安德烈·莱昂·塔利（André Leon Talley）曾与安娜开展过深度合作，在谈及失宠风险时，他说到："她欣赏才华横溢的人，不过她一旦失去兴趣，你就有罪受了。"[30]

然而，这种控制欲不仅限于时尚领域。她经常以强大盟友的名义为慈善活动集资，其中包括最具影响力的美国纽约大都会艺术博物馆（Metropolitan Museum of Art）服装学院。该服装学院旨在收藏和展出时尚艺术品，安娜已累计为之筹集到了超过2.5亿美元的善款[31]。此外，她动员整个时尚圈为民主党总统候选人集资，希望带动行业涉足政治领域。她的影响力一直延伸到百老汇（Broadway）以及娱乐、体育等诸多领域。值得一提的是，布莱德利·古柏（Bradley Cooper）多次请她出谋划策[32]，曾邮寄给她电影《一个明星的诞生》（*A Star Is Born*）的剧本，希望她给出选角建议，最终，他向Lady Gaga伸出了橄榄枝[33]。

在安娜担任主编前，*Vogue*杂志的编辑团队已经拥有不凡的影响力，她的加盟更显著提升了这种效应。与此同时，*Vogue*杂志和安娜本人也逐渐成为家喻户晓的时尚品牌，引得权势之人争相追逐。"神奇的地方在于，大家都知道安娜是谁。"福特说，"光凭一张照片，他们就能认出'这是*Vogue*杂志的安娜·温图尔'。"[34] 特别是在小说和电影《穿普拉达的女王》（*The Devil Wears Prada*）问世后，安娜的言行举止、招聘和解雇方式、衣食住行等都成为热门谈资。大家都认为她"冷若冰霜"，在为人处世方面，她似乎都能果断做到"既能拿得起，又能放得下"，实属难得。当她穿过康泰纳仕集团大厅时，员工们诚惶诚恐，紧贴着墙壁为她让路[35]，并匆忙检查电脑屏幕[36]。这些人对她忠心耿耿，事实上，很多前员工认为有必要保护安娜，因为为她服务虽疲惫却也十分荣耀。显然，她并没有让他们感到轻松。"员工们不只负责*Vogue*杂志的运营。"2003年年底资深时尚作家马克·霍尔盖特（Mark Holgate）说，"有时候，他们还要处理其他杂事，比如'给某某人列出一份设计师名单，以供选聘新的创意总监'，再比如'你能看看这段文本吗？因为安娜聊起了一个新的想法……'。每天 Vogue 杂志团队都会面对大量的问题。"安娜吩咐的事情，即便是早上 6 点前发送给员工的工作邮件，也通常都要求立刻办妥。霍尔盖特补充道："这也会让人深陷其中。"[37] 也有些人欣赏她的这般直率，至少能让人理解双方的立场，毕竟有些领导擅长了解员工孩子的生日派对情况，但是对标题撰写的事情一窍不通。因此，大家更愿意与安娜共事。

很多员工感到费解，不明白安娜为何要亲自参与所有事情，而且也不知道她是如何做到的。安娜掌控着一切，就连大都会艺术博物馆慈善晚宴（Met Gala）上的食物配料也不放过。她虽然是一个完美主义者，但是也犯过很多错误。正如她在总统选举后的员工会议上所说，身为进步主义原则的拥趸，自己做得不够好。外界经常批判她刊登带有文化和种族色彩的敏感照片和文章，而且与多元化的包容主题背道而驰。20 世纪 90 年代，Vogue 杂志封面只刊登过白人女性的面孔。曾经，她因推广皮草制品而引起轩然大波。她也曾公开发表过有关身材攻击的言论。在招聘时，她不只关注技能和资历，更加看重个人风格、外表和种族，因此她的员工大多是白人。

很多人对安娜既羡慕又嫉妒。正如她的老友安娜贝尔·霍丁（Annabel Hodin）所言："你只想成为她。"[38] 一提到她的名字，大家总会联想到她那令人生畏的名声。很少有女性可以和安娜相提并论，因此没人想象得出，如果有人能通过更加温柔的个性传递这种力量与影响力，会给人怎样的感受。然而我们不妨设想，假如一位男性处在她所处的位置，并且有类似的表现，那么大家可能会称赞他的工作作风和投入度。

工作之外的安娜却大为不同。她是一位爱狗人士。据她的朋友们讲，她非常爱自己的子孙们，甚至为孙子和孙女们换过尿布[39]。朋友们还说，每到周末，安娜都会到位于长岛的马斯蒂克休息放松。她喜欢设宴款待 50 人的大家庭。"她非常顾家。"安娜的老友艾玛·索姆斯

（Emma Soames）说，"她是一位令人尊敬的女主人。"[40] 正如长期负责大都会艺术博物馆慈善晚宴的策划师斯蒂芬妮·温斯顿·沃尔科夫所言："你会看到她充满人性的一面。"[41]

在公司内，一些员工也有类似的感受。吉尔·德姆林（Jill Demling）从事了20年的 Vogue 杂志封面的名人预约工作，她说："安娜不仅是我的导师，也像是我的母亲，她在我的人生中扮演着重要的角色。"[42] 然而，安娜也是一个矛盾体。她不喜欢闲谈，但是她欣赏敢于到她办公室提问的人；她对业务一丝不苟，但是喜欢和员工开玩笑。她真正的需求是得到别人的尊重，较之其他，这更能牵动她的神经。就像她的名贵墨镜一样，她的时尚地位既为她披上了一层高贵的外衣，同时也是一件盾牌。

对于主编安娜表现出的创造力，大家争议不断。曾经的共事者认为她具有双重优势：一是掌控创造性人才和创造性流程的能力，二是善于利用政治联盟增强势力的眼界。安娜的密友都承认她对时尚一腔热血[43]，然而与她有过紧密合作的人并不认可这种说法。作为那个年代的职场女性，他们怀疑她是否将时尚当作获取真正权力的敲门砖。[44]

在安娜担任 Vogue 杂志主编期间，关于她辞职或被解聘的流言蜚语从没有间断过。虽然批评的声音不绝于耳，但是她的影响力有增无减。这是因为她比任何人都了解自己所处的行业大环境，甚至可以说，她一手缔造了整个时尚圈。

第一章

溯　源

诺丽·温图尔（Nonie Wintour），原名埃莉诺·贝克（Eleanor Baker），于1917年出生在美国宾夕法尼亚州哈里斯堡市的一个富裕的贵格会（Quaker）*家庭，她后来成了一名上流社会女孩[1]。她的父亲拉夫·贝克（Ralph Baker）曾是一名律师，后来离开了私人律所，并在哈佛法学院担任教授[2]。拉夫擅长研究信托基金[3]，他生前设立了一项资金雄厚的基金。在后续的几十年时间里，该基金一直用来资助他的后代，其中就包括他的外孙女安娜[4]。

1938年，诺丽从拉德克利夫学院毕业后，就读剑桥大学纽纳姆女子学院。随后，在共同朋友小阿瑟·施莱辛格（Arthur Schlesinger）的介绍下，她认识了未来的丈夫查尔斯·温图尔（Charles Wintour）[5]。1917年，查尔斯出生于西南英格兰的多塞特郡，他的父亲是一名少将[6]。当时，诺丽身姿娇小且苗条，喜欢把一头乌黑的波浪短发梳到脑后，用发卡别好，这样也能与她白皙的皮肤和精致的五官相得益彰[7]。查尔

---

* 贵格会：兴起于17世纪英国及美洲殖民地的宗教组织，取英文"Quaker"一词音译，特点是没有成文的教义，最初也没有专职的牧师，直接倾听圣灵的启示。——译者注

斯则戴着一副眼镜，神情忧郁，看起来甚是专业[8]。

两人都对新闻和写作感兴趣。在剑桥学习期间，查尔斯与人一同合编了本科生文学杂志——*Granta*，该刊物至今仍颇负盛名[9]。大学毕业后的那个夏季，诺丽一直在宾夕法尼亚州菲尼克斯维尔市的《共和党日报》（*Daily Republican*）报社做记者[10]。新闻报纸行业一直追求精简的表达方式，受此影响，诺丽在日常交流中也经常使用直接且简练的语言。然而，这有时会让查尔斯感到抓狂，尤其在两人约会期间，他很难通过诺丽的书信了解她的真实想法[11]。

查尔斯以学术成绩第一名的身份毕业，这可能是当时大学里最高的荣誉。之后，他前往伦敦，任职于智威汤逊广告公司，而诺丽则回到大洋彼岸的家乡。当时，他们的爱情固若金汤，但他们的未来生活却充满波折[12]。

* * *

1939 年 9 月 1 日，德国入侵波兰[13]，刚入职不到两个月的查尔斯就失去了在智威汤逊广告公司的工作[14]，这只不过是当时战争带来的诸多伤害之一。与很多同龄人一样，他很快应征入伍[15]。在得知任务之前，他给诺丽写了一封信，请她早日来伦敦与自己完婚。几周后，他开始接受军校生训练，过了不久，他便收到了诺丽的消息，对方答应来年 2 月前往伦敦[16]。

就在诺丽到达的当天，英国在境内击落了首架敌机[17]。查尔斯见到她后欣喜若狂，甚至差点晕倒[18]。诺丽并没有那么激动，不过至少松了一口气，因为她感觉两人的关系依旧融洽[19]。

1940 年 2 月 13 日，他们在剑桥的一处教堂里成婚[20]，朋友们都前来贺喜。这对新人沉浸在短暂相逢的喜悦之中，面对无情的战争，查尔斯将被派遣到哪里去，没有人知道。诺丽很快就怀孕了，她在当地小住了一段时间后便回到了波士顿[21]。

诺丽离开后，孑然一身的查尔斯陷入了抑郁。他整日忧心忡忡，担心敌军入侵英国，因此有点开始渴望婚外情，希望能消解忧愁。他的想法让人大感意外，但这只是其中一个方面。另一方面，查尔斯认为，自己身边需要一个女人做伴。诺丽在两人开始交往的几周内，就意识到查尔斯不是一个忠贞不渝的人[22]。在他看来，既然彼此已经达成这种基本共识，那么诺丽应该能理解，婚外情关系将对他有益[23]。在两人此后的婚姻生活中，查尔斯一直保持着婚外情关系，安娜在青少年时期发现了这一令人心痛的事实[24]。当时，诺丽已经有了6个月的身孕，远在波士顿的她同意了查尔斯的想法。尽管查尔斯担心自己的出轨行为会对诺丽造成伤害，但是他仍然和一位23岁的离异女子共度良宵，而这位女子的新任未婚夫远在罗德西亚[25]。

11月下旬，就在婚礼后40周零1天的时候，查尔斯收到了施莱辛格的电报，得知自己的儿子杰拉尔德（Gerald）出生的喜讯，而且是以查尔斯父亲的名字命名的[26]。然而5年之后，查尔斯才第一次和儿子见面[27]。

* * *

诺丽所经历的最艰难的一段时期莫过于，丈夫远在大洋彼岸生活和工作，自己与刚出生的孩子相依为命。那些年，诺丽的父母每天不得不面对残酷的战争，极度担心查尔斯随时牺牲在战场上。

产下杰拉尔德的几个月后，诺丽不顾父母的反对，执意乘船前往欧洲，与查尔斯生活在一起，把儿子留给父母抚养。查尔斯知道这违背了诺丽的初衷。尽管知道诺丽会因此感到痛苦，但是查尔斯依旧强行要求她这样做[28]。查尔斯认为找不到一种两全其美的办法，如果等战争结束后再相见，两人可能早已青春不再，那便意味着他要熬过整

第一章 溯源

个战争[29]。

起初，思乡心切的诺丽经常发脾气，但是她仍然与查尔斯共同生活了数年。她选择了与爱人共度时光，却与自己的儿子日渐疏远。随着查尔斯军衔的晋升，诺丽追随他在各个军营间奔波，继而走遍整个英国。后来，查尔斯在参谋学院完成了学业，被分配到了办公室工作，两人因此喜出望外[30]。1944年年中，诺丽终于乘船返回家乡，此时的她对于儿子而言完全是一个陌生人。查尔斯再次与妻子相隔大西洋，并坦白了自己的又一段婚外情[31]。诺丽为了查尔斯不得已抛下儿子数年，而查尔斯却因出轨而抛弃妻子。且不论战争这样特殊的环境，夫妻二人似乎拥有一个共同点：为了满足自己的欲望而宁愿牺牲别人的幸福。

冬季来临，查尔斯被安置在了法国凡尔赛市的特里亚农宫酒店。酒店灯火辉煌，楼顶悬挂着水晶吊灯，地面铺满了黑白相间的瓷砖，四周是雪白的柱子[32]。查尔斯和他的下级军官们围坐在阁楼里，讨论战后的打算。查尔斯说自己想做一名记者。空军上将马歇尔·泰德（Marshall Tedder）的助手亚瑟·格拉纳德（Arthur Granard）回答说："如果你想认识比弗布鲁克勋爵（Lord Beaverbrook），我可以帮你。"[33]

比弗布鲁克勋爵是一位富有的加拿大人，27岁时兼并了水泥公司，从而成为百万富豪[34]。随后，他移居伦敦，寻求商机，希望形成自己的政治文化影响力。战争期间，他曾向温斯顿·丘吉尔（Winston Churchill）提供建议，并且出版了一系列报刊，包括《星期日快报》（Sunday Express）和《伦敦旗帜晚报》（The Evening Standard）等。其中，《星期日快报》成为二战后全球发行量最大的报刊。在竞选首相失败后，比弗布鲁克勋爵以报刊为阵地，歌颂盟友、讨伐敌人，并且呼吁英国推行孤立主义[35]。

战争结束后，查尔斯给格拉纳德写信，询问与比弗布鲁克勋爵见面的事。让他意想不到的是，格拉纳德履行了承诺，并且他引荐给了比弗布鲁克勋爵[36]。

在大家的印象里，比弗布鲁克勋爵是一个性格古怪的人。1945年10月1日星期一[37]，比弗布鲁克勋爵在位于伦敦公园的高档公寓里招待了查尔斯，令查尔斯感受到扑面而来的热情[38]。比弗布鲁克勋爵让查尔斯完成一篇分析英美工作风格差异的文章。文章完成后，查尔斯收到了来自《伦敦旗帜晚报》的工作邀约，聘请他担任助理编辑作家，每周报酬暂定14英镑。查尔斯当时并不知道，这份工作将会改变他的命运[39]。

工作有了着落，查尔斯需要安定下来。他像个单身汉一样和情人度过了最后一晚，随后在伦敦汉普斯特德社区为家人租下了一处住所[40]。然而，他根本没有想到自己与诺丽的幸福时光会如此短暂。

* * *

1946年年初，诺丽将5岁的杰拉尔德带到伦敦。查尔斯很快意识到，杰拉尔德过去一直在"女性主导的环境中"长大，因此，和自己住在一起有助于他培养健全的人格[41]。

1947年5月[42]，诺丽和查尔斯的第二个儿子詹姆斯（James，昵称"Jimmie，吉米"[43]）出生了。两年后，诺丽再度怀孕。1949年11月3日，她与查尔斯的第一个女儿出生了，起名为安娜[44]。此前，在吉米出生的时候，诺丽就曾希望是个女儿。安娜在出生后的第二年春天患上了百日咳，除去这个小插曲，温图尔家族的3个孩子都茁壮成长[45]。

1951年7月3日，距离安娜2岁的生日还有4个月。当天，杰拉尔德和往常一样穿着校服去上学[46]。那一年他10岁，而且已经骑了很多年的自行车。然而不幸的是，杰拉尔德在骑车回家的路上，被一辆汽车撞到，造成颅骨骨折。他被紧急送往汉普斯特德的新端医院进行抢救，可惜医生已无力回天。下午6点，就在到达医院的20分钟后，

第一章 溯源

杰拉尔德·温图尔因医治无效而离开了人世[47]。

当时，英国新闻界普遍认为，这场意外之灾反而成为查尔斯事业攀升的助推器。他一直渴望离开自己任职的报社，另谋出路，赚取更多的钱。据说，查尔斯当时正在与比弗布鲁克勋爵开会，听到这则噩耗时，他并没有匆忙赶回家，而是继续回到会议室工作，只字不提自己的儿子[48]。面对人生中最悲痛的惨剧之一，查尔斯表现出无私的奉献精神，也因此给他的老板留下了难以磨灭的印象。

尽管如此，查尔斯还是和诺丽共同承受了丧子之痛。医生给诺丽开了药，帮助她尽早度过最难熬的日子。夫妻两人倍感自责。然而雪上加霜的是，事故发生8天后，肇事司机并没有被指控过失杀人，而只是被判定为危险驾驶[49]。虽然司机面临最高2年的监禁，但是在最终定罪时，他只被勒令赔付10英镑的罚款[50]。

当月晚些时候，温图尔一家收拾好行囊，乘坐伊丽莎白女王号轮船前往美国，拜访诺丽的家人[51]。然而，假期还没有完全结束，热爱工作的查尔斯就早早回去上班了。直到当年秋季，一家人才团聚[52]。显然，这次旅行根本没有让他们从失子之痛的阴霾中走出来。

杰拉尔德离世时，安娜仅有1岁半大，年龄尚小，根本不记事，也体会不到失去兄长的悲痛，但是在此后很多年里，她的家人却一直被这件事情所折磨。诺丽从不在家里摆放杰拉尔德的照片，且一度曾十分焦虑，在窗户上安装了栏杆，生怕另外两个孩子会不小心跌落下去[53]。

尽管查尔斯也遭遇了精神上的打击，但是在第二年，他被提升为《伦敦旗帜晚报》的政治编辑。当时，《新闻周刊》（Newsweek）刊登了比弗布鲁克勋爵的人物特写，顺便提到了查尔斯的晋升，称赞他"才华横溢"[54]。诺丽为她的丈夫感到骄傲，但是想到他对比弗布鲁克勋爵的忠心，又心生怨恨，因为丈夫的这种忠心有时超过了对自己和孩子的关爱[55]。此外，她极其反感比弗布鲁克勋爵的保守主义政治思想[56]。

继安娜之后，查尔斯和诺丽又生了 2 个孩子，分别是帕特里克（Patrick）和诺拉（Nora）。在家照顾 4 个不满 10 岁的孩子，诺丽着实感到无聊，于是开始从事自由职业，比如评论电视节目，为哥伦比亚影业读剧本、撰写影评等[57]。后来，她想再次从事全职工作。"她想从事关注社会问题的工作。"安娜回忆称。随后，诺丽找到了一份新工作。她作为一名社会工作者，帮助怀孕的青少年寻找未来愿意收养婴儿的父母。诺丽像她从事报业的丈夫一样，全身心地投入自己的工作中。"这对她来说是非常重要的事业，而且也让我们所有人备受激励。"安娜说[58]。安娜经常在采访中强调，父亲给予了自己莫大的鼓舞。然而，尽管她与母亲的关系非常亲密，但自己在整个职业生涯中却很少提起这一点。甚至，她与朋友私下聊天时也很少谈论自己的母亲[59]。就个性而言，安娜与她的母亲诺丽非常相似。相比之下，安娜可能更加外向*，但是两人都拥有极为顽强的意志力，而且都具备相当强烈的政治信念。

此外，安娜的职业抱负和冷酷无情的性格似乎继承自她的父亲[60]。从《伦敦旗帜晚报》的政治编辑到《星期日快报》的助理编辑，到《伦敦旗帜晚报》的副主编，再到《每日快报》（Daily Express）的总编辑，随着每次晋升，查尔斯的影响力都在增强。1959 年[61]，他再次回到了更为高端优质的《伦敦旗帜晚报》报社任职[62]，也因此倍感欣慰。

身为《伦敦旗帜晚报》的编辑，查尔斯名利双收。温图尔一家在英国乡下购置了一栋两层楼的大房子。女儿安娜在骑马或打网球之余，最喜欢蜷缩在铺着传统英式西洋玫瑰印花棉垫的座椅上看书[63]。安娜这种如饥似渴的阅读激情让她后来的朋友和同事都惊叹不已[64]。他们全家通常会在夏季外出度假，目的地会选西班牙、意大利等地中海沿岸城市[65]。

---

* 安娜的朋友们对她内向或外向的性格看法不一。

查尔斯严格遵守工作时间。他早上 7 点起床，8 点到达办公室，每天负责出版至少 5 版报纸[66]。外出期间，一旦知道有新闻，即便正在和家人度假，他也会放下手上的事情，连忙赶回办公室工作。安娜称："家人都知道他非常关心家庭，但是我们知道，他也非常关心报纸。但是，我们并不觉得缺少父亲的陪伴——相反，他教会我们，职业道德的意义，以及热爱自己所做的事情有多么重要。"安娜去过父亲的办公室，见证了他对工作的热忱。她的父亲一直在会见作家，查看印刷出来的报纸，而印刷机中不时飘出新鲜的油墨味道[67]。

"当时，我总是时刻能感受到最后期限随时来临的快感。"安娜说，"大家都对新闻兴奋不已。"[68] 每到周日午餐时间，家庭成员通常会谈论报纸上的新闻[69]。据安娜回忆："对家人来说，报纸就像福音书。"[70]

诺丽从小在父母身边长大，也喜欢父母的陪伴[71]。不过，据安娜后来称，自己的父亲"接受的是维多利亚时代的教育，他的母亲可能从来不和儿子交流"[72]。然而，诺丽和查尔斯希望用美国家庭文化传统抚养孩子，更多地参与到孩子的生活中。在英国精英阶层的家庭中，子女与父母通常分开吃饭。但是对于温图尔一家来说，安娜和兄弟姐妹参加父母的晚宴和社交聚会是常有的事，这也为孩子创造了走进父亲世界的机会[73]。因此，对于这样一种极富魅力的知识分子环境，包括应接不暇的派对，安娜从小可说耳濡目染。家人有时会邀请颇负盛名的记者共进晚餐，有时也会围坐在餐桌旁进行高层次的家庭谈话[74]。

在查尔斯的经营下，《伦敦旗帜晚报》影响力大增，一度成为伦敦最受好评的晚报。它的成功向世人证明，即便是通俗小报，也能做到阳春白雪和下里巴人的兼收并蓄。"你希望在头版看到河边发现无头尸体的新闻，"查尔斯曾说，"但是其他版面肯定至少有一篇文章与财政部常务次长有关，而且不容错过。"[75] 他会聘请国外通讯员报道自由主义倾向的内容，同样也会重视艺术和文化领域的新闻。查尔斯设定报刊的主要受众为年轻读者，向他询问成功秘诀的人，最终得到的答复是："我会招募年轻员工。"[76] 查尔斯非常重视新员工提出的建议。据说，他曾穿过报社的整个新闻编辑部，为的仅仅是征求一位年轻作家对头版照片的看法[77]。如此看来，那么多记者希望成为他的手下，也就不足为奇了。

身为弗利特街的一名编辑，查尔斯对女性人才的关照非比寻常。西莉亚·布雷菲尔登（Celia Brayfield）说："当时正值第二次女权主义浪潮的开端，'女性权利'听起来有点新潮，但是确实存在。"她曾经投递了四次左右简历，最终才得到了一份写作工作。在《每日邮报》（Daily Mail）报社工作了一段时间后，布雷菲尔登跳槽到《伦敦旗帜晚报》报社任职。让她印象深刻的是，当自己在后者的办公室走动时，没人对着她吹口哨或者发出嘘声。她认为，只有报社的高层人士才可能带动创建这种具有约束性的文明氛围。布雷菲尔登怀孕时，还是一位自由职业者。从严格意义上来讲，她与正式职员享有的福利不同，但是查尔斯还是坚持为她争取到了相同标准的产假。在当时，雇用女性员工的成本理应更低，但是与同行的区别在于，查尔斯非常重视她们的才华[78]。

尽管查尔斯得到了团队的支持和尊重，但是他绝非容易相处之人。手下的人都清楚，千万不要在每天早上第一版报纸出版前打扰他[79]。在日常交流中，查尔斯是一个安静、冷漠且严苛的人。由于需要经常性地做决定，所以他每次必须迅速拿定主意[80]。每年，查尔斯都会组织手下员工在外面吃顿午餐，他会带上笔记本，以便自己查阅提前设计好的一系列谈话主题[81]。他的谈话方式明显体现了英国上层阶级的表达特点，仿佛每句话都要用句号分割成若干个部分，比如："现在。我们。讨论。这个。问题。"[82] 但是也有例外情况，当有人犯错时，他会咆哮着把所有英文单词连读成一个字，这是他的标志性特

第一章 溯源　　17

色[83]*。每一次，当作家来到他偌大的办公室交付手稿时，查尔斯都会让对方隔着办公桌一段距离坐着。然后，他放下稿子，单手托着额头，一言不发地把文章读完，全程都让人感到紧张和不适。在每天的例会上，一些尊称查尔斯为"先生"的中年男性员工都蜷缩成一团。会议上，查尔斯会将前一天的期刊摊开，质问道："为什么有些故事草草结尾，而有些故事未被曝光。"布雷菲尔登称，每当查尔斯走过工作区，"大家都战战兢兢，像风吹过的麦穗一样纷纷弯下腰。在至高无上的权威面前，他们恨不得把自己埋在打字机里"[84]。如果查尔斯看完员工的手稿，并在底部留下"优"字，大家就会因此激动许久[85]。

查尔斯尽管令人畏惧，但依旧得到了尊重，而且大家都在迫切地向他献殷勤。经常为查尔斯撰写文章的瓦莱丽·格罗夫（Valerie Grove）说："查尔斯魅力十足，我们都被他深深地迷住了。"她经常为查尔斯撰写文章[86]。不管别人如何评价查尔斯，在安娜看来，他都是一位"慈祥且伟大"的父亲。让安娜迷惑不解的是，办公室的人都戏称他为"寒冷的查理"（Chilly Charlie）†。"这似乎和父亲的为人没有任何关系。"安娜解释道[87]。后来，安娜的说法得到了许多人的认同。

工作之余，尤其在晚宴上，查尔斯给人的感觉便不那么冷峻。他非常喜欢与人谈话，每次听到别人说起自己熟人身上发生的趣事时，他都会突然开怀大笑，声音格外响亮。很多个夜晚，查尔斯和诺丽都会把孩子交给保姆照顾[88]，两人相约出去参加聚会、欣赏戏剧或歌剧，在他看来，抛头露面是自己工作中不可或缺的一部分。查尔斯认为，一个成功的编辑必须要做到，"除了自己喜欢的邀请和欣赏的人物之外，也要接受更多的邀请以及认识更多的人物"[89]。后来，诺丽出去

---

* 比如，"看在上帝的份儿上，下次一定要做好！"，英文为"For Chris's sake, get it right next time!"，而查尔斯会快速连读成一个单词——"ForChris'ssakegetitrightnext time!"——译者注

† 一部儿童小说的主人公名字。——译者注

的时间有所减少，查尔斯便独自前往[90]。

对于员工们而言，查尔斯的成功完全实至名归，但是从某种程度上来说，大家感受到，他的功成名就得益于其内心的隐忍。在员工看来，正是这种带有军国主义色彩的自律能力造就了别具一格的温图尔家族——他们可以做到强忍泪水，抑制愤怒，然后继续工作，就像从未经历过每位父母难以想象的噩梦一样。后来，查尔斯的员工在他的大女儿身上也看到了这种刀枪不入的特质[91]。

如果说安娜的行事方式完全继承自她的父亲，那就大错特错了。施莱辛格认为，诺丽是一个"聪慧、诙谐且挑剔"的人，而且能够"一针见血地指出别人的缺点"，她愤世嫉俗的天性是出于"自我保护"，"因为我觉得她非常脆弱"。不过他补充道："只要你不是她针对的目标，就会觉得和她在一起很开心。"[92]安娜的朋友和同事也有相同的评价。

第二章

不只是校服

20世纪60年代，凡是和"酷"沾边的事情，必定来自伦敦。当时，安娜正值青少年时期，整个社会挣扎着从"青年震撼"*、定量配给†和经济萧条向享乐主义、狂欢纵情和披头士热转变。安娜住在伦敦市圣约翰伍德住宅区门口的位置，而阿比路录音室也位于此处。"当时的情景让我印象深刻，我非常兴奋，感觉整个世界都属于年轻人。"安娜回忆称[1]。

时尚是这场文化变革的核心。女孩们不再像母亲那样，穿着垂到小腿中部的僵硬裙子和夹克衫，而是终于可以在随处可见的精品店里选购心仪的服饰[2]。其中，最能体现该变化的非迷你裙莫属。最初，迷你裙的裙摆只落到膝盖上方几英寸（1英寸为2.54厘米）的地方，但是仍被大家视为非常羞耻的装扮。设计师玛丽·匡特（Mary Quant）曾推出一款短裙，裙摆"大概落在膝盖上方3英寸的位置"，当时着实让人大跌眼镜。随后，《每日邮报》评论称："模范女孩最好的朋友是一对漂亮的膝盖。"[3]

---

* 指年轻人的行为或影响力引起政治或社会文化，并产生重大变化。——译者注
† 1941年5月底，英国政府为应对物资短缺展开限额计划。——译者注

芭芭拉·胡拉尼茨基（Barbara Hulanicki）是一位训练有素的时尚插画家，1964年，她设计了一款粉色格纹迷你裙，打算通过报纸广告以25先令的价格出售，也因此见证了人们对新时尚风潮不顾一切的追赶。广告称，这款裙子仅有小号和中号尺码，不过没多久，胡拉尼茨基就收到了1.7万份订单[4]。随后，胡拉尼茨基创立了一家名为"Biba"的精品店[5]，销售自己设计的平价商品，但是每种样式只生产500件。每周六早上，女孩们都会在店外排起长队，唯恐商品售罄[6]。安娜没有耐心排队，但是她会在精品店开门时赶到现场，以免商品被抢购一空[7]。

* * *

相对于念书，安娜更加痴迷于时尚。查尔斯曾说，虽然安娜"很有可能成为奥运会级别的短跑运动员"[8]，但是她不喜欢跑步，而只想做自己感兴趣的事情[9]。

1960年，她考入当时伦敦最好的一所私立女子学校。"我们都不想读大学，但是父母们却一再坚持，所以皇后学院非常适合我和安娜这样的女孩。"安娜的朋友艾玛·索姆斯这样说。两人虽是校友，但并非同期入学[10]。安娜擅长英语学科。这所学校学术严谨且纪律严明。学生不能在走廊里交头接耳，不能在没有人提问的时候讲话，不能问太多问题，而且不能穿除校服以外的其他服装取暖。经常有学生在晨祷时冻到晕厥，就连安娜的朋友斯塔塞·李（Stacey Lee）也被冻出了脚疮。安娜感到难以忍受，很快决定转学，似乎毫不顾及留下来的朋友。"她只顾自己向前走，"李回忆称，"从不指望任何人，也不依恋任何人。"[11]

1963年，安娜转入赫赫有名的北伦敦学院学习。安娜的新同学几乎都是从一年级就在这里读书，不过，大家都没有对她的到来表示热烈欢迎，甚至从来不在校园里帮她指路[12]。

当时，新入学的女孩薇薇恩·拉斯基（Vivienne Lasky）也面对相同的境遇。拉斯基一家从柏林搬到伦敦[13]，她的父亲梅尔文（Melvin）出生于纽约，曾经是亲美杂志《邂逅》（*Encounter*）的编辑。拉斯基发现，安娜非常保守，极具"典型的英国人性格特点"，而且说话方式和查尔斯一样简短干净[14]。不过，拉斯基也意识到，安娜在以独有的方式引起大家的注意：她像时尚报道中的模特一样亭亭玉立，展现丰满的腰身并耸起双肩，散发着某种充满时尚感的自信魅力[15]。

虽然两人成为朋友，但是安娜在拉斯基面前仍然表现得非常无礼。安娜经常在拉斯基面前严厉批评别人的外表。她最讨厌毛的自来卷，而且看不惯同学们整个童年几乎都只穿棕色的校服，于她而言，这种穿搭毫无"色彩和风格"可言[16]。

不过，安娜并不会如此批评家人的穿着。她父亲的通勤装体现了典型的弗利特街男性的穿搭特点：上身白衬衫搭配领带，袖口卷到胳膊肘位置[17]。她妹妹诺拉的头发不像安娜那样柔顺，当然她自己也没有花很多心思打扮[18]；她母亲穿的衣服可能来自中档市场的零售店。参加工作后，安娜在伦敦梅菲尔高档住宅区的 Browns 设计师服装店为母亲购买了一条海军蓝短裙。后来，诺丽因裙子不合身到店退货时才知道，这件商品竟然售价 100 英镑[19]。

* * *

白天大部分时间，安娜都会穿着校服。她每天如饥似渴的阅读书籍、报纸、杂志和文学期刊，其中周日会浏览八份报刊，旨在了解一切新鲜事物并跟上潮流[20]。她最喜欢诺丽的母亲从美国寄给她的杂志《十七岁》（*Seventeen*），每期的封面都是漂亮的女孩照片，顶着一头鬈发，身着饰有印花图案或活力四射的裙装。该杂志宣扬的是时尚和美丽，但是内容涉猎很广，从饮食建议到青少年通讯员对时任司法部部长罗伯特·弗朗西斯·肯尼迪（Robert F. Kennedy）的采访，内容丰富。多年后，安娜坦言："当时，《十七岁》曾是我梦寐以求的杂志，我也对自己的17岁翘首以盼。"[21]

在安娜看来，光有好看的外表是不够的，她希望成为房间里最会打扮的人[22]。这种认知对她来说至关重要，这也揭示了一种矛盾现象，安娜在家中享受着文化精英式的舒适生活，并且通过查尔斯获得了影响力。当时，安娜正值青春期，伦敦的大街小巷都知道她是著名报纸编辑查尔斯·温图尔的千金。然而一旦走出家门，安娜却感觉自己变成了隐形人，她穿着和别人一样的校服融入校园，没有同学在意她的存在，更没有人发现她与众不同的个性。安娜认为，千篇一律的不只是校服，英国的很多服装都毫无新意。引人注目不只是一种迅速获得大家认可的策略，这一主张不仅能让人们摆脱米色和棕色的服装，更能让安娜避开自己头顶的温图尔家族的光环。安娜拥有自己的美容养生之道：查尔斯曾向毛发学家菲利普·金斯利（Philip Kingsley）了解防脱发的方法，尽管安娜拥有一头完美的秀发，但是她还是服用了这位医生提供的酵母片[23]；她的皮肤光滑细腻，但是依旧向皮肤科医生问诊；她虽然从不浓妆艳抹，但还是会购买高端品牌 Charles of the Ritz 护肤霜，修复偶然出现的小瑕疵[24]。在北伦敦学院生活的那段时间，安娜去过维达·沙宣发廊，该发廊设计的波波头造型已成为那个时代的标志[25]。安娜将自己浓密的棕色直发剪短并修剪整齐，前额剪出刘海，一直垂到睫毛处。想要保持刚刚剪完的完美发梢和刘海，就必须定期修剪。不过，安娜完全接受前往梅菲尔的李奥纳多名人沙龙定期打理，维达·沙宣发廊的很多设计师也会跳槽到那里工作。这种发型也成为安娜的标志性特征。不过在伦敦，大家早已对此司空见惯，留着这类发型的年轻女孩随处可见。

通常来说，安娜不会直接批评别人的选择，比如穿戴、饮食和行为等，不过，她会通过自己的方式让别人认为应该遵循某种方式——一种她的独有方式。在当时，大家都追求骨感美。拉斯基说："我们都想和崔姬（Twiggy）一样苗条。"她想表达的是一种非常纤瘦的状态[26]。安娜和拉斯基读书时每餐吃的食物只相当于一个澳洲青苹果。每次安娜邀请对方来家里烹制奶酪蛋糕等对方最喜欢的食物时，自己从来一口都不吃。面对安娜的克制，拉斯基怀疑自己做了错事，认为自己还需更加努力地保持上进。这与其说是为了塑造外在的形象，倒不如说意在得到安娜的认可。此外，安娜身边的人也曾经有过类似的经历[27]。1964 年，《酗酒人士饮食法：如何花费最少的意志力减肥》（The Drinking Man's Diet: How to Lose Weight with a Minimum of Willpower）一书问世，安娜十分推崇。书中有一句大肆宣扬养生之法的话："每天摄入 60 克以下的碳水化合物。"[28]

安娜喜欢拜访拉斯基家，同对方的父母聊天。拉斯基的母亲曾是一位芭蕾舞演员，她光彩照人，身材苗条，喜欢穿一身请设计师订制服装，并且经常用美味的食物款待两位女孩。"诺丽非常清楚她的女儿对我的母亲的迷恋。"拉斯基回忆称，"我们俩的母亲截然不同。我的母亲每次出门都要换上高定服装，戴上各式各样的珍珠饰品。此外，她的体重从未超过 85 磅（1 磅约合 1.45 千克）。"[29]

安娜评价别人时毫不留情，对自己或许要求更为苛刻。有一次，为了参加表亲的婚礼，她特意购置了一套价格不菲的衣服，包括一条粉色短裙和一件饰有花卉图案的夹克衫。当她看到实物图时，顿时心烦意乱，说到："我对自己的双腿没有一点自知之明。"安娜曾经用卷尺测量过自己和拉斯基的膝盖宽度，令她感到惊恐的是，对方的膝盖竟然比自己的小一些。然而，这种微乎其微的差别成了她永远的心结。

据拉斯基说，安娜的体重从 18 岁开始就没再变过[30]。

* * *

住校期间，除了拉斯基之外，安娜再没有和别人建立过社交圈[31]。安娜曾在采访中称，自己小时候非常内向[32]，但是朋友们对此看法不一。不过大家至少一致认为，安娜是一个沉默寡言的人[33]。拉斯基倒不觉得安娜性格内向。"她不想加入别人的团体。"拉斯基说，"她喜欢沉浸在自己的世界里。"拉斯基补充道："如果不是真的有必要，她绝不会特意走出去和别人交往。这就是她的神秘之处。"[34]

* * *

安娜十几岁的时候，查尔斯与诺丽的婚姻岌岌可危，部分原因在于查尔斯的婚外情，而杰拉尔德的离世也对两人的关系造成了无法挽回的伤害。家庭晚餐的气氛变得愈发紧张，客人们都担心这对夫妇随时会争吵起来。当时为查尔斯工作的玛丽·肯尼（Mary Kenny）称，两人在晚餐时吵得不可开交，她能清楚地感知到，查尔斯与诺丽都想让对方在大家面前难堪。她说："在他们旁边真的非常可怕。"[35]

旁观者并不完全了解夫妻两人备受煎熬的关系，但是安娜却不得不忍受这一切。拉斯基和安娜都喜欢各自的父亲，但在意识到父亲对母亲不忠时，她们深感恐惧：自己曾经崇拜的偶像父亲怎么会做出这种苟且之事呢？[36] 此时，安娜清楚地认识到，让她引以为傲的父亲欣赏的不是无私帮助怀孕青少年的母亲，而是和他一样在出版行业叱咤风云的女性[37]。

在安娜大概 15 岁的时候，温图尔全家搬到了肯辛顿的一处大房子里居住。安娜选择住在地下室公寓，该房间有独立的出入口，而且与其他房间完全分开。公寓里有一面很长的墙壁，前面是一座白色的书架，摆满了各式各样的书籍。包括书架在内的所有家具都由她的父母从时尚家装商店 Habitat 购得。安娜的卧室空间很大，用蓝白相间的薄麻布装饰而成，这儿不仅成为她的高品位庇护所，而且也能阻隔父母的谈话声[38]。

* * *

在北伦敦学院生活的第二年，安娜对学术越发明显地感到厌倦。佩吉·安格斯（Peggy Angus）是当时声名显赫的艺术家[39]，曾有两件作品在澳大利亚国家肖像馆展出[40]。在安格斯的感染下，安娜逐渐对艺术产生了兴趣，在此影响下成为年轻的时尚编辑，并最终争取到了与 *Vogue* 杂志社会面的机会。不过，安娜认为大部分课程都索然无味[41]。她和拉斯基偶尔会肆无忌惮地伪造假条，谎称自己生病或去看医生，实际上是去莱斯特广场购物。途中，她们会在公共洗手间换下让人生厌的校服[42]。在一周的学校课程结束后，安娜会迫不及待地换好衣服夺门而出。她和拉斯基坐地铁回家，洗漱完毕后，换上晚间装扮（通常是迷你裙），然后一起收看现场音乐秀《准备就绪，继续前进！》（*Ready Steady Go!*）。这档电视节目的口号是："周末从现在开始！"[43] 晚上 11 点，两人会叫辆出租车，前往自己最喜欢的俱乐部[44]。安娜曾为北伦敦学院的学生杂志写过一篇文章，其中有这样一段描述：加里森俱乐部里全是一群向商人卖弄风姿的金发女郎（无聊）；圣詹姆斯的苏格兰人俱乐部体验更好，客人来自各行各业，但是过于拥挤（不适）；在多莉俱乐部，"位高权重的人、腰缠万贯的人、声名显赫的人和臭名昭著的人亲切交谈，富家女子、帅气公爵、摇滚明星及其粉丝团贴身热舞"，他们穿着"奇装异服"并拿着"古怪的道具"……还有披头士乐队、滚石乐队和《准备就绪，继续前进！》节目主持人凯西·麦高恩（Cathy McGowan）的加入，夫复何求？[45]

安娜·温图尔传：为信仰痴狂

俱乐部保镖不检查客人的身份证件[46]，但是安娜和拉斯基不会让自己酩酊大醉——她们通常喝完一杯莎利谭宝或可口可乐[47]就打道回府了。两人最多驻留一个小时[48]，这样便足以一饱眼福并且让别人看到自己。她们回家会睡个好觉，为第二天早上赶往Biba精品店做足准备。拉斯基说："父母都非常信任我们。我们是洁身自好的女孩，而且会保持理智。"[49]对于安娜而言，外出永远都不是为了寻求刺激，前往俱乐部不是去放纵，而是走进外面的世界进行观察。每当身处熙熙攘攘的时尚人群中，她都在不断研究。

第三章

解雇和受雇

16 岁那年，安娜结束了正规教育，她在毕业前一年离开了北伦敦学院[*1]。对安娜的父母而言，大学都是自己生命中至关重要的体验。但是对安娜来讲，如果她立志从事时尚工作，那么就没必要进入牛津大学或剑桥大学深造，更没必要在北伦敦学院再度过一年的时光[2]。几年后，安娜向剧作家密友大卫·海尔（David Hare）透露："我迫切希望走出去，闯荡世界，成就一番事业。"[3] 安娜当时渴望工作[4]。

在那个年代，英国青少年提早离开学校的现象并不罕见，其中，部分女学生或进入女子进修学校接受教育，为即将到来的家庭生活做准备，或继续攻读文秘专科学校[†5]。果不其然，诺丽和查尔斯并不赞成安娜的决定。拉斯基说："温图尔夫妇认为教育是……彻底改变个人命运的工具，我并不认为这是一种势利的看法。"不过，安娜的父母最终接受了女儿的决定。正如拉斯基所言："安娜的父母从未阻拦

---

[*] 安娜在学校的最后时间是 1966 年 7 月 27 日，但根据校方记载，她是 1967 年毕业的学生。因此，她有可能是在最后一学年初而不是最后一学年前的假期离开学校的。但是安娜从来没有解决过该分歧。

[†] 安娜离开北伦敦学院的前一年，在英国 16 岁以上的学生中，只有 1/4 的人仍在上学。

过她。"[6]

形成鲜明对比的是,安娜的兄弟姐妹都热衷政治和社会问题,而且全部进入了名牌大学学习,这让安娜感觉自己是家庭里的害群之马。她后来回忆道:"看到我的兄弟姐妹们个个学业有成,我觉得自己非常失败。他们都是聪明绝顶的人才,我只能甘当配角。大部分时间,我都用头发盖住自己的脸,而且羞怯到不知所措。我在家里就是一个笑柄,大家都认为我不够稳重。妹妹经常打电话来询问:'安娜在哪儿?她在美发店还是干洗店?'我们是不同世界的人。"[7]虽然兄弟姐妹们不理解安娜对时尚的追求,但是父亲似乎很赏识安娜的这一点。时尚是《伦敦旗帜晚报》的文化理念之一,因此查尔斯需要跟上潮流[8]。不过,时尚令安娜感到兴奋着迷这一点也让父亲十分关注,也正是因为这一点,安娜似乎成了最得宠的孩子[9]。

查尔斯否认自己曾迫使安娜从事媒体工作。他曾说:"安娜认为我的工作令人着迷。"[10]然而事实上,安娜知道父亲希望自己进入新闻行业[11]。查尔斯时常询问安娜是否读过某些文章,看法如何,这仿佛是有意在培养她承担未来岗位责任的能力[12]。

不过,在事业选择上,安娜非常慎重,她有些犹豫不决。"从小到大,我一直想进入出版行业,"安娜告诉记者乔治·韦恩(George Wayne),"但最终选择进入杂志领域,是因为那里不是父亲的天下。"[13]然而,在担任 *Vogue* 杂志编辑 20 年后,安娜坦言,对自己的职业选择产生主要影响的人是查尔斯:"我认为自己从事时尚行业,是父亲替我做的决定。当时要填一张表格,我不记得具体内容,可能是一份同意书,最底下一栏需要填写'职业目标'。我问父亲:'我要做什么?这里怎么填?'他回答道:'你写上想成为 *Vogue* 杂志的编辑。'这就是当时的情况,我们就这样决定了。"[14]

那一刻,安娜的决心像火柴一样被彻底点燃。

*＊＊

安娜离开学校几个月后,她的祖父拉夫·贝克撒手人寰。他留给了当时尚在人世的妻子安娜·贝克(Anna Baker)一笔遗产。1970年9月,安娜·贝克去世[15],留下了价值228万美元的信托基金,为诺丽、诺丽的妹妹、安娜以及安娜的兄弟姐妹的日后开销提供了资金支持。其中,很多支出都有明确的目的,比如帕特里克在哈佛大学读书的学费、诺丽的妹妹雇请女佣的费用等。安娜不需要交学费,因此她经常收到非特定用途的一次性支付资金。在从事杂志工作的前6年时间里,她一共收到了1.9万美元,换算成2021年的币值,约等于11.9万美元[16]。通过这笔钱,她不仅可以进入收入微薄的出版行业工作,也为职业晋升带来的风险提供了保障。除此之外,安娜可以用这笔钱购买自己喜欢的精美物品,比如她在伦敦驾驶的迷你车[17]。如果安娜希望一辈子都能享受设计师服装和奢侈品,那么信托只能起到帮助的作用,她未来事业的成功才是她满足自己消费愿望的保障。毋庸置疑,安娜从一开始就得到了父亲的一臂之力。有一天,查尔斯在工作时间将《伦敦旗帜晚报》的时尚编辑芭芭拉·格里格斯(Barbara Griggs)叫进了办公室。

查尔斯说:"我想请你帮个忙。"

芭芭拉·格里格斯回答道:"没问题。需要我做什么?"

"如果你能带我女儿出去吃顿午餐,我会感激不尽。当然由我来买单。"查尔斯说,"我感觉她准备进军时尚行业,也许你能提供一些建议。"

于是,格里格斯带着安娜出去吃了午餐,后者的自信和时尚品位令她印象深刻,眼前的这个小女孩竟然拥有成人般的风度、打扮和目标性。

"安娜当时只想从我这里了解一些信息,并不是非常重要的内容。

她不希望听到任何有关职业生涯的指导或提示。"格里格斯回忆称。在格里格斯看来，眼前的这位青少年在时尚行业拥有光明的前途，无论有什么想法都能付诸实践[18]。

随后，格里格斯致电芭芭拉·胡拉尼茨基，询问对方能否为安娜提供一些店内的工作机会。胡拉尼茨基虽然不认识查尔斯·温图尔，但是知道他经办的报纸拥有不可小觑的影响力和发行量。不仅如此，格里格斯曾在报纸上对 Biba 精品店赞不绝口，因此，胡拉尼茨基必然会答应雇用安娜[19]。

* * *

因为查尔斯·温图尔的女儿这一身份，安娜没有经过正式面试就得到了这份工作。从某种意义上来说，这不足为奇，毕竟在 Biba 工作只需要漂亮和时尚就够了。20 世纪 60 年代，在伦敦经营商店的年轻女性都是"IT"女孩*。她们既时尚又傲慢，经常出现在报纸和杂志中，言谈举止间酷劲十足。不过，安娜从来不是这样的人。"安娜相貌平平，并不光彩照人。因此从实际情况而言，她不是我们通常会选择雇用的那类女孩。"助理经理金·威洛特（Kim Willott）说[20]。在性格方面，安娜非常安静而且温和，与外向的员工截然相反。胡拉尼茨基认为："她肯定是受到了惊吓。"[21] 胡拉尼茨基提醒员工们对安娜和善一些，毕竟她的父亲是大名鼎鼎的查尔斯·温图尔，因此大家甚至不会给她安排困难的工作[22]。

Biba 精品店门庭若市，就像摇滚音乐会的后台一样喧嚣。碧姬·芭铎（Brigitte Bardot）、芭芭拉·史翠珊（Barbra Streisand）等名人和普通顾客都经常光顾，寻找尽可能短的裙子[23]。每天等到店外

---

* 经常现身主流媒体及终日参加聚会的时尚女性。——译者注

无人排队的时候，员工们都会擦拭大家留在玻璃橱窗上的鼻印。胡拉尼茨基经常让员工们做 Biba 商品的模特，并邀请赫尔穆特·纽顿（Helmut Newton）等著名时尚摄影师拍摄照片，但是安娜看起来过于保守，从未获得成为模特的机会[24]。

让人抓狂的是，Biba 精品店经常遭遇失窃。由于没有安装安保系统，更衣室人多手杂，加之灯光昏暗，因此顾客轻而易举就能得手，而且他们确实会偷衣服[25]。在 2002 年《独立报》（Independent）的人物专访中，时任英国版 Vogue 杂志编辑的亚历山德拉·舒尔曼（Alexandra Shulman）曾与采访者聊起过发生在 Biba 的行窃事件。据舒尔曼回忆，警察到她的学校了解情况时，"我们都戴着偷来的 Biba 围巾坐着听对方讲话"[26]。

安娜在 Biba 精品店刚工作几周，她的一位经理罗西·杨（Rosie Young）就接到了上级通知解雇她的要求，原因是他们发现安娜也在偷盗衣物[27]。当时，偷窃现象非常普遍，她可能对此毫不在意。

杨显然没有感受到安娜在乎自己被解雇的事情[28]，不过此时的她必须另谋出路。1967 年夏季，哈洛德百货公司借助英国精品商店运动的流行趋势，在四楼开设了一家名为 Way In 的商店，占地 1858 平方米。店内装饰选用深蓝色调，灯光昏暗，地面采用蓝黑相间的条纹设计[29]。此外，该店还配有一位唱片骑师，整体看起来像一家夜总会。此外，所有工作人员都穿着白色迷你裙[30]。

安娜为这种氛围所深深吸引，并在销售区谋得了一份工作[31]，同事既有初入交际圈的年轻女孩，也有失业演员[32]。在拉斯基眼中，这份零售工作并不有失安娜的身份。但是，这并不意味着安娜喜欢从底层工作做起。拉斯基说："我们在北伦敦学院生活过，彼此都认为没必要在不够伟大的事情上浪费太多精力，而应该直奔顶端。"[33] 但是底层工作也能带来很多机会。

***

安娜在哈洛德百货公司就职期间，拉斯基获得了在 *Petticoat* 杂志社实习的机会。该周刊杂志由奥黛丽·斯劳特（Audrey Slaughter）创办，受众为年轻女孩。此前，奥黛丽已经成功发行了《蜜蜂》(*Honey*)杂志，受众是年龄相对稍大的群体。拉斯基的工作是向设计师和零售商借用服饰样品来拍摄时尚照片，然后再打包送回。然而，该杂志社的编辑们曾一度遭遇模特短缺的困扰。"薇薇恩，你来当模特吧。"拉斯基的老板说，"再带一个朋友过来。"于是，她叫上了安娜。

凑巧的是，安娜那天恰好有空。可想而知，她对时尚编辑的职责一无所知。拍摄当天，她最大的收获可能就是了解到编辑需要整合的内容之多[34]。

安娜和其他几位年轻女性摆起造型，身着粉灰相间的超短款外套连衣裙，穿着一双脚后跟开裂的大码样品鞋。这组照片刊登在了 *Petticoat* 杂志上的一篇令人兴奋的报道中，横贯两个版面。这是安娜在时尚界的首次亮相，而她最终也成为该领域的统治者。当时，照片中的两个好朋友看起来就像在成年女性的衣橱里玩化妆游戏的孩子[35]。

***

20世纪60年代，安娜毫不关心社会动荡问题，而她与政治掮客和国外领导人建立紧密联系则都是后话。当时，安娜醉心于时尚。她曾参加过伦敦的一场大型反对越南战争抗议游行，该活动吸引了8000人参加，其中大多数是年轻人。游行的起点和终点分别是特拉法加广场和格罗夫纳广场，全长1.5英里（1英里约合1.61千米）。不过，吸引安娜的也许并不是游行的反战意义：那天的游行是属于伦敦年轻人的活动，她当然想去参加。当天，她最大的困扰就是不知道该如何打扮。后来，在试穿了无数套服装后，她终于选定了一件皮衣[36]。

20年后的一次父女同台采访中，查尔斯拿那天的事情和安娜开玩笑。"我花了两个小时想弄清楚她想穿什么衣服去游行。我不断听到她急匆匆地上楼下楼的脚步声。打开房门时，她对我说：'爸爸，我应该支持还是反对柬埔寨？'我感觉情况有所变化。几乎可以确定的是，她原来知道美国有两大政党。"查尔斯戏谑道[37]。

作为家里唯一对政治不感兴趣的人，安娜当时将父亲的评价当成一种挑战。也因此，她决定用整个职业生涯向父亲证明，自己既可以成为全球最优秀的时尚编辑，还能成为态度严肃的政治人物。在接手 Vogue 杂志后，安娜坚持每期都刊登政治新闻[38]，她坚信，虽说 Vogue 杂志的读者对昂贵的衣服感兴趣，但这并非意味着他们的才智平庸。安娜说："这就像你喜欢漂亮的 Carolina Herrera 连衣裙和 J Brand 蓝色牛仔裤，但不喜欢凯马特公司的基础款单品，这不意味着你是一个愚蠢的人。"[39] 父亲常在报纸头版刊登无头尸体的新闻，而在内页安排有关财政部常务次长的内容。而对于 Vogue 杂志，安娜有自己的想法。[40] 但从当时来看，她更多关注的是流行趋势，而不是社会革命。

* * *

安娜报名参加了时尚课程，这是她最后一次尝试接受正规教育。她很少向拉斯基提起此事，即使偶尔谈到，语气中也带着不悦。在一次难得的谈话中，她向拉斯基解释说，有门课程很像化学，在北伦敦学院未曾学习过这样的内容。"我表现得不太好。"她对拉斯基说，"我们当时在做面料测试实验，我把一份样品点着了。"[41]

不过，在安娜看来，这些课程并非毫无帮助。她在课上得到了研究美国时尚圈的机会，需要完成一篇关于零售商采购方式变化趋势的论文。得到任务后，安娜计划参观纽约市内所有主要的百货商场，还想前往达拉斯市拜访尼曼·马库斯百货公司。诺丽得知此事后甚是担忧，她不希望女儿只身留在异地。虽然安娜在成长过程中曾数次往返美国，但是从来都有人陪伴。1968年4月，18岁的安娜逗留纽约数周，她和诺丽的表亲住在公园大道公寓，距离麦迪逊大道的高档精品店和餐厅只有几步之遥[42]。

查尔斯在信中嘱托施莱辛格照顾好安娜，并带她领略纽约夜生活，后一项是安娜特别提出来的请求[43]。施莱辛格是一位声名显赫的纽约人，他曾于20世纪60年代初担任约翰·肯尼迪总统的特别助理，后来成了纽约市立大学的人文学教授。他欣然接受了查尔斯的要求，带着安娜领略了自己魅力十足的曼哈顿交际圈[44]。当时，两人都没想到，安娜会在7年后决定在纽约安家。

* * *

20世纪60年代末，安娜和时尚摄影师史蒂夫·博布罗夫（Steve Bobroff）发生过一段恋情。博布罗夫家出钱为他创建了个人摄影工作室，并且让他住在配有游泳池的宽敞马车房中[45]。

即便在当时，安娜也非常欣赏充满创造力的人才，尤其是事业有成的人。拉斯基看得出来，安娜对博布罗夫痴心一片。作为安娜的朋友，拉斯基透过两人的这段感情，看到了安娜从未有过的一面——她非常享受成熟的家庭生活，比如共同装饰生活空间的体验，邀请父母共进晚餐等[46]。

博布罗夫生活条件优越，而且才华横溢。他拍摄的照片经常刊登在《皇后》（*Queen*）等主流杂志中，这些杂志聚焦"摇摆伦敦"的时尚前沿[47]。博布罗夫和安娜曾经共同拍摄了一组忧郁风格的黑白照片，并刊登在了1969年夏季刊《学生》（*Student*）杂志上。该杂志的创始人理查德·布兰森（Richard Branson）后来成了行业大亨。其中一张黑白照片出现在一篇横贯两版的报道中。照片中，安娜身着一件由钩针编织而成的无袖迷你裙侧身躺下，双手抱在胸前，呈佯寐状。此外，她在一张插图中穿着裤装，而在另外一张照片中，她的双膝跪在地上，身着高腰针织三角短裤和配套的三角上衣，袒露出腹部。照片旁以简短的文字赞颂了当季"时尚"且简约的设计风格[48]。

后来，这类照片还有很多："温图尔"多次出现在《学生》杂志的刊头，并被冠以"时尚编辑和模特"的头衔。不过，她的模特经历已然结束，而编辑生涯才刚刚开始。

第四章

安娜·温图尔：时尚助理

和以前一样，家族姓氏"温图尔"确实帮了安娜不少忙。

安娜接受《时尚芭莎》(*Harper's Bazaar*)杂志面试时[1]，恰逢该杂志筹备与《女王》(*Queen*)杂志的合刊事宜，双方打算共同推出《哈泼与女王》(*Harpers & Queen*)杂志。当时安娜的面试官是珍妮弗·霍金（Jennifer Hocking），她从模特[2]改行成为《时尚芭莎》的编辑。面试期间，安娜大肆卖弄自己在时尚摄影方面的那丁点经验[3]。不过，不管霍金是否信以为真，都无关紧要，因为她的主编兼艺术总监老板威利·兰德斯（Willie Landels）对此毫不在意[4]。

兰德斯是一位艺术家，20年前从家乡意大利[5]移居到了英国。兰德斯认识安娜的父亲，更重要的是，《伦敦旗帜晚报》在当时影响力巨大。由此来看，他放弃其他更有资历的应聘者转而选择20岁的安娜作为时尚部门的初级助理[6]，也是顺理成章的事[7]。

* * *

接连在时尚课程和零售工作中碰壁后，安娜在《时尚芭莎》的经历为整个职业生涯奠定了坚实基础。安娜终于找到了自己热爱的工作，而且取得了突出的成就，这让她成为父亲赞不绝口的女儿。

兰德斯从最开始就注意到，安娜像查尔斯一样性格安静，而且总喜欢用头发和墨镜挡住自己的脸[8]。她的墨镜看起来有些古怪，实际上并非只是为了彰显时尚感[9]。安娜的父亲患有黄斑变性遗传病[10]，临床症状为视网膜中心的黄斑出现病变，从而导致视力问题[11]。安娜解释称，由于近视，加上对光线非常敏感，因此需要佩戴墨镜[12]。然而，安娜的密友、*Vogue* 西海岸资深编辑丽莎·乐福（Lisa Love）并不认同，她认为安娜佩戴墨镜只是出于个人喜好，否则不会经常将墨镜放错地方，这也因此成了安娜的标志性配饰，令她显得更加神秘。拉斯基依稀记得，安娜在学校时从来不喜欢戴眼镜，而且也从未佩戴过墨镜。"我认为这件事可以理解，当你戴上墨镜时，没人会想到这竟是治病的处方。"拉斯基这样评价说[13]。

得到《哈泼与女王》杂志社的工作后，安娜和父亲都喜出望外[14]。在1970年3月这期的杂志上，她以时尚助理的身份首次出现在刊头[15]。然而对于该杂志而言，当时的工作团队成员往往都是公爵和贵族的后代，而安娜的家族姓氏很难让自己脱颖而出[16]。她在该杂志社工作了五年，工作时长仅次于她在康泰纳仕集团的任期。

当时，该杂志的时尚版面由三人团队经营，而且预算有限。安娜从来都不认为自己和后来为她服务的那些助理一样，她不希望成为轻易就能被取代的下属，不想每天承受取咖啡和收据等苦差事。"我学会了去市场挑选服装，学会了招贤纳士，学会了合作共赢，学会了如何布局，学会了撰写文字说明。坦白来说，我全身心都扑在了工作上。当时我可以说一无所知。"安娜说，"你什么都要学，什么都要做。你需要学会同时处理多项任务。我认为，这也能使人获得力量，从而摆脱受限的思维空间。最开始我只是一个编辑，他们会让我去拍照片。"[17]

在所有时尚或媒体行业可能的入门级岗位中，这份工作可能最适合安娜。时尚摄影的成功与否取决于品位、创意和组织。在艺术部门的协作下，编辑需要挑选模特、雇用摄影师并选择拍摄地点。此外，编辑还需要参加时尚秀，造访设计师的作品陈列室，以了解最新的时装系列，进而选定拍照服饰并确定拍摄方式。编辑会派助理借走用于拍摄的服饰。拿到后，助理会打开服饰包装并依次检查，供编辑查看和挑选。

这项工作充满创意，但是着实单调。拍摄方案一般会提前准备好，这样一来，在拍摄现场，大家都能各司其职，不会把时间浪费在决策制定上。在拍摄过程中，模特可能有自己的造型想法，摄影师也可能有自己的拍摄理念，但是最终编辑只负责将老板想要的照片带回办公室。因此，编辑必须要掌控全场。

作为完美主义者，安娜从来不会忘记带一件连衣裙，也从不会丢失珠宝配饰，她也懂得如何挑选服装。此外，她也擅长调度人才。安娜事后从不会妄自评价他人，因此她身边的人对自己该做的事不会过多思考[18]。

颇具讽刺意味的是，与大多数经历过安娜那种青少年生活的人士不同，兰德斯并不喜欢她的打扮。在他看来，安娜的着装过于讲究。尽管如此，他并不在意，虽然安娜的工作是向公众传递时尚领域的信息，但是她个人的一切并不能作为诠释的象征[19]。1986年，安娜在一次采访中似乎认同了兰德斯的说法。她说自己以前经常"购买一整套Bill Gibb或Missoni品牌的服饰，包括帽子、暖腿套、裙子等"，对此感到非常后悔[20]。

安娜与年轻的插画家艾瑞克·博曼（Eric Boman）[21]的合照令兰德斯印象深刻。1971年，艾瑞克·博曼正尝试进军摄影行业，当时负责女性内衣市场的时尚工作的安娜首次雇用他拍摄泳装照片。"安娜更像是一位幕后人士。"艾瑞克回忆称。在安娜为*Vogue*杂志工作前，艾瑞克已经是一名事业有成的摄影师，并为该杂志拍过照片[22]。艾瑞克曾说："她擅长发掘有天赋的人才。"[23]

第四章 安娜·温图尔：时尚助理 39

这份职责不仅让安娜免受助理工作中更有失体面的杂事困扰，而且有助于她培养自己的编辑视角。1971年11月底，一篇文章报道了《哈泼与女王》杂志社的员工们希望收到的圣诞节礼物，将安娜对高雅与通俗品位兼收并蓄的能力展现得淋漓尽致，这后来也成为她运营Vogue杂志的个人标签。在那篇报道的照片中，一位专业模特扮成"安娜"出镜，她全身除钻石外再无其他，一件蓬松的白色长款毛皮大衣从裸露的双肩顺势滑落下来，脚边趴着一条白色比利牛斯山犬，整幅画面的色彩和谐统一。当时，该品种的狗在哈洛德百货公司有售。"21岁的安娜·温图尔是一位时尚助理，期望明年能体验圣莫里茨的小镇生活……身上的这件白色及踝狐皮大衣在哈洛德百货公司有售，标价1930英镑。"这是安娜在担任造型师期间最早发表的作品之一的文字说明。当时，模特身上的钻戒和头饰价格过于昂贵，因而未曾公开售价。但是照片中的藤椅来自Biba精品店，仅售29英镑[24]。由此看来，虽然安娜的生活和品位变得越来越高级，但是她从未忘记，自己还是那个周六早上在Biba精品店前排队并花费几英镑购买裙装的女孩。

* * *

查尔斯和诺丽从不插手安娜的个人生活。但是，查尔斯知道女儿交往过很多男友[25]，也了解安娜心仪的类型——这些人"魅力出众但极其反复无常"[26]。安娜约会过很多大龄男士，而且多是作家；同时，她似乎深受阅历丰富、才华横溢且野心勃勃的男性的喜欢[27]。

与博布罗夫的恋情告一段落后，安娜搬回了父母家的地下室公寓[28]。后来，理查德·内维尔（Richard Neville）的出现，引起了查尔斯对女儿个人生活的关注。

内维尔是一个留着乌黑拖把头发型的嬉皮士，于1966年从澳大利亚的悉尼搬到了伦敦，并创办了反主流文化杂志——*Oz*。其中，首期杂志就包含对堕胎医生的专访和有关贞操带的文章，而到了第四期，该杂志遭到了报摊拒售和印刷商的抵制。内维尔曾两次被指控犯有淫秽罪，其中第二次因得到保释而免于牢狱之灾。后来，在读到《时代》（Time）杂志中有关"摇摆伦敦"的描述后，他决定搬到伦敦生活[29]，并在当地继续发行 Oz 杂志。

在 1969 年的一次派对上，作家安东尼·哈登-格斯特（Anthony Haden-Guest）将内维尔介绍给了 20 岁左右的安娜[30]。内维尔和安娜经常在社交聚会上偶遇，两人很快便坠入情网。每次和安娜的父母共进晚餐后，双方都会消失在安娜的地下室公寓里[31]。

内维尔继续在伦敦凭借极具争议和冲击力的 Oz 杂志吸引着媒体的目光。该杂志曾邀请青少年编辑设计了一期封面，照片中出现了两名裸女，这让内维尔再次被指控犯有淫秽罪，以及共谋破坏公共道德罪，他最终被判处终身监禁[32]。

后来，Oz 杂志团队破坏公共道德的罪名被取消，但淫秽罪罪名依旧成立[33]。在监狱里蹲了一周后，内维尔上诉成功，终于被释放了出来[34]。出狱不久，查尔斯就叫安娜带他过来进行了一番交谈。多年后，安娜曾暗示，这段感情是她人生中最糟糕的经历之一。"我们之间进行了一次非常不愉快的谈话。但是在谈话快要结束时，父亲对内维尔说：'我知道你对政治感兴趣，你愿意去美国报道即将开始的总统竞选活动吗？'"安娜说，"内维尔听到后目瞪口呆，立刻答应了下来。第二天他就离开了，从那之后我们再未谋面。由此来看，父亲是个老谋深算的人。"[35]

* * *

1971 年年底，由于直接主管离职，安娜晋升为助理时尚编辑，随后，克莱尔·黑斯廷斯（Clare Hastings）成了她的助理。安娜不太好说话，从来缺乏耐心的解释，不过黑斯廷斯并不在意。她学得很快，而且总能有办法"领会"安娜的意思。黑斯廷斯认为，虽然她并没有就自己的表现和安娜明确交谈过，但是安娜一直在助她成功，她说："从她的态度、交流方式或者接纳程度来看，她是对我抱有希望的。"

在很多方面，安娜都让黑斯廷斯印象深刻。比如，安娜不仅对杂志社借来的时尚单品呵护有加，而且对慷慨提供者毕恭毕敬，所有借用的商品都会完璧归赵，就连包装纸也不例外。此外，安娜拥有自己的穿衣和梳妆风格，仿佛一直都是时尚编辑界的主角。她每周会去三次发廊，做吹发造型、修剪刘海，平时穿的服装都出自时尚设计师，其中有自己买的，也有一些是品牌商依照时装行业的惯例赠送的礼物。当时，皮草制品尚未遭到抵制，经常在杂志中出现，而安娜的衣柜里也收藏了大量皮草服装。黑斯廷斯回忆称："安娜喜爱皮草，而且衣橱里挂满了皮草制品。我们大家都一样。"安娜经常把不穿的皮草送给年轻的女性员工，不过她对时尚团队格外友善。有一天，黑斯廷斯与男友居住的游艇遭遇了火灾，所有物品都被烧光了。第二天，安娜上班时为黑斯廷斯带来了一整间衣橱的服装。

黑斯廷斯注意到，从钱包里存放的东西到一日三餐，安娜对所有细节都一丝不苟[36]。安娜的胃口很小，但是所有入口的食物都必须达到最佳品质。有时，她会反复将牛排退回，直到口感恰到好处，但是她最多也就吃上几口[37]。曾有段时间，安娜付钱让黑斯廷斯带给她家里制作的酸奶，因为她感觉这比在外边买到的都好。

除此之外，安娜身上还有一些特质让黑斯廷斯印象深刻，但是却难以名状。有时，安娜只需一个眼神或者一句话，就有能力让别人俯首听命。"就这一点而言，安娜甚至可以在午餐时掌控全场。当时每个人都想喝酒，假设有八个人聚餐，大家都在想，'哦，我要来杯葡萄酒'，顺便再'抽支烟'。而安娜最后会说：'请给我来杯酸奶。'大家听完肯定会面面相觑，然后纷纷表示：'天哪，我们不该吃东西。''天哪，我们不该喝酒。'"[38]

平日里，安娜频繁出席社交活动。在当时，她虽然名不见经传，但是很有魅力，而且也非常有趣，常常给人一种神秘感。每天除了接听业务电话外，她还常常接到陌生男子的电话。男人们都深深被安娜所吸引，想带她出去兜风，其中就包括演员特伦斯·斯坦普（Terence Stamp）。然而，安娜只给部分人回了电，她有时候会让黑斯廷斯谎称自己不在办公室。

离开工作时，安娜经常出现在Tramp、Club Dell'Aretusa等热门社交场所[39]。《伦敦旗帜晚报》曾经发问："你是外貌出众的人吗？做一个简单测试来判断：你能进得去Club Dell'Aretus吗？"[40]

晚饭时，安娜会安静地坐着，任头发遮住面颊。20世纪70年代初，在时尚公关部门工作的艾玛·索姆斯与安娜相识，两人很快成了朋友。艾玛说："在担任时尚助理的那段时间，安娜在沉默中孕育着自己的影响力。"[41]尼格尔·邓普斯特（Nigel Dempster）是安娜工作团队中的八卦专栏作家，比安娜大将近10岁，两人有过一段恋情，不过后来安娜对此矢口否认。此外，安娜的团队成员还包括尼格尔的记者朋友乔恩·布拉德肖（Jon Bradshaw）和安东尼·哈登-格斯特，他们从不认为安娜是一个害羞的人。"安娜像柴郡猫一样安静。"安东尼回忆称，"她有很多想法，但就是不愿与你分享。"[42]

"我知道饮酒是社交场合必不可少的。"安娜称。她从来不喜欢饮酒，而且最多只喝不到半杯的白葡萄酒。"但是我总是第一个离席，因为我每天都要早起上班。他们都是自由职业者，所以早上可以晚点起。"[43]通常情况下，安娜每天都在晚上11点半前回家。

* * *

安娜的工作主要负责寻找合适的合作人选，因此，摄影师、模特和设计师经常光顾《哈泼与女王》杂志的办公室。莫罗·伯拉尼克（Manolo Blahnik）是一位鞋履设计师，他所设计的作品受到电视剧《欲望都市》(Sex and the City)中角色人物嘉莉·布拉德肖（Carrie Bradshaw）的热捧，这也是他声名大噪的部分原因。伯拉尼克是最先得到安娜认可的首批设计师之一。黑斯廷斯回忆称："我只记得当时这个人很疯狂，他走进办公室并将所有鞋子放在地上，说到：'这是我设计的最新系列，都是我的杰作。'"

如果摄影师的作品不能讨得安娜的欢心，那她根本就不会在意任何细节。她不会碍于情面而假装告诉对方自己需要一点时间考虑，相反，她只会故意看向别处，合上作品集，然后说声"谢谢"[44]。

得到安娜欣赏的艺术家之一是摄影师詹姆斯·威吉（James Wedge）。此前在伦敦皇家艺术学院学习期间，威吉就开始设计女帽。安娜不断的邀约见面令他得以转行成为摄影师。两人之间曾有过一段恋情[45]，他们互相切磋摄影技巧，畅想未来。从当时来看，安娜虽然只是地位较低的初级时尚编辑，但对自己的抱负毫不掩饰。威吉说："她真心希望自己能够得到美国版 Vogue 杂志的工作。"

随着安娜声名鹊起，摄影师纷纷向《哈泼与女王》杂志抛出橄榄枝，期望能与她合作。这其中就包括当时前途无量的新人吉姆·李（Jim Lee），他十分享受在摄影棚外取景的自由。

当时，安娜也正处于探索发现阶段，她建议吉姆不要盲目跟风软聚焦的浪漫主义潮流，而应该以灰色战舰作为背景，选择水手风格的服装，而这艘钢铁巨物停驻在泰晤士河上。

在吉姆看来，整个想法愚蠢至极，而且很难实施，尤其是船上取景必定充满挑战。最后果然不出所料，拍摄结果令他大为不满。吉姆坚决反对刊登这组照片，并向安娜提出再进行一次免费拍摄。

"没问题，我接受。按照你希望的方式，无论地点选在哪里。"安娜说道，"我理解。"于是，吉姆带上同一批模特和衣服来到了布莱顿海滩，唯独没有安娜随行。最后，安娜对新照片大为赞赏，并在杂志上刊登了出来[46]。从当时来看，安娜的事业刚刚起步，而且人微言轻，因此，她可能知道自己不能与吉姆这类摄影师闹僵，而最好是赋予他自由，让对方去做自认为最好的事情。不过，安娜并非一直这样退让。

安娜的工作也要求她经常参加时装秀。在时尚行业，这类活动每年召开两次，吸引了编辑、造型师、零售商、摄影师、模特和设计师等前来参加，他们是一群在高档酒吧聚会的富人。即使大家互不相识，但是或多或少都了解过对方的情况。安娜经常穿着整洁的衣服与吉姆一同参加时装秀。她经过秀场时，吉姆紧随其后，俨然一副跟班的模样。

当时的媒体对编辑或他们的着装不感兴趣。此外，摄影师不想拖着胶卷走来走去，也不想将其浪费在观众身上。然而在一场高定时装秀上，安娜的某些特质深深吸引了报纸摄影师蒙蒂·科尔斯（Monty Coles）的注意。安娜皮肤白皙，身材娇小，而且经常用头发遮挡住脸颊，科尔斯从未见过她找别人或别人找她交谈。安娜的样子格外迷人，当她经过蒙蒂身旁走向座位时，后者抓拍了几张照片。当时，安娜胳膊下夹着一个大袋子，里面完全能装下一本速写簿[47]。尽管她不会绘图，但是知道如何将秀场上出现的心仪服装描画出来。对于顶级时尚编辑来说，在发现自己想要拍摄的服装时，都会采用这种方法进行记录[48]。

到了20世纪70年代初，安娜的名字和照片不仅偶尔出现在《女装日报》上，也会出现在报道伦敦派对的报纸杂志中。虽然她当时还算不上是一位社会名流，但是已经名声在外。

* * *

1972年，安娜与乔恩·布拉德肖开始了一段为期5年的恋情[49]，朋友们都称呼后者为"布拉德肖"。他是一位美国记者，当时刚与第一任妻子离婚。布拉德肖喜好吹嘘、酗酒和赌博。比安娜大 12 岁的他从美国搬到了伦敦，并负责为《哈泼与女王》杂志撰写文章，当时安娜正好也在该杂志社任职。布拉德肖得到了安娜的芳心。"很少有人可以和布拉德肖相提并论。"安娜说，"他非常出众。一走进房间就能让所有人感受到他的强大气场。布拉德肖是在伦敦生活的美国人，他也因此魅力大增。这与我在成长过程中所了解的英国上流社会的情况截然相反。布拉德肖并不是一个非常彬彬有礼且谨小慎微的人。他喜欢穿牛仔裤，脸上总是挂着灿烂的笑容，而且性格十分开朗。但是他确实让人感到有点危险，而且容易招惹是非。"[50] 就像前一段恋情那样，安娜和布拉德肖同居了，她把新公寓装修得相当漂亮[51]。

布拉德肖像查尔斯一样，经常向经验不足的安娜传授杂志出版的方法。在安娜需要帮助时，布拉德肖通过自己的人脉为她排忧解难，从来都是如此。

* * *

在负责女性内衣市场报道期间，安娜经常会偶遇英国版 *Vogue* 杂志年轻的女性内衣编辑利兹·蒂尔贝里斯（Liz Tilberis），多年以后，她也成了安娜最强大的劲敌。"我们很快就意识到，彼此都是时尚界的同行。她经常打扮得比我更漂亮。我们有时坐在一起出席枯燥乏味的行业午宴，有时也会在媚登峰文胸和法兰绒长袍的作品陈列室里邂逅。两个胸怀大志的菜鸟惺惺相惜，畅谈开怀。"1998 年，蒂尔贝里斯在回忆录中写道："安娜严肃而不呆板，坚定而不狡诈，显然和我一样失意。"[52]

事实上，安娜很快就对拍摄失去了兴趣。她很早就意识到，自己不喜欢在现场进行创造，而是希望成为像父亲那样在办公室里做决策的人。安娜说："我的摄影技术很差，这方面一直不在行。不过，我很庆幸自己选择了放弃，因为这不是我的强项。但是这项工作的确让我了解到更多需要具备的能力，也让我意识到自己需要更多的耐心。"[53]

1974年，兰德斯解雇了《哈泼与女王》杂志社的珍妮弗·霍金（Jenifer Khodin），也因此需要一位具有写作功底的人才来填补该高级职位空缺。安娜认为自己理所当然是这一职务的接替者，毕竟她和霍金都负责过大型的时装报道工作，其中包括封面照片的拍摄。安娜的助理克莱尔·黑斯廷斯也认为安娜理应得到晋升[54]。

为了帮助安娜实现愿望，查尔斯打电话向兰德斯推荐自己的女儿，但这次却让对方雷霆大怒。兰德斯说："我永远不会告诉你如何运营《伦敦旗帜晚报》，所以别告诉我如何经营《哈泼与女王》。"他担心沉默寡言的安娜会难以与员工走近。不过，似乎正是这种性格赋予了她强大的力量。据黑斯廷斯回忆称，她怀疑兰德斯真正担忧的是安娜会对自己构成威胁。

最终，闵·霍格（Min Hogg）*填补了该职位的空缺，她此前一直为该杂志撰写专题故事[55]，而安娜获得了表示安慰的"时尚副编辑"头衔。安娜后来回忆说："在五年的时间里，我从时尚助理逐步晋升到了时尚副编辑，整个过程并非一蹴而就。"[56]

霍格与安娜的前任上级截然不同，她当时迎来了模特生涯的第二阶段。她擅长纺织品和室内设计。后来，她协助创办了备受好评的家居装饰杂志《内饰的世界》（The World of Interiors）。兰德斯解释称，之所以任命霍格，是因为他想聘请一名作家来担任时尚编辑。尽管如此，安娜和黑斯廷斯并不明白为什么自己突然要向不关心时尚的人汇报工作。

因错失晋升良机，安娜对霍格强烈不满。安娜这种旗帜鲜明的态度不符合一贯的行事风格，在整个职业生涯中，她从未平白无故地与

---

* 霍格于2019年去世。

第四章 安娜·温图尔：时尚助理

别人发生过当面冲突，而且会极力避免这类情况发生。不过，安娜在当时明确地表达出了自己的感受。"霍格很快就意识到，安娜根本不重视她的工作。"黑斯廷斯继续说，"安娜不会一直留在该杂志社，她不喜欢屈从一个自认为没她优秀的人。"[57]

迈克尔·霍奇森（Michael Hodgson）曾在美术部门工作，负责为安娜的版面排版设计。据他回忆称，霍格也是一个难相处的人。他说："她们两人性格迥异。安娜是一个志向远大的年轻人。霍格有些老气横秋，而且从某种程度上来说，她不善变通。"[58] 霍格的行事方式并不讨喜。黑斯廷斯认为，安娜"对厌恶之人的态度非常恶劣"[59]。有一次，两人的关系跌到冰点。当时，兰德斯受邀到巴黎参加展演，安娜和霍格随他一同前往。据黑斯廷斯称，为了缓和两人关系，兰德斯提醒安娜要"举止得体"[60]。

这种低人一等的状态持续了数月后，安娜终于受够了霍格。有一天，她将黑斯廷斯拉到一旁。

"我无法容忍自己没有成为时尚编辑。我准备辞职，你要留在这里吗？"安娜问道。

"不。"对老板忠心耿耿的黑斯廷斯回答道。她虽然还没想好未来的计划，但是毅然决然地选择了辞职*[61]。

当时，安娜对自己的职业生涯没有任何总体规划，然而[62] 与其他人相比，她的选择更多。正是因为母亲的关系，她得以拥有美国护照。于是，她将目光转向了大西洋彼岸的美国，那片土地为她与布拉德肖的移居计划提供了强大的驱动力。

安娜在旧金山[63] 和纽约之间选择了后者，并表示，如果能找到工

---

* 当时，一位编辑对黑斯廷斯说："你再也别想从事这一行业了。"事实证明，这位编辑大错特错。后来，黑斯廷斯成为一名自由职业造型师，而且已经坚持了30年。黑斯廷斯将这一切归功于安娜，因为正是后者最初让自己离开了杂志社。

作，她就留在纽约。"在她眼中，纽约是世界的中心。"艾玛·索姆斯回忆称[64]。1975年3月13日星期四，安娜的家人在伦敦为她举办了告别晚宴。查尔斯坚定支持女儿的决定，但难过的是，女儿即将搬到距离他千里之外的地方[65]。

安娜不会留恋伦敦，但是她对在纽约工作的挑战毫不知情。

第五章

纽约新生活

25 岁时，安娜从伦敦搬到了纽约。在找到正式工作前，她一直都在从事自由职业，比如为 *Vogue* 杂志打工。然而，这段经历并没有听起来那样轻松。

在 1975 年 11 月期的 *Vogue* 杂志中，有张照片需要重新拍摄，杂志社聘用安娜监管拍摄过程。当时，*Vogue* 杂志主编格蕾丝·米拉贝拉（Grace Mirabella）对模特罗西·维拉（Rosie Vela）的耳环并不满意，因此她派了一队人马返回汉普顿斯沙丘地区重新拍摄。

安娜从 100 英里车程外的地方赶到拍摄现场，她像往常一样打扮得时尚雅致且酷劲十足，随身携带着装有新耳环的迷你包。杂志社的面包车到达目的地后，大家纷纷下车、拍照、收拾，然后再次乘车返回 100 英里外的住宅。整个过程效率低下，而且浪费严重，不过一切都在 *Vogue* 杂志社的承受范围之内。这让安娜感到大为震撼，毕竟她供职的上一家伦敦杂志社的预算颇微。最终，这张重拍的照片并未被刊登出来[1]。

* * *

尽管在安娜的父亲看来，成为自由职业者意味着在纽约"出师不利"，不过安娜倒是逐渐爱上了这座城市[2]。她和布拉德肖搬到了纽约的上东区公寓，而且经常出入 Maxwell's Plum 酒吧和52号街的爵士乐俱乐部等热门场所[3]。在这里，没人知道安娜是查尔斯·温图尔的女儿，也没人在她面前提起过她的父亲。"我从小在英格兰长大，一直感觉非常孤寂，造成这种问题的原因不在于家庭环境，而在于当地深受阶级驱动的文化。此外，我对纽约充满好感的原因之一在于，这里的阶级观念并不强，没人会在意你在哪里读书以及你父母的职业，而且大家都来自世界各地，因此一股积极向上的力量就此形成。"安娜谈道[4]。然而在多年后，安娜在 Vogue 杂志社任职时，她似乎格外看重人才的家庭与教育背景[5]。

在通过了美国顶级时尚编辑嘉莉·多诺万（Carrie Donovan）的面试后，安娜在《时尚芭莎》得到了一份工作，该公司与《哈泼与女王》隶属同一家母公司。作为一名初级摄影编辑*，安娜的工作是组织和监管拍摄过程，但是几乎无须为照片撰写评论。对她来说，这是除了 Vogue 杂志之外，她在纽约能找到的最好的杂志工作。不过，安娜也将体会到，在这里工作也意味着将失去创作自由。

* * *

《时尚芭莎》杂志特别项目编辑米歇尔·马佐拉（Michele Mazzola）在现场看到这位26岁的初级摄影编辑新人时，不禁纳闷：杂志社是不是招错人了[6]？当时，员工们正在奥乔里奥斯的五星级牙买加酒店度假村为超模雪洛儿·提格丝（Cheryl Tiegs）拍摄照片，镜头中的她穿着泳装和长袖上衣，这组照片将被刊登于1976年5月期的

---

* "摄影编辑（sittings editor）"是一种过时的叫法，Vogue 杂志社以前将每次拍摄都称为"sitting"。——译者注

第五章　纽约新生活

杂志中。在此期间，米歇尔和她的杂志主编丈夫托尼·马佐拉（Tony Mazzola）正在度假。

该团队成员在此前合作过多次，而安娜对他们来说是新面孔。她从不对大家的工作指手画脚，因而获得了团队的好感，不过这也正是老板担心的地方[7]。米歇尔对此表示不安，在她看来，安娜负责管理整个团队外出拍摄的工作，本该利用自己的权力来主持大局，然而事实上，她只是安静地在大家背后袖手旁观，就像她在办公室开会时一样沉默不语[8]。

安娜的此种表现在美国时尚行业实属罕见，通常来说，大家都会通过炫耀和权力压制来彰显自身的非凡能力。比如，*Vogue* 杂志社的波利·梅伦（Polly Mellen）曾为心仪的照片大声叫好[9]。再比如，《时尚芭莎》杂志社的格洛丽亚·孟库尔（Gloria Moncur）曾向员工扔过鞋子，并斥责道："你给我带了这么难看的鞋子是想恶心我吗？"[10]

对安娜来说，为美国时尚杂志工作的经历与以往的感受相比迥然不同，这需要她做出很大的调整。之前在伦敦，《哈泼和女王》杂志社看重的是她的创造力和想法；而在这里，她要与马佐拉夫妇博弈，为自己争取对摄影管理的同等影响力。经托尼批准，时尚编辑决定服装的选择，活动预约编辑和艺术总监决定模特与摄影师人选。作为初级摄影编辑，安娜的构想不会被《时尚芭莎》杂志社采纳。该杂志的审美设计全都由马佐拉决定，然而他的想法缺乏艺术性或时尚性。在此之前，他曾编辑过《城镇与乡村》（*Town & Country*）杂志，主要报道上流社会人士的生活。不过，安娜和其他年轻同事认为，《时尚芭莎》杂志应该更加贴近巴黎的时装秀场，而不是纽约的公园大道[11]。

马佐拉主要担心资金问题[12]。"他为杂志做的所有工作都受制于赫斯特国际集团*中乐此不疲地控制成本的人。"阿丽达·摩根（Alida Morgan）回忆称。摩根是与安娜一起工作的时尚编辑，但摩根的家里人从不反对她从事这份收入微薄的工作。当时，马佐拉事无巨细地管理着经常暴增的照片拍摄费用支出，还会检查收据，并且向员工盘问有关打车和快递等项目的消费。每次需要到遥远的地点拍摄照片时，杂志社都没有足够的预算派遣助理前往。此外，拍摄的过程也让人筋疲力尽，大家可能要在摄影棚里从上午 9 点半一直工作到第二天凌晨 2 点或 3 点[13]。相比之下，头号竞争对手 *Vogue* 杂志社却挥金如土，竟然因为小小的耳环而让整个团队花费一整天的时间重新拍摄照片。

虽然托尼同意[14]雇用安娜，但是在杂志社的其他人看来，托尼从未喜欢过安娜[15]。不过，大家都对安娜很有好感。在他们眼中，尽管安娜性格安静且难于理解，但是她为人友善且工作努力。此外，她也非常时尚。每天她都会比别人打扮得更加光鲜亮丽，身着高雅的欧洲风格服装上班，比如 Missoni 品牌的针织衫、Kenzo 品牌的短套装和 Sonia Rykiel 品牌的魅力裙装[16]。多诺万曾聘请温迪·古德曼（Wendy Goodman）协助安娜和另一位时尚编辑骏·卡耐（Jun Kanai）的工作。据古德曼称，自己从未见过安娜穿过简朴的衣服。两人曾一同前往汉普顿斯拍摄照片，古德曼注意到，安娜当时穿着 Sonia Rykiel 品牌的蕾丝网眼连衣裙和高跟鞋，这件裙装让她联想起电影《今生今世》（*Elvira Madigan*）中的情节，该电影讲述的是 1889 年走钢丝的演员艾尔维拉·马迪甘[†]离开家族马戏团的故事[17]。一直以来，安娜对展现双腿线条的服装情有独钟。她经常到洛特·伯克（Lotte Berk）工作室进行塑形训练，该工作室以一位训练有素的芭蕾舞演员的名字命名，她

---

* 美国纽约市的出版界巨头，在全世界出版了《时尚先生》《时尚芭莎》《嘉人》等刊物。——译者注

† 与英文电影名同名。——译者注

第五章 纽约新生活　　　　　　　　　　　　　　　　　　　　　　　　53

为世人设计了一套利用扶手杠健身的方法[18]。平日里,安娜会将自己不需要的衣服带给办公室的其他女性员工。有一次,古德曼拿起安娜的一件Sonia Rykiel品牌衬衫,发现这件衣服的袖孔过紧。她说:"我穿着它胳膊就像鱼鳍一样,根本不能动弹。不过,我当时一心想穿上安娜的衬衫。我不在乎,只想穿上它。"[19]

当时,安娜的英国口音也让其他员工羡慕不已。从当时来看,纽约出版行业很少有英国人,安娜的优雅语调为整体的时尚感增色不少,甚至超过了华丽服饰的风头[20]。

安娜与她的第一任美国老板嘉莉·多诺万建立了深厚的友谊[21]。多诺万是一位德高望重的编辑,在加入托尼的团队前,她与*Vogue*杂志社主编的位置失之交臂[22]。多诺万个性鲜明,而且擅长选择合适的配饰,比如头巾,遮盖住整个脸颊的黑边圆框眼镜以及金色手环。一直以来,嘉莉非常关注青年人才的培养,在此后的十余年里,她一直是安娜坚强的后盾。"安娜也算是一位时尚达人。"多诺万继续说道,"但是她可能并未花时间采取正确的方式对待时尚。"[23]在实际工作中,有件事情确实让安娜感到担忧,即她没有展现出美式的友好态度。在时尚编辑扎泽尔·洛文(Zazel Loven)看来,安娜的目标非常明确:"她清楚地知道,自己希望把事情做到极致。"[24]

据摩根称:"马佐拉夫妇反对聘请任何新模特和新摄影师。他们基本上抵制一切与《城镇与乡村》杂志的内容创作不相符的做法。"这让整个问题更加难办。如此来说,时尚编辑们只能一而再、再而三地聘用同一位摄影师,这最终会让思维枯竭的他们束手无策[25]。雪上加霜的是,身为该杂志的特别项目编辑,托尼的妻子米歇尔打扮随意[26],显然不是时尚人士,但她身穿白色T恤参加巴黎高定时尚秀的屈辱历史让周围的同事记忆犹新[27]。在古德曼看来,米歇尔在平日里的打扮是有意为之,而并非随意而为。古德曼说:"我认为这是米歇尔做出的选择。比如,她会说:'我知道自己不是时尚人士,而是一位认真工作的女性……有比时尚更重要的事情需要处理。"[28]

相比之下，安娜的品位更加犀利，她心目中的偶像是广（Hiro）。10年前，在《时尚芭莎》杂志主编南希·怀特（Nancy White）的启发下，大名鼎鼎的日本超现实主义时尚摄影师广重新定义了该杂志的创意形象。他曾拍摄过很多令人难忘的照片，比如一条挂满精致珠宝的鱼、从高处俯拍的站姿模特等。

安娜于1975年来到了纽约，当时，广的时代已经一去不复返。安娜负责的《时尚芭莎》杂志封面都采用紧凑剪裁的头部特写照片，半数以上的期刊都出现了马佐拉最喜爱的模特——提格斯。马佐拉和他的艺术部门在照片中插入广告宣传文本，在编辑们看来，这破坏了服装的展示和整体美感。为了更好地控制这类情况的发生，安娜和摩根想出了对策。每当收到成片胶卷时，安娜会抢先一步在大厅与摄影师会面，并挑选出最为心仪的照片交给老板。如果马佐拉夫妇询问其他照片的去向，安娜会谎称："不好意思，只有这些了。"摩根解释道："这样一来，马佐拉夫妇要么花钱重拍，要么就接受我们提供的照片。"当时，由于预算紧张，最后他们通常会接受安娜的选择[29]。

古德曼对安娜的职业道德充满敬畏。"她心无旁骛地投身工作，待人处事非常生硬，似乎有些鲁莽，因为她没有时间考虑这些问题。她只知道一根筋听从自己内心的想法。"古德曼说，"大家会在办公室里开玩笑、休息或者聊八卦。然而，安娜从不会这样。她不是来这里找乐子和做游戏的，而是来工作的。"

安娜和托尼的关系一直都很僵化。正如她的同事玛丽莲·基斯纳（Marilyn Kirschner）所言："托尼是安娜的老板，但是安娜性格专横，不喜欢服从命令。"[30] 不过，两人发生争执时，她从来不会还击托尼的斥责。安娜天性不喜敌对的关系，根本不会与对方产生争执[31]。究其原因，摩根解释称：一方面，安娜是一个害羞的人；另一方面，"从某种意义上来看，发起反击毫无价值，因为我相信，她知道自己会继续完成其他工作。安娜非常确信自己想经营 Vogue 杂志"。[32]

＊＊＊

在纽约生活期间，布拉德肖与安娜的关系似乎非常亲密。安娜在《时尚芭莎》杂志社的疯狂工作经历让她与个别时尚编辑同事建立了深厚的友谊，有时她们会带着各自的男友一同外出享受晚餐。大家对布拉德肖很有好感，他和蔼可亲，而且一直都很支持安娜的工作。"安娜，就这么做。"每次安娜有新的工作想法时，他都会这么说。布拉德肖可谓是安娜的鼎力支持者[33]。

布拉德肖偶尔会到办公室看望安娜，经常会看到她和古德曼、摩根等同事在一个小房间里忙得不亦乐乎。"我们都十分迷恋他。每次他来办公室，大家都会对他眉来眼去。"古德曼回忆称。不过，布拉德肖的造访并不仅仅是为了吸引大家的注意，相比于满足自己膨胀的虚荣心，他还有一个更重要的目的。布拉德肖喜欢赌博，但是两人的财产一直由安娜掌管。因此，他希望借助拜访的机会拿到零用钱。古德曼不禁感叹：天哪，安娜掌控着一切[34]。

1976年春季，布拉德肖邀请安娜前往彼康剧院观看鲍勃·马利（Bob Marley）的演出。当时，鲍勃的四场表演现场座无虚席，大家都想体验时髦的事物，安娜也不例外。第二天早上，她在上班时谈到了那场音乐会，言语间对这段经历赞不绝口。"我仿佛看到了上帝。"安娜对摩根说，自己很少会如此赞美一件事或一个人[35]。后来，这段经历遭到了外界媒体的误解，报道称，安娜曾消失两周，与马利传出风流韵事。安娜随后澄清，这纯属"虚假谣言"，称自己与马利素未谋面[36]。

虽然布拉德肖与安娜关系融洽，但是身为《纽约》（New York）杂志的特约编辑，他需要经常出差。与此同时，《时尚芭莎》杂志社指派安娜与摄影师詹姆斯·穆尔（James Moore）合作，后者曾在20世纪60年代的《时尚芭莎》辉煌时期为该杂志拍摄过照片。几个月后，两人在工作上建立了合作关系，他们首次合拍的照片得到了马佐拉夫妇的赞赏。此后，安娜与詹姆斯二人的合作越发密切。他们两人经常在反锁的工作室中相处数小时之久。在与布拉德肖分隔异地的那段时间，安娜与詹姆斯的工作关系逐渐升华成爱情，从而导致安娜与布拉德肖分道扬镳[37]。在此期间，安娜的另外一个约会对象是克里斯托弗·希钦斯（Christopher Hitchens），安娜曾表示，希钦斯当时让自己"神魂颠倒"[38]。

古德曼说："安娜通常会十分成熟地面对对方的殷勤。"当时，古德曼正和某位男士约会，与此同时也得到了另外一位男士的追求，因此感到束手无策。安娜笑着对她说："你真的不知道该怎么做吗？"

"安娜丝毫没有表现出刻薄的态度。"古德曼解释说，"她当时这样对我说：哦，温迪，好家伙，让我教你一两招吧。不过，她实际上从未教过我。"[39]

后来，安娜与穆尔的感情也以失败告终，这对她的工作产生了严重的影响。

* * *

马佐拉喜欢主题期刊，原因是这种形式深得广告商的喜爱。1月和2月期的杂志主题分别是"健康"和"独立女性"。到了3月，多诺万建议说："我们把杂志社里所有漂亮的单身女性聚到一起，制作一期有关单身女性的主题期刊。"随后，她将所有单身女性员工召集在一起，把她们带到了摄影棚，并让她们坐下来与《时尚芭莎》的长期御用撰稿人之一比尔·金（Bill King）合影留念[40]。

这些临时的新人模特身穿黑色长袖T恤，胸前印有白色的《时尚芭莎》标志，在做发型和化妆时都格外兴奋，只有安娜显得格格不入，她是唯一一个在T恤外穿了一件背心的人。经过同事们好说歹说，安娜终于多多少少进入了点状态。拍摄期间，金打开了大风扇，吹起了安娜前额的刘海。安娜露齿而笑，但是将双臂在胸前交叉。在最终的成片中，只有安娜故意遮挡了杂志的标志，她希望以此说明自己不是《时尚芭莎》杂志社雇用的骗子[41]。

1976年年中，安娜在《时尚芭莎》任期还不满一年，她与托尼的矛盾已经激化到了无以复加的地步。托尼对安娜与詹姆斯·穆尔的合照极为不满，认为这些作品过于性感[42]。

在安娜看来，这类情况并未得到改观。首先，该杂志并不具备安娜所追求的时尚特征和时代精神。当时，原百货公司主管威廉·费纳（William Fine）刚刚在赫斯特国际集团就任《时尚芭莎》及另外两本刊物的出版总监，他吹嘘自己曾在一本杂志中编辑过"时尚内容"[43]。

其次，安娜的支持者多诺万离开了该杂志社，并在布鲁明戴尔百货公司任职。记者艾尔莎·克伦施（Elsa Klensch）成为接任者，她后来在CNN主持《流行登录》（*Style with Elsa Klensch*）栏目长达数年之久。自从克伦施任职后，她便与安娜矛盾不断。摩根说："我感觉克伦施在各个方面都对安娜恨之入骨。因为安娜年轻漂亮、来自上流社会、出身更好等等。"在克伦施的管理下，安娜几乎得不到马佐拉夫妇的垂爱。

安娜被派遣到巴黎与穆尔拍摄照片，她也以这段经历为自己在《时尚芭莎》杂志社的工作画上了句号。据摩根回忆称，在安娜带回来的一系列照片中，模特的头发都梳成了玉米辫造型，而不是法拉·弗西（Farrah Fawcett）那种波浪造型。与今天截然相反，这种玉米辫造型在当时备受白人模特的青睐。在1979年的电影《十全十美》（*Ten*）中，明星波·德瑞克（Bo Derek）就以该造型出镜。当时，包括安娜在内的时尚编辑们很难说服托尼选择有色人种模特为杂志拍摄照片。摩根回忆说,对于照片拍摄,马佐拉夫妇关注的主要是性。"我们都觉得这样很漂亮。"摩根说,"但是马佐拉夫妇无法接受。两人不能理解这样做的意义,而且认为这样的照片过于色情和性感。然而对我们来说,这不是一种低俗的色情,而是光与影的美妙结合。"

托尼看到照片后大发雷霆。他像以前一样将安娜叫进办公室,而对安娜而言,这次恐怕真的凶多吉少。安娜回到自己的办公室后,几乎瘫坐在椅子上,说到:"结束了。"托尼将她解雇了[44]。古德曼说:"安娜当时心烦意乱。"当天中午,古德曼和摩根约了安娜到杂志社街对面的圣瑞吉酒店借酒消愁[45]。

安娜后来说:"主编把我解雇了,他认为我的风格过于'欧式'。"1997年,安娜已经在 *Vogue* 杂志社担任了9年的主编,在一次采访中她讲道:"当时我并不能领会他的意思。不过现在回想起来,他可能觉得我过于执拗,而且不接受任何指导,以致完全忽略了编辑的信誉。在他眼里,我既没有商业头脑,专业工作素养也欠缺。"她表示:"回想这段经历,我认为最有趣的就是意识到很多事情都未曾改变:很多英国年轻女孩拜访过我,她们才华横溢,但是固执己见,打上某种标签化的印记。同时,我感到过去的自己也和她们很像,完全无视读者。有些遗憾的是,我也距离曾经解雇过我的编辑之位越来越近了。"[46]

多年后,托尼否认自己解雇了安娜,他将这一切归咎于嘉莉·多诺万,不过当时嘉莉早已不是《时尚芭莎》杂志社的员工了[47]。也许是他忘记了具体的细节,也有可能是他感到尴尬才这样说,因为那时候安娜已经成为史上最成功的时尚编辑之一。后人可能都会将托尼·马佐拉当成不能知人善用的目光短浅之辈。

第六章

Viva 的生命力

身处纽约,安娜的野心日益膨胀。相比而言,伦敦杂志社的工作相当清闲,而纽约杂志社受众更广,敢于冒险投入更多的资金,编辑们的态度也更加认真。纽约的工作环境也的确更适合满腔热血的安娜。尽管如此,安娜在时尚媒体之都的首份工作就遭遇了滑铁卢,用她的话来说,这是一场"巨大的灾难"[1]。她再次与杂志社的管理层干戈相向,而且再次与晋升机会失之交臂,还未来得及证明自己便草草结束了在纽约的首份工作。

安娜回到伦敦后,父母纠缠不清的婚姻终于告一段落。查尔斯发现,诺丽对于这段关系感到沉重不堪,在这段长达36年的婚姻生活中,她始终在面对丈夫的风流韵事和毫不在意的态度。在经历了很长一段时间后,两人最终于1976年12月彻底分开,诺丽感到伤心欲绝。查尔斯试图通过家人和朋友让诺丽振作起来,尤其希望孩子们的陪伴能让诺丽转悲为喜[2]。

据安娜的朋友们讲,当时对失去工作的安娜来说,父母的婚姻破裂无疑是雪上加霜[3]。尽管如此,性格坚定的安娜选择了坦然接受一切。虽然依然和父母关系融洽,但是她心里清楚,离婚对两人都有好处[4]。

当时,59岁的查尔斯搬到了女友奥黛丽·斯劳特在伊斯灵顿区的家中居住。斯劳特是一名编辑，比查尔斯小 10 岁。她正是查尔斯崇拜的那类女人，曾创立过《衬裙》（Petticoat）等一系列杂志，安娜早期还曾在该杂志社做过兼职模特[5]。然而，安娜对斯劳特毫无好感，但对此又无能为力[6]。

查尔斯与新伴侣开始了全新的生活，而诺丽则搬进了自己的一套简朴的住宅居住[7]。从始至终，她都拒绝查尔斯的任何资金支持，而且从未再嫁[8]。

* * *

鲍勃·古乔内（Bob Guccione）创建了《阁楼》（Penthouse）杂志的姊妹刊——Viva 杂志，古乔内曾大言不惭地称之为首份"完全暴露女性隐私部位"的杂志[9]。古乔内否认自己是一名色情文学作家，而自诩为艺术家。然而，继以艺术作品谋生失败后，他决定效仿休·海夫纳（Hugh Hefner）经营《花花公子》（Playboy）杂志的成功经验。《阁楼》杂志的发售为他带来了数亿美元的收入。随后，他搬到了曼哈顿区中部的一处 2.2 万平方英尺（1 英尺为 0.3048 米）的豪宅中[10]，地下室设有一座游泳池。与此同时，他还创办了一家出版超过 15 种杂志的媒体公司。

平日里，古乔内喜欢穿白色袜子和凉鞋，上身搭配男士印花衬衫，而他只系下半部分的扣子，衣襟敞开到胸前的位置。令他感到烦恼的是，Viva 杂志的裸男照片吸引的男同性恋受众比女性群体还多[11]。为了吸引更多的女性读者以及不会对色情内容趋之若鹜的上乘广告商，古乔内急需一位善于将内容合法化的时尚编辑。

巧合的是，当时乔恩·布拉德肖正好打电话给《阁楼》杂志社的编辑彼得·布洛克（Peter Bloch），向他询问 Viva 杂志社是否有适合安娜的空缺职位。虽然布拉德肖与安娜已经分手[12]，但是友情犹在。因此，当时在纽约处于事业巅峰期的布拉德肖为安娜提供了帮助。随后，布洛克询问 Viva 杂志社的编辑艾尔玛·摩尔（Alma Moore）是否需要一名时尚员工。[13] 摩尔那时候刚刚解雇了她的时尚编辑，正在寻找合适的人选。Viva 杂志已经连续六个月没有刊登过裸男的照片了，但情况并未出现好转。

刚走进办公室参加面试的一刹那，摩尔立即对安娜产生了好感。摩尔喜欢安娜身穿马裤参加面试的形象，而且对她的态度赞赏有加。摩尔回忆说："安娜毫不矫揉造作，而且整个人神采奕奕。"

摩尔看得出来，与其他候选人不同，安娜阅读过 Viva 杂志，而且品位似乎非常前卫。摩尔也做过调查，她知道安娜之前被《时尚芭莎》杂志社解雇，认为她虽是一个初级编辑，但是具有运营整个杂志的野心。

摩尔深知，雇用安娜是一件冒险的事。她心里嘀咕：安娜知道自己想要什么，但是会很难相处。不管怎样，摩尔最终还是录用了她。令摩尔诧异的是，安娜欣然接受了这份工作*。[14]

安娜后来说："我需要一份工作，而且 Viva 杂志能赋予我极大的创作自由。"[15] 虽然安娜在 Viva 杂志社度过了一段非常尴尬的时间，但是充分的自主权让她飞速成长。

Viva 杂志十分另类，而且办公场所也非常特别。其中一个不可思议之处在于，Viva 杂志试图借助《阁楼》的收益为其打造宣扬女权主义的外衣。虽然该杂志刊登的很多文章涉及非常严肃的女性问题，比如指责美国立法体系对女性遭遇强奸或家暴的保护不够，[16] 但是始终摆脱不了"创作色情内容"的污名。

---

* 安娜入职后，该公司取消了摩尔的职位，并任命厄尼·巴克斯特（Ernie Baxter）为执行编辑。从调整后的编辑任务来看，由男性担任该职务显然是一件荒谬至极的事情。然而更加不堪的是，据称，巴克斯特曾利用职务之便，强迫年轻员工与其发生性关系。后来，高层发现巴克斯特的败类行为后，随即将他解雇。

另一个奇怪的地方在于，安娜在古乔内的女友凯西·基顿（Kathy Keeton）手下工作[17]，基顿负责整个杂志的运营，但是对时尚或杂志编辑一无所知[18]。在管理结构方面，Viva杂志与《时尚芭莎》杂志遭遇的挑战如出一辙。基顿幻想Viva杂志能与Vogue杂志和《魅力》（Glamour）杂志平起平坐[19]，然而现实情况是，Viva杂志依旧被超市和药店拒之门外。此外，报摊通常将该杂志与其他色情杂志并排放在书架的顶层，女性读者并不经常浏览这类刊物[20]。

基顿之前是一名舞蹈演员，留着金色长发，喜欢浓妆艳抹，说话轻声细语，而且像男友一样，只系衬衫下半部分的扣子，喜欢露出上胸。两人都会在胸前戴上珠宝饰品，不同之处在于，古乔内会露出浓密的胸毛，而基顿会刻意将胸部向上推挤。此外，基顿的其他时尚造型也让人印象深刻。"基顿的锁子甲头饰看起来就像巨蟒剧团*的表演道具。"乔·布鲁克斯（Joe Brooks）回忆称自己曾在《阁楼》杂志社的艺术部门工作数年[21]。在员工们看来，基顿非常尊重安娜的时尚品位，不过，她也和其他人一样对安娜有所顾忌[22]。安娜不想再次失去工作，她想出了一种维系两人关系的办法：给予基顿适当的尊重[23]。

安娜入职后的第一件事就是布置自己的办公室，空间陈设相当简单，就是在基顿的右手边安放了一张桌子[24]。基顿每天都会带着两只罗得西亚背脊犬到办公室上班，那片区域的地板经常会发出声响[25]。安娜像其他员工一样，拿到了印有《阁楼》杂志标志的文具用品[26]。她搬来了一个用于放置服装的架子，并且开始订购法国版Elle杂志和Vogue杂志以及意大利版Vogue杂志，旨在寻找创意灵感，这些杂志的每期售价都在20美元左右[27]。安娜打算模仿欧洲风格的造型设计，而且与上一家杂志社的情况截然不同的是，她在这里可以实现自己的创意，这是因为Viva杂志社上下只有安娜是时尚达人，而且艾尔玛·摩

---

* 英国的一组超现实幽默表演团体。——译者注

第六章　Viva的生命力　　　　　　　　　　　　　　　　　　　　　63

尔不会过多干涉她的工作。

安娜非常享受这种自由的感觉。因工作需要，她经常外出赴约和拍摄，因此没人在意她身在何处。每次回来，她都会匆匆穿过办公室，走向自己存放厚重靴子的办公桌前[28]与别人通电话，印花长裙的裙摆随之甩来甩去。

坐在安娜办公室外的接线员旺达·迪贝内代托（Wanda DiBenedetto）称："安娜一直我行我素，她不会真正服从任何安排。因为不管实际情况如何，她都视自己为老板。"[29]

* * *

从杂志的文字说明到封面线稿，古乔内一直亲力亲为，后来成为主编的安娜亦是如此[30]。虽然在 Viva 杂志的刊头中，古乔内的头衔是摄影师和出版商，但是作为杂志社老板，他能掌控全局，而且拥有一锤定音的权力。他喜欢白天睡觉，晚上工作，而且要求安娜在内的员工适应他的作息时间。有人如果约他在晚上10点会面，那么通常要在他的宅邸等候40分钟[31]。然后，大家围坐在图书馆中的巨型大理石桌前举行会议。他会用菲力牛排作为狗粮喂养（7只）罗得西亚背脊犬。在宠物旁边的地板上，堆放着埃德加·德加（Edgar Degas）和亨利·德·图卢兹-劳特雷克（Henride Toulouse-Lautrec）的画作[32]。

古乔内的儿子小鲍勃·古乔内（Bob Guccione Jr.）会同基顿及自己的父亲长谈到深夜，讨论有关杂志的事宜，他们都希望小鲍勃未来能运营 Viva 杂志社。在小鲍勃看来，父亲非常尊重安娜。小鲍勃说："安娜经常坚持己见。我觉得如果她告诉大家该做些什么，那么我父亲很可能会采纳。"[33]古乔内需要倚仗安娜，因为尽管他腰缠万贯，但是品位不是花钱就能买到的东西。比如说，他将自己的脸部特写雕刻在家里的柱子上，其个人品位可见一斑[34]。古乔内并不完全理解安娜更加前卫的摄影照片，不过在他出版的刊物中，安娜的作品可能最贴近艺术。

这种相对自由的工作环境让安娜逐渐变得擅长掌控全局。为了拿到拍摄所需的服装，安娜委派助理前往曼哈顿的 Dianne B. 品牌高级精品店取货。为了确保对方心甘情愿地借出服装，她让助理告诉商家说，杂志社将用这些服饰来拍摄封面照片，并且在首页展示店名。实际上，每回借来的十几件或二十几件单品不一定会被选中，但是丝毫不影响安娜继续向店家借用其他服装。或许这份工作让她更有胆量，不再像五年前在伦敦做编辑时那样谨小慎微，有时她甚至会把底边穿脏的裤子直接还给商家。

此外，安娜也了解如何取悦时尚广告商——为他们的单品拍照，对方因此就会买下一两个版面刊登广告。在安娜看来，鉴于 Viva 杂志社预算有限，如果她能帮助发展时尚广告业务，那么自己将成为该杂志社不可或缺的人才。这样来看，安娜不仅能获得更大的影响力，而且也会让 Vogue 这类杂志更加赏识她的才华。然而，这并不意味着所有拍摄的照片都能反映真实的效果。通常来说，虽然在杂志拍摄的照片中，不同的服装不会被混淆在一起，但是和当代很多编辑一样，安娜还没试用就选择完全认可广告商的化妆品等产品[35]。

与此同时，安娜还充分利用杂志社预算不设限的优势。穆尔称："我从未思考过资金问题，安娜可能也这样想。在我看来，如果想让杂志扭亏为盈，就必须得花钱。"

因此，安娜采用运营大多数时尚杂志的方式来管理自己的部门。比如，她派遣信使有偿取送服装样品，报销往返预约地点的打车费用。此外，如果她认为自己的文章最好配上在热带海滩拍摄的照片，那么她会带上整个团队飞往目的地[36]。

有一次，安娜与她在 Vogue 杂志社任职期间最为喜爱的摄影师阿瑟·埃尔格特（Arthur Elgort）合拍了一组照片，当时的开销饱受争议。大概在此一年前，安娜曾经与雪洛儿·提格丝为《时尚芭莎》拍过一

第六章　Viva 的生命力

组照片。安娜认为这些照片毫无新意，因此打算重新拍摄一组效果更佳的作品。埃尔格特希望新作品可以在现实场景中融入高端造型和一系列设计师单品，比如《阁楼》与 Viva 杂志独创的网球服装等。在这组新拍摄的照片中，两个女模特与一个男模特缠绵悱恻。在其中一张照片里，女孩们在高及大腿的海浪中高视阔步；而在另外一张照片里，一个女孩穿着白色长袖上衣站在户外的花洒下淋浴，幸福之情溢于言表。此外，在一场呈现夜晚场景的照片中，模特穿着泳装和敞开的浴袍，在游泳池旁啜饮。在另一张照片中，一艘游船上的黑人舵手看起来仿若背景中的道具[37]。

尽管摩尔是安娜的拥趸，但是她认为这组照片"可笑至极"[38]。安娜擅长采用无缝衔接的场景转换，注重服装与场景的和谐统一，而且可以将女孩拍得比真人更漂亮。然而，这些照片丝毫没有被美化过的痕迹。

究其原因，可能是由于安娜与基顿一同前往佛罗里达州参加了一场化妆品大会，而非去拍摄照片——安娜的工作之一就是与品牌方拉拢关系，并且试图帮助杂志社吸引广告商。不过，尽管安娜并没有前往拍摄现场指挥埃尔格特，但是两人还是就一周行程的费用问题产生了争执。安娜雇用的化妆师不想与其他人一起进餐，因此在吃饭时间拒绝离开房间，从而产生了一大笔客房服务费[39]。于是，安娜责备助理开销过大[40]。

这也是该助理最后一次出现在杂志的刊头。

* * *

斯蒂芬妮·布鲁什（Stephanie Brush）也曾在 Viva 杂志社做过枯燥乏味的编辑助理工作。布鲁什回忆称，在来到办公室的第一天，"看见一个奇怪的人影飘进房间"。

"啊，那位是时尚编辑安娜。"一位同事告诉她。

安娜经常身穿 Yves St. Laurent 品牌的服装并戴着皮草帽来上班。布鲁什说："我们说她把自己打扮成了西伯利亚农民的样子。"安娜非常安静，喜欢与人保持距离，并且用头发挡住面颊，避免与大厅中擦肩而过的人有任何眼神交流[41]。安娜拒绝每天坐在办公室与其他员工做同样的工作，这让摩尔感到不快，但由于出色的工作表现和执行力，她并没有给安娜施压[42]。

布鲁什回忆称："安娜的特点在很多小细节上可见一斑。比如说：'啊，小心点。安娜和我们真的不一样，她很特别。'我并没有冷嘲热讽。安娜拥有一种我难以用语言形容的天赋，大家都觉得她非常特别。如果你告诉我安娜出生在某个货车停靠站，我也不会感到惊讶，因为这些可能都是她虚构出来的。"[43]

安娜对布鲁什产生了好感[44]，这有些不同寻常，因为据摩尔称，安娜经常"与很多男人打成一片"[45]。下班后，安娜经常和办公室的男人们出入当地的 P.J. Clarke's 酒吧。即使天色已晚，她还会戴上墨镜坐在人群中，一边开怀大笑，一边剥开方糖的包装纸[46]。不过，安娜开始邀请布鲁什到她的办公室聊天，带她参加派对，并且将她介绍给自己的英国友人。布鲁什前往伦敦时，安娜送给了对方一长串的联系人电话名单，不过受宠若惊的布鲁什并没有与这些人联系[47]。

安娜不喜欢在办公室里逛来逛去，但是她时常会匆匆穿过大厅来到罗文·约翰逊（Rowan Johnson）的面前[48]。身为 Viva 杂志社的艺术总监，约翰逊天资聪颖，但是不幸染上了酗酒和滥用药物的恶习。曾经有一次，他紧闭房门，将办公室的墙壁、办公桌、铅笔等视线范围内的一切物品都喷涂成黑色。尽管如此，基顿十分欣赏他，多次自掏腰包助他进行康复治疗[49]。

对于安娜来说，约翰逊就像自己的幸运星。当时，优秀的时尚摄影师都非常尊重约翰逊。当时，由于该杂志与古乔内及《阁楼》杂志

第六章 Viva 的生命力

存在利益关系[50]，摄影师们都不敢为该杂志拍摄照片，但是他们依旧信任约翰逊，进而选择相信名不见经传的安娜·温图尔。

* * *

在 Viva 杂志社任职不到一年的时间，安娜已经替换了至少两位助理，后来她聘用了乔治娅·冈恩（Georgia Gunn）[51]。冈恩是一名英国人，在后来的几年间，她先后承担了三份不同的杂志工作，一直忠心耿耿地为安娜服务。冈恩工作非常勤奋，而且对所有员工和蔼可亲。每当时尚部门收到堆积如山的免费服装和美容产品时，她都会分给同事。帕特里夏·林登（Patricia Lynden）说："冈恩非常善良。一走进安娜的办公室，你就能看到冈恩并可以和她交流，因为安娜从来不搭理我们。"林登曾担任文章编辑，并为安娜撰写过数篇时尚文章[52]。

艾尔玛·摩尔对冈恩颇有好感，但是她不接受安娜对待冈恩的方式。有时，安娜会因为照片或行程问题责备冈恩。在摩尔看来，作为安娜的支持者，冈恩没有得到最佳的待遇。每当摩尔不清楚安娜外出前往何地时，冈恩都会找各种借口搪塞。安娜不在办公室或不想外出时，冈恩都会替她出去开会并参加拍摄[53]。同事们纷纷推测，冈恩在幕后帮助安娜做了大量的造型工作。"尽管两人都有各自的问题，但是冈恩经常看起来像安娜的伙伴。也许安娜并没有肯定过冈恩的功劳，"迪贝内代托说，"不过她们似乎相处融洽。"[54] 在同事们眼中，冈恩不仅仅是安娜的助理。安娜会倾听冈恩针对报道内容的反馈，而且冈恩也发表过自己署名的文章。此外，冈恩从未抱怨过她的老板[55]。

* * *

基顿希望在杂志中融入自己对时尚领域的理解，这类做法让安娜难以接受。作为崭露头角的年轻才俊，安娜在办公室外得到了很高的业界认可度，她断然拒绝了基顿的想法。与此同时，基顿也会给安娜分配不感兴趣的报道任务，比如 Viva 杂志社人员调整等老生常谈的话题[56]。此外，两人还因信使、差旅费用和报道内容等问题而矛盾不断，其中焦点也许关乎员工模特。女性员工模特要为古乔内的所有刊物拍摄照片，每周会收到 176 美元的定金。从杂志的中间插页到《阁楼》杂志同名品牌内衣的促销广告，她们会参与拍摄各种各样的照片。当时，基顿也希望这些人能为 Viva 杂志拍照片。

在基顿看来，使用员工模特可以节省资金。然而安娜并不买账，在她眼中，这些模特的条件不符合高端时尚的要求，认为并未达到自己的报道标准。基顿恳请安娜选用员工模特，但是后者斩钉截铁地拒绝了，并且勃然大怒。促销部门的领导和员工模特们开玩笑说："离这一层的尽头远一点，因为安娜和基顿在为你们女孩的事情吵架。"但是，这些人都凑到离两人很近的地方坐下，以便听清她们的争论，大家时不时被安娜跺脚出入基顿办公室的声音打断。

安娜的抱负"并不是负责杂志中间插页的工作"。安娜曾经选用的员工模特雪莉儿·瑞克森（Cheryl Rixon）如是说，"众人皆知，安娜想成为 Vogue 杂志社的时尚编辑，而且有更加远大的理想。"

安娜非常欣赏具备时尚模特经验的瑞克森，认为她的气质完全可以与专业机构的模特相媲美，比如福特模特公司。此外，瑞克森的职业道德让安娜格外满意：她早出晚归，午餐时间也在勤勤恳恳地工作，而且恪守规则。她也是少有的对安娜毫不畏惧的员工。瑞克森说："安娜从来心情都不大好，大家都会蹑手蹑脚地靠近她。她很少微笑，除非是幸灾乐祸地讽刺。不过，在澳大利亚长大的我对英国人忧郁的性格司空见惯。"

瑞克森每次在拍摄前试衣时，都会看到安娜站在靠墙的长桌边，准备好像流水线一样将要试穿的服装。安娜会提前设计好造型，并将相应的服装挂在架子上，等待瑞克森一一试穿。瑞克森试穿了安娜挑选出来的所有服装，整个过程非常迅速，因为安娜是一个特别果断的人。她从来不说"这件衣服真棒"这类的话，也不会对瑞克森的造型表现出兴奋。现实情况是，瑞克森穿上指定的服装，安娜看到后只回复"好的"，然后让瑞克森离开。在现场，安娜几乎不需要指导瑞克森。由于一切已经提前安排妥当，安娜甚至不会到场，而是派她的助理替她把关[57]。

＊＊＊

安娜撰写的时尚文章引人入胜，而且不失趣味和温度。她设计的版面塑造了一种标志性的风格，所呈现的乡下田园美景与她后来在 *Vogue* 杂志中展现的画面如出一辙。在照片中，模特们留着一绺绺的秀发，身穿厚实的毛衣，在沙丘草地或旧农场中摆弄着各种造型，搭配弓箭、电动踏板车或刚钓到的鱼等道具，奇特的画风让人过目难忘[58]。

此外，*Viva* 杂志也曾打过擦边球。在1977年10月期中，该杂志发布了一组以"施虐和受虐"为灵感的照片，此系列出自珍–保罗·古德（Jean-Paul Goude）之手。他是当时备受尊敬的时尚摄影师，因与格蕾丝·琼斯（Grace Jones）携手创作的风格化专辑封面和音乐视频而家喻户晓。在这组照片中，一名女模特身着洋娃娃装，头戴一顶帽子，跪在地上，双手和膝盖触地，旁边一个男性站着喂她喝牛奶，流出的液体顺着女模特的胸部滴到硬木地板上。据帕特里夏·林登称："照片充满了性暗示，从未有人做过这样的事情。虽然现在看来不足为奇，但在当时并非如此。它为世人打开了新大门。"[59]

摩尔在 *Viva* 杂志社任职时，曾面见过杂志出版行业的重量级人物亚历山大·利伯曼（Alexander Liberman）。多年后，他聘请安娜在 *Vogue* 杂志任职。"我欣赏 *Viva* 杂志。我注意到，你的杂志刊头里有一名英国女性。"利伯曼口中的这个人便是安娜。显然，这正是安娜需要这份杂志的目的之所在——让自己一举成名[60]。

安娜来到了职业生涯的关键期。她已经在 *Viva* 杂志社工作了三年，陪伴该杂志度过了其半生时间，然而依旧没有为之摆脱"色情期刊"的标签。时任执行编辑的黛比·迪希特（Debby Dichter）回忆称："木已成舟，该杂志大势已去。"[61] "这家杂志社赔了很多钱，公司上下不知该如何处理。不过，大家唯一想做的就是将她赶走。"摩尔说[62]。

想赶走安娜并非易事。她负责的时尚版面既是投放商业广告的宝贵资产，也是该杂志得以在纽约媒体界流行起来的原因。*Vogue* 和《时尚芭莎》杂志的编辑们会翻阅 *Viva* 杂志，但只是为了了解安娜的工作。后来，安娜与基顿一样得到了鲍勃·古乔内的庇护，从而保住了自己的工作。

当时，薇薇恩·拉斯基也住在纽约，她曾经问过安娜：你是如何忍受为古乔内工作的？他是不是像别人描述的那样让人讨厌？"安娜觉得古乔内是个有趣的人。"拉斯基回忆称[63]。"安娜不拘小节，"小鲍勃说，"表明她在政治上缺乏洞察力。"[64]

* * *

1978 年年初，安娜与冈恩在广场饭店与自己的朋友迈克尔·齐尔卡（Michael Zilkha）共进午餐。齐尔卡对冈恩很感兴趣，于是他邀请了 ZE Records 的创始人朋友米歇尔·埃斯特班（Michel Esteban）一同赴约。埃斯特班瞬间被安娜深深地吸引住了，并在第二天邀请她共进午餐。安娜坦言，就着装而言，她误以为埃斯特班是一名同性恋。"她说纽约从来没有一个男人打扮得像他一样。"埃斯特班回忆称，"我把这句话当作一种赞美。"

随后，两人开始了一段恋情，安娜邀请埃斯特班同住。她的公寓是一栋典型的褐砂石建筑，室友是餐厅老板布莱恩·麦克纳利（Brian McNally），后来搬出了公寓。安娜和埃斯特班喜欢一同出入餐厅、画廊和博物馆。虽然他们出席过埃斯特班的艺术家们演奏的音乐会，"但是安娜并不感兴趣"。[65]

在此期间，安娜仍然忙于工作。尽管 Viva 杂志社面临资金困难，安娜还是奔赴世界各地完成了拍摄工作，比如日本、牙买加、瓜德罗普岛和波多黎各岛。虽然整个公司面临各种各样的问题，但是对于安娜来说，这是自己十分需要的一份很棒的工作。然而，该杂志很难吸引足够多的读者。1978 年下半年，Viva 杂志的发行量只有 1976 年全年 70 万份的一半左右。对此，基顿迁怒于报摊的偏见，因为对方仍把该杂志当作下流画刊一样置之不理[66]。

1978 年 11 月 17 日星期四，公司向员工宣布，该杂志将于第二天停止运营。安娜听闻后开始抽泣起来，眼泪顺着脸颊流淌。林登对她的反应大为震惊[67]。安娜平常总是表现得十分轻率，而且经常不来上班，员工本以为她对这个地方毫不留恋。从每天身上奢华的服装来看，安娜似乎根本不需要这份薪水来养活自己。不过，她当时感到悲伤，主要是因为失去了赋予了自己充分自由的工作，而并不是对杂志停止运营感到难过。对于安娜而言，这是她第一次获得通向自己希望构建的王国的机会，然而现如今一切化为乌有。

不过，对于同事们来说，安娜的悲伤背后或许还有更多不为人知的原因，这并不意外，因为她从来不与别人谈论私事。就在一周前，她的父亲刚与女友奥黛丽·斯劳特完婚，并且在伦敦举办了庆祝晚宴[68]。

一年半之后，安娜在另外一家杂志社找到了新工作。

第七章

转战 Savvy 杂志

Viva 杂志社停运后，安娜便与埃斯特班乘坐喷气式飞机周游世界，他们从法国南部到牙买加，再到伦敦，但是大部分时间仍在巴黎度过[1]。在巴黎时，安娜与安妮·麦克纳利（Anne McNally）走得很近，后者是一名芭蕾舞演员兼临时模特。两人相识于《时尚芭莎》杂志社。当时，安娜经常与麦克纳利的摄影师男友安德烈·卡拉拉（André Carrara）共事。"就像你喜欢吃巧克力一样，我解释不清自己和她之间的那种感觉。"麦克纳利说，"我和安娜互相欣赏。"有一次，两人在巴里什尼科夫（Baryshnikov）表演的首映式上都穿着由蒂埃里·穆勒（Thierry Mugler）设计的同款宽松外衣和紧身裤，只是颜色不同。据麦克纳利称，虽然两人在一起时经常"撞衫"，但是安娜总会看起来更"酷"一些[2]。

埃斯特班回忆称，对安娜来说，这是她从十几岁开始第一次真正意义上的休息，然而这丝毫没有削弱她的野心。"法语中有个短语可以形容她的这种状态，即'reculer pour mieux sauter'，翻译过来就是'以退为进'。"[3]

1980 年春季，安娜准备好返回纽约并继续工作。她开始为 Savvy 杂志供职[4]。

不久后，安娜与埃斯特班分道扬镳，因为后者不想留在纽约，但是两人依旧保持着朋友关系[5]。与此同时，麦克纳利搬到了纽约，她与安娜的关系变得更加亲密。麦克纳利搬到纽约后没多久，有一次，她与安娜穿着皮毛大衣和高跟鞋在布鲁明戴尔百货公司附近的莱辛顿大道闲逛，一个抢劫犯偷走了安娜的钱包。不过，安娜仍然具有年轻时的短跑天赋，虽然穿着高跟鞋，但是她追上了劫匪，并夺回了自己的钱包。麦克纳利回忆说："安娜的钱包根本不可能被偷走。"[6]

安娜也即将在自己的事业上像这样全力以赴。

* * *

1980年年初，Savvy杂志问世，口号是"打造女性高管的专属杂志"。《纽约》与《村声》（The Village Voice）杂志的创始人兼主编朱迪思·丹尼尔斯（Judith Daniels）说："Cosmo等其他杂志都将赞颂男性当作习以为常的事情。而我想做的是解放女性的束缚，并且让她们为自己的工作感到骄傲。""朱迪"（Judy）是她的本名，但是为了听起来更严肃一些，她将名字改成了"朱迪思"[7]。这份杂志听起来非常适合安娜，那时她已经30岁了，而且需要一份工作。由于没有太多的谈判筹码，安娜接受了每周1000美元的微薄报酬[8]。

不过，Savvy杂志的初衷是与20世纪70年代致力于在律师事务所和银行从事管理岗位的女性对话，安娜的世界观显然有所不同。撇开野心不谈，安娜与这类群体毫无关联。与Savvy杂志的受众的不同之处在于，安娜进入的是一个视女性特质为财富而非障碍的行业。然而，就时尚需求而言，律师与安娜这类影响力与日俱增的"IT"女孩存在天壤之别。在早期的编辑会议上，Savvy杂志社员工曾就是否报道时尚故事乃至是否承接美容品牌广告等问题展开激烈讨论[9]。然而，并未听说过有禁止女性杂志刊登时尚报道和美容广告的消息，毕竟这些是杂志赖以延续的营收来源。

丹尼尔斯精心筹谋数年才试探性地推出了 *Savvy* 杂志，但是她深知自己难以驾驭如此高端的内容。在她看来，那些拥有可支配收入的高管或许对时装感兴趣，如果事实确实如此，那这份杂志无疑是最好的选择[10]。尽管如此，丹尼尔斯仍然不能认可安娜以前的时尚作品。丹尼尔斯希望在照片中看到的是"普通百姓"而非模特，她想展示的是适合在办公室穿着的衣服而非出现在时装秀上的衣服，而且她也希望价格更加合理。总体而言，丹尼尔斯旨在吸引追求高层职位的女性，这些人喜欢阅读《你的名片如何展示自己的特点》《挑选下一只热门的计算机股票》之类的文章[11]。

安娜在 *Savvy* 杂志社的使命不是鼓动广大女性在美国企业中争取更高的职位，而是希望她们继续完成自己的人生规划——她希望在自己的作品集中填满各种各样自己喜爱的故事，从而为下一份的 *Vogue* 杂志工作或能够接近该杂志的工作做好充分准备。*Savvy* 杂志执行编辑苏珊·埃德米斯顿（Susan Edmiston）说："安娜意志坚定，她会义无反顾地做自己想做的事情。"

丹尼尔斯将成为第三个想要解雇安娜的老板[12]。

* * *

安娜为 *Savvy* 杂志工作期间，就像在 *Viva* 杂志社的办公室一样表现得神神秘秘。

她将老东家的乔治娅·冈恩挖过来协助自己，不过没人清楚她是如何给对方支付报酬的，也许是从微薄的时尚业务预算中挤出一部分，也可能是安娜自掏腰包[13]。

与在 *Viva* 杂志社期间的工作一样，冈恩负责与新杂志社的员工沟通。大家发现，相比于格格不入的安娜，冈恩非常平易近人。安娜与冈恩在杂志社进进出出，并且在办公室外的地方工作，经常有源源不

第七章　转战 *Savvy* 杂志

断的摄影师和模特拿着作品集在安娜面前展示[14]。安娜主要与老板丹尼尔斯、艺术总监卡洛·德文·卡森（Carol Devine Carson）以及卡森的助理丹·泰勒（Dan Taylor）交流。泰勒作为办公室为数不多的男性员工，深得安娜欣赏，后者以1934年的一部名为《瘦子》（*The Thin Man*）的电影名称呼他，理由是泰勒总是令安娜想起电影明星威廉·鲍威尔（William Powell）。泰勒还会亲自拍摄照片，并且希望让安娜负责的版面看起来更加漂亮[15]。员工们心知肚明，安娜是一个工作努力的人，她只会在需要材料的时候联系他们，比如为她报道的故事撰写文案。

在 *Savvy* 杂志社工作期间，安娜搬到了她的新男友迈克尔·斯通（Michael Stone）所在的上西城公寓[16]。斯通是一位作家，他非常富有[17]，而且与安娜同龄。在公寓里，安娜搭起了一张巨大的白色办公桌，如果不去办公室，她就会在这里工作18个小时，不过大部分时间可能都在寻找下一份工作[18]。在办公室工作时，安娜经常戴着墨镜，喜欢穿牛仔裤、利柏提百货公司的衬衫和20世纪80年代的气球裤，看起来容光焕发。不过让人匪夷所思的是：安娜为什么几乎在无偿为 *Savvy* 杂志社工作，甚至可能倒贴？这位才华横溢而自视甚高的欧洲人带着自己的助理，为什么想要为每天身穿肉色连裤袜和带垫肩衣服的女性报道时尚新闻呢？

* * *

作为一家初创公司，*Savvy* 杂志社的预算有限，因此每个人都必须斗志昂扬，安娜也不例外。她将自己的衣架推到和城市街区一样长的办公室走廊中，并且请人帮忙拍出好作品[19]。在牙买加的一次拍摄中，她邀请安妮·麦克纳利担任模特。卡森说："我们只拿到了照片。安娜掌控着一切，而我一点都不像她的艺术总监，她有自己的想法和态度。"就算丹尼尔斯或其他编辑对安娜负责的版面提出质疑，卡森仍然会力挺安娜[20]。

果不其然，安娜的开销成为大家争论的焦点，这与她在 Viva 杂志社遇到的情形如出一辙[21]。不过，不同以往的是，安娜的创作方式发生了改变。在 1981 年 2 月期的杂志中，她撰写过一篇文章，介绍了包括诺玛·卡玛丽（Norma Kamali）和鞋履设计师莫德·弗里宗（Maude Frizon）在内的六名女性时尚企业家，她们的照片也出现在了该期杂志的封面上。安娜让一位模特依次穿上服装并拍照，七张照片中仅有一张捕捉到了她的全脸，其他照片的角度不是从背后拍摄就是俯拍。有一次，安娜在为封面拍摄照片，她用一顶深玫瑰色的帽子挡住了模特的脸，而丹尼尔斯看到成片后拒绝刊登[22]。

还有一次，安娜为周天娜（Tina Chow）拍摄照片。周天娜正是安娜欣赏的商业人士，因为她属于时尚界的一员——模特、珠宝设计师以及"IT"女孩。曾经有人拍到过她和妹妹阿黛尔·卢茨（Adelle Lutz）在她丈夫的时尚中餐厅 Mr. Chow 中消磨时光的照片。照片中，周天娜穿着价值 650 美元的 Ron Leal 品牌麂皮夹克，而她的妹妹则穿着价值 300 美元的 Issey Miyake 品牌羊毛衫。这组照片出自时尚摄影师盖伊·勒鲍伯（Guy Le Baube）之手，他曾在 Viva 杂志社为安娜拍摄过照片。尽管他当时的报酬只是平时的一小部分，而且自己也认为拍摄照片是一件简单而浪费时间的事情，但是他还是喜欢与安娜一起工作。在安娜看来，勒鲍伯比时尚界的大多数人聪明很多。此外，勒鲍伯对时尚本身一无所知，他关心最多的是光线问题，而有关衣服的事宜全都听从安娜安排。"安娜的经验非常丰富。她具备优雅的异国口音，而且清楚地知道自己想要什么。"勒鲍伯回忆称。与此同时，他也进一步意识到，安娜不只是"有能力认识"名人，她也逐步在"创造"名人[23]。

* * *

安娜对自己负责的版面得心应手，但读者们都很焦虑，纷纷来信表示，"我永远也买不起这件衣服"，或"我一辈子都不会穿这样的衣服"[24]。丹尼尔斯为此非常担忧，甚至想要解雇安娜。丹尼尔斯既不认同安娜的时尚偏好，对安娜的随心所欲也心存芥蒂，因为她从来不考虑成本预算以及读者的感受。然而，凭借在创作过程中表现出的无畏精神，安娜说服了丹尼尔斯将自己留下来*[25]。

执行编辑克莱尔·格鲁波（Claire Gruppo）表示："对安娜而言，这是一份不错的差事。不过，这份工作是否足够有趣、足够有品位呢？答案当然是否定的。所以说，她只是认为自己需要在这里工作一段时间。"[26]

安娜为自己争取了一些时间来骑马找马。1981年3月18日星期三，她来到安迪·沃霍尔（Andy Warhol）的《采访》（Interview）杂志社办公室，向编辑鲍勃·科拉切洛（Bob Colacello）展示了自己研究了三个月的创意。"他只是随便看了一眼，认为她的作品都很拙劣，安娜听到后当场哭了出来。她是一个身心非常坚强的人，我根本想象不到她会哭泣。"沃霍尔在日记中写道，"我想这大概是她表现出了女性脆弱的一面吧。"†[27]

然而，如果安娜对某件事情坚信不疑，哪怕一人孤军奋战，她也会排除万难，并努力实现自己的想法。她依旧在向博学而优秀的家庭证明自己的实力，可能尤其是自己的父亲查尔斯。她离开了《采访》杂志社的办公室，并转向了下一场面试。

---

*　多年后，杰瑞·奥本海默（Jerry Oppenheimer）在编写《安娜，秀场前排》（Anna, Front Row）传记时，曾采访过丹尼尔斯，可想而知，后者否认了自己之前想要解雇安娜的打算。

†　1981年4月26日星期日，也就是安娜遭拒的一个月后，沃霍尔看到安娜同迈克尔·斯通在时尚市中心的意式餐厅Da Silvano共进晚餐。他怀疑自己做出了一个错误的决定。"我们本该雇用她。"沃霍尔在《安迪·沃霍尔的日记》（The Andy Warhol Diaries）中写道，"我们确实需要一位时尚达人。不过我不认为她了解穿搭，因为她的打扮确实非常差劲。"

第八章

与 *Vogue* 杂志结缘

与劳里·琼斯（Laurie Jones）第一次见面时，安娜正坐在《纽约》杂志社办公室的地板上。当时，安娜戴着一顶帽子，身体看起来非常瘦小，因此琼斯起初认为她是一个男孩子。那段时间，安娜与《纽约》杂志社的作家之一乔恩·布拉德肖是情侣关系，他正忙着赶在截止日期前交稿，而安娜没有别的地方可以等他。

大约五年后，也就是 1981 年年初，安娜尚在 *Savvy* 杂志社任职。当时，《纽约》杂志社的执行编辑琼斯打电话叫她参加面试，关乎一个新设的时尚岗位。

这项工作充满挑战。编辑需要在没有团队支持的情况下创作时尚文章，参加时装秀，挑选服饰，预约摄影师、发型设计师、模特和化妆师——所有这些工作几乎都要凭借一己之力完成。此外，几乎每周，杂志都必须刊登时尚故事，并且要紧扣纽约文化，而不能仅仅展示最新的时尚单品。

琼斯面试过曾在 *Vogue* 杂志社任职的员工，但是似乎没人能胜任这一岗位。绝望之际，她打电话给远在伦敦的格蕾丝·柯丁顿。柯丁顿是英国版 *Vogue* 杂志的首席时尚编辑，当时已经在业界赫赫有名，但是她表示自己对该职位毫无兴趣。后来，安东尼·哈登-格斯特的出现迎来了转机，他是《纽约》杂志的作家之一，以报道曼哈顿的上流社会而闻名，此人向柯丁顿推荐了自己的朋友安娜。

琼斯立刻就喜欢上了安娜。她发现安娜是一个精力充沛且充满热情的人，对时尚非常在行。琼斯让安娜在下次会面时分享她的创意理念。安娜回去后，精心制作了几张排版样张，其中涉及一系列Polaroid品牌的服装照片。她的想法灵活多变、别具一格且计划周详。"安娜，这些作品真是棒极了。"两人再次见面时，琼斯赞不绝口，"每个理念我都很喜欢。"她随即将安娜的设计样张交给了主编爱德华·科斯纳（Edwand Kosner）。当时，科斯纳已经运营《纽约》杂志一年之久，此前，他曾在《新闻周刊》杂志社担任编辑。"爱德华，这是个了不起的女人。总有一天，她会带领我们成就一番大事业。"琼斯对科斯纳这样说。科斯纳应声大笑，随即雇用了安娜[1]。

安娜就这样得到了在《纽约》杂志社工作的机会，从而结束了自己在美国飘摇不定的职业生涯，并且最终为她奠定了梦寐以求的行业明星地位。

在全是记者的新闻编辑部中，安娜再次以异乎寻常的魅力形象出现在大家面前。当时，她主要穿日本设计师款服装，而且她会准备两套颜色不同的Kenzo品牌套装来上班。她曾对同事解释过原因："我情不自禁想这样做，就是忍不住想要穿。"[2]安娜的波波头造型遮挡住了她的面庞，衣服层层挂在她纤瘦的身体上[3]。她每天都会穿着Susan Bennis/Warren Edwards品牌的高跟鞋，但是丝毫不在意走路不舒服，因为对她而言，"前门到豪华轿车的距离不过区区几步路而已"[4]。

安娜没有和其他人共用一张破旧的办公桌，而是自己带来了一张巨大的白色帕森斯桌。她曾表示："我喜欢白色的桌面，方便我查看服饰。"[5]此外，她也配置了一套衣架[6]和一把椅背安装弹力绳的时尚折叠躺椅[7]。她还向杂志社索要了一块白板用来粘贴照片，从而为自己搭建了一个完美的小天地[8]。不过，与其他堆满报纸的房间不同[9]，安娜的办公室是一处隔间，只有一个独立的用来放置借来的服饰的小衣柜[10]。

虽然安娜渴望过上自己在摄影照片中呈现出的生活，但是实际上她一直都在努力向高管迈进。尽管她并不认可 Savvy 杂志的理念，但是事业的突飞猛进为她提供了强大的驱动力。此时，安娜已经跻身纽约顶级时尚编辑新星之流，她不仅身材苗条、形象姣好、打扮精致，而且具备军队将领或首席执行官般的领导风范。对于周围的同事来说，她虽然不够谦和，但是具备"条理性"和"专业性"[11]。

《纽约》杂志团队聚集了一众工作勤奋的朋友，办公室的氛围通常轻松愉快，同事们彼此间会偶尔开开玩笑。安娜很难融入这个小团体，但是却和负责男士版面的时尚编辑亨利·波斯特（Henry Post）成了朋友。在他感染艾滋病后，安娜曾去医院探望，并为他按摩脚掌[12]。此外，安娜与员工哈登-格斯特也有过来往。不过，在后者帮助安娜得到这份工作后，这段短暂的交情便画上了句号。哈登-格斯特认为："我不认为安娜是一个自私自利的人。这就是她的本性，她会一直向前看。"[13]

周围的同事都感觉安娜很难接近。但是作为时尚编辑，安娜感到自己遭到排挤。"当时，《纽约》杂志社并不是特别重视时尚版面，所以我的办公室被安排在了女洗手间门外。"安娜回忆道[14]。不过，无论是以前还是后来，安娜从未主动与同事们建立关系，以缓解这种受到排挤的感觉。一些玩笑经常被安娜当成恶意挑衅。平日里，她偶尔会将波波头向上拢在一起，用橡皮筋在头顶扎成一小撮日本武士风格的发髻[15]。当员工们第一次看到这种造型时，都学着安娜的样子将头发用橡皮筋扎起来，哪怕几乎是秃头的男性也不例外。当发现房间里的人都在模仿自己时，安娜突然哭了起来，并转身离开[16]。

对于安娜来说，这类玩笑也许让她更加感到受到排挤。有一次，安娜邀请《纽约》杂志服务内容版面的高级编辑南希·麦肯（Nancy McKeon）陪她面见克拉克森·波特图书出版社的一位编辑。安娜当时正满怀热情地希望把自己正构思的一期内饰主题杂志改成咖啡桌读物。

在两人步行前往目的地的途中，安娜一言不发。

"你不喜欢聊天吗？"麦肯问道。

"我会和朋友们聊天。"安娜答道。两人的对话到此结束[17]。

安娜的朋友都是欧洲侨民，比如安妮·麦克纳利、琼·朱丽叶·巴克（Joan Juliet Buck）以及英国记者夫妇彼得·佛格斯（Peter Foges）和古利·威尔斯（Gully Wells）[18]。此外，安娜与艾玛·索姆斯也走得很近，在安娜刚到《纽约》杂志社任职时，索姆斯恰好与她的未婚夫前来纽约。他们一起共进晚餐，索姆斯的未婚夫提前离席。就在他走后，安娜劝告索姆斯说："你不能嫁给那个男人。"

"哦，安娜，我知道了。"索姆斯满脸疑惑地应声道。话音刚落，不知道从哪里冒出的一杯红酒突然越过桌子，泼在了安娜全新的白色 Yves Saint Laurent 品牌衬衫上。据索姆斯回忆称："在那之后，我再没见过那件衬衫，而且安娜对那个男人没看走眼。"[19]

* * *

《纽约》杂志备受瞩目，并因以 1976 年的系列专题故事改编成的电影《周末夜狂热》（Saturday Night Fever）等作品闻名遐迩。就像查尔斯运营的《伦敦旗帜晚报》一样，该杂志备受出版行业记者的追捧，而且他们中的很多人都希望来这家杂志社工作。然而，当时市面上的大部分时尚广告都被其劲敌《纽约时报》（New York Times）杂志社收入囊中，安娜的前任老板嘉莉·多诺万正是该杂志的时装编辑。《纽约》杂志社期望安娜打破这种局面[20]。她说服科斯纳允许自己选用最好的摄影师和模特来诠释自己的报道内容，从而打造出更具时尚性的高端杂志。不过，这需要该杂志社投入空前巨大的资金。然而，与安娜的前任老板不同的是，科斯纳执迷于将《纽约》杂志打造成行业瑰宝，因此他让安娜放手去做[21]。有一次，科斯纳曾向哈登−格斯特抱怨说，自己不理解为何安娜对摄影师的选择如此执着[22]。

"科斯纳极其看重安娜。"副艺术总监帕特里夏·布拉德伯里（Patricia Bradbury）说，"在我看来，安娜美丽的外表和迷人的魅力令科斯纳倾倒。我觉得科斯纳有些迷恋她。我也有些迷恋她，大家都是。"

从见到安娜的第一眼起，科斯纳就认定她是一个才华横溢的人，并且心甘情愿地帮助她实现事业上的成功，这与他以往的为人处世逻辑似乎完全不符。布拉德伯里曾参加过安娜盛情推荐科斯纳出席的会议。"安娜提前做足了功课。她在会上提出的所有建议都很难让人拒绝。"布拉德伯里说[23]。安娜渴望将纽约蓬勃发展的商业区艺术场景与自己的时尚摄影相融合，并委托迈克尔·布德罗（Michael Boodro）帮她选择了一些可以合作的艺术家。布德罗曾经在纽约现代艺术博物馆和格雷美术馆任职，他表示："安娜不希望只让模特待在工作室里，她想做些与众不同的事情。"[24]

安娜在《纽约》杂志上的首秀与勒鲍伯合作完成。当时，他们聘用安蒂·麦道威尔（Andie MacDowell）和另外一个模特拍摄了一组夏装照片。勒鲍伯的想法是：在一个炎热的晚上，两个模特站在纽约的一栋高楼的房顶上，以倾斜的帝国大厦为背景，在深蓝色的夜空下翩翩起舞。然而，这样的效果在当时很难达到，因为后期制作无法改变背景中大厦的倾斜角度。勒鲍伯找到了一座可以在房顶看到帝国大厦的建筑物，他另辟蹊径，用木架搭建了一处倾斜的平台，并让模特们站在上面摆好造型。他将相机的水平轴对准平台，如此一来，就拍出了大厦在模特身后"倾斜"的效果[25]。安娜让麦道威尔躺在价值1750美元的清新色调折叠躺椅上，并为该成片取名为"燥热之夜"[26]。

虽然经常与安娜合作，但是勒鲍伯并不认为两人很合拍。据勒鲍伯回忆称，当两人一起外出拍照时，安娜"就会化身像老鹰一样的猛禽"。勒鲍伯说："任何细节都逃不过她的眼睛，她随时都会凭借胆识和权威横加干涉。"

第八章　与 *Vogue* 杂志结缘

这种做法经常让对方反感。勒鲍伯说，他与安娜在片场"争执不断"，最后只得由乔治娅·冈恩出面调解。梅勒妮·史凯泽克（Melanie Skrzek）是安娜在《纽约》杂志社工作的首位助理，在她离职不到一年后，安娜再次聘请了冈恩为自己工作。

冈恩确实帮了不少忙，她的脾气很好，而且"希望得到皆大欢喜的结果"。勒鲍伯说："因为我和安娜从来不会费尽心思地讨好对方。"

然而，勒鲍伯完全能接受自己与安娜在片场时的紧张关系。相比于服务其他编辑，他更愿意为安娜拍照。他在为 Vogue 杂志拍照时，对方并不能保证他的作品一定会被刊登出来。在他看来，安娜不会那样浪费自己的时间，而且安娜显然也不喜欢别人浪费自己的时间[27]。

科斯纳深知，要想打造出高端的杂志，就意味着必须要偶尔自吹自擂。在自己负责的第四期杂志中，安娜介绍了一件价值 2 万美元的黑貂皮外套和一件价值 8000 美元的海狸皮大衣[28]。此外，在 1982 年的一期杂志中，安娜曾用两版的篇幅介绍了山羊皮行李箱，并配文道："此系列包含从 750 美元的小手提包到 9000 美元的扁皮箱。"[29] 编辑南希·麦肯认为《纽约》杂志推荐的行李箱都非常精美，但是价格太过昂贵。在随后的一篇关于甜点的报道中，科斯纳对一款来自 Sylvia Weinstock 品牌的售价高达 600 美元的巧克力蛋糕大为震惊。他把员工接连叫到办公室询问了一番，甚至与本篇报道毫无关系的麦肯也难逃考问。科斯纳责问大家为什么这款 600 美元的天价蛋糕会出现在杂志上。

"你不觉得奇怪吗？为什么没有提前告诉我呢？"科斯纳问道。

"但是，爱德华，"麦肯回答道，"你都同意刊登 9000 美元的山羊皮行李箱。"

"这是两码事。"科斯纳说，"你又不会真的想吃那块蛋糕。"[30]

＊＊＊

安娜确实历练出了"厚脸皮"的功夫，因此才得以在时尚媒体界生存如此长的时间。尽管如此，她仍然是一个情感丰富的人，只是不会轻易表露而已。一个春天的晚上，恰逢周五，安娜与照片编辑乔丹·沙普斯（Jordan Schaps）在办公室待到很晚，他们等着与摄影师奥利维耶罗·托斯卡尼（Oliviero Toscani）见面。沙普斯是一位歌剧迷，负责杂志封面相关事宜。当时，托斯卡尼正从伦敦飞往纽约，他想在该杂志社下周拍摄春季时装的封面照片前，先到办公室了解安娜准备展示的衣服。安娜准备了设计师款的样衣，打算让模特们扮成各种身份的纽约市民并摆出造型，比如出租车司机、单车信使以及 Le Cirque 高档餐厅的服务员等。

沙普斯回忆说，当时无论安娜挑选了哪件衣服，托斯卡尼都不满意。此次会面的真正目的并非讨论服装，而是关乎托斯卡尼的自尊，旨在彰显他的强大影响力。托斯卡尼的轻蔑态度让安娜流下了委屈的泪水。"在我看来，安娜非常宽宏大量，对于此次会面准备充分，打算迎接托斯卡尼这个自命不凡的人晚上 9 点飞到办公室检查衣服。"沙普斯说到，"托斯卡尼就是一头蠢猪……根本没理由让安娜伤心流泪。"[31] 然而，托斯卡尼声称自己不记得这次选装会议，但是"可能"把安娜弄哭过。不过，在当时照片拍摄的过程中，大家都忙得不亦乐乎，没时间再玩弄权术之策，因此一切都进展得非常顺利。托斯卡尼非常欣赏安娜的高效、智慧和幽默感[32]。后来，两人又合作过几次[33]。

职场上的憎恶很难让人轻易释怀。梅勒妮·史凯泽克是安娜在《纽约》杂志社工作时的首位助理，她曾就读于帕森设计学院，而当时的她才初出茅庐。工作期间，史凯泽一直俯首帖耳，对安娜唯命是从，比如帮她安排时装秀上的座席，为她取回午餐的酸奶和香蕉等等，似乎显得乐此不疲。在向安娜证明了自己的工作能力后，史凯泽克获得了做造型和拍摄的机会。她们决定让崭露头角的喜剧女演员桑德拉·伯恩哈德（Sandra Bernhard）出镜，并委托年轻的时尚插画家史蒂文·梅塞尔（Steven Meisel）进行拍摄。当时，梅塞尔刚刚转型成为一名摄影师。当安娜收到成片后，她却不由分说地"毙掉"了这则报道。由此看来，无论作为助理的拍摄首秀，还是名人模特的加入，一切都毫不重要[34]。

在职业生涯中，安娜多次决定"毙掉"作品。一旦心意已决，就没人能改变安娜的主意。此外，*Vogue* 这类杂志也经常会"毙掉"各种报道，安娜知道，这样做很有必要，目的是让人们了解杂志的标准，因为这不仅关系到最终结果，也关系到片场的规矩。通过"毙掉"报道，"受害者"才知道具有真正决定权的人是谁。与此同时，他们也会明白，如果下次想在杂志上看到自己的作品，哪些是应该做的，而哪些是不该做的。

梅塞尔志在成为和安娜一样对自己作品要求严苛的人，他对这次成片呈现出的效果也不太满意。梅塞尔后来成了史上最伟大的时尚摄影师之一。不过，在这件事情过去很多年之后，他才与安娜·温图尔再度展开合作[35]。

* * *

无论片场发生什么状况，安娜似乎从未交出过不合格的照片。在《纽约》杂志社工作还未满一年，她就被提任为高级编辑。科斯纳在杂志中开设了一项名为"时尚前沿"的新专栏，安排安娜报道内饰、有影响力的人物和服装等相关内容，扩大了她的工作范围[36]。在安娜的经营下，杂志一期比一期获得了更多的业界关注，包括设计师、模特，还有编辑。在接下来的一年里，安娜虽然没有为 *Vogue* 杂志工作，但是和该杂志的交流已经开始。

86 安娜·温图尔传：为信仰痴狂

自 1971 年以来，格蕾丝·米拉贝拉一直担任 Vogue 杂志的编辑。周围的人从其衣柜和办公室的装饰便可知晓，她对米色系情有独钟。当安娜在《纽约》杂志社中推动革新理念时，身为 Vogue 杂志顶级时尚编辑之一的波利·梅伦[37]意识到，自己经营的杂志逐渐变得"无聊"，梅伦自己也几乎不会被任何人用这个词来形容。在 1981 年的一次拍摄中，梅伦感觉整个画面乏味无趣，为了拯救这场拍摄，她便叫来了一位驯兽师。在拍摄的最后阶段，梅伦决定雇用这位驯兽师，并让他将一条巨大的红尾蚺带到片场与模特娜塔莎·金斯基（Nastassja Kinski）合影。当时，摄影师理查德·阿维顿（Richard Avedon）让金斯基裸身与蛇躺在地上，同时让这条蛇爬到她的脸上，并朝她的耳朵"吐信子"。"就在照片拍完的一刹那，我激动得哭了出来。"梅伦说[38]。这张照片成为 Vogue 杂志历史上的经典名作之一。

梅伦想知道，不按常理出牌的安娜能否让 Vogue 重焕生机。早在 20 世纪 70 年代，安娜尚在《哈泼与女王》杂志社工作时，梅伦就经常在时装秀上见到她的身影，而且颇为欣赏对方的个人风格。之后梅伦对安娜在《纽约》杂志社的表现印象深刻[39]，于是安排了她与米拉贝拉的会面。米拉贝拉询问安娜对 Vogue 杂志的哪项工作感兴趣，安娜的回答是"你的工作"。后来据安娜回忆，当时的自己突然"直言不讳"，这和平时判若两人[40]。

安娜的回答为那次的会面画上了句号。

* * *

1982 年初夏，安娜与同居男友迈克尔·斯通的关系出现了裂痕。两人曾一同前往汉普顿斯拍照。当时，团队成员都住在斯通从模特柴纳·马查多（China Machado）那里租来的房子中。大家明显能察觉到，安娜与斯通相处得并不融洽。在盖伊·勒鲍伯的助理看来，安娜对勒

第八章 与 Vogue 杂志结缘

鲍伯的倾慕之情是导致她与男友之间心生嫌隙的原因[41]。然而，安娜对勒鲍伯并无好感，她认为勒鲍伯与拍摄照片的年轻模特关系暧昧。安娜曾打趣说："他还以为自己是赫尔穆特·纽顿（Helmut Newton）呢。"她口中的这号人物便是以拍摄色情照片而闻名的摄影师，他的作品非常前卫，而且颇具影响力。但安娜却难以容忍勒鲍伯这种极不专业的行为[42]。

拍摄期间，各种各样不愉快的插曲每天都会发生，比如：勒鲍伯不喜欢模特的站位；向来果断的安娜却经常表现出犹豫不决的样子，而每次当助理想帮助她时，她又厉声批评。一切都让大家心烦意乱，他们都希望赶快结束拍摄并早日回家[43]。最终的成片效果还算不错，不过这也是安娜与勒鲍伯最后一次共同署名。

安娜一直希望自己的合作者能拥有完美的判断力和行为能力，但是有时候她自己都未必能做到二者兼顾。1982年，在以"夏日狂欢"为主题的双刊杂志中，沙普斯受到阿尔贝托·巴尔加斯（Alberto Vargas）为《时尚先生》（*Esquire*）杂志创作插图的启发，打算在《纽约》杂志封面放一张"浴中美女"的照片。在一次会议上，安娜问道："我们为什么不邀请瑞秋·瓦德（Rachel Ward）做模特呢？"瓦德是一位在英国出生的女演员，因在1983年出演电影《荆棘鸟》（*The Thorn Birds*）而家喻户晓。"我了解她，她会愿意让我们拍照的。"安娜说。

沙普斯听到后甚是欢喜。安娜再次住进了马查多在南安普敦的房子，大家决定在夏季阳光灿烂的户外进行拍摄。因为摄影师帕特里克·德马舍利耶（Patrick Demarchelier）恰好住在附近，为了节省交通费，沙普斯邀请他前来拍摄。与此同时，大家为瓦德以及一些工作人员预订了酒店房间，而沙普斯和安娜则住在了马查多的房子里。

然而，从一开始，拍摄过程就非常不尽如人意。天一直在下雨，丝毫没有放晴的迹象。时间在一点点地流逝，沙普斯建议将门廊处的家具搬走，并在那里搭建了临时工作室。大家终于可以正常拍摄了。

在阴沉灰暗的背景下，瓦德穿着泳衣摆出各种造型，看起来美若天仙。沙普斯心情亢奋，在瓦德休息期间，他叫助理拿着标准的模特摄影使用授权书找对方签字。然而，他一直都没等到瓦德的回复。"没有模特在授权书上的签字，我们绝不会回去。"沙普斯固执地说。当他再次询问此事时，助理说："安娜已经搞定了。"

沙普斯回到办公室后，将选中的照片贴在板子上。就在这时，安娜走进来向他讨要一份复印件，打算交给瓦德审核。

"安娜，我们没必要这么做。"沙普斯说。这是新闻界的原则，科斯纳不会允许拍摄对象左右成片效果。

安娜回到了自己的办公桌前。不一会儿，她带来了一份免责文件，上面写着："我们批准将照片交由瑞秋·瓦德审核。"

"安娜，我觉得你最好给爱德华过目一下。"沙普斯说。

安娜走进科斯纳的办公室，并关上了门。"根据以往的经验，当科斯纳关上办公室的门时，你就要做好准备，要么笑着出来，要么哭着出来。"沙普斯说。当安娜出来后，脸上带着泪水。

"我要飞往洛杉矶去征求瑞秋的批准。"安娜告诉沙普斯。随后，沙普斯将照片拿给安娜，并为她订了机票。

瓦德看到照片后，也不禁哭了出来。照片中的她看起来非常肥胖，而且形象糟糕，这组照片一旦刊登，必然会断送她的职业生涯。沙普斯并不想换掉照片，不过他在电话中安抚瓦德，并表示会放弃这期封面作品。然而实际上，他正在最后关头绞尽脑汁地思考其他补救措施。他想起安娜最近拍摄了一组泳装照片，于是找到了当时参与拍摄的两位模特，挑选了其中一位重新拍摄封面照片。在此期间，安娜和瓦德刚刚结束了在洛杉矶的这场灾难性的会面，正在飞往纽约的途中，因此无法参与拍摄。于是，沙普斯接手了这次任务。在他看来，替班造型师挑选的泳装并不合适，因此他在拍摄其中的一张照片时，提出让模特自主选择。模特说："我的手提包里正好有一件比基尼。"在她换

第八章　与 *Vogue* 杂志结缘　　　　　　　　　　　　　　　　　　89

上比基尼后，沙普斯的头脑中又冒出了新的想法。他对助理说："快去买些牡丹花来。"他让模特手捧着一束粉红色的牡丹花放在胸前，并完成了拍摄。最终，他的成片刊登在了封面上。

安娜从洛杉矶回到公司后，顺便去了一趟沙普斯的办公室。她对沙普斯说："我喜欢你拍摄的封面。"和父亲一样，安娜很少在办公室称赞别人。因此，假如有人在工作上得到了安娜的认可，那么一定是她发自肺腑的评价，这种感觉令人陶醉。

沙普斯望着安娜说："这组封面照片是我们两人共同的杰作。"这算是他唯一一次与安娜共同处理瓦德面临的大灾难[44]。

* * *

和以往的工作经历一样，安娜依靠一位尽心尽责的助理帮她完成了工作任务。继史凯泽克离职后，她找来乔治娅·冈恩协助工作。后来，她又雇用了劳里·谢克特，顶替了冈恩的位置。谢克特为安娜工作了10年之久。她最初踏入时尚界时，曾为创办了Dianne B精品店的黛安娜·本森（Dianne Benson）工作。当时，安娜光顾过该店，既给自己买过Comme des Garçons品牌的服装，也经常借用单品进行拍摄。在安娜来《纽约》杂志社工作前，谢克特每周六都会看到她在店中挑选商品的身影。

就在谢克特上班的第一天，安娜开门见山地说："我做事缺乏条理性，因此需要你帮我打理好一切。"然而，谢克特很快就意识到，安娜做事非常讲究条理。所以说，这其实是安娜的管理策略，为的是确保手下员工不会懈怠。不过有件事情安娜想得不够周到，那就是她购买的Wayfarers品牌墨镜。为了贴合自己小巧秀气的脸庞，安娜在苏豪区的春街眼镜店定做了一副墨镜，然而她派谢克特到店更换了好几次[45]。

后来，Vogue杂志社的员工都回忆说自己受到过安娜的"调教"。

无论是安排拍照还是为她的宠物狗挑选项圈,安娜从一开始就对他们的工作格外挑剔。在大家看来,安娜的行为是在维护她的领导地位。习惯与安娜共事的老员工会告诉新职员:"这就是她的工作方式,你不要放在心上。"[46]

谢克特在《纽约》杂志社为安娜工作的头两周,体重减轻了8磅。每天她都是第一个到达公司,也是最后一个离开公司。她一直忙于拍摄任务,有时还会处理老板的私人事务。工作期间,她喝了大量咖啡,但是回家后依旧可以倒头就睡,有时候在晚上11点半就进入了梦乡。谢克特的其中一项任务是前往安娜与斯通合住的阁楼公寓,帮助老板从壁橱中取东西。让她感到惊讶的是,安娜的家就像干洗店一样,拥有一套自动衣架。

1982年秋季,谢克特完成了自己的首次拍摄任务。当时,她想做的主题是"乡村周末着装"[47]。安娜计划前往布里奇汉普顿的沙丘草地进行拍摄,模特穿着厚实的衣服和靴子,秀发柔软又纤细。

安娜对谢克特说:"给布莱恩·班特里(Bryan Bantry)打电话,告诉他,我想让山姆·麦克奈特(Sam McKnight)参与此次拍摄。"不过,她并没有提到麦克奈特是发型师而班特里是其经纪人,也没有提供麦克奈特的电话号码。后来,谢克特找到了号码并打给班特里:"你好,我是劳里·谢克特,这通电话是替安娜·温图尔打的。她希望这些天可以预约麦克奈特的服务。"

"没空。"班特里说完便挂了电话。

谢克特碰了一鼻子灰,她告诉安娜说,麦克奈特没有时间。

"再打一次,告诉布莱恩,我真的非常需要麦克奈特。你一定要帮我约到他。"安娜说。她提醒谢克特,史凯泽克以前也干过这种事情。谢克特不想把前任员工能胜任的任务搞砸,于是她再一次打给了班特里,并最终说服了对方。安娜又对谢克特说,自己和工作人员需要一辆面包车前去布里奇汉普顿。谢克特联系到了一家汽车服务公司,并预约

第八章 与 *Vogue* 杂志结缘 91

了一辆配有司机的面包车。在路途中，安娜打电话给谢克特说，面包车的轮胎磨损严重。谢克特瞬间变得惊慌失措起来，赶忙联系这家汽车服务公司："你们必须再安排一辆车和一个司机，不然我的这份新工作就保不住了。"最终，安娜和工作人员坐上了一辆新的面包车[48]。

当时，杂志社雇用了亚历克斯·卡特林（Alex Chatelain）拍摄照片。安娜在《哈泼与女王》杂志社任职时，卡特林曾为她的一则报道拍过照片，两人的关系非常融洽。然而不幸的是，他们的友情却在布里奇汉普顿的冰冷海滩和废旧的谷仓环境中戛然而止。

当地的天气异常寒冷。模特们从城里开了足足三小时车才到达此地，所有人都疲惫不堪。于是，大家决定在一家名为"糖果厨房"的饭店稍作休息。

"他们有五分钟的休息时间。"安娜说。

"不行，他们现在都太冷了，需要暖和一下。"向大家送汤的卡特林反驳道。

安娜坚持说："我们没时间了，还要赶紧回去工作。"她依旧吃得很少，而且对稍后的商务午餐时间要求得非常严格。午餐期间，不管有什么菜还未上桌，大家必须在 45 分钟[49]内结束进餐。卡特林以前经常在片场开玩笑，但是此刻，他只是尴尬地坐在那里，沉默不语。接下来的拍摄过程充斥着紧张骇人的气氛。卡特林一心只想赶快结束，然后就能回家了。

若干年后，安娜成为英国版 *Vogue* 杂志的主编，她决定裁掉两位摄影师，其中一个就是卡特林。卡特林称："她毁了我的事业。"[50]

* * *

安娜的个人生活同样充满戏剧性。她的"荣冠战争"始于和儿童精神科医生大卫·谢弗（David Shaffer）的相识[51]。谢弗比安娜大 13 岁。

1977年，他与妻子塞蕾娜·巴斯（Serena Bass）从伦敦搬到纽约，在哥伦比亚大学担任儿童精神病学科主任[52]。在彼得·佛格斯与古利·威尔斯位于西村的家中，安娜见到了谢弗和他的妻子，两人邀请安娜与斯通一同参加聚会[53]。在伦敦时，谢弗和巴斯会定期举办文化沙龙，同画家、作家以及丹尼尔·戴·刘易斯（Daniel Day Lewis）这类知名人士欢聚一堂，享用英式传统的周日午餐。谢弗夫妇两人将这项传统带到了纽约，而安娜则成了他们的常客[54]。

当时，安娜和斯通是情侣，但是这依旧没有阻止谢弗追求安娜。两人搬到纽约后，巴斯移情别恋，他们最终一拍两散。谢弗恢复了单身，便向安娜表白了自己的心意，然而安娜并非单身。"迈克尔和大卫每天都会送花给安娜。"谢克特回忆称。不过，他们送的花束中从来没出现过小苍兰或水仙，因为安娜并不喜欢。谢弗曾给安娜打过电话，每次电话结束，安娜都会嘴里说着"去吃午饭"便离开了。然而回来时，安娜却抱怨着自己"饿坏了"，并且头发凌乱[55]。

最终，安娜为了谢弗离开了斯通。此前，斯通一直怨恨自己的事业比不上安娜[56]。两人的分手让沙普斯感到非常欣慰。"在我看来，斯通简直一无是处，而且还大男子主义。他一直在拖累安娜，我不喜欢这样的情况发生。"沙普斯说[57]。此外，劳里·琼斯也认为他们两人"八字不合"[58]。

谢弗是土生土长的南非人，有些驼背，而且外表平平。身为一名父亲和儿童精神科医生，他对如何抚养孩子颇有经验。对于安娜来说，谢弗与她之前约会过的那些花花公子迥然不同，而那些纨绔子弟也不是查尔斯欣赏的类型[59]。此时的安娜已经年过三十，她很想拥有自己的孩子。当劳里·琼斯怀孕时，安娜曾去琼斯在《纽约》杂志社的办公室表达自己的欣喜之情，并且期望某一天也能怀上孩子[60]。在谢弗身边，安娜似乎看到了自己想要的未来。

虽然两人的职业相差甚远，但是谢弗对安娜的工作领域并不陌

第八章　与 *Vogue* 杂志结缘　　93

生。在耶鲁大学攻读博士学位期间，谢弗与艺术家珍妮弗·巴特利特（Jennifer Bartlett）及布莱斯·马尔顿（Brice Marden）成为好友，也因此像安娜一样对现代艺术产生了浓厚的兴趣[61]。不过，早在这段经历之前，谢弗就对时尚充满兴趣。在遇到安娜前的20年里，他一直在收集英国版和美国版的*Vogue*杂志[62]。也许在两人相识之前，谢弗就梦寐以求和*Vogue*世界的某人结下良缘[63]。与斯通相处的不同之处在于，安娜的事业成为她与谢弗的感情催化剂，而没有沦为绊脚石。

安娜不仅得到了对方的爱慕，自己内心也变得更加强大。谢弗颇为崇拜安娜。无论在新闻编辑室还是在家庭中，安娜都是一位时尚女孩，总觉得需要证明自己的能力。不过，与谢弗相处时，安娜从来无此顾虑。谢弗集才智与学识于一身，是职业领域的带头人，他对安娜的感情非常认真，而且也和安娜一样醉心于工作[64]。然而，周围的朋友在他对安娜的支持中也看到了阴暗的一面。可能由于接受过精神疾病治疗方面的培训，谢弗似乎很享受看到周围的人勾心斗角，同时热衷于带动他们参与专业的心理游戏。如此看来，谢弗就是她的"斯文加利"*[65]。

然而，与谢弗生活在一起时，安娜终于不需要再向别人证明自己的能力[66]。尽管谢弗在意两人的相貌差距[67]，不过两人都很关注安娜的晋升之路。双方珠联璧合，将安娜的才华和坚定的决心转变成了纯粹的事业推动力[68]。

在1983年2月28日期的杂志中，安娜在纽约的不同地点为模特设计了一系列造型，并由托斯卡尼拍摄了照片。在其中一个场景中，模特在著名的阿斯特广场理发店做发型[69]。让托斯卡尼欣喜的是，这张照片有安娜出镜，她的表情在模特背后的镜子中被映射了出来。他

---

* "斯文加利"是美国一部电影的主人公，能够通过催眠术和心灵感应控制女性行动。——译者注

选中了这张照片并拿到安娜的办公室。然而，安娜对这张照片十分反感，她不希望自己的形象出现在照片中。托斯卡尼据理力争，认为这与故事内容非常贴合。安娜听到后伤心地哭了。

"听着，安娜，我觉得你需要去看精神科医生。"托斯卡尼边说边离开了办公室。随后，他将安娜从照片上裁掉了。

几周后，安娜打电话给托斯卡尼。"我去看了精神科医生。"安娜说，"而且我准备嫁给他。"[70]

安娜的成功也许离不开谢弗的帮助，但绝不是谢弗一手促成的。最重要的是，安娜获得了强大的驱策力。此外，她的职业道德归功于一个人：她自己。

* * *

为了提升自己在杂志中的影响力，安娜需要增加自己负责的版面页数。按理来说，安娜应该运营《纽约》杂志的热门栏目《最佳匹配》[71]，该栏目每期都会向读者介绍纽约市的商品、见闻和活动，领域涉及银行服务、内衣、灯具等，与安娜的时尚路线不谋而合。安娜邻桌的考奇·波伦（Corky Pollan）和麦肯共同运营该栏目，其中展示的最受欢迎的单品经常售罄。因此，每当麦肯希望买到当期杂志刊登出的商品时，她都会提前让店家预留一件。

安娜经常用"垃圾"一词来形容《最佳匹配》栏目。她喜欢用这个词来形容讨厌的一切事物，比如自己收到的很多礼物。有一次，她坐在办公桌前，边拆礼物边骂着"垃圾"，随手扔进了垃圾箱。等她离开后，同事们立即涌向垃圾桶翻找[72]。此外，安娜也习惯乱扔硬币。当她离开后，邮件收发室的员工会将硬币捡走[73]。然而有一次，在看到 Susan Bennis/Warren Edwards 品牌鳄鱼皮私人记事本时，安娜的表现却一反常态。她评价道："哦，我觉得这款还能接受。"[74]

第八章　与 *Vogue* 杂志结缘

安娜对《最佳匹配》栏目的鄙视不足为奇，因为该栏目面向真正会购买这些商品的读者，而安娜刊登的内容并不讲究实用性。

安娜对自己的喜好直言不讳，但是仅仅只对特定人群坦诚相见。虽然办公室就在波伦旁边的隔间，但是安娜从未与波伦交换过自己对杂志版面的看法。然而，一旦对《最佳匹配》栏目颇有微词，安娜就会直接告诉科斯纳。随后，科斯纳会将波伦叫到办公室，并转告安娜的想法。对于同事们来说，他们并不喜欢安娜这种"打小报告"的行为。

有一回，安娜写了一份备忘录，注明了自己对《最佳匹配》栏目的批评意见。尽管科斯纳并未正式让安娜负责该栏目，但是安娜仍然试图施加自己的影响。当时，安娜准备去度假，她在走之前嘱咐助理："请你帮我留意这份备忘录，看看能否稍加润色。"然而，这份文件被误放在了打印机里，一位同事将此事告诉了波伦。

后来，波伦对此事一笑置之。她说："安娜非常自以为是。"[75]尽管安娜频频出手阻挠，波伦仍将《最佳匹配》打造成了无可指摘的栏目。

* * *

经过不懈的努力，安娜终于在 *Vogue* 杂志社找到了第一份工作。她用大半生的时间打造自己的品牌形象，包括自己的发型、墨镜和光鲜亮丽的设计师款服饰。与此同时，她像一位频繁辗转于聚光灯下的女明星一样，马不停蹄地在全世界穿梭。谢克特对她评价道："安娜说话声音不大，但从不矫揉造作。她喜欢发号施令。有时她会将头发盖住面颊……安静地坐在沙发上，你甚至都不会注意到她。"[76]

在接连被《时尚芭莎》杂志社和 *Savvy* 杂志社解雇后，安娜学会了如何将自己的品位打造成商业卖点，以及如何迎合管理层的喜好。也许正因如此，在所有接触过的主编中，她才能与科斯纳保持最稳固的合作关系，从而创造出一系列备受瞩目的作品。安娜一直在深攻艺术研究，以此来提升自己的审美眼光。她经常收集艺术展览型录，并且在业余时间参观展览。与此同时，她会在杂志的时尚版面中植入插画，并且让模特站在艺术品旁边摆出各种造型，以此向前 Vogue 杂志艺术总监亚历山大·利伯曼致敬。利伯曼是一位创意天才，担任 Vogue 杂志社的母公司康泰纳仕集团的编辑总监，全权负责整个公司的运营工作。

在工作日，利伯曼是康泰纳仕集团的员工；而在周末，他便化身为优秀的艺术家。每到星期五下午，利伯曼都会脱下灰色西装（春、秋和冬季着装）或棕褐色西装（夏季着装）、黑色针织领带和蓝色衬衫[77]，然后换上工装裤，离开曼哈顿的联排别墅，前往康涅狄格州利奇菲尔登县的沃伦镇。在那里，他就像一位优雅的焊接工，将坚硬的钢铁打造成大型的艺术作品[78]。利伯曼致力于陶冶自己的艺术情操，每年在材料和手工上的支出就达到了 36 万美元，足足是他 1978 年工资的一半[79]。

利伯曼出生于俄罗斯，在 1921 年饥荒期间与家人流亡到了伦敦。后来，他在巴黎的一家杂志社找到了第一份工作。1941 年，他来到了纽约，开始为 Vogue 杂志的艺术部工作。利伯曼热爱艺术创作和研究，然而他接受这份工作只是为了赚钱养家，支持妻子塔蒂亚娜（Tatiana）的工作。后来，塔蒂亚娜成了萨克斯第五大道百货公司的帽子设计师，而且逐渐对华丽的服饰产生了兴趣。与此同时，利伯曼的母亲望子成龙，希望他在艺术领域有所成就[80]。从理论上来看，利伯曼生活在两种看似对立的目标之间，但是他与妻子一样喜欢享受奢侈的生活。1981 年，他曾对一名采访者透露："我喜欢所有带有狂妄色彩的事物！"[81]正因如此，他才是康泰纳仕集团的最佳人选。

1962 年，出于妻子对 Vogue 杂志的喜爱，报业大亨山姆·纽豪斯（Sam Newhouse）收购了康泰纳仕集团。几年后，利伯曼被提拔为该公司的编辑总监，他对旗下的所有杂志都颇具影响力，其中包括 *Vogue*、《魅力》《住宅与庭院设计》(*House & Garden*)与《新娘》(*Bride's*)[82]。他的朋友们认为，利伯曼在 *Vogue* 杂志社这类商业机构工作，艺术鉴赏力会遭到扭曲。然而，利伯曼其实在这份杂志中充分注入了自己的艺术喜好，刊登了自己最喜欢的欧洲艺术家照片作品和以现代绘画为背景的时尚造型[83]。

在1983年8月29日期的《纽约》杂志中，安娜发表了一篇文章，谈及十几位艺术家受秋季时装系列的启发而创作的画作，与此同时，她让模特站在这些作品前摆出造型并拍照。这篇报道吸引了利伯曼的注意。安娜曾回忆称，正是凭借这篇文章，她最终触动了利伯曼，为自己打开了通向 *Vogue* 杂志社的大门[84]。

安娜说自己不记得两人是谁先联系的对方[85]。不过也有传闻称，安娜在发表那篇著名的艺术文章前，他们就已经有过充分的沟通[86]。据托斯卡尼回忆，在考虑雇用安娜前，利伯曼曾向自己了解过与安娜共事的情况。"我当时说安娜为人友善。身为编辑，她工作高效而且才智出众。她非常具有幽默感，与当时美国一众时尚编辑迥然不同。"[87] 1971年，罗谢尔·乌德尔（Rochelle Udell）担任 *Vogue* 杂志的艺术总监，在利伯曼手下工作。据他回忆称，利伯曼经常会引进一些人才。在面试时，利伯曼会询问对方的"希望和梦想"，随后，他会将这些人安排在康泰纳仕集团内部的岗位上。

70岁的利伯曼魅力不输当年，他被33岁风韵犹存的安娜迷得神魂颠倒[88]。在利伯曼眼中，安娜是一位精于世故的年轻欧洲女性，外貌姣好，打扮精致而且穿着时尚，完全就是时尚的化身。利伯曼经常分享自己对艺术的浓厚兴趣，并将这种热爱淋漓尽致地展现在了杂志的版面中。

此外，两人还有很多共同点。他们都拥有一种神秘感，为纯粹的追求自己感兴趣的事情提供支持，有时候甚至不惜牺牲对自己至关重要之人的利益。安娜对利伯曼非常坦诚，她希望自己成为 *Vogue* 杂志的主编[89]。后来，利伯曼称："我完全确信，安娜就是我想要的人。"[90]

* * *

1983年的夏天，一切都发生得很快。有天早上，谢弗在上班时带上了安娜，两人驱车一同前往利伯曼夫妇位于康涅狄格州沃伦镇的住宅。途中，他们在一家汽车旅馆停了下来，安娜换上了一件宽松外衣和一条迷你裙。据利伯曼描述称："安娜穿了一件非常简约的灰色外衣。我彻底被她征服了。"不过，塔蒂亚娜对安娜素净的裙装并无好感，也对她带来的百日菊心生不满。在塔蒂亚娜看来，安娜竟然用植物来代替礼物，甚至连玫瑰花都没有[91]。但是安娜却对这类花情有独钟[92]。

利伯曼遇到了难题。他希望安娜可以为 *Vogue* 杂志工作，然而却很难为她安排合适的岗位。单从杂志发行量来看，米拉贝拉已经成功经营了该杂志12年。况且，在1974年米拉贝拉与著名胸外科医生兼禁烟活动家威廉·卡恩（William Cahan）博士的婚礼上，利伯曼曾担任证婚人。10多年来，利伯曼与米拉贝拉一直是密友[93]。不过，身为年轻编辑，安娜胆识过人，她当面对米拉贝拉说，自己非常渴望继承米拉贝拉在 *Vogue* 杂志社的衣钵。安娜就这般熟练地挤入了利伯曼的核心圈层。

利伯曼称自己舍不得解雇任何人，因此会采用最惯常的解决方法。"经常有人指责说，我同时雇用了两个人来做同一份工作，让彼此之间形成竞争。"他说，"我确实做过此事，但在大多数情况下，最后两个人都留了下来。"[94]实际上，这与他于1941年起在康泰纳仕集团的工作经历如出一辙。利伯曼说："我周一第一天来公司上班。到了周五，*Vogue* 杂志艺术总监穆罕默德·阿迦（Mehemed Agha）打电话对我说：'我认为你未达到我们的要求。你走吧。'不过，公司创始人康泰·纳仕在那一周没时间见我，因此我们将会面时间定在了第二周周一。会面当天，我带来了自己在1937年巴黎展览上荣获的奖杯，这是我唯一一件方便携带的物品。纳仕对我说：'你这样的人物，注定会登上 *Vogue* 杂志。'随后，他打电话告诉阿迦说要雇用我。"不久之后，利伯曼便顶替了阿迦的职位[95]。

米拉贝拉很难取代利伯曼，一方面是因为利伯曼拥有更高的职务头衔，另一方面是因为他深入地参与到了杂志的日常运营工作中，以至于很多员工视他为真正的主编，而米拉贝拉只是杂志的代言人。米拉贝拉负责挑选用于报道的服装，并负责维护时尚行业内的人脉。在此期间，从杂志排版设计到编排非时尚专栏，再到雇用摄影师，几乎一切事务都由利伯曼一手包办[96]。一位员工曾评价道，利伯曼会逐一过目杂志上的所有内容[97]。由此可见，面对让安娜入局的企图，米拉贝拉根本无计可施。

利伯曼的老板是康泰纳仕集团的主席小塞缪尔·纽豪斯（S.I. Newhouse Jr.）。1961年，纽豪斯的父亲将他送到这家公司。当时，纽豪斯个头矮小，而且不善社交，虽然他非常富有，但是缺乏与生俱来的魅力或艺术气息。时任 *Vogue* 杂志艺术主编的利伯曼带领纽豪斯进入了一个充满人情世故且价格不菲的世界。对于大多数人来说，这样的世界只存在于康泰纳仕集团旗下的杂志版面中。此前，纽豪斯从未领略过其风采，因为没人邀请他踏入过这片领域。纽豪斯与利伯曼经常一同出入派对、时尚餐厅和文化沙龙。纽豪斯不仅欣赏各种活动的关注焦点，而且喜欢自己所涉足的新环境[98]。不出所料，在谈论对艺术的理解以及康泰纳仕集团时，纽豪斯几乎全盘接受利伯曼的观点。后来，纽豪斯表示，这段关系是"我生命中最有意义的经历"[99]。

此时，利伯曼认为 *Vogue* 杂志社需要人事改组[100]。在他看来，安娜是志同道合的人选，能够为整个庞大的组织带来改变。对安娜来说，这既是她成为康泰纳仕集团主编前的一次测试，也是一次实践训练。虽然尚不清楚安娜和米拉贝拉是否适合在同一家杂志社共事，但是纽豪斯答应了利伯曼的决定。"亚历克斯的思维非常敏锐，而且想法复杂。我不敢说他有什么打算。每次我听到的都是：'这是个伟大的人才。'"纽豪斯说[101]。

那些知道安娜和利伯曼相识的人都会说，安娜的魅力让对方彻底折服，在需要的时候，安娜可以在有权有势的男人面前淋漓尽致地展现这种魅力[102]。如果说利伯曼只是欣赏安娜的着装和美貌，那简直就是把他看低了，毕竟他的身边从不缺少这类人等。利伯曼是一位没有任何不良嗜好的亿万富翁，他的快乐源自两件事：其一是运营杂志，其二是管理自己雇用的员工[103]。

此外，安娜身上的一些特质也让利伯曼赞许有加，她从不拘泥于既定的人际关系，比如，她不喜欢闲聊或长谈[104]。安娜的这种既活泼又讨厌浪费时间开玩笑的态度，与纽豪斯的沟通方式如出一辙，但都会让周围人感到不快。

在得到高层批准后，利伯曼任命安娜为创意总监，然而该头衔在 *Vogue* 杂志社中当属首设。该职位的责任范围非常模糊，后来被描述成"丰富版面设计，激发女性在其他方面的兴趣爱好"[105]。这足以表现出利伯曼八面玲珑的处事技巧，也正是办公室的人称他为"银狐"的原因。利伯曼是一位既可爱又狡猾的人，他是整个公司形象的缩影，深得纽豪斯言传身教。也许正是在纽豪斯与利伯曼的调教下，安娜取得了巨大成功，毕竟她也同样能在这类游戏中做到游刃有余。

* * *

此时，安娜面临着一项重要决定。她在 *Vogue* 杂志社当上了二把手。然而，她从来都不是一个甘于屈居人下的女子。

在此期间，她同布鲁斯·沃尔夫（Bruce Wolf）通了电话。沃尔夫是一位摄影师,安娜在《纽约》杂志社任职时,两人曾有过合作。此外,沃尔夫曾为康泰纳仕集团旗下的很多杂志拍摄过一系列照片。

"你觉得我说的怎么样?你有什么想法?我该争取这个位置吗?"安娜问道。

沃尔夫觉察到,安娜其实心意已决,但是他仍然嘱咐道:"说得对。你应该这么做。但是你一定要多加小心,因为前方有很多鲨鱼在等着你。"[106]

随后,安娜和谢弗前往阿尔冈昆酒店邀请谢弗的朋友格蕾丝·柯丁顿一起喝酒。柯丁顿是一位充满传奇色彩的英国版 Vogue 杂志时尚主编。"安娜刚刚被任命为 Vogue 杂志的创意总监。"谢弗对柯丁顿说:"你认为怎么样?"

"虽然我不知道这意味着什么,"柯丁顿回答道,"但是我觉得棒极了。"[107]

安娜带着利伯曼的聘书又去找科斯纳谈话。科斯纳并不想失去安娜,于是他委托在《纽约》杂志社供职的作家妻子朱莉·鲍姆戈尔德(Julie Baumgold),试图说服安娜留下来。此外,谢弗也希望安娜能留在《纽约》杂志社。起初,在他们的劝说下,安娜暂且同意留了下来。几周之后,利伯曼再次登门拜访,谢弗决定不再插手安娜的决策。最终,安娜跳槽到了 Vogue 杂志社。[108]

安娜·温图尔的离职让科斯纳备受打击[109]。不过,在其他员工看来,安娜之于 Vogue 杂志,就像 Bouclé 织物之于 Chanel 品牌,彼此之间相辅相成,堪称天作之合。可想而知,康泰纳仕集团很想将她揽入麾下,就想瞧瞧这只奇珍异鸟究竟在之前肮脏的新闻编辑部里都做了些什么[110]。

在决定到 Vogue 杂志社任职后,安娜在《纽约》杂志社的办公桌前与父亲通了电话。在谈起即将到来的工作时,安娜激动难抑。波伦无意中听到了父女两人的对话,电话那头听起来并不赞同安娜的决定。

"好吧，他们认为我能胜任这份工作。"安娜在电话中说。她激动的声音听起来就像要哭了一样[111]。

面对安娜的离职，劳里·谢克特也表露出了自己的难过之情。她为安娜工作了将近一年的时间，不想失去这位老板兼导师。她认为自己反正也没什么可留恋的，于是恳请安娜能将自己带走。

安娜随即接受了谢克特的提议。"好。你去参加面试。我会和他们谈谈。"安娜回复道。随后，谢克特会见了康泰纳仕集团人力资源部的一位女面试官。整个面试中规中矩。最后，面试官问谢克特："你知道自己在这里没有任何实权吗？"谢克特当然心知肚明：自己身为一名助理，自然是没有任何权力的。不过她听得出来，这句话并非针对自己，而是安娜[112]。

第九章

屈居第二

安娜加入 *Vogue* 杂志社后，与谢弗共同申请了 28 万美元的抵押贷款，在麦克杜格尔街购买了一套联排别墅，两人的关系更加亲密[1]。这套房子的布局没有达到安娜的要求，因此他们决定着手进行翻修[2]。

在新的工作中，安娜也采取了类似"更新换代"的手段。格蕾丝·米拉贝拉与安娜·温图尔都对 20 世纪 20 年代的时尚文章非常着迷[3]，而且在办公室中也总是以礼待人，颇有专业素养。除此之外，二人再无任何共同点。

刚开始为米拉贝拉工作的那段时间，同事们都喜欢用"热情""专业"和"礼貌"这类形容词来形容安娜[4]。虽然安娜担任 *Vogue* 杂志创意总监的那段时间被形容为"恐怖统治"时期，不过也有些人不以为然。一方面，安娜在该杂志社并无领导权，因而"恐惧感"是不存在的。*Vogue* 杂志社位于麦迪逊大道 350 号，在安娜入职前，已经在米拉贝拉和利伯曼的苦心经营下度过了将近 12 年的风风雨雨。员工们对米拉贝拉忠心耿耿，一是出于对她的敬爱，二是考虑到没必要把关系闹僵。不仅如此，安娜通过机敏的头脑和礼貌的态度增强了个人影响力[5]。

在 *Vogue* 杂志的刊头中，安娜的名字排在了第二行，位于米拉贝拉之下，并被冠以创意总监的头衔，两个名字只相差几个删除键的距离。虽然在外界看来，安娜只是副职，不过对 Vogue 杂志社的许多员工来说，她的存在令人费解：为什么安娜会出现在这里？她要取代艺术总监吗？她到底是做什么工作的？[6] 安娜很想取代米拉贝拉，而且也在按部就班地实施自己的计划。然而，包括米拉贝拉本人在内的员工都没有在第一时间察觉出任何端倪。当时，造成这种困惑的部分原因在于：一是安娜的岗位性质模糊；二是安娜不像明星造型师波利·梅伦等人那样赫赫有名，Vogue 杂志中很多家喻户晓的照片都出自梅伦这位时尚总监之手[7]。安娜显然非常享受坐在专属办公室的办公桌后处理决策的感觉，谢克特则坐在办公室的前厅位置。工作人员认为，安娜会一直选择待在那里，而不是像其他喜欢指导拍摄照片的时尚编辑一样，在外景车里待上一整天。[8] 该岗位提供了管理内容而非创作内容的机会。她一直梦寐以求的就是这样的工作[9]，因此决定要好好利用这个良机。安娜希望自己能成长为一名名副其实的时尚总监。

显然，安娜的到来将改变该杂志社。"安娜有时候非常腼腆，但是她从不羞于表达自己的想法。"谢克特说道，"如果她决定做某事，肯定不会畏手畏脚。"[10] 如此看来，进入 Vogue 杂志社的殿堂对安娜自己来说也意味着巨大的改变。自从七年前在《时尚芭莎》任职以来，她从未在美国的任何高端时尚杂志社工作过，而且《纽约》新闻编辑部的工作氛围显然与 Vogue 杂志社存在天壤之别。

首先是办公室用语。编辑们的交流用词与杂志封面线稿如出一辙，比如"新鲜出炉！就是现在！""新花样！"等等，这让谢克特感到非常荒谬。其次是层级制度。比如对有些人要以"女士"或"先生"相称，再比如有的员工在与人沟通时表现得十分傲慢[11]。玛吉·巴克利（Maggie Buckley）是一位英国人，在安娜来 Vogue 杂志社工作前，她曾为米拉贝拉工作，后来成了一名时装调配师。她曾说过，整个组织内尊卑有序，等级制度明显。巴克利说："有一次，某人的物品掉

第九章　屈居第二

在了地上，有一位即将成为编辑的助理准备将它捡起来。波利·梅伦连忙上前阻止：'亲爱的，不要那样做。你现在已经是编辑了。'每个人都会找准自己的位置，当你到达全新的层级时，这便是头等大事。不过，安娜根本不认同这种过于陈旧的思想，她也不会做出这样的事情。"[12] "安娜是一个头脑冷静的人。"莱斯利·简·西摩（Lesley Jane Seymour）这样评论道。安娜刚来 *Vogue* 杂志社工作时，西摩还是一名初级文案撰稿人。"当时，*Vogue* 杂志社的很多女性员工都表现得令人害怕，但是安娜和她们不同。"[13]

与父亲一样，安娜对办公室年轻助理的意见也很感兴趣，她想了解年轻员工们的喜好。在她看来，这是了解时代精神的最佳方式[14]。她从未要求下属称呼自己为"温图尔女士"[15]。然而，大家都会尊称格蕾丝·米拉贝拉为"米拉贝拉女士"，但只有安娜可以直接叫她"格蕾丝"。由此来说，每次谢克特一不留神直呼其名，米拉贝拉就会即刻做出纠正[16]。"安娜会按时完成工作，而且为人和蔼可亲。"西摩补充道。她指出，有些女老板非常"刻薄"，"经常会有助理在走廊和洗手间哭泣"。

西摩与其他几位文案撰稿人坐在同一间办公室。有一次，资深时尚编辑梅伦突然闯进来对她大吼大叫，因为她将"黄色貂皮"写成了"白色貂皮"。西摩说："我清晰地记得，当时大家面面相觑。有人说：'你看，我们至少只是遭受了口头责骂。'据我了解，在城镇另一头的《纽约》杂志社，时尚编辑是会对文案撰稿人动武的。因此，我们认为自己做得还不错，至少我们没挨打。"[17]

米拉贝拉的管理风格与安娜的方式截然相反。每次选装拍照的展示会议都会持续 8~10 个小时，米拉贝拉知道大家会拖延时间，因此她习惯于晚些开始。编辑们会将多余的椅子[18]搬到米拉贝拉的米色和白色相间的办公室中，为这种令人苦不堪言的选装会议做准备。

随着两个模特到场，会议便正式开始了。编辑们都带来了自己钟爱的服装，并进行了一番解释。模特们在米拉贝拉办公室内的浴室间换上这些衣服，以待大家进一步点评。其中，浴室与办公室之间由装有镜子的前厅相互隔开。"随后，大家会说：'哇，我们喜欢这件服装。我们讨厌那件服装。'这实际上是极其冗长的对话。"玛吉·巴克利说[19]。米拉贝拉希望对服装逐一进行分析，而不只是走马观花地看完之后说"好"还是"不好"。她会思考：为什么女人会想买这件衣服？为什么编辑会推荐那件衣服？将这件衣服刊登在杂志上的动机是什么？[20]"这款衣服多展示一些，我需要看到更多的服装。"这是她经常挂在嘴边的一句话，每次大家都会议论纷纷，揣测她口中的"多"到底是什么意思[21]。米拉贝拉手下的时尚编辑们不需要通过时装秀的照片来决定当天的十佳造型，他们显然知道哪些衣服可以在秀场上拍出最佳成片。然而，米拉贝拉对造型的分析却达到了无以复加的地步："你真的认为那件夹克有必要吗？这是新的搭配比例吗？它的意义何在？"如果服装在晚上10点就能展示完毕，那么米拉贝拉会给团队施压，让他们趴在灯箱上看个究竟，有时拖到凌晨两三点才结束选装会议[22]。

安娜全程坐在椅子上，双腿交叉在一起[23]，脸上露出难以掩饰的震惊表情。"我第一次从安娜的表情中读出了烦躁的情绪，仿佛在说：'天哪，会议还能结束吗？'"巴克利回忆称[24]。

就效率方面而言，相较于米拉贝拉，利伯曼与安娜有着更多的相似之处。利伯曼喜欢快速地做出决策，鼓励编辑们相信第一直觉，而且绝不拖延时间[25]。对安娜来说，所有这一切都让利伯曼成了自己对付米拉贝拉的金牌辅助。

* * *

1952年，米拉贝拉来到 *Vogue* 杂志社担任助理，此前她曾在梅西百货与萨克斯第五大道百货公司工作。她一步步地爬到了编辑的位置，并于1971年被提任为主编。Vogue杂志社的上一任主编是戴安娜·弗里兰（Diana Vreeland），她极具野性、艺术天赋和商业影响力。在大家看来，米拉贝拉是这位天才的克星[26]。

1962年，纽豪斯和利伯曼以晋升空间大和预算不设限为由，说服弗里兰从《时尚芭莎》杂志社跳槽到Vogue杂志社担任副主编。当时，纽豪斯和利伯曼一直担心《时尚芭莎》杂志会抢走Vogue杂志的读者[27]，两人乐于通过挖走对手的顶尖人才来瓦解对方的竞争力。1963年，弗里兰成为Vogue杂志社的主编。她每天中午到公司上班，办公区域总是弥漫着香薰和Rigaud品牌蜡烛的气味。她的午餐通常都是一块花生酱三明治和一碗半融化的香草冰淇淋，最后还会让护士为她注射一针维生素B_{12}[28]。让大家记忆犹新的是，每天早上起床前，她都会向手下口述备忘录，比如："今天我们的主题色是乳猪白！大家如果都穿上乳猪白色的袜子该多漂亮啊！就要猪宝宝的肤色，不要太白也不要太粉哦！"[29]

弗里兰对20世纪60年代的事物情有独钟，当时的服饰以宽松为美，比如喇叭裤等，而安娜也是在那个时候萌生了对迷你裙的热爱。1963年，在弗里兰担任杂志主编期间，她想让米拉贝拉成为自己的副手。米拉贝拉勉强答应，并最终将弗里兰的轻狂个性视作颇具条理性的天赋。然而到了20世纪70年代初，该杂志遭遇滑铁卢。弗里兰也许准确地捕捉到了20世纪60年代的嬉皮士"花孩"情绪，然而70年代初的情况却有所不同，婴儿潮出生的一代女性要求在工作中与男性平起平坐，她们史无前例地开始追求自身的职业发展。此外，女性员工希望穿着实用的服装上班工作，比如Yves Saint Laurent品牌于1966年首次推出的裤装，就彻底改变了女性的着装方式。然而，由弗里兰负责的Vogue杂志版面并没有刊登女性职场服装，发行量骤跌至42.8万份。1971年第一季度，Vogue杂志广告版面数减少了38%。纽豪斯指派马克·克莱门茨（Mark Clements）进行研究，据后者观察，"在伟大的戴安娜·弗里兰的领导下"，堪称康泰纳仕集团出版刊物皇冠的 Vogue 杂志"几乎面临破产"[30]。

Vogue 杂志的编辑工作需要平衡三方利益：读者、设计师和公司高管。20世纪70年代初，针对读者们关于杂志封面及内容的反馈，纽豪斯展开了大量研究，并由此做出了一系列有关杂志编辑的重大决策。这种对待杂志的处理方法与对待牙膏、运动鞋或其他产品等非常相似[31]。不过，弗里兰对纽豪斯推出的新方法毫无兴趣。与此同时，利伯曼愈发反感弗里兰天马行空的想法，尽管两人相交甚好，但是利伯曼仍刻意地与她疏远。

有一次，米拉贝拉在加利福尼亚州与电视剧《陆军野战医院》（M*A*S*H）中的演员萨莉·凯勒曼（Sally Kellerman）拍摄照片，突然接到了康泰纳仕集团总裁佩里·鲁斯顿（Perry Ruston）的电话，对方命令她第二天早上9点回到公司。米拉贝拉取消了当天的晚餐计划，连夜预订了红眼航班机票。当她赶到鲁斯顿的办公室时，她惊讶地发现利伯曼也在现场。鲁斯顿告诉她："我们决定由你来担当下一任的 Vogue 杂志主编。"[32]

米拉贝拉的提任遭到了猛烈抨击。在安迪·沃霍尔看来，她的提任意味着"Vogue 杂志将向中产阶级的方向靠拢"。大家都戏谑地称米拉贝拉是"朝九晚五的女孩"。尽管如此，米拉贝拉在上任后，毅然决然地扔掉了弗里兰办公室的貂皮地毯，并且将室内标志性的深红色墙壁粉刷成了自己钟爱的米色。她声称要重塑 Vogue 杂志形象，并致力于为"朝九晚五"的女性提供秀丽且实用的美国运动装[33]。基于此前的研究结果，米拉贝拉对广告商的特点进行了剖析，并且对杂志内容进行了编辑。20世纪80年代中期，Vogue 杂志的广告业务持续增长，发行量增加到了120万份[34]。相比之下，利伯曼对该杂志的投入远远超过了集团旗下的其他杂志。

米拉贝拉后来承认，尽管在20世纪80年代，Vogue 杂志的业务如火如荼，但是那并非属于她的时代。对米拉贝拉而言，在当时10年的时间里，时尚界到处都在简单粗暴地宣扬拜金生活和差劲的品位，"市面上华而不实的时装比日常便服还要多"。让她尤为烦恼的是，女人们都在疯狂抢购由克里斯汀·拉克鲁瓦（Christian Lacroix）设计的弗拉门戈风格刺绣时装，而每款单品的售价竟然高达4.5万美元。米拉贝拉在自己的回忆录中写道："对于当时的时尚行业来说，这种现象非常普遍，以至于想视而不见都难。这种社会认知力在20世纪80年代中期颇为盛行，拜金主义、精英主义以及对职业女性真实生活的不屑都与之有关。从整体的趋势上来看，几乎没人愿意在杂志版面上宣传与之相异的价值观。"[35]

正是在这段时期，利伯曼聘用了安娜，宣布她可以直接向他汇报，而不需要通过米拉贝拉。尽管米拉贝拉后来称，安娜是"被硬塞给自己的手下"[36]，但是在周围员工的眼中，米拉贝拉表现出令人敬佩的职业精神。两人虽然不是朋友，但是从表面上来看，也非仇敌。

"我认为格蕾丝没有抓到过安娜的把柄。我从未听过出自她口中的负面评价。"巴克利称，"这并不是反感的意思。就像两条平行线一样，两人之间的关系微妙而有趣。"[37]

在回忆录中，米拉贝拉淋漓尽致地对安娜贬损了一番。她把安娜在自己手下工作的那段时间描述成"不可理喻的三年……在此期间，安娜在办公室里拉帮结派，怂恿亚历山大·利伯曼、时尚编辑波利·梅伦和杰德·霍布森（Jade Hobson）一起对付我"[38]。

* * *

在安娜加入 *Vogue* 杂志社时，该杂志有两个截然不同的板块：其一是时尚报道——由米拉贝拉负责照片拍摄；其二是专题报道——由编辑艾米·格罗斯（Amy Gross）负责文字内容。*Vogue* 杂志社的电梯将不同板块的员工分隔开来，负责专题报道的同事经常开玩笑称，当走到时尚报道部门的工位时，感觉自己的智商水平有所降低[39]。不过，两个部门的业绩表现都很突出。*Vogue* 杂志社的真正掌门人是利伯曼，他仿佛宫廷之主一样，编辑们（通常为女性员工）为了吸引他的注意而使出浑身解数，时而有人突然受宠，或有人浑然不知自己已失宠[40]。

安娜在这座宫殿中沉沉浮浮，她只对利伯曼和纽豪斯忠心耿耿。利伯曼从不干涉选装环节，但是会决定如何进行拍摄。届时，米拉贝拉会打电话邀请利伯曼到场提出拍摄意见。利伯曼会带着自己的"新宠"前来参会，不过他随后还是会叫来安娜以了解她的看法[41]。

对大多数员工来说，安娜的出现与其说是一种威胁，不如说是大家好奇心的焦点。她会向杂志社推荐优秀的摄影师，并且请得来希拉·梅茨纳（Sheila Metzner）与保罗·罗维尔西（Paolo Roversi）之类的大牌名流。安娜建议说，时尚摄影应该选用艺术背景，就像她以前在《纽约》杂志社采取的策略一样。她时常会出现在照片拍摄现场，与摄影师交谈，并对相关事务进行核查。此外，安娜会在办公桌前浏览拍立得照片或幻灯片，随后打电话向工作室反馈。比如说："我们拿到了第一组照片。看起来还不错，继续这样拍摄。"再比如说："少一些情绪变化。"[42]

在1984年1月期的 *Vogue* 杂志上，安娜的名字第二次出现在了刊头中。在该期杂志上，安娜刊登了一篇关于伦敦新人设计师的报道。该版面由王薇薇（Vera Wang）设计，她后来成了美国赫赫有名的设计师。在米拉贝拉担任主编期间，*Vogue* 杂志的内容以美国知名品牌为主，因此这篇报道的出现显然让人觉得不同寻常。在谢克特看来，安娜的这篇报道得以刊登出来，可能得益于她"作为新进员工的运气"，因为"米拉贝拉不想早早表现出自己对安娜的敌意"[43]。

"在时尚摄影领域，曾经那个沿街奔跑的小女孩已经筋疲力尽。现在，我在 *Vogue* 杂志上的关注点转向了其他领域，希望将时尚与一切文化要素有机结合。在我看来，这就是目前的发展方向。"安娜在1984年3月期《广告周刊》（Adweek）的一篇专题报道中如是说。该报道讲述了"一群胸怀大志的杂志行业人士"，他们"承诺要颠覆整个杂志行业体制"。在安娜接下来的一篇报道中，她向读者展示了一系列五颜六色的纽约时装，同样以充满活力的抽象派绘画作品作为背景，其设计灵感源自"俄罗斯构建主义剧场布景……由丹尼斯·阿什鲍（Dennis Ashbaugh）专为 Vogue 杂志打造"[44]。

安娜所做的一切都反映出她致力于将时尚与文化背景相融合的决心。她赋予了时尚更高层次的含义，与此同时采用同样的态度培养自己的能力。"在我看来，我们小时候都具备创造性的眼光及品位。长大后，我们还可以通过文化、艺术、阅读、参观博物馆以及观察周围的世界来提升自己的能力。"安娜说，"我们应该花费尽可能多的时间进行创意宣传和文化推广，这是至关重要的事情。"[45]

"从摄影师的选择到整体设计，我负责 Vogue 杂志的方方面面。"安娜对《广告周刊》说："从来没有人能站远一些说：'如何让时尚摄影变得与众不同？或许我们应该尝试使用新的摄影师。或许我们可以添加绘画作品和插图，以此丰富版面的维度。'"尽管安娜野心勃勃，但是她觉察到米拉贝拉不想让她加入该杂志社，并且不准她参加会议，整个团队也不希望她能获得成功[46]。

* * *

时尚团队习惯了只向米拉贝拉和利伯曼汇报工作，而如今还得和安娜打交道。杂志社每回收到的成片都会以摄影师的姓氏进行区分，比如，"梅塞尔的照片拿到了"！随后，利伯曼、米拉贝拉、安娜以及相关时尚编辑等会闻声冲进美术室，并进行审阅[47]。有时候，安娜会建议重新拍摄，这让大家感到非常反感，不过利伯曼和米拉贝拉一直都在要求重拍[48]。然而，员工们发现，真正的决定权还是掌握在利伯曼和米拉贝拉的手中。

然而，这与米拉贝拉在回忆录中对安娜的描述出入较大。关于安娜，她写道：

> 在编委会上，安娜一直摇头，她显然对我的所作所言并不认可，而且一直咬着嘴唇沉默不语。之后，她会背着我重新设计，带着新的艺术作品并自作主张地与摄影师安排时尚摄影，根本不让我和时尚编辑知道。
>
> 如果不能避开我的编辑，安娜就会骚扰并指责他们，比如要求提供拍立得照片、偷偷溜进会场以及要求重做。最终，安娜的行为让霍布森与梅伦格外气愤。他们对我和亚历克斯放言：如果安娜再插手，我们就不干了。"别让那个女人进工作室，我们受不了她。"他们说。于是，他们想尽办法让安娜不再干扰自己的工作。

杰德·霍布森是 *Vogue* 杂志社的高级时尚编辑之一，深得米拉贝拉的喜爱，她对安娜采用绘画作为照片背景的创意赞不绝口。"一些照片都还不错，但是安娜尝试，并且尽力去优化。"霍布森说，"我尽量不去打扰她，因为我不想破坏现状。"[49]

在安娜走马上任的前几个月里，时尚团队对她的意见颇为不满，从而促使利伯曼下令不再让她负责当前版面的设计，而让她与艾米·格罗斯一起从事专题报道。安娜在办公室里一直表现得和颜悦色。"在我看来，安娜得知自己不再负责时尚工作时，心里可能相当难受。"谢克特说[50]。不过，这件事并不重要，因为利伯曼称，他会保护安娜，而且一起解决这个问题[51]。与此同时，利伯曼还明目张胆地表示出自己对安娜的偏袒，这使得米拉贝拉大动肝火。米拉贝拉在回忆录中写道："利伯曼经常闯入我的办公室，向我展示安娜·温图尔的艺术样品，表现得就像猫将死老鼠送给主人一样骄傲。'是不是很出色？'他气喘吁吁地说，'快瞧瞧安娜的大作。'"[52]

米拉贝拉在任职期间，已经学会了对关于其潜在继任者的消息置若罔闻。因此，当利伯曼滔滔不绝地和自己讨论新进门徒时，她选择随声附和。"我知道你求贤若渴。"利伯曼会对她说，"《时尚芭莎》杂志社也是如此。我敢确定的是，他们也想聘用安娜。你不觉得我们应该把她留下来吗？"这样一来，米拉贝拉只能回答说："没有人才，我们将无法生存。"[53]

* * *

一直以来，安娜都有清晰的规划，她知道自己一旦掌权后，要做出哪些改变[54]。每天晚上，她都会带一本杂志样刊回家与大卫·谢弗一起审阅。后来，电影《穿普拉达的女王》在剧情中将该杂志样刊称为"原稿书"。当时，安娜和谢弗最关心的是杂志的视觉效果[55]。不过，安娜也会阅读其中的文章，如果遇到不喜欢的内容，她会在空白处留下评论，比如"枯燥乏味"[56]。

整个事件再次印证了谢弗对安娜的编辑生涯产生的影响。在工作期间，他每天都往安娜的办公室里打好几通电话。面对米拉贝拉和她的手下的排挤，安娜每次都试图掩饰自己被拒之门外的沮丧之情，然而她的演技并非屡试不爽。有一回，谢克特发现安娜差点在办公室被气得哭出来，但是对方却说自己只是断了一颗牙齿。谢弗每周还会安排花匠送花过来。与《纽约》杂志社的工作环境不同，在这里，安娜可以在几乎空无一物的办公桌上摆放大量香气扑鼻的白色卡萨布兰卡百合花。除此之外，她的办公桌上只有一本杂志、一个笔筒和一部电话。在鲜花送达时，雄蕊上的花粉会被摘除，以防污染其他物品。每天，谢弗会开着海军蓝色沃尔沃旅行车接安娜下班[57]，他的朋友们戏称这是一辆"迷你小车"[58]。有时，两人会顺便将谢克特送回家。谢克特坐在舒适的皮质后座上，亲眼见证了两人之间"相亲相爱、互相扶持且沟通融洽"的和谐关系[59]。

* * *

尽管安娜对创新有着孜孜不倦的追求，但是在她担任创意总监期间，杂志的外观形象和整体感觉上并没有发生任何实质性的变化[60]。不过，她的影响力并不局限于版面设计[61]。安娜一直非常关注安德烈·莱昂·塔利，后者曾经为《采访》《女装日报》以及《乌木》(*Ebony*) 杂志报道过时尚内容，而且也是卡尔·拉格斐 (Karl Lagerfeld) 的朋友。安娜曾经和他打过数次电话，希望对方能来 *Vogue* 杂志社工作。起初，塔利并没有回复[62]，但是米拉贝拉接受了安娜的建议，邀请塔利共同参加一场会议。让塔利感到匪夷所思的是，米拉贝拉在 1980 年的面试结束后并没有决定聘用他，而如今又打电话来邀约他参会。其实，他根本不知道这是因为安娜推荐了自己。

米拉贝拉决定即刻聘请塔利为 *Vogue* 杂志社的时尚新闻编辑。据塔利后来猜测，他曾与拉格斐共同坐车参加时装秀，并在后座向对方进行了一段人物专访，阿瑟·埃尔格特将这段采访视频发给了米拉贝拉，后者看完后大加赞赏，因此才决定聘用塔利[*][63]。在离开 *Vogue* 杂志社时，塔利经过了安娜的办公室，他注意到安娜坐在办公桌后，而两个助理坐在门外[†]。随后，塔利乘坐地铁回到了位于阿斯特广场的公

---

[*] 塔利回忆称，米拉贝拉曾推荐拉格斐担任 Chanel 品牌的创意总监，这是 20 个世纪时尚行业最具影响力的人事任命事件。

[†] 随着谢克特的工作变得日益繁重，安娜又雇用了伊莎贝拉·布洛 (Isabella Blow) 作为第二助理。然而，布洛做事毫无条理，往往让事情变得难上加难，而不是化繁为简。

寓。他的门下塞了一张由安娜手写的纸条："欢迎来到 *Vogue* 杂志社。我期待与您一起工作。"

虽然塔利对米拉贝拉和安娜两个人都钦佩有加，但是他还是很快决定加入了安娜的团队，不过他当时仍然不知道安娜为自己的成功受雇起到了关键性的推动作用。安娜从未明示过自己曾在幕后做出的贡献，而且也不打算将其公之于众。塔利经常在聚会上遇见安娜，他觉得安娜可怕得吓人，甚至不敢与她说话[64]。如今，他在安娜的帮助下，负责完成每期杂志中两个版面的时尚新闻报道[65]。

在 1984 年 12 月期的杂志中，安娜建议塔利委托安迪·沃霍尔绘制一幅弗里兰的画像，并且将其插在一篇文章中。当时，安娜置身 *Vogue* 杂志社外，正在筹备美国纽约大都会艺术博物馆服装学院的展会事宜，她想将这篇文章在展会上发布出来。实际上，塔利正是在弗里兰的手下开启了时尚领域的职业生涯。随后，沃霍尔答应了塔利的请求，并提议将弗里兰的头像拼在让-路易斯·大卫（Jean-Louis David）的画作《拿破仑穿越阿尔卑斯山》（*Napoleon Crossing the Alps*）中。安娜对沃霍尔的想法大加赞赏，但是不相信对方能够按期完成。因此，她每天派遣塔利前往沃霍尔的工作室进行拍照，以此来监督作品的进展[66]。在塔利看来，虽然整个过程并不高效，但是还有另外一件事情可谓是有过之而无不及。米拉贝拉和梅伦曾经反反复复退回修改一条 Calvin Klein 品牌的裙装多达 17 次。正如塔利后来说的："一条裙子被退回了 17 次，你对它还有什么热情可言呢？"[67]

塔利对安娜的"直觉"深信不疑，认为他们会成为"可靠的朋友"，重点在于"可靠"。当他刚来 *Vogue* 杂志社工作时，两人曾相约在 Bice 餐厅吃午饭。安娜点了一份意式熏火腿和鳄梨作为开胃菜。然而，塔利还没来得及吃主菜，安娜就对他说："好了，我们吃完了。回去办公吧。"[68] 他在自己的回忆录中写道："我们从未真正讨论过两人之间的友情，也从来都不是羁绊许久的闺中密友。但是我们完全能够理解彼此，而且心照不宣。"[69]或许两人对彼此的经历感同身受，毕竟他们都是追求时尚的年轻编辑，同样被米拉贝拉的会议折磨得晕头转向，而且面对米拉贝拉认为沃霍尔的"影响力过于微小"的轻蔑评价，两人完全不得其解。对于塔利和安娜来说，沃霍尔的影响力并不"微小"[70]。塔利曾经表示：米拉贝拉"并不懂我"。相比之下，他认为安娜善解人意[71]。塔利和安娜惺惺相惜，不仅是因为品位相同，还是因为都在功能失调的等级制度中沉浮不定，不过他们早晚都会推翻这座纸城堡。就目前的形势来看，彼此都未意识到他们之间将会有怎样的羁绊。在这段感情破裂之前，它既能予人安慰，又会充满波折。

* * *

与 *Vogue* 杂志团队在巴黎参加时装展时，安娜在丽兹酒店的酒吧遇到了父亲。两人许久未曾谋面，不过，安娜在纽约出席展会期间，开始多次安排与父亲见面。查尔斯看到女儿的手上戴了一枚精致的戒指，安娜告诉他这是自己的订婚信物。谢弗之前将这枚戒指送给了安娜，安娜对他说："当我准备好嫁给你时，我会戴上它。"[72]安娜口述了自己接受求婚的条件，这非常符合她一贯的行事风格。

婚礼前，安娜接到了前任米歇尔·埃斯特班的电话，对方说自己将要来城里，并邀请安娜吃顿午饭或喝杯酒。安娜回复说自己过几天就要结婚，并邀请他参加婚礼。1984年9月7日星期五，安娜在位于翻修后的麦克杜格尔街联排别墅里举办了婚礼，她邀请到了前任男友[73]、家人以及 *Vogue* 杂志社的谢克特和塔利两位同事前来参加[74]。在与建筑师艾伦·布施鲍姆（Alan Buschbaum）的合作下，安娜决定拆掉家中的墙壁，让主要的两层楼完全开放，从而打造成阁楼的风格。其中，下层留给了谢弗十几岁的儿子，上层的主卧套房曾有四个小房间，全都属于安娜。安娜的床上铺着简约的白色鸭绒被。套房内

第九章 屈居第二　　　　　　　　　　　　　　　　　　　　　　117

摆放着家人合照以及安娜收集的一些象牙小物件，比如梳子、刷子等等，除此之外，几乎再无其他摆设。安娜按照自己熟悉的英式风格扩建了主浴室，她新装了一个独立式的仿古爪足浴缸和一处壁炉。

19世纪的家具和内饰都带有英式风格[75]。"安娜从事编辑工作，因此，她也喜欢精简自己的联排别墅设计。她是一位地道的英国人，不喜欢把东西堆得满地都是，这不是她的风格。"谢克特说。

安娜在白天悄无声息地举行了自己的婚礼，就像自己的房子一样毫不引人注目。纵使这是一座位于曼哈顿的联排别墅，但是看起来格外低调而且非常朴素。尽管安娜生活在聚光灯下，但她不喜欢成为大家的焦点[76]。

在婚礼上，安娜身着一条奶油色的 Chanel 品牌及胫连衣裙，在父亲的陪伴下走下楼梯，来到了举行仪式的一楼。在那里，温暖的阳光透过窗户洒进房间[77]。琼·朱丽叶·巴克是安娜的朋友，也是唯一的伴娘，她从伦敦赶到了现场。婚礼前，巴克曾陪伴安娜前往波道夫古德曼百货公司挑选婚纱和蜜月礼服。其中，安娜的蜜月礼服是一件特价的 Chanel 品牌及踝连衣裙，以蓝白条纹相间的丝绸精制而成[78]。让塔利感到意外的是，安娜只邀请了两位 Vogue 杂志社的同事，其中一位就是塔利。虽然她从未言明，但她与塔利之间交情甚笃。

随后，安娜换上了第二套连衣裙。她捧着花束走下楼梯，其中有几枝风信子[79]。不过，她没有和大家预想的那样将花束抛向人群，而是直接递给了塔利。"把它拿好。"安娜说[80]。

* * *

在婚礼结束后的六个月左右，安娜在 Vogue 杂志社工作期间发生了两件大事。第一件是她发现自己有了身孕。

第二件发生在1985年4月23日星期二，为英国版 Vogue 杂志社效力21年之久的编辑碧翠丝·米勒（Beatrix Miller）宣布辞职。此前，她创造了该杂志利润"飙升"的时代，在此期间，读者人数达到200万[81]。

安娜·温图尔有望接替米勒的位置[82]。

第十章

Vogue 杂志的"双城记"

安娜对利兹·蒂尔贝里斯说:"天哪,我回到了英国。"安娜在二十出头的年纪与蒂尔贝里斯相识,当时安娜尚在《哈泼与女王》杂志社担任低级编辑,经常在 Maidenform 品牌文胸的货架旁忙活个不停。如今,蒂尔贝里斯已经成为英国版 Vogue 杂志的执行时尚编辑,而且是安娜的手下。

安娜来到位于汉诺威广场的英国版 Vogue 杂志社办公室担任主编的第一天,办公室看起来像一个私人俱乐部,名字非常贴切——Vogue House。蒂尔贝里斯向她展示了几张黑白照片,上面全是戴着头巾的年轻女性。安娜评价道:"这些人看起来像是从火星上来的。"

单从表现就能看出来,安娜致力于改变杂志的现状,而且很快会付诸行动。安娜接手的英国版杂志已在商业上取得了巨大成功,但是她依旧认为该杂志的视觉效果跟不上潮流,而且看起来非常愚蠢,有时候看起来甚至过于"英式"。比如,杂志照片中的模特们身穿全套的马术礼服,在乡村城堡中摆出造型并与马匹合影,尽管这些服装选自 Hermès 品牌,但是整体风格与现代女性几乎毫无关联。安娜希望英国版 Vogue 杂志可以像米拉贝拉负责的美国版杂志一样得到职业女性的青睐,打算为她们提供实用的穿搭资讯,而不仅仅是展示近 20 年来时尚编辑们天马行空的奇思妙想。

安娜在英国版 Vogue 杂志社任职的经历就像一部《双城记》（A Tale of Two Cities）。蒂尔贝里斯等资深员工感受到了凛冬般的绝望。"安娜希望员工能在变通性与原则性之间找到平衡。"蒂尔贝里斯在回忆录中写道，"众所周知，这意味着死路一条。"[1]

与此相反，新人们则迎来了希望的春天。

安娜希望扭转该杂志目前的局势，并且期待可以回到纽约得到掌权更多、职位更高的工作，因此，她除了采取大胆行动之外别无选择。然而，一些遭受排挤的员工对她大为不满。当时，一份小报将安娜描述成时尚界难以驾驭且极其恶毒的新一代冷面女王。无论其他人怎么想，她身上的这种标签很难被轻易抹除。

* * *

借助英国版 Vogue 杂志的编辑工作，安娜希望实现从编辑到主编的身份跃升。对于该杂志社的人员来说，只有从整个行业全身而退，才算得上彻底摆脱这一交际圈。尽管这份工作为安娜提供了梦寐以求的晋升跳板，但是她犹豫了很久才选择接受。

碧翠丝·米勒宣布辞职后，时任康泰纳仕集团伦敦办公室的常务董事贝尔纳·莱塞（Bernard Leser）试图将安娜从利伯曼的大本营中拉拢过来，不过却遭到了对方的拒绝。当时，安娜刚怀孕不久，丈夫谢弗[2]在哥伦比亚大学担任儿童精神科医生[3]，而她不希望独自带着新生儿在大洋彼岸生活。

1985 年 6 月 5 日，在接受这份工作的两个月前，安娜与蒂娜·布朗（Tina Brown）相约在四季酒店共进午餐。布朗也是一位英国人，当时刚刚到康泰纳仕集团的纽约总部任职，并担任《名利场》（Vanity Fair）杂志社的时尚主编。此外，她曾是伦敦《闲谈者》（Tatler）杂志社赫赫有名的时尚主编，该杂志于1982年被康泰纳仕集团收购。当时，作为康泰纳仕集团的新人主编，布朗可能是少有的真正理解安娜懊恼之情的人，她在日记中写道："显而易见，安娜很不甘心在 Vogue 杂志社屈居二把手，她一直在等待格蕾丝·米拉贝拉退位让贤。"安娜曾向布朗袒露心扉，说自己愿意接受伦敦的工作，而且也得到了丈夫的支持，不过最多只能工作几年。

在布朗看来，安娜很难取代德高望重且声名显赫的米勒，而且发现康泰纳仕集团的伦敦办公室"比纽约的工作环境更加让人失望，很多都是一些刚出道的新人员工"。此外，布朗认为，"安娜在此存在的意义权当是让格蕾丝保住自己的位置，而她本人则可以在伦敦充分展示才华并证明领导能力"[4]。

就在第二个月，安娜成为媒体争相报道的热门人物[5]。当时，纽豪斯正在积极物色米勒的接班人。布朗建议称，英国版 Vogue 杂志社的运营工作可以交给安娜来做。得知这一消息后，纽豪斯和往常一样表现出"若有所思"的神态。就布朗所知，问题的部分原因在于利伯曼并不希望安娜离开 Vogue 杂志社[6]，并声称安娜和米拉贝拉将努力化解分歧[7]。然而米拉贝拉对自己埋没安娜才华的谣言不以为意，但是却迫不及待地想将自认为极具破坏性的危险人物留在大洋彼岸。

经过数月的权衡和考量，安娜最终接受了这份工作。1985年9月18日，她被正式任命为英国版 Vogue 杂志的新任主编。安娜推迟了自己的入职时间，这样她就可以于1月在纽约生下孩子，而于4月飞到伦敦上班[8]。

* * *

打算前往伦敦前，安娜打算聘任一位助理。蒂娜·布朗与谢弗的朋友迈克尔·罗伯茨（Michael Roberts）都认识在伦敦《闲谈者》杂志社工作的加布·多贝（Gabé Doppelt）。其中，罗伯茨是该杂志的前艺术与造型总监。最初，多贝以为自己只需向安娜提供一份候选人名单即可。然而，当她发送了名单之后，很快就收到了安娜的传真留言："你自己感兴趣吗？"

多贝从未想过自己有朝一日会到英国版 Vogue 杂志社工作，因为这看起来就像一个笑话。在外人眼里，该杂志社是一群保守且年轻的富家女子休息放松的平台，她们在 30 年的职业生涯中将一直游手好闲。那里的员工驾驶着宝马轿车前去上班，不选择公共交通。不过，安娜为多贝提供了一份让人无法拒绝的工作，薪水是她目前岗位的三倍。在选择接受后的第二天，多贝再次收到了安娜的传真。安娜写道："我们从未见过面。明天你有什么安排？我们帮你买张机票。"此前，多贝已经对伦敦杂志拖沓的办事效率习以为常，所有人都没有紧迫感，更不会有人话音刚落就订购飞往大西洋彼岸的机票。因此，她对安娜的果决颇为震惊。

多贝于第二天飞到了纽约。当时，安娜因为早产宫缩而在家休养。因此，在赶到康泰纳仕集团的办公室时，多贝并没有见到安娜。于是，她便与 Vogue 杂志社的员工共同参加了一整天的培训。当晚，多贝前去安娜家登门造访。此时，已怀有八个月身孕的安娜在门口迎接。她穿着一袭 Azzedine Alaïa 品牌的白色紧身连衣裙和一双 Manolo Blahnik 品牌高跟鞋，手里拿着一杯红酒。

多贝本以为要花费一两个小时才能了解安娜的需求和期望，然而实际上，整个对话只进行了两分钟。多贝回到酒店后，她收到了康泰纳仕集团人力资源部发来的消息，对方表示安娜等不及多贝要六周后才能上班。

* * *

英国版 Vogue 杂志社任命安娜的消息一经放出，即刻引发了所有人激烈的议论。

据称,碧翠丝·米勒就像管理女子寄宿学校的校长一样运营自己的杂志[9]。她喜欢在版面中插入公爵夫人或王妃的漂亮照片,尤其是戴安娜王妃,而且背景多为城堡。米勒在威尔特郡拥有一处名为"小猪"的乡间别墅。她喜欢朴实无华的高跟鞋,而且打扮得非常朴素[10],最多会将修长的指甲涂成亮红色。对她来说,比起服饰搭配,指出错误或写在页面的潦草文字显然更具实际意义。因此,米勒允许时尚团队随意发挥自己的想法[11]。

11年前,安娜从英国前往美国。11年后,她又从美国空降到了英国担任主编。据一位记者描述称,安娜的口音带着"轻微的鼻音",并且她具备纽约人特有的顽固且冷酷的态度。"我希望 Vogue 是一本充满活力、引人入胜且性感十足的杂志。"安娜说,"我对挥金如土或游手好闲的生活方式毫无兴趣。我希望我们的读者都是精力充沛的女性高管,她们财务自由而且兴趣广泛。"[12]

蒂尔贝里斯和格蕾丝·柯丁顿是米勒的两位副手,她们曾就安娜担任主编的提任接受过敷衍的调研访谈。蒂尔贝里斯认为自己并不够格[13]。与此同时,柯丁顿的志趣在于拍摄照片,而不在于成为老板。在访谈中,柯丁顿建议公司高管雇用安娜。"我相信她会让大家眼前一亮。"柯丁顿说。她比安娜提前10年开始了时尚职业生涯,最初的身份是一名模特。此前,两人经常在伦敦的社交场合中照面[14]。然而,有媒体报道称,安娜为了得到主编的职位,似乎非常爽快地切断了与英国根脉的联系,不惜将两位广受欢迎且德高望重的英国本土编辑拱到一旁。

安娜本来想将纽约的属下带到伦敦,然而尴尬的是,几乎没人愿意接受她的提议。谢弗的朋友迈克尔·罗伯茨对纽约毫无好感,安娜曾劝说他离开蒂娜·布朗的《名利场》杂志社,前来伦敦担任英国版 Vogue 杂志的兼职设计总监[15]。安娜本来为前任助理劳里·谢克特安排了一份新工作，并给对方一个月的思考时间，然而在此期间，谢克特在《滚石》(Rolling Stone)杂志社谋得了一个职位[16]。此外，安娜曾邀请 Vogue 杂志的时尚编辑罗伯特·特纳（Robert Turner）一同前往英国，不过再次遭到了拒绝[17]。后来，安娜又询问了塔利的意向，对方担心无法照顾年迈的祖母，加上路途遥远，况且英国版 Vogue 杂志社没有足够的预算为他租下公寓，因此他决定继续留在康泰纳仕集团的工作地纽约，并为布朗负责的《名利场》杂志效力[18]。不过，安娜最终设法聘请到了老朋友艾玛·索姆斯担任专题报道编辑。

对于安娜一开始带过来的员工寥寥无几，但是她几乎解雇了之前在英国版 Vogue 杂志社的所有员工，这自然让她的名誉受损[19]。与此同时，安娜也解雇了自由职业剧本评论家米尔顿·舒尔曼（Milton Shulman）和电影评论家亚历山大·沃克（Alexander Walker），而两人此前都曾为安娜父亲的党羽。

"把他们都打发走吧。"安娜告诉索姆斯。

索姆斯回复说："安娜，你得自己处理。"出乎意料的是，这些员工非常爽快地离开了该杂志社，而且并未多做纠缠[20]。更令人感到诧异的是，几十年以来，该杂志从没有过人员流动。安娜将蒂尔贝里斯和柯丁顿留在身边的原因很简单，只是因为她欣赏两人的表现[21]。"当时，安娜表现得彬彬有礼，她安慰大家说想让我们留下来。"蒂尔贝里斯说。但是安娜的这种态度很难让对方真正感到心安，毕竟她从不担心自己的言行举止是否会让别人感到不自在[22]。

安娜搬到伦敦后，薇薇恩·拉斯基在诺丽的催促下与她取得了联系。当时，安娜正与家人一起在伦敦游历。安娜邀请拉斯基一起喝茶。然而，据拉斯基回忆，尽管安娜声称自己遭受孤立，但是丝毫没有表现出故人重逢的喜悦之情。两人相见时的气氛尴尬到了冰点。当天，安娜穿了一身黑色衣服，而且直到母亲到场，她才为拉斯基点食物和饮料。拉斯基从对方的言行举止中丝毫找不到儿时好友的影子。对拉斯基来说，曾经的那个少女已经一去不复返。

那次会面为两人的友情画上了句号，安娜已经在向前看了[23]。

* * *

4月的一个周五晚上，碧翠丝·米勒最后一次离开了自己的办公室。周末的时候，办公室的墙被刷成了柔和的白色，其中的一面墙体被拆掉，被改成了新的入口。房间内还摆放了一些书架，用来存放往期杂志。裸露的木地板经过抛光处理，上面铺了一层地毯。安娜的办公桌出自设计师艾伦·布施鲍姆之手，该建筑师曾经翻修过安娜在纽约的联排别墅。"长条形办公桌桌腿的设计十分有趣，让人联想到20世纪50年代凯迪拉克轿车的尾翼……桌面由喷砂处理的乌木色桃花心木制作而成，而挡板为黑色钢结构，发出金属光泽。"《纽约时报》在2003年的一篇报道中有过对这张办公桌的描述。当时，安娜已经名声在外，她的每件家具都是人们竞相报道的对象[24]。此外，办公室内还有巨大的"禁止吸烟"标志[25]。

安娜以极端严苛的纪律经营这份杂志。她要求所有员工形成严格的时间观念，工作时必须全力以赴，而且一切事务都要经过她批准，这一点与米勒截然不同。米勒在任职期间允许摄影师进入办公室选择心仪的照片，并且同意他们自行进行布局设计。作为米勒的下属，艾玛·索姆斯曾经目睹摄影师安东尼·斯诺登（Antony Snowdon）体验过类似的待遇。其中，斯诺登的妻子是玛格丽特公主（Princess Margaret）。安娜上任后，她要求斯诺登将一张照片压缩成邮票大小的尺寸。索姆斯提醒安娜：你不能这样做，因为对方是斯诺登。"然而她根本不以为意。"索姆斯说，"由此可见，她带来了翻天覆地的变化。"[26]

与前任主编相比，安娜每天都很早到公司工作。她早上5:30起床，照顾尚在襁褓中的儿子查理。安娜以父亲的名字为儿子命名。7点刚过，安娜便离开了家门[27]。柯丁顿曾坦言，自己在米勒手下工作了18年，自己因此逐渐变得"懒惰起来"。然而，安娜的到来让她倍感压力，她需要重新适应安娜极其高效的工作风格[28]。尽管如此，柯丁顿还是经常上班迟到[29]。安娜会为员工涨薪，而这是柯丁顿几乎不可能会做的事情[30]。

从总体来看，员工的薪资水平较低，而且鲜有额外津贴。在与安娜通电话时，蒂尔贝里斯正在纽约报道时装秀，安娜提出要给对方"大幅"涨薪。随后，蒂尔贝里斯的工资从2.3万英镑变成了2.7万英镑（2021年约合11.5万美元），总共增加了4000英镑。

"我不知道该说些什么。"蒂尔贝里斯说。

"你可以感谢我。"安娜回道[31]。

* * *

安娜格外想涉足时尚报道，于是，她开始每周召开筹备会议。"每次拍摄前，我们都会用推车将大量的服饰送进她的办公室。这是在杂志社前所未有的重要变化。"多贝说[32]。安娜会戴着墨镜坐在办公桌后，如果对创意不认可，就会用铅笔敲击桌面[33]。柯丁顿在回忆录中写道，安娜一直在模仿米拉贝拉在 *Vogue* 杂志社的工作风格，这让她难以适应。"大家要参加持续数小时的选装会议，着实非常难熬。"柯丁顿写道，"在灯光昏暗的办公室里，我们将用于室外拍摄的衣服穿在了不相称的女模特身上，根本无法模拟拍摄外景照片时所呈现的氛围。此外，如果说来这里仅仅是为了试穿衣服，长相标致的模特肯定不会答应，毕竟这对她们的职业生涯没什么帮助。"[34]

让大家感到更加不可思议的是，安娜会亲自审查每张照片。每次刚刚收到胶卷，她都会拿着放映机进入一个房间，一张一张地检查照片[35]。安娜只会在房门紧闭的时候戴上厚重的圆形眼镜，一旦有员工

第十章 *Vogue* 杂志的"双城记" 127

不小心推门进来，她会立马摘掉[36]。

据蒂尔贝里斯称，安娜经常要求"无休止地重新拍摄"[37]。考虑自己负责的第一期杂志的封面时，安娜打算邀请英国女演员阿曼达·佩斯（Amanda Pays）当模特。当时，佩斯穿上了一件由琼·缪尔（Jean Muir）打造的亮橙色外套，采用构造翻领以及当时广泛流行的宽肩设计。柯丁顿在回忆录中写道："我已经记不清我们对着那件外套反反复复拍了多少张照片。最后，我们终于达到了安娜的要求，那是一张在纯白背景下拍出的极其朴素的照片。"[38]

前文中提到过，几年前，安娜曾感慨说，她已经看厌了女孩们在大街上东奔西跑的时尚照片。然而，她现在却要求"拍摄模特们的动感出街照，让她们看起来像是要去工作"。蒂尔贝里斯在回忆录中写道[39]。这些照片活灵活现地刻画了安娜的女性形象：永远在路上，从不放慢前行的脚步，并且全身心地打造自己完美的事业和形象[40]。

安娜后来承认，虽然她也曾在 Savvy 杂志和《纽约》杂志中采用了这种做法，但还从格蕾丝·米拉贝拉那里受到了直接启发。"我非常认可伦敦异乎寻常的一面，"安娜说，"但是女性也都追求现实。可能我过分强调这一点，不过我当时只是一位新人，而且希望自己被记住。"[41]

不是所有人都能适应安娜的工作方式，大家一直心存不满，她手下的新员工尤其如此。多贝被工作折磨得焦头烂额，她经常趁安娜去吃午餐的时间爬到楼顶，并躺在冰凉的石板地面上打个盹。

"高度紧张的工作压力让我筋疲力尽，而且我也能体会到，别人对安娜的敌意也压得我喘不过气来。"多贝说，"对安娜而言，她的情况肯定比我糟糕一千倍。"[42]

虽说安娜没能聘请到安德烈·莱昂·塔利，但是，塔利在伦敦期间，安娜曾向他咨询过一些问题。"我可以自由出入安娜的办公室，"塔利在回忆录中写道，"她会让员工允许我使用他们的办公桌……她会向我展示布局设计，有时我们会一同审查设计方案，仿佛两人是同事关系[43]。"此外，安娜也渴望了解塔利对某些时装秀的看法。他们的交流非常简略，据塔利称，这是因为"两人聊得很投机"。有一次，塔利曾经到安娜家登门造访，他发现对方正在给查理宝宝喂奶[44]。由此来看，塔利为另外一家杂志社供职的原因无关两人深厚的情谊。

对员工们而言，安娜对塔利的依赖让大家感到非常困惑，而且可能对两人之间的交情心生嫉妒。他们看起来是截然不同的两类人，正如蒂尔贝里斯在自传中所述："安娜这个南方人经常将自己打扮得花里胡哨，比如条纹弹力裤搭配红色蛇皮背包、漆皮高跟鞋、罗缎蝴蝶结以及人造皮手笼。"[45]柯丁顿在回忆录中说，也让她百思不得其解的是："有段时间，似乎是塔利在负责整个时装秀的各种事项，因为安娜一直对他言听计从。她经常对我们讲：'安德烈认为我们应该对某人进行报道。'或者说：'安德烈认为某件事格外重要。'"[46]然而，塔利并未意识到自己的影响力。

尽管安娜很难在纽约招到这样的人才，但是随着声望越来越高，她的远见卓识吸引了各路良才贤士慕名加入。其中，安娜曾邀请萨拉贾内·霍尔（Sarajane Hoare）前来参加面试。当时，霍尔正在《观察家报》（Observer）担任时尚总监。

"我希望你下周来这里工作。"安娜告诉霍尔。

"哦，这不行。我得提前三个月通知《观察家报》。"霍尔答道。

安娜一直在催促霍尔赶快过来上班。据霍尔猜测，这可能是因为安娜希望尽早对该杂志做出改革。

安娜建议霍尔与格蕾丝·柯丁顿谈谈，希望柯丁顿可以说服对方为安娜工作。然而，柯丁顿并不擅长打动别人。不过，能为安娜卖命是一件非常诱人的事情，最终霍尔接受了这份工作[47]。

＊＊＊

在安娜回伦敦工作前，大家都已经为其贴上了冷若冰霜、令人生畏而能力超群的标签。一部分是与她的墨镜有关，还有一部分可能是联想到了小说中的虚拟人物"寒冷的查理"。查理是安娜的姓氏，在大家眼中，这个姓氏可谓一语双关。

有人嘲笑这份杂志是愚蠢女人的专属读物，并讽刺安娜本人及其任期分别为"核武器·温图尔"与"令人生厌的温图尔"。此类说法无异于性别歧视，人们采用极其苛刻的态度去审视安娜冷酷无情的手段，其程度远远超过了对男性高管的要求。此外，安娜还面临着其他指控。有传闻称，安娜受人诱导，从而在本该参加高定时装秀的期间分娩。然而，安娜极力否认了这种说法[48]。在查尔斯编辑过的一份旧报纸中有以下描述："她习惯把编辑的文章当作砖墙一样砸来砸去，留下一个破洞和一股 Chanel 品牌香水的味道。"[49]《私家侦探》(*Private Eye*)杂志曾经曝光过安娜的一份合同：2020 年，她的薪水达到 33 万美元，而额外津贴覆盖了全职保姆、汽车和司机等支出，还包括了协和客机每月两次的往返机票，以便她与谢弗相聚。与此同时，《私家侦探》还热衷于报道员工辞职的消息，以及安娜因优柔寡断而推迟当年 9 月期 Vogue 杂志上架的新闻。从历史来看，每年的第九期杂志都是年度规模最大且获利最多的一期。

安娜从未向员工透露过自己对待恶意诽谤的态度。然而，《私家侦探》造谣称她"延迟"发行 9 月期杂志的妄言妄语终于让她忍无可忍。她向该杂志提起诉讼，迫使对方刊登道歉信并支付她的律师费[50]。在过去的几十年里，安娜勇敢地承受住了媒体的各种风言风语。然而在她工作之外的朋友们看来，这些遭遇确实让她倍感烦忧[51]。

艾玛·索姆斯对安娜的这些经历颇为震惊。"大家都将她的专注误解为冷漠。但是她并不是一个冷漠的人，反而相当大度。"索姆斯称，

"要不是攸关 Vogue 杂志，安娜才不会顾及这些流言蜚语。因此，她没工夫理会东拉西扯。"[52]

安娜很快带领英国版 Vogue 杂志走向了成功，其发行量从米勒时代的 16.4 万份增加到了 17 万份，年利润超过了 600 万美元[53]。在柯丁顿看来，更重要的是，安娜与英国设计师们建立了联系，而其正是后者孜孜追求的目标。这是因为安娜代表了美国版 Vogue 杂志，而且这份杂志深受伦敦百姓的热捧。"她发现英国时尚无非就是超长的裙装、平底鞋等。因此，她觉得英国人是时候将自己打扮得更加性感了。"柯丁顿说。

其中的一个变化就是裙子的长度变短了。安娜要求设计师们将裙子的下摆缩短 6 英尺，这与她在美国版 Vogue 杂志社中的做法如出一辙，而且设计师们也按照她的要求做了。"安娜一直支持设计师。在我看来，她经常为这些人提供建议，她的理念启发了设计师们的创造力。我想，这可能就是他们的业务开展得如火如荼的原因。"柯丁顿说[54]。不过，安娜的愿景与伦敦当时的情况有些脱节，部分原因在于，这座城市并没有像纽约那样为渴望追求职业发展的女性提供广阔的空间。安娜在自己的首次专题报道会议上，提议刊登一篇关于英国女法官的文章。然而她得到的答复是，目前整个国家并没有这样的女性[55]。

不过，蒂尔贝里斯曾经表示，安娜提出的缩短裙子长度的要求"惹恼"了设计师们。可是她在回忆录中又说："从时尚编辑到副总裁，公司里的每个人很快都入手了一件配有垫肩的红色权力套装以及一件短裙。此外，我们每次跑着赶出租车时，都会穿着透明的黑色紧身裤袜和高跟鞋。"[56]

然而，并不是公司里的所有人都同意安娜的做法。安娜的前雇员布鲁斯·韦伯（Bruce Weber）是她一手栽培的摄影师。韦伯就曾拒绝过为安娜拍摄照片，他表示："我不能接受她对我选用什么类型的胶卷而指手画脚。与此同时，我并不理解为什么要拍摄女性奔跑着穿过大街打车的照片。"[57] 韦伯说。无独有偶，珠宝设计师汤姆·宾斯（Tom Binns）曾用"含糊不清的时尚渣滓"来讽刺安娜的构想[58]。

不过，安娜对这些批评并不在意。她在接受《纽约时报》的采访时表示："有声胜无声。新主编想要改变一份杂志，必定会遭到大家的抵制。英国的时尚观念有些狭隘，因此需要有人将格局打开。"[59]

* * *

柯丁顿仅在英国版 Vogue 杂志社工作了九个月。她并非因为事业不顺而离职，而是纽约的 Calvin Klein 品牌公司为她提供了一份在报酬上更具吸引力的工作。况且，她的发型设计师男友迪迪埃·马里格（Didier Malige）住在纽约，正好方便两人同居[60]。

柯丁顿曾是 Vogue 杂志社的核心员工，被安娜誉为"伦敦时尚女王"[61]，她的离开无疑是杂志社的巨大损失。在得知柯丁顿离开的消息后，蒂尔贝里斯不禁哭了起来。蒂尔贝里斯也一直在为安娜做事，终于，她鼓足勇气向安娜提出担任时尚总监的申请。虽然她将成为该岗位的接班人，但是安娜起初还是有些犹豫。

"你不要再怨天怨地了。"安娜在午餐时对蒂尔贝里斯说，"我已经听烦了你说以前那些起起伏伏的旧事。现在的问题在于，你知道该如何完成我交给你的任务吗？如果你想留下来，那么就要不遗余力地支持我。"

蒂尔贝里斯领会到了安娜的意思——她不想再要一个半路退出的手下。与此同时，蒂尔贝里斯也不希望因为固执而毁掉自己的事业。最终，她被任命为时尚总监，而且对安娜唯命是从。久而久之，蒂尔贝里斯感受到了安娜对自己的信任[62]。

＊＊＊

　　工作大约一年后，安娜遇到了一件烦心事，但是她对员工们守口如瓶。此时，她已经有了一个一岁大的孩子要照顾，并且还怀上了第二个孩子。她经常穿着同款 Yves Saint Laurent 品牌套装和高跟鞋，并且用漂亮的长围巾遮住腹部，其尾端自然地垂落在夹克的翻领处[63]。与丈夫隔海相望的生活让安娜苦不堪言，而且她在伦敦并没有很大的社交圈，因此每周六早上都会带着查理光顾她钟爱的鞋履设计师莫罗·伯拉尼克的店，淘气查理曾经打翻过店里陈列的所有商品[64]。这只是安娜与儿子度过的一部分快乐时光，她曾在1986年的一次采访中提到："我每周日都和儿子一起度过。"[65] 由于谢弗经常不能放下工作来看望母子两人，于是安娜常常带着儿子去纽约与丈夫团聚。"我的个人生活一团糟。"安娜在刚到英国版 Vogue 杂志社工作时谈道："我经常夜里醒来出一身冷汗，有时会陷入无休止的自责：'我真是疯了。我应该待在家里照顾孩子，享受安静美好的生活。'但是，我不想在纽约生孩子。我在纽约辛苦工作了15年，而且热爱英国版 Vogue 杂志社的编辑工作。"[66] 不过，她说的最后一句话难以让人完全信服。对于安娜而言，伦敦的出版行业不过是小型的联盟组织，只有纽约称得上是时尚行业及相关媒体界的峰顶，令人难以想象的是，她丝毫不担心自己与纽约在地理上的隔阂。也许这正是她致力于与利伯曼及纽豪斯保持联系的一个重要原因。与此同时，利伯曼似乎也在密切关注安娜的发展，因为后者不仅是他的门生，而且也是康泰纳仕集团未来的时尚领袖[67]。在安娜苦心设计杂志期间，她曾飞往纽约与利伯曼共同处理工作问题[68]。每当柯丁顿前往纽约进行拍摄时，安娜都会让她将成片交给利伯曼，借此来倾听他的意见[69]。

　　1987年4月，安娜曾极力否认有关自己将在当年7月份生完第二个孩子后不再重返英国版 Vogue 杂志社的传闻[70]。同年5月，据《纽约时报》报道称，对于在 Vogue 杂志社担任编辑的米拉贝拉以及在《时尚芭莎》杂志社担任编辑的托尼·马佐拉来说，安娜是他们的劲敌。前文中提到过，马佐拉曾于 10 多年前解雇了安娜。在另外一篇报道中，利伯曼否认了该谣言，但是狡猾地辩解称："安娜·温图尔可能在未来一段时间内回到美国。"[71] 此外，也有传言称，安娜当时正在洽谈运营 Elle 杂志以及化妆品品牌 Clinique 的相关事宜[72]。

安娜后来解释称，自己曾经收到过以上公司伸出的橄榄枝，但是她从未认真考虑过这些工作[73]。不过，她当时确实决定好在生完孩子后搬回纽约[74]，安娜有可能在媒体上散布了自己将要搬家的谣言，从而故意让纽豪斯思考他们将安娜拱手送给对手的可能性[75]，由此刺激纽豪斯竭尽所能地满足她的要求。

由于担心安娜会投奔敌营，纽豪斯赶忙坐飞机到伦敦探望安娜。当时安娜正值怀孕期间，她声称自己"即将临盆"。两人共进早餐时，安娜满心期待对方将让自己回到美国版 Vogue 杂志社，然而事与愿违，纽豪斯给了她一份到《住宅与庭院设计》杂志社担任编辑的工作。

安娜听到后目瞪口呆，她不知道该对纽豪斯说些什么，而是立刻回到办公室给利伯曼打电话。

"这件事完全属实。你必须得过来一趟。"利伯曼告诉安娜。据纽豪斯称，他需要安娜到《住宅与庭院设计》杂志社任职的原因是"解决一些问题"。尽管安娜并不心甘情愿，不过这是她离开伦敦的机会，因此她选择了接受。

对于安娜担任此职位旨在为运营 Vogue 杂志铺路的说法，纽豪斯给予了坚决否认。"你不能把别人置之不顾。"他解释称，"这种做法相当不合规矩，怎能对一位女性下此狠手呢？"[76] 然而，他说的是清白好话，实际上干的却是污浊坏事。

第十一章

住宅与服装

安娜再次需要准备带领一支团队前往大洋彼岸工作，而分娩丝毫没有影响她的工作。在赶往医院进行生产的路上，她与多贝通了电话。

"两周之内，我们要离开伦敦去纽约工作。"安娜说。

"是要去做什么？"多贝问道。

"我们要接手《住宅与庭院设计》杂志。等我一会儿生完孩子再和你细说。"安娜回道。

安娜生下了女儿，给她取名为凯瑟琳（Katherine），大家都亲昵地称她为"碧"（Bee）。随后，多贝到安娜家登门造访。当时，多贝刚刚花了半年时间装修完自己的新公寓，她难以接受即刻从伦敦搬回纽约。然而，安娜给了她一个无法回绝的理由。

"我会把你安顿好。"安娜告诉多贝。安娜称，康泰纳仕集团会给多贝安排下榻的酒店，并且为她寻找合适的租住公寓[1]。

* * *

安娜在周末下班后生下了女儿，几天之后竟又回到了办公室。当天，她穿着修长的紧身条纹连衣裙，脚踩高跟鞋前来上班，让在场的员工大为震惊。他们丝毫不敢相信眼前的这个女人就在不到一个星期前刚刚生完孩子,而且从表面上根本看不出。实际上,安娜的身体情况比她当时对大家说的话更让人震惊[2]。

"我要向大家宣布一件事情。"安娜说,"我要离开这里了,马克·博克瑟(Mark Boxer)将担任你们的新老板。"博克瑟担任过《闲谈者》杂志的编辑,他曾鼓励多贝为安娜工作[3]。

安娜想在走之前为利兹·蒂尔贝里斯安排好工作。当时,蒂尔贝里斯刚刚打算辞职,准备为 Ralph Lauren 品牌工作,对方承诺给予她25 万美元的惊人报酬。安娜收到蒂尔贝里斯的辞呈时嘲讽道:"真是荒谬。你难道不知道 Ralph Lauren 公司连一颗扣子都不让换吗?"[4] 两天后,安娜得知自己即将离开,她将蒂尔贝里斯叫到办公室并关上了门。安娜希望在自己离开后,英国版 Vogue 杂志的发展能够如日中天,而她不想看到自己改变的努力全部付诸东流。

"我快要走了。"安娜说,"你想担任编辑吗?"蒂尔贝里斯立马答应了下来。安娜离开后,蒂尔贝里斯要以"编辑"的身份在博克瑟手下工作。然而不幸的是,博克瑟因脑瘤突然离世,因而留下她一个人独当一面[5]。

在宣布要到《住宅与庭院设计》杂志社工作的一周后,安娜便启程离开了[6]。又过了几周,媒体对外发布了她的任职情况,随之而来的便是铺天盖地的猜测,大家都认为她在伺机顶替米拉贝拉的位置。

* * *

《住宅与庭院设计》杂志的人事变动生动地诠释了康泰纳仕集团的惯用伎俩,充分展现了纽豪斯解雇员工时表现出的残酷无情与变幻莫测的态度。

该杂志创刊于 1901 年,在安娜接任前,路易斯·奥利弗·格罗普（Louis Oliver Gropp）曾承担该杂志的编辑工作长达6年之久。在此前的13年间，他曾负责编辑报亭衍生刊物《住宅与庭院设计指南》（*House & Garden Guides*）杂志。后来，在他接管《住宅与庭院设计》杂志后，纽豪斯停止了《住宅与庭院设计指南》的运营。自格罗普负责接手以来，《住宅与庭院设计》吸引了一批热衷于寻求相关解决方案的忠实读者。1987年8月12日，《女装日报》报道了安娜接手该杂志的消息，格罗普这时仍不知道自己已被解雇。当时，他正在加利福尼亚州度假，数日后他才收到了纽豪斯解雇他的电话通知。

"格罗普，你度假的时候有没有看《女装日报》？"纽豪斯问道。

"没有。"格罗普答道。他在办公室时都不会看这种杂志，何况是度假。

"《女装日报》上的很多报道都在说安娜·温图尔将担任《住宅与庭院设计》的编辑。"纽豪斯说。

"哦，它们说的是真的吗？"格罗普问道。

"是的。"格罗普答道[*7]。

格罗普在该杂志社一直工作到1987年9月9日[8]。不过，在他离开之前，安娜就已经开始组建自己的团队。她的计划同自己于18个月前在英国版*Vogue*杂志社采取的动作如出一辙，即重整组织，彻底摒弃之前的编辑工作构想，让一切从头开始。

那年9月1日，尚未正式入职的安娜打电话给《名利场》的蒂娜·布朗。两人寒暄一番，安娜问候了她的丈夫哈罗德·埃文斯（Harry Evans）及孩子的情况。随后她话锋一转："我只有一事相告，我要将安德烈揽入麾下。"[9]安娜言出必行，果然任命他为自己的创意

---

* 格罗普后来告诉《纽豪斯》一书的作者托马斯·迈尔（Thomas Maier），称纽豪斯经常负责传达坏消息，这一尴尬使命让他饱受折磨。如此看来，纽豪斯有可能在解雇格罗普一事上有一番精心安排，只是效果不佳。

总监。

塔利在回忆录中表示，他对自己和安娜在这本家装杂志所付出的一切心知肚明。他坦言："安娜从未告诉过我她做每一件事情的原因和方法，而且她也没必要对我讲。我并不愚蠢，因为所有行动的意图都相当明显。安娜一心想得到格蕾丝·米拉贝拉的位置，这个秘密大家心照不宣。"[10]

* * *

对格罗普手下的部分员工来说，纽豪斯所谓的《住宅与庭院设计》"存在一些问题"，似乎只不过是让安娜担任主编的借口[11]。不过，纽豪斯并非杞人忧天。20世纪70年代以来，该杂志在行业内的口碑仅次于《建筑文摘》（*Architectural Digest*），而后者被世人称为最高档的家居杂志。1983年，也就是安娜受命担任主编的几年前，康泰纳仕集团投资了800万美元用于市场研究、广告推销及其他出版准备工作，旨在打造出更加时尚的杂志，试图取代《建筑文摘》而问鼎高级家具杂志榜单。与此同时，《大都会之家》（*Metropolitan Home*）和《美丽家居》（*House Beautiful*）等其他竞争对手也对第一的位置虎视眈眈。1987年，《住宅与庭院设计》杂志的广告版面增长不到1%，而且广告收入仅增加了150万美元。相比而言，《大都会之家》的广告页面增加了18.1%，相应的广告收入增长了46%[12]。

当时，安娜遭受非议的主要原因都与她直言不讳的性格和令人生畏的形象有关。然而，她正是凭借着这些品质才得以在事业上取得成功。为了突破杂志社的瓶颈，她不得不采取裁员和取消一些岗位等令人不快的手段，而且从未对此表达过任何歉意。安娜用这种方式向该杂志社表明自己为杂志设定的标准。与此同时，她也是在向纽豪斯宣告：你对我看法的转变永远跟不上我的行动。安娜内心非常坚定，她深知尽管自己将听到毫不留情的反对声音，但是依旧会义无反顾。

不出所料，安娜按照自己的构想努力地推动《住宅与庭院设计》杂志的改革。每天早上 7 点半，她都会搭乘高级加长轿车到办公室上班，然后先花费一个小时清理艺术部门档案柜中未曾发表的旧作[13]。安娜会叫上多贝和塔利一起整理每个抽屉，查阅那些看起来毫无人情味的诡异照片。比如，有的照片拍摄的是摆放整齐的餐桌，不过没有任何迹象表明有人会用它来吃饭[14]。据报道，在三天左右的时间里，安娜扔掉了价值 200 万美元的合约文章和照片[15]。

除此之外，安娜还开始"收拾"员工。在一些人看来，安娜对待员工和她对待废弃照片的冰冷态度别无二致。忧心忡忡的员工们急忙购入短裙、设计师服装和高跟鞋，生怕自己因为形象不符合安娜的要求而被赶出公司。伊莱恩·格林·韦斯伯格（Elaine Greene Weisburg）是一位编辑，在安娜到《住宅与庭院设计》杂志社任职前，她已经为该杂志社工作了 22 年[16]。出于恐惧，韦斯伯格也购买了一些华丽的服装。然而，她第一次见到安娜时，就感觉自己根本无法取悦对方。在安娜正式上任的一周后，韦斯伯格被炒了鱿鱼。

"你第一眼看到我的时候，就决定要解雇我。年龄是通过内心而不是外表来判断的。你不懂。"韦斯伯格离开时对安娜说到。

安娜称自己很遗憾听到韦斯伯格这样理解。

安娜冲过去为韦斯伯格开门送行时，两人争吵了起来。最终，韦斯伯格对安娜说："我希望你一败涂地。"[17]

* * *

更新换代后的《住宅与庭院设计》杂志倾向于报道社会名流的故事，比如贝特·米德勒（Bette Midler）[18]与史蒂夫·马丁（Steve Martin）[19]，以及社会名流巴龙·埃里克·罗斯柴尔德（Baron Eric de

第十一章　住宅与服装

Rothschild）[20] 和格洛丽亚·冯·图恩温特塔克西斯（Gloria von Thurn und Taxis）。其中，图恩温特塔克西斯的女儿伊丽莎白（Elisabeth）于2012年成为 *Vogue* 杂志的撰稿人。在安娜的运营下，该杂志以前从未出现过的时尚元素却成为突出亮点。在自己负责的首张封面照片的拍摄中，安娜让塔利给模特穿上一件由卡尔·拉格斐设计的价值2300美元的花卉连衣裙，并亲派阿瑟·埃尔格特在巴黎的巴加泰勒公园进行拍摄。随后，安娜将杂志名简化成了 *HG*，旨在向世人宣告，一个新的时代已经到来。康泰纳仕集团方面表示，采用新的杂志名是为了与市面上的其他25种带"家""住宅""庭院"等字眼的杂志名进行区分[21]。利伯曼与纽豪斯全力支持这种改变，不仅针对标题，更是针对内容。每天，利伯曼都会雷打不动地审查所有版面设计和照片[22]。他说："依我个人而言，我曾对该杂志引入时尚元素深表怀疑。但是安娜极具创造力，而且敢于尝试，纽豪斯对她的工作表示出极大的认可。我与纽豪斯都因全面打造富含时尚元素的杂志这一理念深受启发，而且感到非常激动。"[23]

1988年2月10日星期三，康泰纳仕集团在纽约公共图书馆举办了一场正式派对，旨在推介全新改版的 *HG* 杂志。当天到场的有知名时尚设计师比尔·布拉斯（Bill Blass）、卡尔文·克雷恩（Calvin Klein）[24] 及其德高望重的父亲[25]。安娜到达后，她似乎对现场情况有些不知所措，但部分原因可能在于她当时已经疲惫不堪。安娜一直都很瘦弱，而此时她穿着闪闪发光的夹克，这让她看起来更加纤细。谢弗向利伯曼的助理罗谢尔·乌德尔透露，他担心安娜如此勤奋工作会让她的身体吃不消[26]。数年后，据安娜的朋友米兰达·布鲁克斯（Miranda Brooks）称，安娜后期"摄入奶油食品"，包括饮用巧克力奶昔，从而不让自己看起来太过瘦弱[27]。

受到巴黎公园景区布置的启发，安娜雇用了罗伯特·伊莎贝尔（Robert Isabell）为自己工作，他是一位极具创造力且身价颇高的派对策划人[28]。安娜说:"如果你的派对办得很成功,那么宾客无须纠结自己应该到哪里去或者接下来该做什么。"[29]安娜派出了外貌出众的新员工,他们分布在活动现场的各个角落,引导客人们下楼前往晚餐区。不过,这些员工完全是充当花瓶,就像在安娜接手后的杂志中出现的模特一样。南希·诺沃格罗德(Nancy Novogrod)曾在 Clarkson Potter 集团担任编辑,安娜聘请她担任 HG 杂志的副主编。据诺沃格罗德称,安娜的做法正合利伯曼的心意。后来,利伯曼得知诺沃格罗德雇用了一个其貌不扬的员工,对此大发雷霆[30]。

当天,纽豪斯发表了演讲,对能力出色的安娜大加赞赏。对于前来参加派对的蒂娜·布朗来说,在这段发言中,纽豪斯"慢吞吞地道出了他的内心独白"。随后,安娜站了起来。据布朗描述:"她向可能存在威胁的人一一致敬。"其中就包括 HG 杂志的撰稿人格雷登·卡特(Graydon Carter)和安娜以前在《纽约》杂志社的老板爱德华·科斯纳,而卡特当时担任讽刺杂志《间谍》(Spy)的编辑[31]。

* * *

事实上,安娜对时尚的兴趣远远超过了对家装内饰的喜爱。HG 杂志充满时尚元素,还经常出现戴安娜·弗里兰、莫罗·伯拉尼克等时尚人士,以至于大家戏称其为"住宅与服装"和"梳妆椅"。面对这种变化,纽约的媒体仅仅表达嘲讽和窃笑,然而读者们的反应却更为激烈。对此,杂志社开通了号码为 800 的热线,以应对读者的投诉和退订[32]。康泰纳仕集团的一位高管告诉《纽约时报》:"我们非常乐意为他们退钱。"《建筑文摘》的出版商曾表示,单是二次发行安娜负责的 3 月期杂志就吸引了 10 到 20 家广告商[33]。

也有人认为,安娜运营的 HG 杂志具有超越时代的意义。专题编辑迈克尔·布德罗表示:"安娜会挑战前人未曾做过的事情,然而这会让一些人望而却步。"布德罗曾在装潢师阿尔伯特·哈德利（Albert Hadley）位于康涅狄格州的乡间别墅采访他，其中一张照片是在地下室的洗衣房中拍摄的，洗衣机上放置了一盒洗涤剂。布德罗回忆称："安娜的改革让大家陷入惊恐之中。"他为安娜工作期间，每天早上醒来都会想：今天她会解雇我。在大家看来，就算安娜喜欢某件东西，也只会给予简单的认可，仅此而已。反之，如果她不喜欢某件东西，要么废弃，要么重做。不过，布德罗也说："在我的印象里，为安娜工作是我最有趣的一段经历。"[34]

后来，安娜负责的 HG 杂志引得其他内饰杂志争相效仿，它们不再是指导读者布置客厅家具的手册，而是成为窥探富人名流私人空间的媒介。从历史上来看，《名利场》等很多杂志都在康泰纳仕集团的力挽狂澜下起死回生。然而，安娜面临的困难可能在于，《住宅与庭院设计》尚未出现这样的转机。对于读者来说，他们怀念杂志原来的样子，因而很难接受安娜激进的改革。然而，正当大众对 HG 杂志的批评之声将安娜推至风口浪尖之时，她终于得偿所愿：纽豪斯决定让她接替米拉贝拉的位置。

第十二章

安娜·温图尔：主编

6月的一个早上，安娜上门拜访了南希·诺沃格罗德。

"从今天起，我要到 *Vogue* 杂志社工作了。"安娜说。诺沃格罗德听闻后颇为震惊。此时，诺沃格罗德只在 *HG* 杂志社工作了数月，虽然她知道安娜并不会在这里工作很久，但是没料到这一天竟来得如此之快。安娜说，纽豪斯与利伯曼已经确定让诺沃格罗德接替她的位置，但是这位继任者有待证明自己的能力。然而，大家最担心的问题是，安娜的离开将导致 *HG* 杂志的广告业务流失[1]。

此后，争权夺利的安娜、城府极深的利伯曼与厌恶对抗的纽豪斯之间的冲突愈演愈烈，无疑给康泰纳仕集团的历史留下了累累伤痕。

* * *

1988年6月28日，格蕾丝·米拉贝拉正在办公室里工作，她的丈夫比尔·卡汉（Bill Cahan）通过她的秘书打来了电话。

当时，卡汉正好读到八卦专栏作家利兹·史密斯（Liz Smith）在 WNBC 上发表的一篇报道：

自从康泰纳仕集团聘请英国版 Vogue 杂志编辑安娜·温图尔到纽约接手《住宅与庭院设计》杂志的改革工作以来，社会上有很多传言称，温图尔小姐将取代经验丰富的格蕾丝·米拉贝拉，担任美国版 Vogue 杂志的主编。据当前热门文章称，安娜可能于 9 月 1 日正式上任。不要问我康泰纳仕集团为什么打算替换掉格蕾丝·米拉贝拉。对于康泰纳仕集团来说，Vogue 杂志是前途无量的重量级刊物。众所周知，"东西没坏就别修"。不过，他们还是要修了。

"格蕾丝，这篇报道荒谬至极。"卡汉问道，"这究竟是怎么回事？"米拉贝拉显然毫不知情。她对丈夫说，等自己先了解完情况再回电。她在办公室沉思了一会儿后，便上楼走进了利伯曼的办公室。利伯曼正坐在黑色的大办公桌后[2]，他似乎对米拉贝拉的出现毫不惊讶。

"格蕾丝。"利伯曼说，"恐怕这就是事实。"[3]

* * *

1988 年的夏天，安娜接替了米拉贝拉的位置。大家分析称，纽豪斯和利伯曼的决策旨在应对美国版 Elle 杂志带来的威胁。到 1988 年，Elle 杂志的发行量与广告收入均超过了 Vogue 杂志的老牌劲敌《时尚芭莎》杂志。1987 年，《时尚芭莎》杂志的发行量为 70 万份，而 Elle 杂志于 1985 年 9 月创刊，短短两年时间发行量就迅速跃升至 82.5 万份。与此同时，Elle 杂志也收获了大量广告收入和更多的忠实读者。相比之下，1987 年全年及 1988 年上半年，Vogue 杂志的发行量有所下降，但是仍然拥有 120 万的读者[4]。

不过，米拉贝拉与安娜两人一贬一升的原因不仅仅与 Elle 杂志及上述一系列数字有关。近年来，米拉贝拉的劣势愈发明显[5]。1987 年初春，利伯曼因前列腺癌和心脏问题而经常不在办公室。不过，他并没有将实情告诉同事，而是谎称自己只是患上了急性肺炎[6]。然而，由于利伯曼经常不能参加日常的管理工作，Vogue杂志社里乱作一团[7]。一些员工扛过了人力资源部的重重考验，却被米拉贝拉的优柔寡断折磨得筋疲力尽。他们抱怨称，该杂志缺乏清晰的发展方向[8]。菲利斯·波斯尼克（Phyllis Posnick）于1987年成为该杂志美容与健康版块的编辑，她对当时混乱不堪的局面记忆犹新："我不知道格蕾丝还能在主编的位置上坚持多久，一切都像卡夫卡[*]作品中的情节一样，大家都茫然无措。"[9] 1988年夏季，75岁高龄的利伯曼已无法像以前那样经常性地参加时尚和美容会议，他也没有精力管理员工以及监督艺术指导和撰文任务。因此，当时该杂志社的局面难以得到改变。当利伯曼与米拉贝拉到艺术部门审查排版设计时，通常都会将当期杂志的所有版面挂在一块板子上。然而，米拉贝拉经常不知道自己负责的杂志上出现的名人和艺术家的姓名。当时，琳达·赖斯（Linda Rice）担任利伯曼的副手，她是除利伯曼和米拉贝拉之外唯一受邀前往艺术部门审查排版设计的员工。"让我感到震惊的是，格蕾丝竟然不知道这些人的姓名。"赖斯回忆称，"我虽然欣赏格蕾丝，但是她并不称职。"[10]

相较于安娜来说，米拉贝拉还有另一个劣势：她与小塞缪尔·纽豪斯几乎没有任何私交。两人第一次见面是在20世纪60年代。当时，米拉贝拉在21俱乐部认识了纽豪斯，他的父亲刚刚收购了康泰纳仕集团。从那之后，米拉贝拉为了避嫌，刻意与纽豪斯保持距离，这让他感到很不舒服。尽管利伯曼提醒她这样做不妥，但是她依旧我行我素[11]。对于纽豪斯来说，如果米拉贝拉在他面前对Vogue杂志不具备一言九鼎的话语权，那么还能有谁可以做到这一点呢？实际上，还真有这么一个人。她擅于分担纽豪斯运营Vogue杂志的压力，而且可以做到在利

---

[*] 奥地利作家，其作品多以描绘噩梦般神秘莫测的现实为特点。——译者注

伯曼的参与下仍然坚持自我。与此同时，她能果断裁掉利伯曼手下冗余的员工，并且不断推动 Vogue 杂志蓬勃发展，从而更好地与 Elle 杂志抗衡。最重要的是，她从来都不会自我怀疑。这个人就是安娜·温图尔。

1988 年 6 月底，利兹·史密斯得到了纽豪斯决定雇用安娜的消息，然而事实上，早在一个月前，纽豪斯已经有此打算，只不过解雇米拉贝拉让他感觉有些于心不忍，毕竟他从来不忍心赶走别人。此外，利伯曼与米拉贝拉的交情深厚，他不忍心告诉对方这一噩耗，而且也不敢面对这一决定，因此他对外声称，这一切都是纽豪斯的想法[12]。当米拉贝拉向利伯曼问起有关安娜将取代自己的流言时，他说："亲爱的，别担心，这些都是无稽之谈。"[13]

不过，利伯曼并不像自己说的那样不忍心解雇员工，而且这也不是他第一次对亲密朋友下手。米拉贝拉心知肚明，因为他曾经亲手解雇了弗里兰。里奥·勒曼（Leo Lerman）曾任《名利场》杂志的编辑，他当时是利伯曼的挚友。20 世纪 80 年代初，利伯曼为了聘用蒂娜·布朗而解雇了勒曼。布朗曾表示："亚历山大似乎丝毫不顾及里奥的情面，他对解雇里奥的事情毫不愧疚，这让我非常吃惊。"[14] 这次，利伯曼故技重演，亲自赶走了米拉贝拉。

* * *

米拉贝拉被解雇的消息一经传开，就在 Vogue 杂志社内部引起了轩然大波。以前，办公室的门都是敞开的，而现在全关了起来。坐在门外的低层员工纷纷把耳朵贴在门上，想知道里边究竟发生了什么事。起初，大家最多只是猜测安娜终将取代米拉贝拉，然而出乎意料的是，流言竟然成了现实。

在 Vogue 杂志社兢兢业业工作了 37 年的米拉贝拉竟突然遭遇解

雇，大家对如此残酷的事实极为震惊，都感到心碎不已。"米拉贝拉是 *Vogue* 杂志社元老级别的员工，这与弑君别无二致。"文案撰稿人莱斯利·简·西摩说[15]。

这一惊天动地的消息也在 *Vogue* 杂志社外传播得沸沸扬扬。高级时尚编辑杰德·霍布森曾接到过一位设计师的电话，对方求证该消息是否属实。当霍布森去找米拉贝拉询问此事的来龙去脉时，米拉贝拉恰好刚刚通过电话从她丈夫那里得知了这个消息[16]。

当天，纽豪斯让米拉贝拉向她的员工宣布这一消息。米拉贝拉把编辑们叫到办公室，她深吸了一口气，告诉大家安娜·温图尔将成为该杂志的新任编辑。随后，纽豪斯发布了两份简报，一份宣布米拉贝拉"退休"，另一份宣布安娜"即刻"接替她的位置。[17]

一个多月前，纽豪斯和利伯曼早已决定让安娜接手这份工作，不过苦于找不到合适的时机告知大家，因此一而再再而三地推迟发布消息。由此来看，他们所做的一切都是为了加快此事的进程。在得知自己即将上任后，安娜"与小塞缪尔和亚历山大没日没夜地召开各种会议"。安娜称："我们主要在反复讨论工作交接的具体日期和时间，但是亚历山大总是犹豫不决。我们一直在当年9月和第二年1月的两个时间点间摇摆不定。整件事情对格蕾丝来说很不公平，毕竟她还蒙在鼓里。这件事也对我颇为不公，我不仅要在那里开完会打道回府，而且还要在明知道自己不会待很久的情况下，负责另外一份杂志。我要对所有人撒谎，这种感觉非常糟糕。"[18]

米拉贝拉手下的一些得力干将并未准备留下来为安娜效力。艾米·格罗斯毅然离开了该杂志社。此前，她管理专题报道部门长达五年之久，在此期间，安娜曾担任过创意总监。也正是在那段时间，霍布森并不喜欢与安娜共事。因此，她后来选择到 Revlon 品牌公司工作。在解决了这类员工的问题后，安娜开始着手组建一支世界级的时尚团队。波利·梅伦与卡尔琳·瑟夫·德·杜塞尔（Carlyne Cerf de

Dudzeele）选择留下来，其中，杜塞尔曾是利伯曼从 *Elle* 杂志社挖掘过来的人才。米拉贝拉掌权期间，杜塞尔感到非常失意，她很想辞去工作。但是，安娜说服她留了下来，并坚持等到自己登上主编的位置[19]。

或许最重要的是，格蕾丝·柯丁顿此前曾离开英国版 *Vogue* 杂志社到 Calvin Klein 品牌公司工作，在看到安娜上任的新闻后，她立刻打电话询问多贝："你觉得安娜会考虑让我回去吗？"

安娜回到纽约后经常与柯丁顿见面。柯丁顿在纽约的生活体验让她深刻理解了安娜的工作方式。此外，柯丁顿也非常怀念杂志社的工作。

安娜给柯丁顿回了电话。"来见我，我们商量一下。"安娜对她说。

那天是周四。安娜与柯丁顿约好共进晚餐。快结束时，安娜说："我要从周一开始正式上班。不如你现在跟着我吧？"随后，柯丁顿以安娜处理事情的速度，在一天之内通知了原来的公司并办理了离职手续。不过，她与该品牌公司仍保持着良好的关系[20]。

此外，安娜还招募了一些心仪的员工，比如她让迈克尔·布德罗担任专题编辑，加布·多贝担任副主编，劳里·谢克特担任造型编辑等。此外，安德烈·莱昂·塔利担任了创意总监，据他称："我成了时尚新闻业史上地位最高的黑人。"[21]

在米拉贝拉最后两周的工作期间，安娜逐一将 *Vogue* 杂志社的员工叫进了她在 *HG* 杂志社的办公室，与每个人进行了简短的面谈，由此决定是否会继续留下他们为自己工作。

对于这些人来说，等待与安娜会面的过程令人坐立不安。安娜希望了解每个人的具体职责，考察他们是否在人脉、才能、职业道德等其中一方面或多方面具备优势，从而确定他们能否满足她的需要。整个面谈时长只有几分钟[22]。3天后，员工人数从120人锐减到了90人[23]。

在此期间，菲利斯·波斯尼克收到了继续留任的好消息。后来，她成为安娜手下任期最长的编辑。安娜将两个文案撰写的岗位合二为一，并且提拔了西摩，这让西摩欣喜若狂。她安排玛吉·巴克利担任活动预约编辑。琳达·赖斯是利伯曼的副手，她担任 *Vogue* 杂志社的副业务经理，负责管理财务和运营工作。安娜让赖斯留下来继续为自己工作，她告诉赖斯："你的工作就是管好安德烈·莱昂·塔利。"

塔利花钱如流水，而且似乎难以得到约束，几乎变得一发不可收拾。不过既然是安娜提出的要求，赖斯当然义不容辞[24]。

第十三章

预期风险

1988年8月1日星期一，正值安娜在 Vogue 杂志社担任主编的第一天。当日，《纽约每日新闻》（New York Daily News）刊登了利兹·史密斯撰写的一篇饱含恶意揣度的八卦文章：

> 冷酷无情的温图尔成了康泰纳仕集团各个办公室的谈资。集团从上至下都不敢轻易打电话，他们全在等待最终的结果。大家连喝咖啡的时候都在讨论，屏息以待温图尔的下一步行动。很多人都认为即将迎来恐怖统治……因此，人们纷纷开始议论温图尔和纽豪斯，并认为两人的关系暧昧不清。此时，谣言四起。

史密斯还写道，安娜只不过"没能成功跃迁至"Vogue 杂志社[1]，而这正是纽豪斯为了遏制 HG 杂志流失读者和广告收入而做出的孤注一掷的选择。

为了制止有关婚外情的谣言，纽豪斯对史密斯说，有关自己与安娜相爱的绯闻"可能是我听过的最抬举我的话"。纽豪斯表示："我深爱着我的妻子和她的狗。我与安娜暧昧的事情子虚乌有。"[2]

对于此时的安娜来说，她经常遭受外界的流言蜚语。不过，她从来都不明确否认相关报道的内容。然而在那天早上，安娜到杂志社后，随即将员工召集在一起，并对他们说，有人竟然以为，她是靠与老板的权色交易才坐上现在的位置，而"这些人还活在女性只有通过取悦男性才能达到事业顶峰的年代，现在已经是 20 世纪 80 年代，你根本不需要如此卑微的手段"[3]。

对于安娜来讲，这个夏天本该值得庆祝，但是外界的耳食之言却让她名誉受损[4]。办公室的同事们都能察觉到这些八卦何时传到安娜耳中，因为安娜非常坚强，但是偶尔会看起来相当沮丧。安娜后来坦言，史密斯的污蔑之言给她的婚姻带来了极大的伤害[5]。尽管如此，每次安娜似乎处于崩溃边缘时，她都会戴上墨镜，并毅然前行[6]。

* * *

安娜告诉员工，她希望全新的 *Vogue* 杂志更加年轻、通俗而且充满活力[7]。不过，她也明确表示，这些改革不是一蹴而就的革命，而是潜移默化的演变[8]。据多贝回忆称，安娜负责的第一期杂志内容"更像是嗑药后制作的英国版 *Vogue* 杂志"[9]。

首先，美国版 *Vogue* 杂志的封面急需更新。理查德·阿维顿于 1965 年起从事照片拍摄工作，后来，利伯曼以 100 万美元的天价合同将他从《时尚芭莎》撬走[10]。不过，阿维顿每月拍摄的封面几乎千篇一律：工作室为模特拍摄的头部特写照片经过了精心剪裁，每张照片中的人物妆容精致，读者主要靠她们的发色以及佩戴的 20 世纪 80 年代风格的耳环区分形象。

安娜没有立刻明确表示解雇阿维顿，她只是隐晦地说让他参加试镜。安娜打算在杂志封面刊登模特出街的照片，并且要求阿维顿进行拍摄，紧张局势一触即发。阿维顿不情不愿地按照安娜的要求完成了拍摄，结果却被要求重拍。这对他来说是极大的侮辱，因为在以往的摄影职业生涯中,他仅被一个编辑要求过重拍照片[11]。受到此般侮辱后,阿维顿断绝了与 *Vogue* 杂志社的联系,并据说让康泰纳仕集团出资 48 万美元放弃剩下 2 年的合同[12]。

1988 年 11 月期的 *Vogue* 杂志封面照片堪称安娜的首个著名作品。当时,安娜选用了以色列模特米凯拉·贝尔库(Michaela Bercu)进行拍摄,摄影师和造型师分别为彼得·林德伯格(Peter Lindbergh)与卡尔琳·瑟夫·德·杜塞尔[13]。对于瑟夫·德·杜塞尔来说,20 世纪 80 年代正是她的理想年代。身为法国浮华时尚界的象征,她将自己的造型方法总结为:"我希望让粪土看起来是黄金。你明白吗?"[14]

这张照片后来成了史上最著名的封面作品之一,然而它最初本来打算用于内页报道。瑟夫喜欢将基础款单品与设计师服装混搭在一起,比如 Chanel 品牌的夹克与 Hanes 品牌的 T 恤[15]。当时,她让贝尔库穿上了一条价值 1 万美元的 Christian Lacroix 品牌黑色高定丝质夹克衫,上面绣有一个色彩缤纷的珠宝十字架,同时搭配了一条 50 美元的 Guess 品牌牛仔裤。"夹克有一条配套的裙子,但是那条裙子并不适合米凯拉。当时,她刚刚回到家乡以色列度假,体重稍有增加。"安娜后来说到[16]。照片中,贝尔库走在巴黎的街道上,金色的波浪长发如瀑布般倾泻在肩膀上,她凝视远方,露齿而笑,而且露出了一点小腹。这是 *Vogue* 杂志封面首次出现牛仔裤。

"当时,不仅杂志社的当权者感到有些意外,甚至印刷人员都对此表示质疑。不过,该作品的问世宣告着一种态度。这是一个与众不同的时代,我们对时尚有不同的看法,即我们希望它可以更加通俗、更加自由。"安娜解释称[17]。这是前所未有的改变,寓意着 *Vogue* 杂志曾经的一切都随之瞬间化为灰烬。

纽豪斯送给了安娜一张纸条,上面写着:"你做得很棒,安娜。我为你感到骄傲。"[18] 安娜自豪地将这张纸条摆放在了自己的办公桌上。

上）诺丽·温图尔与安娜（左）、詹姆斯、诺拉和帕特里克。照片拍摄于伦敦的圣约翰伍德住宅，刊登在1964年1月5日《观察家报》的一篇报纸文章中。版权 © 卫报新闻与媒体公司 2021

下）20世纪70年代早期，安娜担任《哈泼与女王》杂志社的时尚助理。某次时装秀，她正从秀场下来走向自己的座位。蒙蒂·科尔斯拍摄

1976年，安娜在《时尚芭莎》杂志社任职。这是她在牙买加的工作现场照片。弗朗索瓦·伊尔斯尼尔拍摄

1976年，安娜在《时尚芭莎》杂志社任职。这是她在牙买加与摄影师里科·普尔曼的工作现场照片。弗朗索瓦·伊尔斯尼尔拍摄

1977年，安娜在多伦多为 *Viva* 杂志拍摄的工作现场照片。斯坦·马林诺斯基拍摄

1986 年，安娜与他的父亲查尔斯。当时她在英国版 *Vogue* 杂志社获得首个主编职位。乔恩·廷伯斯拍摄 / ArenaPAL 网站

1986 年，安娜担任英国版 *Vogue* 杂志主编。照片拍摄 /TopFoto 网站

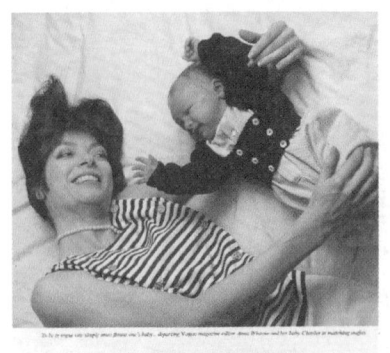

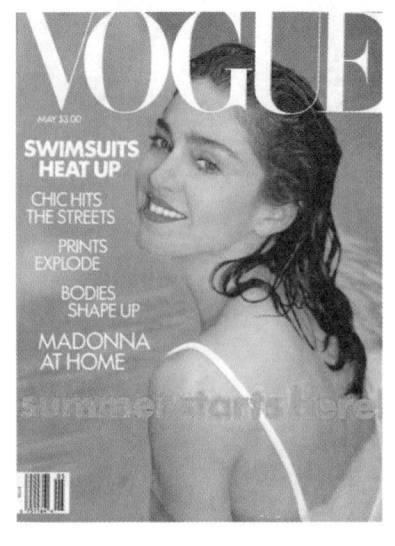

（上）安娜与她的小儿子查理出现在1987年的一篇报纸文章中。当时她即将离任英国版 Vogue 杂志编辑职位。

（中）安娜的首个（1988年11月期）美国版 Vogue 杂志封面上，明星模特米凯拉·贝尔库身着价值万美元的 Christian Lacroix 品牌高定夹克衫和一条50美元的 Guess 品牌牛仔裤。据安娜后来讲，当时这张照片让人感到意外，印刷人员怀疑这是一个错误。

（下）1989年5月期的 Vogue 杂志封面刊登了麦当娜的照片。时任编辑安德烈·莱昂·塔利称，安娜不想要任何"浮夸的元素"。她选定了这张极简主义风格的照片，主人公位于泳池之中，是当时丑闻缠身的流行歌手。

1989 年 9 月，从事 Vogue 杂志社的编辑工作约一年后，安娜与丈夫大卫·谢弗共同出席 Tiffany for Men 午宴活动。罗珊妮·罗威特拍摄

1990 年 11 月，安娜与亚历山大·利伯曼出席"第七折扣"活动。这是由 Vogue 杂志共同赞助和帮助组织的艾滋慈善筹款活动。罗珊妮·罗威特拍摄

（左）1991年美国时装设计师协会颁奖典礼上，安娜坐在丈夫大卫·谢弗身旁。当时她荣获年度编辑奖，让前任老板托尼·马仕拉羞愧难当。罗恩·加莱拉拍摄/盖帝图像有限公司

（右）1991年 Vogue 杂志社圣诞节派对上，安娜、大卫·谢弗同他们的孩子碧与查理。罗珊妮·罗威特拍摄

（下）19岁的安娜与挚友安妮·麦肯纳利的拍立得照片，由卡尔·拉格斐拍摄于20世纪90年代。卡尔·拉格斐拍摄

1993 年 11 月的一次 *Vogue* 杂志社派对上，安娜翩翩起舞。罗珊妮·罗威特拍摄

1994年10月，在米兰举办的意大利版 Vogue 杂志十三周年派对上，安娜与卡尔·拉格斐（身后是海伦娜·克莉史汀森）。罗珊妮·罗威特拍摄

1995年12月，安娜与大卫·谢弗主持她的首次大都会艺术博物馆慈善晚宴开幕式高级定制时装展览。罗珊妮·罗威特拍摄

1996 年，安娜与安德烈·莱昂·塔利坐在前排位置。埃文·阿戈斯蒂尼拍摄 / 盖帝图像有限公司

（左）1998 年 10 月期 Vogue 杂志的封面刊登了奥普拉的照片，安娜在编辑信函中称她是 "Vogue 形象改造者"。为了此次拍摄，奥普拉穿上了定制款设计师服装，并且同意 Vogue 杂志社的指定造型师加伦帮她做了头发，而非自己的发型师。

（右）继莫尼卡·莱文斯基丑闻之后，希拉里·克林顿以第一夫人身份登上了 1998 年 12 月期 Vogue 杂志封面。照片中，她身着定制款 Oscar de la Renta 品牌连衣裙，设计灵感来自安娜。

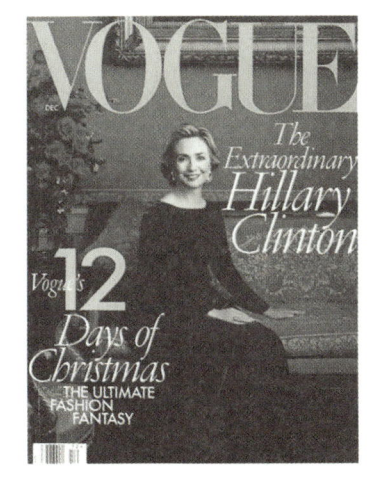

（上）1998年 *Vogue* 杂志社圣诞节派对上，安娜与小塞缪尔·纽豪斯。罗珊妮·罗威特拍摄

1999年，安娜为《纽约》杂志拍摄封面故事照片，内容关于她与大卫·谢弗离婚以及她的副主编凯特·贝茨离职。

2000年6月，在纽约举办的美国时装设计师协会颁奖典礼上，安娜与男友谢尔比·布莱恩。罗珊妮·罗威特拍摄

（下）2005年，安娜与卡尔·拉格斐出席大都会艺术博物馆慈善晚宴开幕式Chanel品牌展览。帕特里克·麦克穆兰/盖帝图像有限公司

2009年，安娜与男友谢尔比·布莱恩在一场网球比赛现场。米歇尔·杜福尔/盖帝图像有限公司

2014年4月期 Vogue 杂志封面刊登了金·卡戴珊与坎耶·维斯特的照片，内容与两人婚礼有关，该造型由格蕾丝·柯丁顿设计。柯丁顿几乎从未参与过名人拍摄事宜，她认为这类大部分照片终究都会"期望过高且索然无味"。

018年2月，安娜与英国女王伊丽莎白二世在伦敦的一场时装秀现场。Yui Mok 拍摄／盖帝图像有限公司

2018年5月,安娜与女儿碧出席大都会艺术博物馆慈善晚宴开幕式"神圣之躯:时尚与天主教的想象"主题展览。杰米·麦卡锡拍摄/盖帝图像有限公司

2019年大都会艺术博物馆慈善晚宴开幕式"坎普"主题展览上的安娜与联合主办者。从左至右依次为:塞雷娜·威廉姆斯、哈里·斯泰尔斯、亚历山德罗·米歇尔、Lady Gaga与安娜·温图尔。凯文·马祖尔拍摄/2019年大都会艺术博物馆慈善晚宴/盖帝图像有限公司

＊＊＊

安娜担任创意总监期间，*Vogue* 杂志社的员工并不怕她。然而在她担任主编时，大家都如履薄冰。从某种程度上来看，这是由职位本身造成的差别，毕竟在安娜之前，米拉贝拉和弗里兰也有同样的威慑力。此外，安娜在担任主编的第一年解雇了很多员工，因而让大家感到缺乏安全感。有些时候，员工们感觉每小时都有人被扫地出门[19]。虽然米拉贝拉的办公室里有盥洗室，但是安娜对其进行了翻修，她在竣工前经常穿过大厅使用员工盥洗室。她一路上都戴着墨镜，偶尔会有年轻的员工和她打招呼，但是她通常不做回应[20]。

高级时尚编辑盖尔·平卡斯（Gail Pincus）对安娜的这般态度不以为意："这不是我的第一份工作。但对很多人来说，这是他们的第一份工作，因此安娜简练的表达方式可能会让他们感到被冒犯。"相较于前任主编而言，安娜的做事效率极高，不过有时候稍显过分。比如，安娜会要求平卡斯及其他市场编辑一大早就在设计师样品陈列室与她会面。不过，如果约定时间为早上 9 点，那么只有她会在 8 点到达现场，并在团队其他成员现身前离开[21]。

在早期的一次专题报道会议上，安娜将员工和撰稿人叫到了办公室。大家对着安娜的办公桌坐成倒"V"字形——第一排三个人，第二排五个人。当天，只有威廉·诺维奇（William Norwich）和格雷登·卡特两人带来了自己的创意，安娜随即与他们签订了合同，雇用他们为 *Vogue* 杂志社的特约编辑。然而其他人似乎瘫软在座位上，他们没有任何想法[22]。据另一位编辑描述，在安娜担任主编的早期阶段，他首次参加专题报道会议时也遇到了相同的情况。"这位是我们的新编辑。要不然从你开始吧？"安娜说。这个编辑一口气提出了 20 个想法。当他说完后，安娜问众人："还有谁想说吗？"剩下的人都默不作声。不过，人们都会私下找安娜讨论，而不是在会议上拖延大家的时间[23]。

第十三章　预期风险　　　　　　　　　　　　　　　　　　153

在选装会议上，编辑们向安娜依次展示每件衣服，以获得她的拍摄许可。安娜每回都习惯性地低着头，边用手拨弄刘海边说"不行、不行、不行"，她通常不作任何解释。有一次，一位编辑向她展示了一条粉色碎花迷你裙，裙摆呈喇叭状，该编辑认为这套造型非常适合5月期的杂志封面，安娜看到后随即做出了以上反应。然而没过多久她就穿着这套衣服到公司上班，而且不出所料的是，她并未对此做任何解释[24]。

安娜经常向别人提出问题。"即使你回答上了前100个问题，她也会提出第101个问题，直到你回答不上来为止。"玛吉·巴克利说，她负责预约名流的工作。"在我刚开始负责这项工作时，安娜曾问过我：'本周哪部电影的票房好？'我根本回答不上来。不过可想而知，当她下一次再问到这个问题时，我肯定会告诉她答案。"巴克利说。

一直以来，安娜都坚信自己可以得到想要的一切，她会鞭策整个团队，不达目的不罢休。此前，安娜经常向巴克利布置与明星相关的任务，比如邀请麦当娜（Madonna）做一篇有关美容的报道。"那种感觉就像是：'你能做这项工作吗？你能做那项任务吗？能还是不能？我想知道答案。'"巴克利回忆称[25]。如果安娜没有得到满意的答复，她会一直打电话，直到得到想要的结果。安娜非常不喜欢与好莱坞打交道，在她看来，这个行业的效率低下。"为什么这些经纪人让他们的助理说自己有空的时候再给对方助理回电？难道不能直接接电话吗？"安娜问道[26]。

"安娜喜欢让员工一直打电话联系对方，但是我不会照做。因为我不想把所有人逼疯。"巴克利说。有一次，巴克利告诉安娜："说实话，我一直都会绕开你的办公室，因为我知道你会叫我给别人打电话。"安娜听到后笑了起来[27]。

* * *

当安娜还是一个小女孩时，她就已经拥有了自己想要的东西。后来，在职业道德的驱动下，她更加奋不顾身地追求一切。在编辑自己的前六期杂志期间，安娜经常与利伯曼及文案撰稿人西摩工作到晚上11或12点。他们每天晚上都会在艺术部门碰面，共同审查排版并进行编辑。"我会跟着他们，记下安娜与亚历山大达成一致的内容，比如：修改这里，那里也需要改动，这个地方要完善，不要用这个词，要有个更好的标题等等。"西摩说，"一切都直截了当。"

安娜对待某件事的喜恶态度表现得非常明显。西摩认为，安娜总有办法挑选出让人眼前一亮的时尚元素。此前，西摩一直在根据米拉贝拉的喜好努力创作文案。然而，对于当时20多岁的西摩来说，她很难与米拉贝拉产生共鸣。相比之下，安娜每次都会做出看起来很酷的选择，比如，她在雇用设计师时，选择了一批后起之秀。"终于不再是那五个来自Armani与Geoffrey Beene品牌公司的老员工了。"西摩说[28]。

"安娜的确为杂志界带来了一丝新鲜的空气。"柯丁顿说，"对于美国版 *Vogue* 杂志来说，一切皆有可能。他们的预算非常充裕，因此安娜能请到任何想要的摄影师。此外，每个人都想参与其中。"[29]

米拉贝拉与安娜有所不同，前者喜欢坐在自己的办公室里，而后者经常与设计师待在一起。"安娜会向与她关系亲近的设计师表达自己的想法，比如需要添加哪些东西或如何处理。"盖尔·平卡斯说。不过，安娜也要讨好那些她不认识的人，毕竟 *Vogue* 杂志需要他们的广告投资。此外，她与欧洲设计师的关系非常密切，而对美国时尚行业的著名设计师比较陌生。当时，包括奥斯卡·德拉伦塔（Oscar de la Renta）与拉夫·劳伦（Ralph Lauren）在内的所有人都非常想认识安娜。

"双方建立联系旨在实现共同的商业利益。在过去的几年中，安娜与才华横溢的欧洲设计师相交甚好，然而美国设计师并不具备这样的天赋。"平卡斯称，"因此，在经历了一些波折后，安娜逐渐接受了没那么讲究的简约服装。"换句话说，也就是美国运动装。[30] 安娜曾经并

第十三章 预期风险

不喜欢拉夫·劳伦，直到有一次，她在团队的邀请下前往汉普顿斯与劳伦会面，她的态度才有所转变[31]。

安娜做任何事情都讲究速战速决，她在巡视办公室的时候也是如此，步伐非常轻快。西摩是英国人，她习惯靠左走，因此经常在转角处不小心迎面撞到安娜。以前，让人反感的选装会议都会持续数个小时，而如今在几分钟的时间内就结束了。西摩说："安娜只会说：'行，不行，行，不行，行，不行。再见。'我当时想：'安娜来自从事报纸行业工作的家庭，而且是英国报纸。在英国，无论一份报纸看了多久，第二天都会用来包鱼。'"

事实上，尽管安娜的办公室里摆放了大量的花卉，但是看起来仍然会更像一间新闻编辑室。安娜采用了玻璃墙设计，将米色的实体墙壁刷成白色，并且将黄油色的导演椅和软座换成了硬质金属座椅，不过，没有人在这些座椅上坐很久。米拉贝拉担任主编期间，她要求大家把每个要点都记录下来。然而，安娜并不喜欢这种方式，她认为"书面工作过多"。因此，安娜只希望编辑来到她的办公室，坐下来回答安娜的问题，然后离开[32]。由此来说，办公室里的座椅似乎完全是装饰品。对于大家而言，与安娜交谈时，"她只给你两分钟的时间，而且第二分钟完全是出于礼貌"。[33]假如有人来迟了，那么这个人不仅会遭受安娜死亡般的凝视，还可能失去很多参会机会[34]。

安娜工作时喜欢敞开办公室的门。对于注重隐私的编辑来说，他们习惯于关起门来工作，因此非常不适应安娜办公室外新修建的玻璃墙。如今，安娜坐在办公桌后，只要她一抬头，就能与别人对视，进而要求他们做事。西摩认为，安娜之所以经常要求她做事，就是因为自己的办公室恰好在安娜的视线之内[35]。

此外，安娜希望 *Vogue* 杂志可以刊登更多优秀的作品，于是她聘请了很多朋友为她撰稿。"安娜自己不是作家，但是她知道什么是好文章。"布德罗说，"她喜欢作品中带点幽默风趣的内容。有些人觉得她缺乏幽默感，而我并不这样认为。她总是对这样的文章津津乐道。"

不过，并不是所有人都能感受得到她的幽默感。每次员工出现在安娜面前时，她都会摆出一副"耐人寻味的表情"，每天她都会光明正大地快速打量对方的衣着。"安娜就像条件反射一样。当你走进她办公室的一刹那，她就开始从脚到头把你看个遍。"玛吉·巴克利说。为了取悦安娜，巴克利每天都会穿上安娜喜欢的 Manolo Blahnik 品牌高跟鞋。

数十年后，杂志编辑们都开始盲目地在社交媒体上大肆炫耀"个人品牌"，而这都是安娜心照不宣的要求。在米拉贝拉任职期间，编辑们都会穿着舒适的黑色服装到办公室上班。安娜上任后，他们把那些衣服悉数卖掉。在大家看来，新老板鞋跟高，要求更高[36]。

对于参加 Vogue 杂志面试的人来说，相貌平平的人很难得到录用机会。安娜在聘用员工前，都会对他们进行筛选。有一次，该杂志社打算招聘一位作家，然而人力资源经理却在物色人选过程中陷入了僵局：一方面，很多渴望得到这份工作的时尚界人士都不懂得如何写作；另一方面，擅于写作的人又看不上 Vogue 杂志。后来，他们找到了一位完美的候选人，不过其身体超重了 25 磅。人力资源部门知道，他们在将这位候选人推荐给安娜前，需要预先告知她关于对方的一些外在情况。否则，安娜很有可能在看到真人的瞬间，即刻决定终止面试。随后，人力资源部门为安娜安排了一次两分半钟以上的面试，安娜答应了下来。最终，这位候选人得到录用[37]。

还有一回，西摩需要雇人帮助她完成工作，她对其中一位候选人的文案测试结果非常满意，此人曾在女性杂志和美容行业工作过。西摩紧张兮兮地带着她与安娜见面。为了获得安娜的好感，那位候选人戴上了一整套珍珠项链和耳环。西摩暗想：安娜可能会喜欢这位候选人的作品，但不会喜欢她的打扮。西摩虽然这样想过，但是感觉不太方便告诉对方将珍珠饰品取下来。会面结束后，西摩问道："安娜，你

第十三章 预期风险

觉得她如何？"

安娜看着她说："从头到脚的搭配过于统一了。"

西摩回道："我就料到你会这么说。"随后，她便继续寻找新的候选人[38]。

***

大卫·谢弗经常为安娜提供工作方面的建议，其中就包括如何运营好 Vogue 杂志。有一次，他在机场看到了来自旧金山的健康杂志《希波克拉底》（Hippocrates），并建议安娜雇用一位该杂志社的员工。随后，《希波克拉底》杂志的高级编辑佩吉·诺斯洛普（Peggy Northrop）接到了一通电话，对方邀请她前往纽约与安娜会面，参加 Vogue 杂志社的岗位面试。

会面结束后，诺斯洛普回到了旧金山，就在此时，Vogue 杂志社向她抛出了橄榄枝。当时，诺斯洛普尚未决定好是否要搬到东海岸生活。她与丈夫深思熟虑，两人详细地剖析了利弊关系。最终，诺斯洛普打算拒绝这份工作。

她对安娜说："在 Vogue 杂志社，我没有看到自己真正热爱的东西。"

"好吧，我也一样。你来帮我解决这个问题吧。"安娜说。她不太能经常听到直白的意见，或许正因为这样，她非常欣赏诺斯洛普的诚实。安娜为诺斯洛普提供了 2 万美元的酬薪，也是诺斯洛普原薪资的两倍。于是，诺斯洛普欣然接受了。随后，安娜送给了诺斯洛普一束插花，然而该造型"令人大跌眼镜"，因为其看起来像是"棺椁上的裱花"。此外，安娜还附上了一张纸条，上面写着："我非常激动。"诺斯洛普心里想：哦，天哪，我的新生活开始了。

诺斯洛普带着自己的全部服装来到了纽约，包括保龄球衫、一件复古的晚礼服外套和一条齐膝的黑色女裙。不过，她没有高跟鞋。在 Vogue 杂志社上班的第一天，她发现时尚编辑们都穿着定做的及臀外套和紧身裤工作。诺斯洛普工作了三周后，摄影编辑菲利斯·波斯尼克*邀请她前往纽约皇家通酒店附近的一家名为"44"的餐厅共进午餐，该餐厅由安娜的前室友布莱恩·麦克纳利经营。由于康泰纳仕集团的编辑们经常光顾这家饭店，大家都称其为"康泰纳仕集团的食堂"。安娜也经常在那里用餐，因为麦克纳利通常在不到一个小时的时间内就把她带出来，而她刚把外套扔到石灰绿色的长椅上，服务员就会给她端上一杯浓缩咖啡。[39]。两个人都点了金枪鱼烟熏沙拉，但是只有诺斯洛普吃了。

"你找到做发型的地方了吗？"波斯尼克问道，"要不你去陈列室挑几件衣服？"诺斯洛普认为这是一个善意的信号，表明波斯尼克希望两人可以成为朋友。随后，诺斯洛普前往纽约的 Oribe 高级理发店，将一头略带紫色的头发染成了棕色并剪短。与此同时，她让发型师给她后颈做蜜蜡脱毛处理，以此让发际线看起来更加整齐。此外，诺斯洛普将自己的黑色女裙裁短到"规定的 19 英寸"。随后，波斯尼克带她到 Donna Karan 品牌陈列室，让她分别试穿了一件前片褶纹外套、一条短裙和一套巧克力色套装。波斯尼克声称，诺斯洛普"觉得要是这套衣服的纽扣更俏皮一些就好了，比如牛角扣就很好"，不过她最终还是以 1723 美元的批发价买下了这套服装。

诺斯洛普对其中的道理一清二楚。"如果你想以 Vogue 杂志编辑的身份出现在大众视野，那么你就要打扮得像一位 Vogue 杂志编辑……不过我的资金有限，不能一直这样做。但是，我愿意尝试。"诺斯洛普说。

安娜在办公室看到诺斯洛普的新造型后非常开心。"你喜欢自己的

---

* 据波斯尼克称，她并不记得这段经历。

第十三章　预期风险

新发型吗？"安娜说，"我很高兴看到你穿了短裙。"

不过从那之后，诺斯洛普与波斯尼克再也没有一起吃过午餐[40]。

* * *

安娜在 Vogue 杂志社担任主编的第一年，她将麦当娜的照片刊登在了杂志封面上，然而一切都源自一次偶然的邂逅。在现在看来，这不是一件稀罕事，而放在 12 年前，这段经历非同凡响。

有一回，安娜在飞机上，邻座的一名男子询问她的工作。安娜告诉他之后，对方惊叹道："这是一本精妙绝伦的杂志，既新潮又优雅。对我而言，这份杂志将经典与美感完美融合。你们报道过凯瑟琳·赫本（Katherine Hepburn）、奥黛丽·赫本（Audrey Hepburn）以及格蕾丝·凯莉（Grace Kelly），而从来都不会考虑麦当娜之流。"说者无心，听者有意，安娜随即将其当作了一项挑战任务[41]。

1989 年年初，麦当娜迎来了人生中争议最大的阶段。当年 3 月，麦当娜发行了单曲《宛如祈祷者》（Like a Prayer），歌词内容涉及对情欲的精神渴望。音乐视频中展现了燃烧的十字架，并描绘了女主人公与黑人圣徒之间的浪漫爱情。然而，在专辑发行了一个月后，由于受到各方宗教团体的口诛笔伐，百事可乐公司迫于压力下架了麦当娜代言的广告[42]。

安娜似乎对洛杉矶没有任何好感，而且她对明星也提不起兴趣[43]。不过，安娜与利伯曼一样，都喜欢打破别人的预期。

对于是否在杂志封面刊登麦当娜照片的事情，安娜起初有些犹豫不决。后来，她与蒂娜·布朗谈完后，彻底打消了疑虑。布朗在《名利场》杂志社任职期间，报道了一系列关于名人、政客和社会人士的故事，让该杂志重焕生机。"布朗对我说：'你应该刊登出来。'我认为她说得完全正确。"安娜回忆称[44]。

玛吉·巴克利约好与摄影师帕特里克·德马舍利耶一起前往洛杉矶为麦当娜拍摄照片。同行的还有另外一位摄影师奥贝托·吉利（Oberto Gili），他只负责拍摄麦当娜的住宅。在那个时候，社会名流不像后来那样疯狂地想得到安娜的认可，也不需要通过登上 Vogue 杂志封面来证明自己的价值。"麦当娜当时肯定觉得，刊登她的照片是我们的荣幸。"巴克利说[45]。在服装筹备阶段，安娜收到了从法国寄来的拍立得照片，经她批准后，塔利带着满箱照片中的服装前往麦当娜的家中为她设计造型。"你不能带着未经安娜过目的服装前去拍照，这样的事情从未发生过。"塔利说。他当时让麦当娜穿上了设计师帕特里克·凯利（Patrick Kelley）同名品牌的服装。

最后，杂志封面刊登了一张麦当娜位于家中泳池的照片，凸显出极简主义风格。据塔利称[46]，安娜不想要任何"浮夸的元素"，因此在成片中，麦当娜将湿润的头发从脸前梳到了耳后，嘴唇上涂着鲜红的口红，但是她没有佩戴任何珠宝，只是穿了一件设计简单的白色泳衣。摄影师有意将麦当娜深入人心的特征隐藏了起来，包括爆炸头造型、渔网纹装以及紧身内衣。

"当时我坐在飞机上，邻座的一位友善男士提醒我，将麦当娜的照片放在封面大错特错。对他而言，Vogue 杂志是广受认可的经典期刊，这样做无异于违背该杂志的优良传统。然而，他的话促使我决定打破规则，我希望为读者带来与文化相关且富有争议的重要话题。在我看来，我们需要经常变通。"安娜说[47]。

安娜敏锐的直觉终究得到了应验。麦当娜专刊比米拉贝拉策划的 5 月特刊的销量多出了 20 万册[48]。由此看来，时尚界即将迎来一场翻天覆地的变革，社会名流将很快取代模特，成为该行业的代言人。

一年后，对于 5 月期杂志封面刊登的另一张引起争议的照片，安娜再次怀疑起自己的直觉。当时，她询问布德罗："迈克尔，杂志封面放伊凡娜·特朗普（Ivana Trump）的照片是不是太过俗气？"布德罗虽然鼓励安娜大胆去做，但是对他来说，这是自己在 Vogue 杂志社为安娜兢兢业业工作 10 年来发表的最令人愤慨的报道。不过，安娜头脑精明，她不会每月都报道这类的故事，但是该报道可以带来将近 75 万册的销量[49]，而且正中媒体下怀。由此来看，安娜的决断非常正确[50]。

* * *

在劳里·琼斯眼中，辛迪·克劳馥（Cindy Crawford）身穿泳装登上杂志封面的超模时代一去不返。10 多年前，琼斯在《纽约》杂志社时还是安娜的上级。然而 10 多年后，她们的角色彻底交换。1992 年，安娜说服琼斯离开《纽约》杂志社，并跳槽到 Vogue 杂志社担任执行编辑。正如琼斯此前预测的那样，她知道自己有一天会成为安娜的手下[51]。同年，Vogue 杂志封面刊登了一张标志性的照片。照片上，十位超模都穿着白色衬衫和牛仔裤，并倚靠在白色梯子旁。为了纪念第 100 期 Vogue 杂志成功发行，安娜提议在杂志封面刊登一组超模照片。于是，格蕾丝·柯丁顿设计了这则封面，并同帕特里克·德马舍利耶合作，旨在向 20 世纪 50 年代欧文·佩恩（Irving Penn）的标志性照片风格致敬。柯丁顿称："她们十个人都是 Vogue 杂志的一部分，缺一不可。"[52]

时间来到 1993 年，琼斯已经在该杂志社工作了数月。此时，她正与安娜一起查阅克劳馥身着泳装的照片。从 1995 年到 2001 年，安娜每年都会在 5 月期的封面刊登一张泳装照片。然而此刻，她看着自己最钟爱的模特之一[53]身穿泳装的照片时，却斩钉截铁地说："这张照片不能用。"[54]后来，正如大家所见，1993 年 5 月的封面刊登了一张黛安娜王妃（Princess Diana）在尼泊尔旅行时的照片，由一家图片社提供[55]。

超模在流行文化中占有举足轻重的地位。然而，世人的关注点逐渐转向了刊登女演员薇诺娜·瑞德（Winona Ryder）等明星的风流韵事的八卦小报。安娜有时和团队在杂志社外面开会，共同讨论如何对杂志内容进行取舍。据琼斯回忆，大家曾表示，未来将逐步减少杂志封面中模特的出镜率，直至完全消失。封面每月轮流刊登相同的模特并不会达到别出心裁的效果，但是如果刊登演员照片，不仅可以展现他们俊美的容颜，还可以充实电影报道的内容[56]。

与洛杉矶"八字不合"[57]的安娜极不情愿地接受了以明星照片作为杂志封面的创意，从文化趋势来看，她似乎无力抵抗。正如柯丁顿所言："安娜从来都不甘落后。"[58]

从报摊的销售情况看，这种改变倍受读者欢迎，发行量的增加最能证明安娜的事业成功。对于她来说，卓越的编辑能力至关重要，是衡量自己能否胜任 *Vogue* 杂志主编一职的无形指标。与此同时，她既要让该杂志获得广告商的青睐，也要让老板感到满意。她深知，杂志销量不佳，意味着广告无人问津，而且自己会丢掉工作。在她工作了一年后，*Vogue* 杂志的销售额增长了 16.7%[59]。然而，就算表现得再出色，主编工作也并不是"铁饭碗"。正如安娜所见，纽豪斯与利伯曼可以随心所欲地过河拆桥。

第十四章

"去"与"留"

　　Vogue 杂志社以及担任主编的安娜有权决定员工和杂志内容的去留。然而,只有"留"真正发挥作用时,这些权力才具有实际意义和影响力。因此,"留"在 *Vogue* 杂志社绝非易事。此外,安娜挑剔的品位和对细节的执着无疑让这一挑战难上加难。她与父亲一样,也将自己的社交生活视作本职工作的一部分。安娜在伦敦工作期间经常参加哈洛德百货公司、塞尔福里奇百货公司以及福南梅森百货公司等举办的派对。一方面是巴结这些公司,毕竟他们经常在《哈泼与女王》杂志刊登广告;另一方面是想在杂志社向这些公司借服装时能行个方便。安娜接手 *Vogue* 杂志时,她将举办派对的责任一并揽下,并当作日常工作进行处理,就像她审校杂志布局设计一样[1]。

　　安娜期望通过派对将杂志中五光十色的世界呈现在大家面前,而派对的流通币正是这些前来的宾客。当大家置身其中时,不仅要给彼此留下深刻的印象,而且要让对方感到不同寻常。因此,无论派对为何人何事举办,安娜都会控制宾客的数量。有一次,她宴请了35人来家里共进晚餐,其中包括设计师、*Vogue* 员工以及她认为有趣的人[2]。

　　加布·多贝经常负责筹划这些活动。多年后,她采用了类似的方法筹备大都会艺术博物馆慈善晚宴,严格把控宾客位次的排列,仿佛稍有偏颇就会威胁到国家安全一样。"我们拿着姓名便利贴坐在那里，将市郊和市中心的宾客放在一起。这种做法看起来不可理喻，不过我们依旧照做，没想到最后的效果很好。"多贝说[3]。

"安娜喜欢与人交谈。大家纷纷表示：'晚餐时，她经常让情侣们分开坐。'"安娜的朋友丽莎·乐福说："安娜采用了一种非常传统的沟通方式，让大家互享不同的文化和故事，这比一直坐在同一个人身边更有乐趣。"[4] 有一回，安娜让派对发起人苏珊娜·巴茨奇（Susanne Bartsch）坐在了亨利·基辛格（Henry Kissinger）的身旁[5]。当时大家都戏称巴茨奇为"穿闪亮丁字裤的特蕾莎修女（Mother Teresa）"[6]。

安娜高度重视社交活动，足以证明她不仅仅是一名称职的杂志编辑。自从接任 Vogue 杂志主编之位，她必定会成为时尚行业中的领军人物。与此同时，她似乎在有意借助职务之便，向这一目标发起猛烈攻势。因而，她必须清晰地向世人宣扬 Vogue 杂志的价值理念。此外，她还要向世界证明，Vogue 的品牌雄心已经远远超越了杂志的范畴，其将成就不可思议的未来。

* * *

1990 年，佩吉·诺斯洛普在 Vogue 杂志社担任健康板块的编辑。数月后，安娜将她叫到办公室。"佩吉，我想举办一场'第七折扣'活动。我们可以把所有设计师聚在一起，举办一场大型样品服装特卖会。我们差不多要筹集到 100 万美元，你想想我们可以把这些收益捐赠到哪里。"安娜说[7]。其中，"第七"指纽约时尚中心的"第七大道"。

面对老板突如其来的指示，诺斯洛普最初有些不知所措。当时，诺斯洛普刚来纽约不久，她对当地人的情况并不熟悉。不过，她喜欢安娜担任管理者的一点就是，安娜提出要求，并且只是让她想出对策[8]。

最后，安娜和诺斯洛普决定将本次活动所得全部捐赠给纽约市艾滋病基金会。多年来，时尚行业雇用了许多男同性恋员工，却因缺乏应对艾滋病的有效措施而饱受诟病，该传染病也令时尚行业伤亡惨重。安娜也曾因挚友命丧其手而悲痛欲绝，其中就有她在《纽约》杂志社共事过的亨利·波斯特[9]。

1990年年底，在纽豪斯的资助下，安娜举办了这场活动，地点选在了第26街与辛顿大道交叉口的69连队武器库。当时共有148名设计师捐赠了自己的作品，并在各自的展位上打折出售。*Vogue* 杂志的很多合作伙伴应邀出席了此次活动，其中包括唐娜·凯伦（Donna Karan）、美国时装设计师协会会长兼设计师卡罗琳·罗姆（Carolyne Roehm）等人[10]。

就像大家在 *Vogue* 杂志中看到的那样，安娜成功地将拉夫·劳伦、奥斯卡·德拉伦塔、马克·雅可布（Marc Jacobs）、萧志美（Anna Sui）等时尚界元老与后起之秀聚在了一起[11]。活动期间，迈克尔·科尔斯（Michael Kors）捐出了一套由多余面料制作而成的灰色法兰绒套装，德拉伦塔售卖了自己设计的春季系列样衣。与此同时，詹尼·范思哲（Gianni Versace）为该活动批量印制了价值2500美元的T恤，活动前夕，安娜曾穿着其中一件前往巴黎参加了伊曼纽尔·温加罗（Emanuel Ungaro）时装秀[12]。此外，贝丝·强生（Betsey Johnson）将自己钟爱的食谱贡献了出来，为编写"第七折扣"烹调书提供参考。这本烹调书还介绍了比尔·布拉斯制作烘肉卷的方法。最后，*Vogue* 杂志也贡献出了自己的看家本领：化妆秘诀以及顶级摄影师的拍照技巧[13]。

此前，安娜在纽约公共图书馆为 *HG* 杂志举办活动期间，罗伯特·伊莎贝尔曾立下了汗马功劳。这次他依旧没有让安娜失望，他从美国新泽西州运来了数十棵白桦树，并采用1.2万码的白色巴里纱在巨大的空间里搭建展位[14]。由此看出，罗伯特与安娜都对美学设计关注有加。凯伦看到罗伯特的设计后表示："我希望他的设计具备防火功能。"随后，她用打火机在窗帘旁做了实验。"显而易见，"多贝说，"罗伯特并未考虑到防火。"[15]

活动开幕当晚，安娜在69连队武器库内举办了晚宴，每位宾客的招待规格达到了1000美元。此外，安娜还为大家准备了"香槟预售会"[16]。Chanel品牌设计师卡尔·拉格斐专程从巴黎飞往纽约参加派对，为了表示自己的倾慕之情，他特意在翻领上别了一枚饰有安娜照片的别针。此外，让-保罗·高缇耶（Jean Paul Gaultier）也从外地飞到纽约参加晚会，毕竟"这是一场至关重要的活动"。大家从四面八方纷至沓来，对于时尚行业的人士来说，他们都希望携手抗击艾滋病，与此同时，他们也都是为了安娜而来[17]。

派对现场，安娜身着马克·雅可布专为1991年佩里·埃利斯（Perry Ellis）春季系列[18]打造的银色亮片超短裙亮相，自然也戴着墨镜。她将大量的精力投入活动筹备工作中，以至于开玩笑称："*Vogue*杂志可能来不及制作2月期了。"[19]

即便如此，安娜依然感到相当紧张。艾滋病是一个充满争议的话题，因此她希望一切都能完美呈现。尽管世界各地都有像卡尔·拉格斐这类满怀热情的支持者，但是当时的恐同理念盛行，世人普遍认为艾滋病与男同性恋密切相关，因此对于*Vogue*杂志来说，其极具价值的大众市场广告商并不一定会愿意表示支持对抗该疾病[20]。

安娜将活动的筹资目标从最初的100万美元提高到了300万美元。最终，"第七折扣"活动总共筹集到了470万美元[21]，并悉数捐献给了纽约市艾滋病基金会。该活动并非出自商业目的，未曾售卖任何赞助广告，而且杂志封面并未向广告商出售[22]。杂志社的工作人员表示，安娜将回馈社会作为*Vogue*杂志的一项必要工作来执行[23]。不过，《华尔街日报》（*Wall Street Journal*）在一篇关于杂志为慈善机构筹资的报道中提出了相反的观点："如今，慈善界出现了一则新的流行语：'公益营销。'在当下举步维艰的广告环境中，很多传统的营销推广方式日薄西山。在此背景下，出版商们逐渐转向以艾滋病患者、无家可归之

第十四章 "去"与"留"

人、乳腺癌患者等人的名义开展慈善事业，这也成为他们趋之若鹜的新出路。"[24] *Vogue* 杂志社在万众瞩目下举办了时尚行业的首次大型艾滋病资金筹集活动。如果 *Vogue* 杂志并非为了自己的读者而展开大张旗鼓的宣传，那么只能说明，*Vogue* 杂志社与安娜心系更多的人群，并且愿意为他们投入更多的精力。

然而，虽然安娜证明自己有能力为某项事业筹集资金，但是她会为 *Vogue* 杂志做出同样的事吗？

* * *

自安娜担任主编以来，她无疑为 *Vogue* 杂志带来了诸多流言和秘密。与此同时，假如你能识破与安娜相关的八卦传闻，那么你必然会意识到她为该杂志赢得了溢美之辞。1990 年 2 月，《广告周刊》赋予安娜年度编辑称号，并称她为 *Vogue* 杂志"敞开了一扇窗，让清新的空气自由吹入"[25]。

1990 年，美国陷入经济危机，在前 7 个月，*Vogue* 杂志的广告版面同比减少 10%，然而其头号竞争对手 *Elle* 杂志的广告版面却略有增加[26]。安娜的此次滑铁卢事件不仅成为新闻媒体争相报道的焦点，也为报刊行业提供了吸睛的讨论热点。其中，*Elle* 杂志的出版商安妮·萨瑟兰·福克斯（Anne Sutherland Fuchs）抓住了批评竞争对手的机会，她在《广告周刊》上表示，自从 *Vogue* 杂志在封面刊登麦当娜的照片并以"穿得更实惠"作为标题以来，该杂志"变得愈发混乱不堪"。福克斯口中提及的"实惠"指的是价格低于 500 美元[27]。

纽豪斯决定故技重施：在竞争对手造成更大的威胁前雇用他们。1990 年 4 月，福克斯被任命为 *Vogue* 杂志的出版商[28]。与安娜一样，福克斯也有大量的工作需要处理。

＊＊＊

  安娜能为 Vogue 杂志设定标准,毕竟纽豪斯给予了她丰厚的报酬来做这项工作。此外,她还享受服装津贴、专车及司机接送服务,并且为她开通了公款支付账户,方便为她提供与工作相关的一切费用,这与她在英国版 Vogue 杂志社的待遇基本相同。由于她的标志性发型并非自然形成,因此她甚至每天早上上班前都要在家做好专业打理[29]。尽管安娜和 Vogue 杂志社看起来花钱如流水,但是在公司内部,大家都认为安娜花钱有方[30]。她遵守公司约定,将员工工资控制在一定水平,但是比康泰纳仕集团其他兄弟公司的相同岗位工资高出了 30%[31]。只要她有预算,她就会坚持这样执行。然而,即便每次拍摄的费用高达六位数美金,安娜却并不认为花了钱就一定要看到结果[32]。有时,她甚至会"毙掉"全部照片后驱车回家。她希望编辑和摄影师能明白,如果想让自己的作品出现在杂志上,他们必须每次都拿出精妙绝伦的作品,并且给她带来惊喜,不过,也不能惊吓过头。安娜心知肚明,"毙掉"照片无疑会激怒摄影师,伤害编辑的感情,并且让社会名流望而却步。同时,安娜也清楚重新拍摄照片带来的困难和压力。不过,这也正是安娜苦心经营 Vogue 杂志的方式:她坚持追求卓越的目标,并确保所有为她工作的人毫不含糊。由此可以看出,她对团队的期许和对自己的要求一样高[33]。

  身为主编,确定封面主题和封面照片是她每个月面临的最困难的决定。安娜曾说,封面主题"必须能与读者产生共鸣"。她认为:"杂志封面不能表现得目中无人、超凡脱俗或者悲伤阴郁,而应该同时具备时尚、亲民、自然、友好以及温暖的元素。"[34]虽然安娜极少"毙掉"封面照片,然而一旦没能达到她的标准,她就会毫不手软。

  作为一名完美主义者,安娜经常会反复检查照片,以确保拍出她想要的效果。不过,实现这一目标的唯一方法便是由她自己逐一审查这些照片，而不是通过别人来做最后的决定。安娜从未亲临过拍摄现场，但是为了选定封面照片，她会同其他20名前往过现场的人员共同确认。有时，她还会实时对照片进行审阅。如果在纽约进行拍摄，她会安排专人乘坐出租车将拍立得照片直接送到她手中[35]。如果是在别的地方进行拍摄，她会要求员工制作影印版拍立得照片，并指派专人连夜乘坐出租车送到她那里，以便她在第二天开拍前提出反馈意见[36]。

长此以往，编辑们逐渐了解了安娜的喜好，比如花园、幸福、微笑、阳光等[37]，因此很多封面照片都是在洛杉矶拍摄完成的。即便如此，这些照片也无法完全摆脱被安娜遗弃的命运。1992年，乌玛·瑟曼（Uma Thurman）与盖瑞·欧德曼（Gary Oldham）离婚后，*Vogue*杂志的一位作家对瑟曼进行了四个小时的专访。据报道称，他们之间的对话堪称史诗级别。然而，前两次的拍摄效果并未达到安娜的标准，因此她决定不再报道这则故事。当时那位作家百思不得其解，怎会有人对着乌玛·瑟曼还拍不出好照片？然而他的想法无足轻重，毕竟只有安娜具有最终决定权，因此也没必要处理转录工作了[38]。

1996年8月，安娜决定将格温妮丝·帕特洛（Gwyneth Paltrow）的照片刊登在杂志封面上。那时，23岁的帕特洛是布拉德·皮特（Brad Pitt）的女友，并且在电影《艾玛》（*Emma*）中扮演女主角。"即便是格温妮丝，登上*Vogue*杂志封面的道路同样一波三折。"安娜在其中一期杂志的编辑寄语中写道。在过去的三年里，帕特洛曾为该杂志拍摄过四次照片。"第一次的照片是由一位前途无量的年轻摄影师拍摄而成的，然而结果却令人大跌眼镜。那组照片是最为差劲的作品，照片中的帕特洛看起来像是一个晚期瘾君子。在第二次的拍摄中，一位声名显赫的摄影师决定尝试使用鱼眼镜头进行拍摄。然而从结果来看，照片中的帕特洛像是患上了罕见病一样。到了第三次，由于天气原因不适合在外取景，因此我们最终只好在摄影棚中完成了拍摄。可惜结果依旧并不乐观。正如帕特洛看到照片后所言：'把我拍得像一个旧时的象牙皂商业广告中出现的女孩一样。'"[39]

安娜每次"毙掉"帕特洛的照片后,巴克利都要打电话给帕特洛的公关人员道歉,因而经常遭到对方的"大声呵责"。巴克利称,对于安娜而言,她也明白这种状况"非常棘手,而且令人尴尬"。不过,帕特洛一直在配合拍摄,毕竟她当时正处于事业初期,因此急需得到大力宣传。她需要通过登上 Vogue 杂志封面来获得认可,其实是需要得到安娜的认可[40]。

20 世纪 90 年代,安娜对男性和女性的评价标准有所不同。一方面,她并不介意在杂志中报道柯恩兄弟或史蒂夫·布谢米(Steve Buscemi)的故事;另一方面,她却认为四十不惑的苏珊·萨兰登(Susan Sarandon)由于"超龄"而不适合出现在杂志上[41]。在 1993 年 4 月期的杂志中,安娜刊登了一组年轻电影导演的照片,他们大多是男性,造型邋遢,衣服搭配非常随意,看起来根本无法与超模相提并论。尽管如此,在安娜眼中,他们是前途无量的导演,因此值得在 Vogue 杂志中刊登出来[42]。

安娜看重出色的文字叙述能力,她希望刊登在 Vogue 杂志上的报道都必须是上乘的作品,然而在大家看来,她主要关心的是视觉感受。一些作家和文本编辑都曾是其他杂志社视若瑰宝的人才,然而自从他们到 Vogue 杂志社工作后,却不得不接受自己降尊为二流员工的事实。安娜清楚自己更擅长处理视觉编辑工作,而非文字编辑任务,因此她需要其他人的支持。尽管她的编辑团队认为这种情况相当复杂,但是他们充分尊重安娜的行事方式,因而不得不时刻讨好安娜以及她四通八达的耳目[43]。员工每次都将手稿打印出来提交给安娜审查。阅读完毕后,她会潦草地写下自己的反馈,然而笔迹难以辨认。通常情况下,她只会用一个字来评价,比如"烂""棒"或者"否"[44]。不过有时候,她也会写下非常具体的评论,比如她希望看到报道中对某个人物更多的描述。据布德罗回忆称,安娜从来都是反复阅读数遍之后才决定"毙掉"某篇文章,她"毙掉"文章的次数远远少于"毙掉"照片的次数。"如果她对某篇文章不感兴趣,那么她丝毫不在意这篇报道是否出自朋友之手。"布德罗解释称。对此,安娜只会淡淡地表示:"有些想法行不通。"事情也就板上钉钉了。布德罗表示:"安娜并不会解释行不通的原因或问题点,她实际上就是在表达:'这篇不行。我们来看下一篇。'"[45]

回家后,安娜经常会将文章交给谢弗审阅。劳里·琼斯说:"谢弗确实会阅读这些文章。有时,安娜会将一些手稿带回办公室,而上面的一些评价用词显然并非出自安娜之口。然而一旦有人对此提出质疑,她会毫不留情地让对方闭嘴[46]。

"众所周知,谢弗博士是 *Vogue* 杂志社的影子编辑。"安德烈·莱昂·塔利称,"安娜每天晚上都会带着那本作品集回家。因此,她必然会同身为精神科医生的丈夫进行讨论。安娜会接受丈夫对杂志中人物个性的评估,毕竟他是一位专业的医生。当时,我并不知道自己患有焦虑症和抑郁症,我是现在才发现的。在我看来,也许是谢弗教会了安娜如何对付我和其他异想天开、才华横溢、天赋过人、机智善变且神经兮兮的编辑。"[47]

如果安娜认可故事内容,她会在评语处的姓名首字母缩写后加上"OK",即"AWOK",而这个字母组合也成为办公室的常用词。比如,编辑们经常以沮丧的语气抱怨称:"这是 AWOK 的吗?""已经 AWOK 了吗?"[48]无论是一条裙子、一种时尚潮流还是一则故事,一旦被安娜"毙掉",就再无转圜的余地。

然而,安娜有时会在小事上改变主意。20 世纪 80 年代,大街小巷尽是《福布斯》(*Forbes*)杂志的广告牌,其标语"资本家工具"响彻整个纽约。起初,布德罗希望模仿该杂志的口吻,在设计师阿诺德·史考西(Arnold Scaasi)的简介中称其为"资本家薄纱",不过被安娜一口回绝。尽管感到非常挫败,但是布德罗仍然鼓起勇气再次向安娜提出申请，而这一次安娜却欣然接受了。据布德罗回忆称："如果你对某件事情充满热情，那么就会得到她的尊重。她唯一不能忍受的便是你的漠不关心。"[49]

* * *

安娜屡次通过事实证明，她比任何人都了解当下或未来的时尚趋势，而且她独具慧眼，擅于挖掘前途无量的设计师。然而从某些方面来看，她对时尚本身的过度痴迷导致她的视野受限，因而经常会事与愿违。

在1994年早期的一场专题报道会议上，安娜分享了自己的一个想法，其灵感源自秀场见闻。"我希望为亚洲人做些事情，毕竟他们无处不在。"安娜说。1994年至1996年期间，*Vogue*杂志封面只出现过白人面孔。当时，绝大多数女演员和模特都是白人，而且时尚行业和社会媒体并不关注人种多样性话题。直到几十年后，"觉醒"一词才出现在大众的普遍意识里。安娜经常在很多秀场上见到亚洲模特的身影，对于以白人占主导地位的时尚行业来说，这是一种全新的发展态势。尽管这是安娜的主意，但是听起来仿佛是整个时尚界的决定，欢迎亚洲人种"加入时尚行列"，就像在确定新一季的流行色为黄绿色一样。

听闻安娜的想法后，会场上的所有人都目瞪口呆。安娜问道："你们打算起什么标题？"[50]

实际上，该杂志曾以《美丽*Vogue*》为题，刊登过一篇名为《放眼亚洲》的文章。文中写道："亚洲女性在极力摆脱温顺端庄或充满异域危险色彩的传统形象，她们正在塑造自己的个性，并讲述自己的故事。"[51]对亚洲女性视而不见或轻信刻板印象，这是对该类群体的极大的冒犯。然而，安娜对有色人种的态度也并非第一次让某些心胸狭窄之人感到无法接受。

＊＊＊

当时，杂志社的开销相当大，即便多年后看起来确有不妥，但是康泰纳仕集团完全能接受一定程度的超支情况。对于作家而言，即使只需为杂志撰写非常简短的报道，他们也可以乘坐飞机前往澳大利亚等地，在精致的酒店下榻，并在高档的餐厅用餐。此外，他们可以在报道期间，驾车前往任何地方[52]。

然而，也有报道称，一些作家趁机利用公司的慷慨来满足自己的私欲。其中，安德烈·莱昂·塔利就给大家留下了挥霍无度的印象[53]。安娜刚刚担任主编时，塔利准备前往巴黎出差。在会计办公室，对方二话不说，直接给塔利拿了 1.5 万美元。塔利在巴黎的丽兹酒店订了预付房间，他只需将收据带回公司报销[54]。1990 年，塔利移居到了巴黎，方便自己在康泰纳仕集团总部外工作。他的公寓位于莫布尔塔大道，配备了出租电视、用餐账户、全天候待命的助理及司机、Karl Lagerfeld 品牌公司提供的服装手洗以及床单与衬衫干洗等服务，价格不菲。他曾在备忘录中写道："这就是康泰纳仕集团！这就是 *Vogue* 杂志社！"[55] 据他后来回忆称，他从未意识到自己的开销对整个杂志社造成了困扰，而且安娜从未向他提起过此事。不过，安娜就是这样的性格，她不喜欢与别人正面对抗。"对于安娜的手下而言，这便是与她很难相处的地方所在。有时候，你根本不清楚自己做到了什么程度，加之安娜从来不喜欢解释原因，因而经常会让人感到沮丧。"[56]

塔利回到纽约后，大家对他白眼相看，甚至有些人联合起来与他作对。曾在人力资源部工作的弗雷迪·甘布尔（Freddy Gamble）认为，这足以证明安娜是塔利的拥趸。"在安娜看来，尽管当时塔利经常花钱毫无节制，大手大脚，不过他确实能给安娜带来有价值的回报，因此安娜会选择忽略他的缺点。"[57] 正如琼斯所言："安娜一直都在纵容塔利。"[58]

塔利在回忆录中写到，他认为自己对安娜的价值仅在于他与卡尔·拉格斐之间的亲密友谊[59]。但是在琼斯看来，他的价值不止于此。无论关于杂志的报道内容，还是关于自己试穿由世界顶级设计师打造的定制服装，安娜都会相信塔利的品位。"安娜从来不会选用别人。"琼斯说[60]。

安娜专为塔利提供了各种津贴，帮助他支付巴黎公寓的租金及服装干洗费用，并且带他向纽豪斯申请无息贷款，从而为他的祖母买房[61]。然而，这些依旧不能满足塔利。1995年，塔利认为自己不会再负责摄影工作，从而感觉自己长期得不到认可，他对这种状态忍无可忍，终于走进安娜的办公室提出了离职[62]。与安娜关系最为亲密的同事都对此感到非常震惊，他们认为塔利的做法非常无礼，而且他对安娜毫无感恩之心，毕竟安娜曾经让他享受过光鲜且奢华的 *Vogue* 式生活。不过，就算塔利离开了，安娜还是继续向他施以援手。

"安娜对自己喜欢的人宠溺有加，甚至会姑息纵容。相反，她从来不擅长嘉奖工作勤奋的员工。"文案撰稿人西摩如此评价安娜的管理风格，"她喜欢爱说空话的人。"[63]

* * *

1991年2月25日星期一，安娜在美国时装设计师协会年度颁奖典礼上荣获特别奖，以表彰她对时尚的贡献。*Vogue* 杂志与主编安娜成为整个时尚行业的宠儿，大家需要一位引领他们寻找方向的女王。

该颁奖典礼由《时尚芭莎》的母公司赫斯特国际集团赞助举办，安娜邀请自己曾在《时尚芭莎》杂志社时的第一任老板嘉莉·多诺万登台介绍自己。多诺万时任《纽约时报》杂志社的造型编辑。与此同时，托尼·马佐拉也出席了颁奖典礼，那段时间，他在《时尚芭莎》负责主编工作。多诺万走上颁奖台，发表了一篇有关安娜的演讲，整个过程持续了14分钟，内容涵盖从20世纪70年代26岁的安娜在《时尚芭莎》杂志社的工作经历到她两个孩子的出生。多诺万称，马佐拉赶走安娜的原因是"她过于时尚"。随后，多诺万滔滔不绝地罗列出安娜的一系列成就，而此时的马佐拉已瘫坐在台下的座位上[64]。

安娜坐在嘉宾席中，穿着一条漂亮的黑色长袖紧身迷你裙，手里握着提词卡。她将手轻轻盖在鼻子和嘴唇上，目光一直看向别处。她上台后谦虚地说："我感到受宠若惊。"随后，她依次对利伯曼、戴安娜·弗里兰以及格蕾丝·米拉贝拉表达了感激之情。当时，安娜将"格蕾丝"读成了"油脂"[*]，而这段小插曲可能与安娜的口音有关，而非误读[65]。

观众席中，安娜在《时尚芭莎》杂志社工作的前同事纷纷为她喝彩[66]。

同年12月，赫斯特国际集团宣布马佐拉正式退休[67]。

---

* 两个英文单词的发音相近。——译者注

安娜·温图尔传：为信仰痴狂

第十五章

第一助理，第二助理

到1991年的夏天，安娜已经在 *Vogue* 杂志社担任了三年的主编，她与谢弗及子女们一起前往法国度假。当时，她在旺图山附近租赁了一套带游泳池的房子，并且在当地款待了她的父亲、继母、姐姐诺拉及其丈夫和女儿，还有她的哥哥帕特里克及其伴侣。此外，她的两个继子也前去参加了家庭聚会。在那段时间，每天都会看到管家的身影。安娜的父亲表示："我对她的生活方式感到惊叹。"

对于安娜而言，她的事业一马平川，而且工作相当勤奋，但是她很少真正有机会享受度假的欢愉时光。附近的一家香肠工厂表示，其"时常收到" *Vogue* 杂志社向安娜发送的传真。对此，查尔斯表示："对于那家工厂的经营者来说，这是他与世界高级时装距离最近的时刻。"[1] 安娜小的时候，查尔斯经常中途停止休假而返回到工作岗位；而如今，这种事情同样发生在了安娜身上。

* * *

1992年，安娜向康泰纳仕集团借了一笔164万美元的无息贷款，并以个人名义[2]在沙利文街购买了一栋联排别墅。这座房子采用希腊复兴式设计风格,建造成本较低,而且与她在麦克杜格尔街的房子仅相距一个街区。不过,这栋新房的特别之处在于,后院有一片郁郁葱葱的草地,而且与环绕在周围的20栋房屋相通。换句话说,在安娜的私人后花园及英式树篱后面,可看到一览无余的公共庭院。她的女儿碧后来称:"你可以直接穿过花园走到朋友们的房子门前,这种房屋布局在纽约实属罕见。"[3] 艺术家、音乐家和电影制片人对整个街区的房屋布局非常感兴趣,而且这种富有创造性的设计方式深得安娜喜爱。

在安娜一家搬入新房前,她曾聘请米兰达·布鲁克斯设计建造他们的私人花园,并以此作为送给谢弗的生日贺礼。安娜以沙滩鹅卵石铺路,并种植了各种花草。她与谢弗入住后,他们随即为孩子们领养了一条金毛寻回犬,并取名为桑迪(Sandy),而它将各个角落都刨了个底朝天。也正是从那时开始,安娜养起了宠物狗[4]。

每当安娜提及年幼的子女时,她都会满面春光,而早在其怀孕期间,莱斯利·简·西摩就捕捉到了她的这种转变。"安娜变得更加温情,她不再是令人生畏的时尚偶像。"西摩说,"在我怀孕的时候,她表现得特别兴奋。"[5]

安娜在工作之余,仍能给予子女们无微不至的关怀。每天早上7点15分,她做完头发后便送孩子们上学。在自己的首期 *Vogue* 杂志出版后,她每天晚上6点离开办公室。在1998年的一次专访中,她声称自己在加班一事上相当"谨慎",以便自己可以早些回家与孩子们共进晚餐,而且她也允许员工们这样做。安娜表示,自己"每周尽量最多出去两到三个晚上",而且将周末时间都留给孩子们[6]。不过,她有时会在周六去公司上班,而且经常叫助理来陪她[7]。此外,她还为孩子们制定了一系列规矩,比如禁止看电视等等。"我真无情!"安娜在担任 *Vogue* 杂志主编10年后的一次采访中说,"美国电视糟糕至极。相反,我让他们阅读了大量书籍。此外,我还经常带他们欣赏戏剧、电影或芭蕾舞表演。我希望他们长大后,可以做自己想做的事情。不过话说回来，他们可能早就背着我看电视了！"[8]

这些孩子与安娜的成长经历相似，他们大部分时间都与保姆待在一起。1997年，洛丽·费尔特（Lori Feldt）曾暂住安娜的家中，她每天早上帮助孩子们做好准备，等待专车载着他们赶往学校。只有在这段时间，孩子们才有机会见到他们的父母。费尔特的描述与安娜在1998年专访中的说法截然相反。费尔特表示，安娜夫妇经常在晚上出席各种活动，因此孩子们只能等到第二天早上才能看到父母。费尔特坦言，自己也很少见到这对夫妇，她大部分时间都会将交流内容写在厨房的记事本里，随后，她会收到打印版的消息回复。此外，安娜和谢弗还让费尔特担任私人助理和管家。"从本质上来讲，我就像一只忙碌的地鼠。"费尔特自嘲道。每天，她都要负责带桑迪外出活动，前往药房取药，并将安娜遗落的物品拿给她的司机。通常，她要早上5点半开始工作，一直忙到晚上9到10点钟[9]。

在此期间，无论安娜在处理什么事情，只要孩子们打来电话，她都会第一时间接起[10]。只要孩子们有需要，安娜就会亲自到场。最初，查理和碧都曾在位于西村的圣卢克私立学校读书。后来，他们分别转到了联合私立学校与斯宾塞私立学校继续学业。学校里的大多数学生父母都是有权有势之人，相比之下，身为 *Vogue* 杂志主编的安娜并不出众。有一次万圣节，孩子在后院玩"不给糖就捣蛋"的游戏，而碧和查理的一位朋友的父母都聚到了厨房。稍后，安娜的继子走了过来，安娜一边与其他父母聊天，一边给他煮了一壶咖啡并将洗碗机里的餐具取了出来。安娜给在场的苏珊·比德尔（Susan Bidel）留下了深刻印象。当时，比德尔的儿子正和查理玩耍。据比德尔回忆称，安娜是一个害羞的女人，除此之外，她在各个方面都很正常。"安娜经常忙得不可开交，但是她依旧会陪伴孩子，以此尽力做一位称职的母亲。我们的孩子们经常相约一起玩耍。安娜有时会带我儿子到剧院欣赏戏剧，有时也会邀请孩子们留宿。"比德尔称，"只要工作之余时间允许，安娜在各个方面都能做到无可挑剔，她是一位积极活跃的母亲。"[11]

由此看来，查理和碧与他们母亲的童年经历颇为相似，都让常人望尘莫及。

安娜看重效率胜过礼貌，热衷控制而非放纵，这让她在康泰纳仕集团内外饱受流言蜚语。据称，大家不能与安娜同乘一部电梯。尽管事实并非如此，但是大多数员工依旧不敢这样做。还有传闻说，*Vogue* 杂志社办公室禁止出现一品红花[12]。对此，巴克利表示："这种事属于空穴来风。"[13] 此外，也有人称，安娜难以接受口香糖的存在。这一点倒确实如此。有一回，安娜让执行编辑琼斯提醒一位员工以后不要在专题报道会议上嚼口香糖[14]。

除此之外，安娜还制定并推广实施了一系列不容置疑的特殊准则，从而在身边成功地搭建起牢固的安全区，确保自己不受厌恶之事的叨扰。当时，纽约百姓、时尚人士以及设计师全都钟情于全黑色系的服饰。然而，对于在 *Vogue* 杂志社任职不久的安娜来说，她难以忍受这种事情的发生。1990 年 7 月，她曾在《芝加哥论坛报》(*Chicago Tribune*) 中称："如果我告诉员工该穿什么服装，那么他们肯定都想离开我。"[15] 不过，事实并非如此，安娜确实对员工的着装提出过要求。自 1994 年 1 月以来，莎拉·范·斯克伦（Sarah Van Sicklen）担任 *Vogue* 杂志的文案撰稿人。她曾表示，每当有宾客前来拜访 *Vogue* 杂志社时，安娜都会向员工发出备忘录，上面写着"禁止穿全黑衣服"。对于员工来说，无论他们是否需要接待访客，这都是一条需要遵守的不成文规定[16]。比如，佩吉·诺斯洛普曾向菲利斯·波斯尼克咨询时尚建议，因为安娜要求后者确保着装得体。

* * *

安娜希望劳里·琼斯帮助自己在时尚界外打造一支实力强劲的编

辑队伍。因此，琼斯还会负责为安娜筛选助理[17]。

纵观安娜的整个职业生涯，她曾同时最多拥有过四个助理，但是在她担任 Vogue 杂志社主编期间，她只有两到三名助理[18]。其中，第一助理负责管理其他两位助理，同时帮助安娜处理日程安排，因此其与安娜沟通得最多。第二助理主要负责与安娜在曼哈顿和长岛家中的管理员及厨师沟通，配合安娜筛选电影，并照顾她的三只黄金贵宾犬。其中，三只爱犬的名字均以电影《杀死一只知更鸟》(To Kill a Mockingbird)中的角色命名[19]。在长岛居住期间，有一次，安娜的爱犬失踪，她曾让一名助理协助搜寻[20]*。第三助理负责跑腿办事、领取剧院门票、策划时装周活动以及直接从设计师那里订购安娜的高定秀场礼服等[21]。对此，汤姆·福特曾解释称："通常情况下，我都会收到来自安娜办公室的邮件，对方跟我提出安娜对服装设计的一系列要求。"随后，他会按照安娜的尺寸进行剪裁并将成品寄给她[22]。每周末，第二助理和第三助理会轮流到岗值班[23]。

安娜经常给三位助理发送邮件，但从来都不写主题，邮件内容无外乎是她提出的各种要求，比如："让我跟他通电话。""我要与那个人见面。""请给我一杯咖啡。"[24] 每逢周末，安娜都会提醒助理们下周将要处理的工作，有时也包括一些琐碎的差事，比如寻找纸质版的旧报文章或者取回落在 Vogue 杂志社办公室的书籍等，这些都是她即将带到伦敦的资料[25]。有时候，助理们并不理解安娜交给他们的任务，但是大家都坚信安娜有充足的理由这样做，甚至可能对方是新人或者出于"戏弄"员工的缘故[26]。不过，有些人不以为然，他们并不认为安娜会戏弄员工，这只不过是她的行事习惯，并非为了去考验别人[27]。

---

* 当时，助手们打印了寻狗启事传单，准备张贴在马斯蒂克附近。不过幸运的是，安娜的司机还未载着她们出门，爱犬就被找到了。后来，爱犬身上安装了追踪器，并交由第二助理负责照顾。

但是从实际情况来看，安娜的需求确实在左右助理们的生活。

每位第二助理上任后，她们都会收到一份21页的手册，其中涵盖了从处理费用到维护安娜住宅等信息，尽管内容翔实，但要做的远远不止这些[28]。

助理们的工作是高度程式化的。她们每天早上七点半到达办公室，准备迎接安娜的到来。其间，她们会提前预备好星巴克全脂牛奶和蓝莓松饼。自从安娜进门的那一刻开始，她们会急忙打开空白的Word文档或电子邮件，奋力将她所说的每个字都记录下来。因为每当安娜走进杂志社的大门时，她就开始滔滔不绝且连续不断地发号施令[29]。由此来看，这才是助理们不希望与她同乘电梯的真正原因。在电梯里，安娜会一直提出自己的要求，如果助理们没有办法全都写下来，那么只能全部背下来[30]。

第二助理或第三助理负责为安娜接驾，并取走"AW包"。这款印有"AW"字母的帆布手提包从里昂比恩零售公司购得，配有海军蓝提手，里边装着那本具有传奇色彩的杂志样刊、安娜需要在前天晚上带回家查阅的文件以及深紫红色的鳄鱼皮设计师记事簿。其中，每当旧的记事簿用完后，助理们都会为她定制一本新的。安娜的助理们都知道她为什么不喜欢随身携带这款包：其一是它太重，其二是这款实用的手提包会成为安娜全身上下的焦点，会吸引旁人的注意[31]。

除此之外，就连与安娜的交流方式也需要遵守具体的规则。以前，她的助理主要通过笔记的形式与安娜沟通。他们必须以"注意；请告知"的格式开头，然后附上问题，比如"请告知我们今天是否可以前往沙利文"。她们从来不会使用疑问句，比如"我们今天可以前往沙利文吗？"。尽管如此，整个沟通过程效率极低，因此最终被废除了[32]。

并不是所有人都能忍受这样的工作。每天的工作时间经常达到或超过12个小时，助理们经常半夜醒来的时候还惦记着安娜，总感觉自己必须查看电子邮件并为她做些事情[33]。有一回，一位助理因压力太大而选择辞职，安娜为她安排了一位心理治疗师并且跟踪她的进度，从而确保她在工作的最后几天里按时离开办公室去接受治疗[34]。

一直以来，安娜的助理同时还承担着她私人助理的工作[35]，即需要为安娜打理工作之外的大小事宜，这样安娜才能将全部精力投入重要的工作中。尽管助理工作挑战重重且压力巨大，但是很多年轻女性依旧愿意为这个岗位奉献自己的青春，这是因为她们对安娜佩服得五体投地，并将这份工作视作一次非比寻常的机会。这份工作之所以如此棘手，正是因为一旦安娜需要某种东西，她就想马上得到，根本不管三七二十一。如果助理们让她大失所望，她必然会让第一助理知晓。她虽然不会大喊大叫，但是说话的语气和电子邮件的用语明显会流露出不悦[36]。安娜经常表现出对这些年轻女性员工的失望之情，这令很多员工都心灰意冷。一位员工回忆称，曾有个助理一不留神读错了安娜的手写笔记，安娜就用手敲击办公桌以示警告，以致那位助理受到了不小的打击[37]。在大家看来，安娜的权力源自她的个性，而其个性首先体现在职业道德层面。员工们欣赏安娜对时尚的理解和她的品位，并且佩服她能把广告商和乱作一团的办公室管理得服服帖帖、整整齐齐的。大家表示，绝大多数的负面情绪并非来自安娜，而是她身边的人。安娜的很多手下都对她的控制欲颇有微词，他们认为有权有势的男性员工不该受此屈辱。话虽如此，尽管很多人都对安娜的助理位置跃跃欲试，但是找到合适的人选并非轻而易举。实际上，大多数人都因为反应过于迟钝且压力太大，很快就知难而退了。琼斯称："安娜的大多数助理都忠心耿耿、深谙世故且聪慧机敏，与此同时，她们还必须行事慎微，不容一丝闪失。"

琼斯回忆称，安娜倾向于雇用朋友的朋友或者某些人的女儿做助理，"这些女孩过着养尊处优的生活"。其中，那些具备大学学位的女孩更受她的青睐。然而在琼斯看来，这些年轻女性缺乏必要的职业道德素养，因此她期望为安娜物色"经验丰富且精明能干的助理"[38]。

1993年，梅瑞迪斯·阿斯普朗德（Meredith Asplundh）以实习生的身份进入了康泰纳仕集团，一个月后，她被聘为安娜的第二助理。阿斯普朗德的老板是安娜的第一助理，她每天都神经兮兮的，经常乐此不疲地制定各种规矩。阿斯普朗德发现，大部分工作指示及其伴随而来的恐惧感并非源于安娜，而是第一助理。其中最为重要的一条规矩是：当第一助理不在工位上时，阿斯普朗德不准离开办公桌，甚至不能去洗手间。"这种无理的要求并不像是安娜规定的。"阿斯普朗德说，"更像是代代相传下来的传统。"

阿斯普朗德意识到，如果想晋升为安娜的初级助理，你必须得接受这样的事实，即这份工作的意义并不是为了积累 *Vogue* 杂志的编辑经验。每天早上在安娜即将到达前，她都会在车里打电话给办公室，提醒大家赶快做好准备。值得一提的是，尽管车上有电话设备，但是助理们却只能使用办公室的固定电话。"我还有15分钟到达办公室。"安娜在电话中通知阿斯普朗德，她这句话是在暗示阿斯普朗德下楼前往麦迪逊大道350号为她购买全脂牛奶和拿铁。阿斯普朗德祈祷电梯千万不要耽搁时间，如果安娜进办公室后没有看到咖啡，她一定会"暴跳如雷"的。其实，阿斯普朗德深有同感，如果自己喝不上咖啡，她也会生气。

起初，安娜经常以第一助理的名字来称呼阿斯普朗德，而并非她自己的名字。由于安娜经常戴着墨镜或者忙着处理其他事情，因此她很少与阿斯普朗德有眼神交流。经常有很多年轻的女性员工离开杂志社——要么是自己辞职的，要么是被安娜劝退的。在阿斯普朗德看来，有些员工可能下周就离开了杂志社，如果你和安娜一样日理万机，你还有必要花费精力记住这些过客的名字吗？"安娜并非存心刁难我们。我们都需要尽心完成工作，如果你能应付各种要求，我觉得她一定会记住你的名字。然后你会感叹：天哪，天哪，我做到了。"对于安娜来说，她当然可以记住第二助理的名字，但是这似乎与她秉持的高执行力理念背道而驰。因此，留下来的助理必须谨记：要么接受这种匪夷所思的做法，要么认定这是一种正常的行为。不过，对于某些人而言，这也是该岗位无可避免的弊端之一。

第一周的实习期结束后，阿斯普朗德以 2.5 万美元的年薪顺利得到了聘书。然而，在接下来的两年时间内，助理工作经常让她感到筋疲力尽。她每天的在岗时间都很长，而且工作安排与安娜一样紧凑，后者恨不得每分钟都被计划得明明白白：与团队开会、与时尚品牌负责人开会、与广告商及合作伙伴开会。"在安娜与卡尔·拉格斐通电话的期间，如果她需要某样东西，她甚至都不会给你 10 分钟的时间将相关资料走马观花地浏览一遍，因为她只想立刻拿到那样东西。因此，你必须迅速反应，做到手疾眼快。我理解她的要求，而且欣然接受。毕竟在这个岗位上，不进则退。"阿斯普朗德解释道。她几乎每天都是"朝八晚八"的工作作息，像滚轮上的仓鼠一样忙个不停，被人差来差去，包括购买咖啡、准备午餐、接听电话以及在一次能容纳 12 个人的大办公室里为几分钟长的会议摆放座椅等。每天工作结束后，身为第二助理的阿斯普朗德都要在办公室等候收取那本杂志样刊，然后乘车将这本杂志样刊送至安娜的家中。安娜有时会在晚饭后穿着拖鞋迎接她的到来。拿到样刊之后，安娜会仔细审阅视觉效果，并检查每张照片之间的衔接是否连贯。通常，安娜会在便利贴上写下自己的备注，并贴在样刊的相关版面上。第二天，她会将这本样刊带回办公室。

对于安娜来说，她对助理和其他员工的外在要求一视同仁。虽然阿斯普朗德没钱购买设计师款服装，但是时尚前卫的母亲送给了她一些旧衣服，而这些基本都得到了安娜的认可。不过，据阿斯普朗德称："安娜有时还是会上下打量我的穿着。她的眼神中透露着疑惑，仿佛在说：你穿的是什么鬼东西？有时候，你能清楚地分辨出她对你的嫌弃之情，比如她说：为什么你们要将那条裤子和上衣搭配在一起呢？"

有时，助理需要在缺乏背景信息的情况下完成安娜的要求，这正是该工作中最难的部分。其中，安娜的很多指示都默认双方之间能心领神会，或者由第一助理进行具体说明，因此绝不能要求安娜向对方明示或提供帮助。此外，助理们甚至不敢询问安娜在纸上潦草地写了些什么。

从办公室的花卉到圣诞节礼物的包装纸，再到午餐，安娜对所有事情都表现得吹毛求疵。比如，她不喜欢兰花[39]、绝不接受药店里的包装纸等等。如果她不参加办公室外的午餐会议，那么她会让纽约皇家通酒店送餐，而且每次都是一份五分熟牛排和一份土豆泥。她会要求用盘子端给她，而不是放在外卖盒里。通常，她会用银叉浅尝几口，然后说："把盘子收走吧，我吃饱了。"阿斯普朗德会在安娜办公室对面的盥洗室清洗餐具，而这里是安娜的专属区域。有时，安娜会对阿斯普朗德说声"谢谢"。不过即便没说，阿斯普朗德也不会觉得安娜无礼，她理解，安娜的心思已经放在了下一个任务上。

对于助理来说，她们可以在安娜家中协助筹备各种聚会，这是该岗位带给她们的莫大荣耀。她们难得有机会见识一个血肉丰满且魅力无穷的安娜，而不是通过办公桌上的电话了解她们的老板。助手们在场会让安娜感到安心，毕竟一旦有人提出需求，她能够确保所有事情都可以在紧急关头得到妥善解决。有时，安娜考虑到助理们可能没有合适的服装，因此她会让时尚团队的编辑出手相助，告诉助理们："我有你们今晚可能想穿的衣服。"[40]

1986年，哈米什·鲍尔斯（Hamish Bowles）在伦敦第一次与安娜见面时，他正在英国版 *Vogue* 杂志社面试安德烈·莱昂·塔利曾拒绝过的那个岗位。当时，塔利一直为安娜提供咨询服务，而且她尚未找到合适的人选，不过鲍尔斯给她留下了深刻的印象。鲍尔斯戏称自己是英国时尚界"古怪而浮夸的人物"。他从小就对时尚产生了浓厚的兴趣，后来曾就读于伦敦久负盛名的艺术与设计学校——中央圣马丁艺术学院。在学校里，他结识了约翰·加利亚诺（John Galliano），其后来成了一名设计师，并在《哈泼与女王》杂志社担任时尚编辑。

1992年，多贝打电话询问鲍尔斯是否允许 *Vogue* 杂志社对他位于诺丁山的小巧又多彩的公寓进行报道——鲍尔斯用时尚的复古家具和艺术品将公寓好生装点了一番。当时，他尚为康泰纳仕集团的竞争对手赫斯特国际集团工作，但是他依旧接受了这次报道任务。令他出乎意料的是，安娜在看到照片后给他打了个电话。

"我是安娜。我看到了你公寓的照片。看得出你对内饰很感兴趣。"安娜说。她告诉鲍尔斯自己的时尚编辑将要离职，并询问他是否有兴趣接手该岗位。安娜的魅力让鲍尔斯"神魂颠倒"，于是他"欣然"选择了接受。随后，他很快就搬到了纽约。

对于鲍尔斯来说，美国版 *Vogue* 杂志社的工作环境实属陌生。在《哈泼与女王》杂志社工作期间，鲍尔斯可以自行安排外出拍摄事宜，而且在收到成片前，他无须向老板汇报自己的工作。然而在这里，安娜事事都要干涉。鲍尔斯说："在我的工作中，突然闯入了这样一位主编，她对我做的事情很感兴趣，旨在理解每个元素在成片中所发挥出的作用，比如摄影师、拍摄地点、拍摄对象、头发及化妆造型的选择、服饰的细节、珠宝与服装的搭配、鞋履的选择等等。基于我以前的工作经历，安娜的大包大揽出乎我的意料。对我而言，也许这就是一些人所谓的微观管理方法吧。"

鲍尔斯对选装会议深表惊讶，并且对安娜批准的每件事以及她所犯的每个错误惊愕不已。"安娜拿到的文档、文字说明、图片等都经过了不计其数的层层编辑和修改，然而她还是会提出意见：'它应该朝左，而不是朝右。'就算是大家都不会在意到的细节，她也从来都不放过。"鲍尔斯说。大家都对安娜的控制欲深有体会，然而，她最信赖且任职期最长的几位编辑可以逃过她的部分监督[41]。

菲利斯·波斯尼克负责为美容和食品类的相关故事拍摄照片，他曾坦言，对安娜来说，前卫从不设限。2003年，安娜指派波斯尼克为一篇关于烤鸡的文章拍摄照片。她给波斯尼克打电话期间,后者正在与赫尔穆特·纽顿赶赴蒙特卡洛准备另外一场拍摄计划。安娜问道:"你觉得赫尔穆特会为烤鸡的文章拍摄照片吗?"波斯尼克在回电中称,纽顿愿意参加拍摄。"他打算怎么做?"安娜问道。

"我先卖个关子。"波斯尼克回答道,"你可能会喜欢,也可能会讨厌。"纽顿拍摄了一张微焦的烤鸡照片。照片中,整只烤鸡松垮地绑成一团,两只鸡腿叉开,并在末端套上了一双塑料洋娃娃的高跟鞋。安娜看到这张照片后忍俊不禁,她评价道:"好。"这个字已经是安娜的手下期望得到的最高赞誉[42]。

* * *

安娜生来就情感淡漠,加之她品位独特且具备非凡的远见卓识,因此她擅长处理内部冲突。有些编辑在拍摄照片期间,如果没有被分配到自己想要的服装,他们就会偷偷地从其他编辑那里取走衣服,因而该问题成为安娜首要解决的冲突。经安娜批准后,编辑们需将准备拍摄的服装以拍立得照片板的形式展现出来。这样做的目的是避免有人背着她将其他衣服和鞋履偷运到片场。不过,曾为安娜设计过首张封面照片的卡尔琳·瑟夫·德·杜塞尔似乎从来都不按规矩行事。柯丁顿在她的备忘录中写道,杜塞尔会在照片板上贴满"与她实际拍摄内容毫无关系的作品"[43]。塔利曾与瑟夫·德·杜塞尔就由谁来拍摄一条 Bill Blass 品牌连衣裙而大动干戈。据塔利描述称:"我们两人因为那条裙子而在时装储藏室里大吵了一架。最后,安娜将那条裙子让给了我,而不是卡尔琳。因为那条裙子,我们两人五年都没有讲过话。"最终,那条裙子出现在了塔利的专栏旁,而非瑟夫·德·杜塞尔的摄影照片中[44]。

安娜似乎对这类冲突非常抗拒,因此她有意地同时尚部门保持距离。不过，也许是安娜的领导方式激化了这类冲突。在米拉贝拉担任主编时，编辑们之间的竞争并不激烈；然而在安娜的领导下，大家对某些单品的竞争趋于白热化[45]。柯丁顿称，向安娜抱怨这些也无济于事，因为安娜只会说："这里不是女子寄宿学校，由你们自己解决吧。"不过，柯丁顿表示："有时候，这里恰恰就像一所女子寄宿学校，你可以看到互相怄气、以泪洗面和女学生式的发飙场面。"[46]

安娜欣赏个性张扬的人，她喜欢这类人所具备的才华以及身上的独特魅力[47]。正如塔利所言，安娜"身边不乏头脑强大的独立思考者，他们有时会意见相左"[48]。然而，*Vogue*杂志西海岸编辑丽莎·乐福曾表示："他们中的一些人内心险恶，让人不寒而栗。"据乐福称，在洛杉矶以外的地方工作时，从未有人与她交恶。"我之所以可以在*Vogue*杂志社独善其身，是因为我对那些疯疯癫癫、竞相争宠的编辑敬而远之。他们经常恶意中伤别人，在背后耍些钩心斗角的小伎俩，无不流露出阴险狡诈的嘴脸。"乐福说[49]。

* * *

安娜在*Vogue*杂志社担任主编数年后，各大媒体纷纷猜测她将成为其拥护者兼导师亚历山大·利伯曼的接班人[50]。1991年2月，78岁的利伯曼因心脏病发作而被送往医院治疗，由于他本身就患有重症糖尿病和前列腺癌，因而病情进一步恶化[51]。虽然他挺了过来，但是健康状况一直很差，最终于1999年年底撒手人寰。利伯曼生前因身患顽疾而无法像过去30年那样正常工作，但是他仍然与康泰纳仕集团存在着千丝万缕的联系，他似乎不想放弃公司提供的丰厚物质津贴以及彰显身份的工作岗位[52]。对于很多被康泰纳仕集团赶走的编辑来说，解雇后最为沉重的打击无外乎是丧失了公司的所有津贴。然而，利伯曼是为数不多的完全不担心这种事情会突然发生的人之一，毕竟他与纽豪斯的关系非比寻常。

与格雷丝·米拉贝拉完全不同的是，安娜从来不依赖利伯曼，不然她就不会成为真正强大的主编了。此外，纽豪斯也希望为她赋予更大的权力。相对而言，Vogue 杂志最受利伯曼的青睐。安娜最开始担任 Vogue 杂志主编时，纽豪斯曾对利伯曼说，安娜应该"全权负责"该杂志。起初，亚历山大因自己被排斥在外而大发雷霆，然而他后来发现，自己早已别无选择。纽豪斯将这一决定告诉安娜后，她便每次都将版面设计发给利伯曼查看并询问他的建议。在利伯曼的余生中，安娜一直如此，不过仅仅是出于礼貌[53]。

安娜曾表示，自己以前"从未讨论过"取代利伯曼的事宜[54]，但是与她共事的人都认为，安娜不满足于 Vogue 杂志主编的岗位[55]。毕竟她担任 Vogue 杂志主编才几年的光景，就已经展现出了超越薪酬等级的执行能力。1992 年，格雷登·卡特接到了《纽约客》（New Yorker）杂志主编的岗位邀请。就在卡特入职的当天，安娜与他通了电话。

"《纽约客》将变成下一个《名利场》。"安娜说。

卡特听后目瞪口呆，毕竟在过去的五年里，他身为《间谍》杂志的编辑，一直对《名利场》明嘲暗讽。安娜告诉卡特："在小塞缪尔给你打电话的时候，你要装作很吃惊的样子。"[56] 安娜曾雇用卡特为 Vogue 杂志社的撰稿人，她总能比别人抢先一步察觉到康泰纳仕集团内部的风吹草动。因此，与其说公司里的人在与她相互交流，不如说他们在向安娜获取一些有价值的信息。

加布·多贝是一位忠心耿耿的员工，她一直追随安娜，前前后后辗转于三份不同的编辑岗位，令她印象深刻的是，安娜曾向纽豪斯举荐她从事《小姐》（Mademoiselle）杂志的编辑工作。然而此举却让多贝感到匪夷所思。当时，她热爱在 Vogue 杂志社的工作，而且绝无二心。后来，她才恍然大悟，原来安娜做出这样的调整是一种先兆，"表明其即将接替亚历山大的位置"。多贝对《女装日报》的描述深表赞同[57]:"多贝的任命再次有力地证明了安娜·温图尔在康泰纳仕集团内的影响力与日俱增。"[58]

然而,对于多贝来说,她在《小姐》杂志社的任职经历是一场彻头彻尾的灾难。安娜为她提供了工作指导,然而却忽略了一件重要的事情,即任由利伯曼为其物色艺术指导的人选。自多贝上任以来,她效仿安娜的管理方式,在几天之内就解雇了很多老员工。此外,她全面推翻了杂志社以往的编辑理念,进而大肆宣扬20世纪90年代的垃圾摇滚文化,从而与安娜追求的华丽、幸福、欢快且活泼的发展方向背道而驰。安娜聘用了商业传奇格蕾丝·柯丁顿,使其在时尚部门担当要职,然而多贝挑选的手下"看起来像英国街头的一群流浪儿"。此外,多贝还聘请了一批全新的摄影师。

在康泰纳仕集团这样的公司工作,既需要敏锐的编辑能力,也需要敏锐的政治洞察力,然而对于多贝来说,她二者都不具备。她选用的模特瘦骨嶙峋,极大地冒犯了宣扬女性卫生的广告商。此外,在该杂志社受到排挤的利伯曼心有不甘,不过与他在安娜负责的 *Vogue* 杂志社境况不同的地方在于,纽豪斯会为他撑腰。在多贝负责的1993年11月期杂志封面上,呈现的是一个梳着麻花辫的模特,这张照片尤其让出版商大为光火,对方戏称该封面刻画的是"一个样貌极丑的八年级女生"[59]。1993年9月,该杂志流失了大批读者和广告商。在安娜的建议下,多贝先发制人,她跳槽去了全球音乐电视台工作,从而避免了被杂志社扫地出门的尴尬[60]。

对此,安娜表示,纽豪斯"清楚地感受到利伯曼已经无心顾暇工作"。数月以来,利伯曼几乎从未出现在办公室。在妻子去世后,他与新欢梅琳达(Melinda)在迈阿密共同度过了一段时间,梅琳达曾是她妻子手下的一个护士。最终,利伯曼保住了副董事长的头衔,公司为他配备了四名办公室员工、一辆配有司机的白色豪华轿车以及由康泰纳仕集团出资安排的家务人员。当利伯曼厌倦了在迈阿密的生活后,纽豪斯借贷给他100万美元用于在长岛购买房产[61]。

利伯曼晚年的待遇让安娜深感不安。身为下属,尽管安娜目睹了纽豪斯冷酷无情的解雇手段,但是她从未想到有朝一日他会将利伯曼推到一旁。虽然公司为利伯曼提供了高额退职金,但是她仍然对纽豪斯的这种做法深恶痛绝[62]。

不过,安娜不会成为下一个亚历山大·利伯曼。1994年1月26日,小塞缪尔·纽豪斯宣布,36岁的詹姆斯·杜鲁门（James Truman）将成为该公司的新一任编辑总监。此前,杜鲁门曾担任《细节》(*Details*)杂志主编[63]。

1988年,安娜聘请杜鲁门担任*Vogue*杂志专题报道编辑,后者也因此进入了康泰纳仕集团。此时,他的职级上升到了安娜与蒂娜·布朗之上,这让公司内的编辑与公司外的观察者颇感震惊,毕竟在众人眼中,她们两位都是赫赫有名却毫无实权的话题人物*。

对此,有些人认为,安娜或布朗没有得到这份工作的原因与性别歧视有关。然而在多贝看来,这是纽豪斯的一贯做法。"他经常这么做,让大家相互竞争。"多贝说[64]。利伯曼也深有同感,他告诉杜鲁门说,自己能为他提供的最大建议便是:"'在任何时候都要不择手段。''要表现出唯我独尊的状态,把其他同事当成你雇来的助手。''阿谀奉承是让你达成目的的唯一途径。''不要担心别人会唱反调,你只需静观其变,他们早晚都会半途而废。'以及'不要将工作当作世界的中心,否则你会失去理智'。"[65]

---

* 三个人的共同之处在于:他们都是英国人。1992年末,《纽约时报》援引安娜、布朗、杜鲁门、多贝、伊丽莎白·蒂尔贝里斯等人的谈话,阐述了美国出版界经历的"英伦入侵"。其中,多贝是一名在英国接受教育的南非人,而蒂尔贝里斯曾先后负责英国版*Vogue*杂志及《时尚芭莎》杂志的运营。英国编辑们乐于尝试英国出版物特有的高级与低级内容混合报道的方法,这种特色收获了广泛好评。比如,安娜的父亲在《伦敦旗帜晚报》中,既刊登了流行文化与无头尸体的新闻,又刊登了严肃的政治新闻。

实际上，安娜终将获得类似利伯曼那样的职位，但是她却足足等待了20年。与此同时，她也需要通过其他方式来扩大自己的权力。

* * *

1993年，首个将文本与图片无缝整合在一起的网页浏览器Mosaic问世。第二年，康泰纳仕集团聘请利伯曼的前助理罗谢尔·乌德尔创建了一个名为CondéNet的在线部门。随后，乌德尔雇用了琼·费尼（Joan Feeney）。其中，费尼曾于1992年应聘过 Vogue 杂志社的执行编辑岗位，她参加过安娜的面试，但最终未被录用[66]。安娜的社交圈虽大，但是兜兜转转总会碰到那么几个人。对于乌德尔和费尼来说，他们必须弄清康泰纳仕集团的杂志网站应该呈现出的样子，以及它可以为公司业务带来哪些好处。

乌德尔坚信，未来是属于互联网的世界，然而他却很难说服纽豪斯。尽管纽豪斯意识到了互联网的重要性，但是他当时依靠销售印刷广告赚得盆满钵满，因此他对自己的传统生意并无任何不满。坦白来说，如若互联网还未能撼动纸媒的根基，那么没人会预料得到它的未来[67]。

乌德尔和费尼决定从食物入手，因为他们当时仅有权将来自《美食》（Gourmet）杂志的500份食谱发布到网上。不过，纽豪斯认为这种方式会削弱印刷品的影响力，因此该网站并未被命名为"Gourmet.com"，而是"Epicurious.com"。最初的网页上并没有图片，因为在拨号上网时代，图片的加载时间过长。不过，这些技术上的挑战并非主要问题，毕竟他们也没有权力运营该杂志的在线照片资料库[68]。

当时的安娜还不是一名精于技术的人才。1994年，专题报道编辑乔·杜尔斯（Joe Dolce）在第一天上班时，他给全体员工发了一份电子邮件来介绍自己，结果他却收到了安娜从欧洲发来的传真，上面写着："乔，这里是 Vogue 杂志社。我们从来不用电子邮件，它显得太没有人情味了。"[69] 不过，自从 Epicurious.com 项目开始运行后，安娜就一直在给费尼打电话。"*Vogue* 杂志什么时候能上线？"安娜问道[70]，"Vogue.com 还没上线，这真让人愈发尴尬。我们为什么还未能上线呢？"但是，费尼知道安娜并不会喜欢这项技术。"这些照片看起来像是给狗吃的晚餐一样。"费尼说，"不管我们做什么，你都会感到不自在，难道不是吗？"

"好吧。到时候再告诉我。"安娜说。

"时尚只为反映整个时代。"费尼说，"在我看来，这便是困扰安娜的地方，因为她不希望将 *Vogue* 杂志变成陈腐或过时的报刊。"与此同时，安娜也意识到，印刷制品与数字产品可以做到相辅相成。"安娜理解我们即将尝试去做的事情，因此她是我们优秀的合作伙伴。"费尼说，"很多编辑都没有这种意识。他们只会分析这项技术带来的威胁与竞争。"

安娜还在不停地联系费尼，但是直到几年后，她才拥有了自己的网站[71]。

第十六章

新项目，老朋友

1995年12月4日晚，气温有些反常，只有八九摄氏度[1]。不过在这种天气下，穿着无袖礼服，走上美国纽约大都会艺术博物馆气势宏伟的混凝土台阶，还算可以忍受。作为晚宴的东道主，安娜首次以"年度派对"主席的身份组织时尚部门服装学院举办新一期展览的开幕庆典。当晚，安娜身着一袭由奥斯卡·德拉伦塔设计的白色缎面修身连衣裙亮相现场，她戴着一副与之相配的白手套，露出线条健美的肱二头肌[2]。此次晚宴由Chanel品牌与Versace品牌联合赞助，共计出资50万美元[3]。

娜奥米·坎贝尔（Naomi Campbell）站在安娜身后，她穿着一件修长且闪闪发光的银色Versace品牌无肩带礼服，看起来活力四射。凯特·摩丝（Kate Moss）则穿着一条简约大气的浅黄色Calvin Klein品牌连衫围裙走上了台阶[4]。她们与模特克莉丝蒂·杜灵顿（Christy Turlington）、莎琳·夏露（Shalom Harlow）以及设计师汤姆·福特、约翰·加利亚诺、卡尔文·克雷恩、拉夫·劳伦、比尔·布拉斯、马克·雅可布、黛安·冯·芙丝汀宝（Diane von Furstenberg）等人欢聚在大礼堂中的一棵由玫瑰花制作而成的圣诞树周围。晚宴餐桌上装点有更多的玫瑰花，而且中央的饰盘中放满了各种水果[5]。

大都会艺术博物馆展出了100件高定礼服，让公众近距离地感受到了时尚的魅力。当晚，大多数宾客都购买了价值 1000 美元的晚宴门票[6]，然而他们并不在意博物馆中的展览，而是仅想参加派对罢了。不过在后来的几年里，安娜都会确保到场的宾客会参观博物馆的展区[7]。

这类活动以往都由博物馆的员工负责，但是安娜希望能像其他派对一样由自己的人接手操办。"千万不能出现体型肥胖或者外貌丑陋的工作人员，否则他们会被安娜赶走。这绝对是件头等大事。"*Vogue* 杂志社的文案撰稿人莎拉·范·斯克伦说。为此，安娜订购了一批 Calvin Klein 品牌连衫围裙，并让她的员工们穿上。这些女孩负责引导活动现场的宾客前往酒吧或盥洗室[8]。

晚宴结束后，博物馆在丹铎神庙举行了舞会。现存的丹铎神庙是一座建造于公元前 15 世纪的埃及圣殿，其四周被玻璃屏墙罩了起来。当时，年轻的宾客需要购买一张 150 美元的门票方可入场[9]。大家聚在一起吸烟、酗酒，直到有人在神庙中喝到呕吐为止[10]。派对的规模逐年扩大，在数年后的一次庆典活动中，现场完全失控。据称，一位工作人员曾亲眼看见女性宾客直接在大礼堂随地小便[11]。

如果安娜想继续举办该派对，并且将其打造成空前绝后的时尚红毯盛会，那么她该有的忙了。对于安娜而言，她希望将该活动打造成最为浮华且不容错过的时尚门槛，从而彰显参会者的身价。

* * *

大都会艺术博物馆服装学院成立于 1937 年，其前身为服装艺术博物馆。该学院为时尚与娱乐行业输送了源源不断的人才，其收藏的系列时装通常为研究之用*。1995 年，理查德·马丁（Richard Martin）担

---

* 约翰·加利亚诺等世界著名设计师与碧昂斯（Beyoncé）、麦当娜等社会名流都曾拜访于此。这里还可以进行学术研究。

任学院的首席策展人。在他之前，戴安娜·弗里兰曾在该岗位任职过一段时间。当时，她刚被 Vogue 杂志社解雇，而且急需找到一份新工作。马丁曾任《艺术杂志》（Arts Magazine）的编辑，深受员工爱戴，他将自己在杂志社积累的艺术领域知识以及自身的天赋巧妙地融合在了一系列展览中。马丁身高超过 6 英尺，他非常在意自己的领导形象，每次走进服装学院的大门前，他都习惯性地调整姿态并整理领带。他每天早上七点半开始工作，而且通常会忙碌到晚上 10 点。此外，他很少拒绝撰写文章或发表演讲的邀约[12]。

马丁于 1993 年开始在服装学院工作，而他右手边的工位坐的是哈罗德·柯达（Harold Koda）。两人曾联手在纽约时装技术学院成功策划了各种广受赞誉的时装秀。此前，弗里兰一直在那里工作，直到她于 1989 年去世。1992 年的大都会艺术博物馆慈善晚宴以"时尚与历史的对话"为主题，当时，《纽约时报》的一名评论员曾表示，弗里兰的缺席让时装秀"失去了肆意狂欢的生机"[13]。因此，马丁的职责就是让该部门重新燃起活力[14]。

马丁曾经负责过"东方主义：西方服饰中的东方视野""立体主义与时装"等主题时装秀。不过，要想重焕生机，重要的是再次唤醒人们对"年度派对"的憧憬。服装学院的独特之处在于，其具备自行筹措资金的能力，而无须调用博物馆的金库。该学院筹集到的资金一方面用于筹备展览，另一方面用于养护及购置那些时装珍品。

1995 年，安娜接到了奥斯卡·德拉伦塔的妻子安妮特（Annette）的电话，对方询问 Vogue 杂志能否帮助他们筹办年度派对。安娜深知，弗里兰的离世让服装学院承受了巨大损失。安娜后来坦言："没人能再次引领服装学院冲锋陷阵，因而其地位已在时尚与社交版图中呈现出略微下滑的趋势，进而不再成为人们口中的谈资，或者也无法为博物馆筹集到所需的资金。"[15] 不过，大都会艺术博物馆需要安娜帮助的部分原因在于，社会名流帕特·巴克利（Pat Buckley）打算半路退出派

第十六章 新项目，老朋友　　　197

对的筹划工作。此外，该博物馆认为，有必要通过业内人士筹集资金，但是如果将这份责任委派给设计师的话，可能会产生利益冲突[16]。

安娜具备举办派对和资金筹集活动的成功经验，假如任命她为联合主办者，那么她显然有能力策划一场同样精彩绝伦的活动，而且会比任何人筹集到更多的资金。此外，她也会定期探索这类全新的挑战项目，从而避免自己的工作变得枯燥乏味[17]。不过，她也说过："我曾对奥斯卡与安妮特说自己很享受这个项目，那时候的我真是太天真了。"[18]

* * *

身为首席策展人，马丁像安娜一样，对自己的工作极为投入，而且他从来不接受安娜或部门外的任何人对展览提出的反馈意见。他采用派对主席轮换制的方法压制安娜的权力。1995年，该活动由安娜主办。第二年，她将权力棒交给了竞争对手、《时尚芭莎》现任主编利兹·蒂尔贝里斯[19]。

安娜从小就是一个争强好胜的人，而蒂尔贝里斯的出现无疑激发起了她的好胜心。安娜心想："竞争对手的存在会促使你更加努力地工作。"她已经不再是以前那个初出茅庐的编辑新星，因此绝不会将自己的地盘拱手相让[20]。蒂尔贝里斯接受了《时尚芭莎》的工作，条件是对方要与她钟爱的三位摄影师签约。最终，赫斯特国际集团同意与其中两位摄影师签订合同。蒂尔贝里斯留下了帕特里克·德马舍利耶与彼得·林德伯格，并为每人开出了100万美元以上的天价报酬，这同时意味着他们绝不能为 Vogue 杂志社的安娜工作[21]。

对此，安娜开始进行反击，她与杂志的封面明星达成协议，即在每期 Vogue 杂志上架阶段，对方的照片不能出现在其他杂志封面上[22]。与此同时，针对蒂尔贝里斯试图通过高薪挖走的员工，她采用反要约的方式劝导对方留下。纽豪斯同样是一个不服输的人，因此他不遗余力地支持着安娜的做法[23]。

1996 年，蒂尔贝里斯为 Dior 品牌举办了一场展览。当时声名显赫的黛安娜王妃以贵宾身份参加了派对。对于控制欲极强[24]的马丁来说，相较于安娜，他看起来更喜欢与蒂尔贝里斯共事。在他看来，蒂尔贝里斯似乎从不指望自己要求他该完成什么样的具体任务，因而他非常享受这种轻松融洽的工作关系[25]。

马丁对自己在时装秀中撰写的文本引以为豪。他的作品闪耀着自信的智慧光芒，究其原因，他认为自己关注的是华服，而不是 17 世纪的画作，因此有必要浓墨重彩[26]。1997 年，安娜再次为服装学院筹办了 Versace 品牌的展会。当时，马丁为该展览撰写了一篇文章，探讨了风尘女子对 Versace 品牌服饰的早期影响。安娜向詹尼的妹妹多娜泰拉（Donatella）表示，这篇文章需要修改。然而，马丁仰仗自己与詹尼私交甚好，拒绝了安娜的要求。最终，这篇文章原封不动地刊登了出来[27]。对于安娜来说，她很少碰钉子。

* * *

1996 年 1 月 5 日，在安娜筹办首个年度派对的一个月后，她的母亲去世了，享年 78 岁。诺丽在感染肺炎前曾患有骨质疏松症。随后，当她的肺炎几乎快痊愈时，她的血液又出了问题。当时，检查结果显示，她的血液问题在此前的几个月内都未曾被发现[28]。诺丽去世后，安娜开始将网球运动作为自己的负重训练，以此来预防骨质疏松症[29]。

安娜最大的优点是能够在工作中保持冷静，她似乎可以将任何真实的情感都隐匿在心锁背后，而只有她拥有开启心锁的钥匙。然而，据劳里·琼斯称，在安娜的母亲离世后，"她变得十分情绪化"[30]。安娜一直坚信，她的母亲潜移默化地培养了自己的社会良知[31]。

安娜回到伦敦参加母亲的葬礼时，她给安德烈·莱昂·塔利打了

第十六章 新项目，老朋友　　199

电话。当时，塔利深爱的祖母刚去世不久，他搬到了北卡罗莱州的达勒姆市，并住在了祖母生前的房子中。他曾在回忆录中写到，在自己为逞一时之快，毅然从 *Vogue* 杂志社辞职的 10 个月后，卡尔·拉格斐突然敦促其回到安娜的身边，并争取重新获得安娜的好感[32]。塔利在多年后的一场采访中表示，他忘记了自己当初离开杂志社的原因，但怀疑此事与安娜"毙掉"自己撰写的故事有关[33]。

"也许就在那段时间，塔利对自己的职责尚未形成清晰的认知。"琼斯说，"他绝不是一个喜欢朝九晚五的人。安娜希望自己每天到岗后，其他人都已就位，而且都得按照她的计划表做事……自塔利入职后，他有很多想法，而且希望能做些实事。然而你会发现，他很难依照计划表按部就班地推进工作，而且他也不会完全听从你的安排。"[34] 塔利辞职时，他曾在《纽约时报》上公开表示，自己在 *Vogue* 杂志社的处境如同置身于"富有创造性的切尔诺贝利城"。他说："从好的方面来看，我是一个老派的人。我喜欢身处优雅而纯粹的环境。然而，广告无法为人们创造时尚的兴奋感。"在这篇文章中，安娜回应道："从编辑岗位的维度来看，我们在 *Vogue* 杂志社考虑的事情无不与编辑工作有关。"[35]

尽管如此，安娜依旧将塔利视作"旧友"，这也解释了她在哀悼期间与他取得联系的原因*。当安娜给塔利打电话时，尽管当时正在下雪，而且信号较差，但是塔利隐约有一种不祥的预感。安娜在说完自己的母亲去世后便挂了电话。紧接着，安娜接到了大卫·谢弗的来电，当时，谢弗与孩子们正在纽约。"安娜不该孤身一人。"谢弗说。他对塔利说，整个东北部的飞机全部停飞了。随后，纽豪斯打算派一架私

---

* 1995 年 12 月 8 日，《女装日报》报道称，尽管塔利表示自己与安娜是在她母亲去世后才重新取得的联系，但是有人看到过塔利此前曾出现在 *Vogue* 杂志社办公室附近，并且他们两人经常一起外出就餐。

人飞机前去接他，然而也需等待天气条件好转后才能起飞。考虑到塔利住在相对偏南的位置，谢弗希望他能乘坐飞往英国的航班前去陪伴安娜。后来，塔利登上了一架飞往迈阿密的飞机。他一到伦敦就换好衣服，直奔火化场。当时，他看到安娜正在和她的父亲以及兄弟姐妹待在一起[36]。

葬礼上，安娜的哥哥帕特里克"不敢开口讲话"。据查尔斯回忆称："安娜不得不亲自出马。"[37]安娜致悼词时，塔利坐在了安娜身后。"虽然她很少提及自己的母亲，但是她们的关系非常亲近。"塔利说。发言结束后，安娜的眼中噙满了泪水，她"在大家面前难掩悲痛欲绝的神色，径直跑了出去"。就在此时，塔利冲到了她身旁，一把将她揽入怀中[38]。

雪上加霜的是，就在诺丽去世前的一段时间，78岁的查尔斯连续数日感到胸口疼痛难忍。在求医后，查尔斯被送往医院进行检查，令他出乎意料的是，自己的心脏病发作了。他在医院里躺了五天，还进了重症监护室。与此同时，他感到自己的视力有所下降。据他自己说，他的左眼视网膜受损，从而让他"无法阅读"。此外，他"每天早上都感觉右眼不舒服"[39]。

对于安娜来说，与塔利重聚是她这段时间内唯一感到安慰的事情。一直以来，安娜都给别人留下冷漠疏远的印象，但是，她在与塔利的交往中展现出了鲜为人知的一面。在这种状态中，安娜暂时忘却了排得满满当当的议程表，也将光怪陆离且冷血残酷的时尚与媒体世界抛到了九霄云外，她可以尽情与人相拥，并且怀揣一颗宽恕的心。据安娜的挚友们描述，再大的力量都无法动摇安娜的情感内核[40]，即使已经拥有了这种强大的力量，但是就在她将这一面展现在大家面前时，仍有可能会被外人视为她的软肋。

尽管两人达成了和解，但是塔利并未在第一时间回到 *Vogue* 杂志社工作。相反，他继续住在达勒姆，排解祖母过世后的悲痛，并往返于达勒姆、纽约和巴黎三地。其间，他仍旧习惯性地在纽约皇家通酒店或巴黎丽兹酒店下榻[41]。随后，他在主编格雷登·卡特的手下担任《名利场》杂志社的造型编辑，重操拍摄照片的旧业。在此期间，安娜提任了对自己忠心耿耿的时尚编辑格蕾丝·柯丁顿为创意总监。

1997年，塔利告诉安娜，自己想回到 Vogue 杂志社，用他的话来说："我身在《名利场》，但心系 Vogue。"[42] 安娜决定让他回来，并雇用他为特约编辑，年薪为 35 万美元[43]。他的正式工作是每月撰写一篇专栏文章，而在私下里，他要陪着安娜试穿服装。

在纽约的康泰纳仕集团办公室中，塔利的反对者们对安娜的想法感到匪夷所思。"他对待安娜时而热忱，时而粗鲁，但是安娜却熟视无睹。她只会轻描淡写地说：'哦，那是安德烈。'这么多年来，她一直都对塔利宽宏大量。"执行编辑琼斯说，"安娜并不是出于同情而将塔利带了回来，她对塔利深信不疑。两人各取所需，她以优厚的报酬和充沛的时间交换塔利的服务，并为塔利提供了一份体面的工作。"[44]

安娜二次聘用塔利时，为他安排了一个比之前更低的职位，这种做法让当时的人力资源经理感到莫名其妙。她问安娜："你为什么要这样做？"

安娜回复道："最好把安德烈放在你的眼皮底下。"[45]

第十七章

跟着钱走

安娜是时尚界的女王,然而在工作中,她只是小塞缪尔·纽豪斯王朝的臣民。这是一个不可思议的王国。20世纪90年代,这里风光无限。员工们在纽约城享受着奢华的生活,尽享豪华轿车、商务舱机票、五星级酒店以及售价高达29美元的汉堡。不过,绝大多数人都无法自己承担这些消费,从而沦落为公司信用卡的奴隶。纽豪斯希望他的员工每天为他卖命,让他的杂志盈利。他在办公室经常穿着一件老式的《纽约客》杂志印花运动衫,搭配卡其裤和乐福鞋。每次公司里的顶级编辑与高管走进他的办公室时,他们都不知道等待自己的是升职还是解雇的消息[1],就连安娜自己也不例外。

* * *

20世纪90年代初,*Vogue*杂志遭遇了巨大挑战。在纽豪斯看来,自从经历了1990年的经济衰退后,该杂志从未真正登顶过。1994年第一季度的广告版面数同比下降了4.5%。与此同时,蒂尔贝里斯负责的《时尚芭莎》杂志增强了时尚的布局设计,凸显绚丽与现代元素,在此期间,页面数量也增加了11%,这让*Vogue*杂志的员工都为之惊叹。前 *Vogue* 杂志专题报道编辑艾米·格罗斯在 *Elle* 杂志担任编辑总监，*Elle* 杂志以出众的外观与精彩的作品闻名于世，其销量增长了14.5%。1993年，*Vogue* 杂志的收入为1.122亿美元，而《时尚芭莎》杂志的收入几乎翻了一番，达到了5730万美元[2]。

如果纽豪斯手下的负责人没有完成杂志的盈利指标，那么他肯定会进行人员调整。因此，*Vogue* 杂志亦是如此。几年前，他聘用了曾在 *Elle* 杂志社工作的安妮·萨瑟兰·福克斯担任 *Vogue* 杂志的出版商，以帮助他解决相关问题。后来，他从《时尚芭莎》的母公司、康泰纳仕集团最大的劲敌赫斯特国际集团聘用了顶替她的继任者。

10个月前，纽豪斯解雇了《名利场》杂志出版商罗恩·加洛蒂（Ron Galotti）。正因如此，加洛蒂便获得了在赫斯特国际集团负责《时尚先生》杂志[3]出版的工作机会。纽豪斯担心加洛蒂会跳槽到《时尚芭莎》杂志社，进而对 *Vogue* 杂志构成冲击。因此，加洛蒂在《时尚先生》杂志社刚刚工作满六周时，就再次被纽豪斯聘用，并且对方答应支付他七位数的薪水[4]。这就是纽豪斯一贯的工作做法。1994年3月，加洛蒂正式成为 *Vogue* 杂志的新任出版商。

大家都对加洛蒂的火爆脾气早有耳闻，据说他曾经扔过椅子，而且经常大喊大叫。有些人却对他甚是欣赏，但是也有人认为他是一个高大健壮、带着纽约口音、声音洪亮且极为自负的人，他经常开着一辆红色的法拉利，身上散发着一丝迷人的魅力。在 *Vogue* 杂志社工作期间，他曾与作家坎达丝·布什内尔（Candace Bushnell）约会。其中，后者曾以他为原型，在《欲望都市》中塑造了"大先生"的人物角色，原因是加洛蒂看起来像"校园里的大人物"[5]。与安娜的谨言慎行不同，加洛蒂公开表达了自己对康泰纳仕集团新任总裁贝尔纳·莱塞的看法。此前，加洛蒂在《名利场》担任出版商期间，一家影片摄制组来到他的办公室，对他所谓的"一部公司电影"进行采访。对于此次会面的内容，加洛蒂表示："他们问我对公司的未来有何期待。我回答说：'我希望贝尔纳·莱塞走出大楼后，被一辆公共汽车撞倒。但是，我不希望他被碾死，而是撞伤，这样他就能回到澳大利亚、新西兰或者其他地方。'"几个月后，加洛蒂就被解雇了[6]。

纽豪斯王朝需要加洛蒂这样冷酷无情的人。如果从编辑那里得不到自己想要的东西，他就会毫不犹豫地向纽豪斯告状。他其实心知肚明，光靠小心经营自己的本职工作根本赚不到七位数的薪水。他的到来，旨在将 Vogue 杂志打造成时尚出版行业的顶流期刊[7]。很快，流言四起，媒体们纷纷表示加洛蒂的到来给安娜造成了巨大的威胁，而且她马上就要丢饭碗了[8]。

在安娜担任主编期间，有关她即将离开 Vogue 杂志社的传言总是一波未平一波又起，每次大家都会猜测这究竟是安娜自己的想法还是纽豪斯的决定。不过，就像关于她的所有谣言一样，不知是基于现实得出的结论，还是媒体对这类强势女性的口诛笔伐。

然而，他们这一次说得倒是有些道理。

***

起初，安娜与加洛蒂的理念似乎不谋而合。1994 年 9 月期的 Vogue 杂志选择向奢华魅力致敬，旨在摧毁诸如多贝在《小姐》杂志中宣扬的垃圾摇滚潮流。

"外婆穿的吊带裙很难与运动鞋搭配起来。"安娜对《纽约时报》说："莱昂纳德·兰黛（Leonard Lauder）这类人绝对不想看到大家素面朝天且头发脏乱的样子。"其中，安娜谈到的兰黛即为 Estee Lauder 品牌的总裁，该品牌是 Vogue 杂志的主要广告商之一。

"单纯从商业角度来看，多贝小姐的决策对我们造成了方方面面的影响。"加洛蒂继续说，"零售商不再销售产品，设计师们利用垃圾摇滚、流浪儿造型以及单调的色彩和形状来标榜自己的风格，而

第十七章　跟着钱走

且你的商品数量会大打折扣。如果你无法卖出产品，那么就不能刊登广告。"[9]

据格蕾丝·柯丁顿称，安娜非常反感垃圾摇滚，她想将其彻底封杀。"在我看来，她只是强烈地希望女性应该打扮得更加时尚一点。"柯丁顿说，"正如她本人，随时随地都是一个穿着优雅、妆容精致的人。"尽管如此，柯丁顿还是聘请史蒂文·梅塞尔拍摄了一张有关宣扬垃圾摇滚文化的照片，并且刊登在了1992年的 *Vogue* 杂志中，这张照片甚至被冠以柯丁顿职业生涯中最为著名的作品。照片中，模特们身穿价值760美元的Calvin Klein品牌花卉连衣裙，搭配衬衫和黑色马丁靴，梅塞尔还在鞋面上添加了环形鼻饰设计。"安娜虽然不喜欢这张照片，但还是将其刊登了出来，从而引发了人们的广泛讨论。"柯丁顿说[10]。

尽管专题报道垃圾摇滚文化并非安娜的本愿，但是她从来不会根据广告费高低来决定选择拍摄什么衣服。加洛蒂对身为主编的安娜佩服得五体投地，在他心中，安娜是一个才华横溢的老板。不过，他无法理解安娜的人格魅力、高贵的气场以及人们为何对她听之任之。对他而言，她并非冥顽不化之人，而是和他一样，只想为公司赚钱[11]。

因此，让加洛蒂百思不得其解的是，当为广告商拍摄作品的机会就摆在眼前时，安娜却选择了放弃。他并不想告诉安娜在高定时装的故事中应该展现哪些服装，假如她需要一件白衬衫，那么为什么不选择 Ann Klein 或其他可以买下杂志版面的广告商品牌呢？而且他的团队曾向安娜的手下提供过每家广告商口碑的详细清单，做到这些能有多难呢？对于加洛蒂而言，与安娜的事业相比，她的品位微不足道。被纽豪斯解雇后，加洛蒂深切地体会到，纽豪斯喜欢做出一些令旁人始料未及的决定，并且乐于打破杂志社运营的稳定性。因此，加洛蒂从来不认为安娜会过得高枕无忧，而且她自己也未必能想明白这一点[12]。

＊＊＊

　　在加洛蒂将这个问题抛给安娜和纽豪斯之前，他首先需要做的就是恢复该杂志的强势地位。到了1997年年初，*Vogue*杂志的生意终于迎来转机。当年，3月期杂志是自1990年以来版面数最多的一期，其中广告版面数增加了5.9%。该杂志第一季度的销量增加了7%，而这一数字在4月激增到了22%。加洛蒂感叹道："一切看起来都步入了正轨。"[13]

　　此后，该杂志一直保持着这种势头。1997年，杂志的广告版面增加了10%[14]。然而对于纽豪斯来说，没有哪一期能与9月刊相提并论。那一年的9月刊共有734页，重达4.3磅，版面内插满了广告，这一结果让纽豪斯无比兴奋，他着实松了一口气。当期的封面人物是琳达·伊凡吉莉丝塔（Linda Evangelista），照片中，她穿了一件Birger Christensen品牌的淡蓝色蒙古羔羊皮外套，这在动物权益组织内引起了轩然大波。

　　该杂志9月刊的广告版面增加了9.7%，其中，仅时尚类版面就增加了20%。这是自安娜上任的九年来版面数最多的一期，也是该杂志有史以来的第五大期刊[15]。

　　不过，安娜有时也会拒绝刊登某些广告。1997年，在鞋履品牌Candie的广告画面中，珍妮·麦卡锡（Jenny McCarthy）站在马桶上，并用内衣裹住了小腿。加洛蒂接受了这则广告，但是安娜却拒绝了。后来，加洛蒂曾在《女装日报》中说："我们认为，该广告的创意与*Vogue*杂志所宣扬的理念并不相符。品位是一种非常微妙的东西，所以我们最终没有刊登广告。"[16]

　　不过，加洛蒂真正渴望的是让安娜在编辑文章作品中报道广告商的服装。随着*Vogue*杂志的业务风生水起，加洛蒂将自己的想法告诉了纽豪斯，后者同样认同：杂志的业务比安娜的品位更重要。两人一致表示，安娜需要更好地把握商业游戏规则，而不应只是关注服装的口碑，更要处理好同公司经营者及广告商的关系。

第十七章　跟着钱走

为了说服安娜，加洛蒂与纽豪斯邀请她前往 Da Silvano 餐厅共进午餐。这家餐厅深受安娜与纽豪斯的青睐[17]。用餐期间，纽豪斯向担任主编长达 10 年的安娜表示，如果她再度拒绝帮助加洛蒂，那么她的职位将不保。此时，他与加洛蒂心中已经想好了取代她的人选。

"我建议你，"纽豪斯说，"跟着钱走。"[18]

* * *

安娜在就餐时并未做出任何回应，但事后，她深知自己必须做出改变。在为广告商的服装拍摄照片的事情上，她变得更加谨小慎微[19]。此前，她曾因为这种事情得罪过塔利，进而导致他提出辞职。不过正是如此，时尚界才会有塔利和安娜的一席之地。随后，安娜便花费更多的时间与 Revlon、Versace 等品牌广告商会面。尽管不满于加洛蒂向纽豪斯告密这件事，但是她依旧对加洛蒂欣赏有加[20]。也许正因为安娜非常得宠，所以纽豪斯仅对她敲打了一番，而非直接解雇。

不过在公司内，安娜背后有一位强大的支持者，他便是总裁兼首席执行官史蒂夫·弗洛里奥（Steve Florio），其强烈反对要替换掉安娜的主意[21]。

* * *

安娜的所作所为招致了一些非议和消费者的愤恨。

曾几何时，在纽约，任何人都可以大摇大摆地走进最高档的写字楼大厅并乘坐电梯，而不会遭到保安阻拦。正因如此，1993 年 9 月 30 日，一群善待动物组织的抗议者得以轻松地闯入位于麦迪逊大道 350 号的康泰纳仕集团总部。此行共有八人，其中一位是 B-52 乐队的成员凯特·皮尔森（Kate Pierson），他们特意前来抗议 *Vogue* 杂志中有关皮草的报道。

这些人乘坐电梯直接来到了 Vogue 杂志社所在的 13 楼[22]。

到达后，这些抗议者在办公室里走来走去，他们在墙上张贴抵制皮草的标语，并拿着扩音器大声喊道："滚出这里！"据特约编辑威廉·诺维奇称，他曾透过办公室的玻璃墙看到抗议者用力踢向诺曼·沃特曼（Norman Waterman）的腹股沟，对方应声倒下。安娜的助理将安娜办公室的门合上，并站在了门外，所有工作人员都在等待保安的到来[23]。最终，警察将这些抗议者带到了中城南区分局，并指控他们犯有刑事破坏罪和非法入侵罪[24]。

然而，这并不是安娜第一次或最后一次成为皮草抗议者的攻击目标。20 世纪 90 年代，许多以皮草闻名的大型时装品牌都会时不时地售卖或展示皮草制品。此外，安娜从青少年时期就喜欢穿着皮草服装，直到现在仍旧如此。

每年，Vogue 杂志社办公室的衣架上都挂满了皮草，有些单品的售价高达 25 万美元。与此同时，Vogue 杂志每年都会刊登一篇关于皮草的文章，就像它在每年第 8 期报道一篇描述外套的文章一样[25]。从商业目的来讲，该杂志虽然会刊登 Fendi 品牌等皮草商的产品广告，但是相关照片并非不可或缺。然而，完全禁止该类广告也将会引发一连串担忧。Vogue 杂志会从此禁止皮草服饰的出现吗？对于许可生产皮草系列产品的品牌来说，这将对他们的广告造成什么影响呢？[26]

对于安娜的助理来说，她们的一项责任就是确保她免受皮草抗议者恐吓信的骚扰[27]，不过这些书面或当面的威胁似乎不会让她感到太烦恼。但是，如果善待动物组织抗议者把她的办公室里搞得鸡犬不宁，她还会如此淡定吗？对安娜而言，在运营 Vogue 杂志的问题上，就连与她关系最近、最受信任的红颜知己都无法动摇她的想法，区区几个在墙上贴标语的暴徒根本奈何不了她。

事实上，安娜依旧我行我素地在杂志版面上展示皮草制品，她似乎将其视为一场挑战，而非一次挑衅，这与她在多年前的处理方式如出一辙。当时，飞机上的邻座男子曾对她说，自己喜欢 Vogue 杂志的原因正是因为其从来不会刊登麦当娜的封面照片。1996 年 9 月，有关该杂志的皮草风波尚未平息，安娜就在当期的编辑信函中写道："也许现在到了我该坦白的时候了。我承认自己会穿皮草，而且我也喜欢吃多汁的牛排。如果你对我的政治错误感到震惊，那么你应该知道，就我个人而言，我看不出用动物的肉做汉堡与用貂皮做外套的区别。"[28]

据称，安娜的这段话曾引发了一场闹剧。1996 年 12 月 19 日，某女子从纽约北部的一处毛皮动物养殖场的垃圾堆里拣出了一只浣熊尸体，她将其装在时髦的 Prada 品牌黑色尼龙手提包中，并运送到了四季酒店的扒房。当时，安娜正在与团队的其他高级会员享受圣诞节的午餐[29]。那天，该女子穿着全黑的衣服，她让餐厅领班把她带到了安娜的餐桌前。"打扰一下，您是安娜·温图尔吗？"女子问道。

"是我。"安娜回到。

女子突然掏出了包中的浣熊尸体。坐在桌子旁的格蕾丝·柯丁顿回忆称："它冻得像木板一样僵硬，而且被压扁了，仿佛是在公路上被撞死的动物尸体。"[30] 女子将它重重地拍在桌子上，并随口大叫了一声。有趣的是，据《女装日报》称，该女子说的是："皮草巫婆！皮草巫婆！"而据《纽约时报》称，该女子说的是："安娜戴着皮草帽！"[31] 安娜将一张餐巾扔到了动物尸体上，它随即就被别人带走了。她转过头，带着典型的冷幽默口吻，对坐在旁边的康泰纳仕集团总裁兼首席执行官史蒂文·弗洛里奥说："圣诞快乐。"她笑着对餐桌周围的团队成员说："这的确是破冰之举。"[32] 后来，四季酒店开玩笑称，他们将那具浣熊尸体藏到了冰箱里，以防那个女子再次找上门来。[33]

* * *

第二年，也就是 1997 年，安娜完成了一项重要的收购，此举对于她后来工作之余的生活而言意义重大。米兰达·布鲁克斯是安娜的朋友，她后来成为唯一能左右安娜行事的人[34]。当时，布鲁克斯听说长岛的马斯蒂克有一处待售房产，虽然她自己无力购买，但是她将这个消息告诉了每周末住在贝尔波特附近的安娜[35]。

安娜在贝尔波特的住宅很小。房子里有一处游泳池和一座花园，全都由布鲁克斯精心设计[36]。另一个优点是，这套房产与纽豪斯在同镇的住宅距离很近。从地理位置来看，马斯蒂克靠近繁华的汉普顿斯地区，工人阶级大多聚集于此，呈现出了另一番场景。不过，这并不是安娜所向往的世界。安娜并不希望自己的周末生活也像大都会艺术博物馆慈善晚宴那般[37]，尽管她后来偶尔在汉普顿斯招待巴兹·鲁尔曼（Baz Luhrmann）、电视剧《火线重案组》（*The Wire*）中的演员多米尼克·维斯特（Dominic West）等名人[38]，但是她依旧想逃离这一切。

蓬塔卡纳旅游胜地位于多米尼加共和国的托尔图加湾[39]，当地有一处由奥斯卡·德拉伦塔装饰的高端酒店。安娜适应不了寒冷的天气[40]，因此，她时常前去那里度假。此外，她也很喜欢自己的海滨度假别墅，喜欢待在这个由自己打造的天堂里。

在布鲁克斯看来，这处待售房产的建造时间可以追溯到18世纪，其采用了美国最优质的护墙板建筑设计。据她称，房子和谷仓"恍如与世隔绝"，它们坐落在林中一条隐秘的碎石路尽头，路上经常有野鹿出没，而且周围长满了歪歪扭扭的紫藤。这片土地一直延伸至河边。布鲁克斯认为，这里是豢养小型马的理想之地。然而实际上，安娜从未养过小型马[41]。

朋友们劝说安娜不要入手，毕竟这处房产的翻修需要耗费一番工夫，而且那里是马斯蒂克[42]。后来，安娜在凯利·麦克马斯特斯（Kelly McMasters）的采访中戏称这座城镇为"白色垃圾堆"。麦克马斯特斯曾在这里长大，她曾写过一篇名为《欢迎来到雪莉：核电小镇回忆录》（*Welcome to Shirley: A Memoir from an Atomic Town*）的文章，描述了联

第十七章　跟着钱走

邦政府核设施有毒废料流入当地的饮用水系统，进而对公共卫生造成了极其可怕的影响[43]。安娜将治理当地的福格河作为一项慈善事业，并与麦克马斯特斯当面商议了此事。安娜在位于马斯蒂克的住宅中举办了一场盛大的筹款活动，她招待了当地的蓝领阶级人士，并为"拯救福格河"项目筹集善款。与此同时，她还组织了游行活动。不过，令麦克马斯特斯感到疑惑的是，安娜此举是否仅仅出于河水污染会让她的房子变得臭气熏天呢[44]？

虽然安娜遭受着难闻气味的困扰，但是她对附近的邻居却表现得漠不关心。每次走到一些公共场所时，她都很少与当地人寒暄[45]。在这里，她就像在办公室编辑杂志一样，试图改造当地的环境。不过，她这次得到了布鲁克斯的支持。

同样是英国人的布鲁克斯与安娜产生了共鸣，两人心照不宣，都对英国乡村田园生活怀有深切的思念之情，而且希望将马斯蒂克住宅的花园打造成"让人心驰神往的葱郁草甸，不加任何矫饰"[46]。经过一番改造，当地的田园风景与房子的英式乡村内饰相得益彰，充分诠释出卡里叶夫妇室内设计有限公司五彩斑斓的布鲁姆斯伯里设计风格。后来，安娜曾对该公司的夫妻二人大加赞赏："对我的家人来说，他们将一系列破败不堪的陈旧谷仓改造成了焕然一新的绝美院落。"[47]

布鲁克斯说服安娜和谢弗清理出一条宽阔的道路，直通河边的沙滩。据谢弗回忆称，在看到推土机和伐倒的树木后，他"恼羞成怒，以为自己毁掉了一切"。然而竣工后，他坦言，这是安娜做过的让他最开心的事情。

不过，安娜有时也难免感到沮丧，毕竟景观改造很难带来即时的满足感。最初，安娜和家人在花园种下了成捆的鹅耳枥以做树篱。在此后的很多年里，安娜每逢周末都会与布鲁克斯前去检查鹅耳枥的长势，记录它们被野鹿啃食的情况以及需要替换的植株。她经常急切地询问道："这些树篱还能长大吗？"

除此之外，安娜也度过了很多无忧无虑的时光。比如，她会和孩子们打上几个小时的棒球，或者与他们玩"鸭子过河"的捉人游戏。安娜曾经是一名身手矫健的短跑运动员。"没人能抓得住她。"布鲁克斯回忆称。安娜与布鲁克斯建立起了深厚的友谊，而这种感情主要在类似马斯蒂克等的场景中体现得淋漓尽致。据安娜称："那段时间，我无比快乐。"安娜成了布鲁克斯两个女儿的教母，其中一个女儿喜欢帮助安娜收拾她到巴黎出差的行李。

安娜在很大程度上都遵从布鲁克斯的建议。然而，她们也产生过分歧。有一次，布鲁克斯谈到了自己设计的"圆形花园"，顾名思义，其以花园的形状命名。她说："你可以躺在草地上赏月。"

安娜回道："我永远都不会躺在草上欣赏满月。"[48]

异于绝大多数人的是，安娜似乎从来不需要通过这类逃避方式来应对工作中的压力。

* * *

1997年圣诞节期间，安娜依旧遭受着因皮草而来的攻击。12月2日清晨，安娜像往常一样，在运动后穿上浴袍，并在早上6点打开了联排别墅的前门，以迎接她的美发师。然而就在那一天，她不仅看到了门外的美发师，也看到了房屋外的一连串红色涂鸦。其中，她的联排别墅门廊以及正面外墙布满了各种手印和飞溅的颜料。在她7点准备出门送孩子们上学前，她给康泰纳仕集团人力资源部打电话，要求他们在记者听到风声前将门外的油漆擦掉。上午9点前，工作人员使用了一种特殊物质将涂鸦全部擦除完毕。然而，据安娜的住家保姆洛丽·费尔特称，这种物质会导致大脑受损，因而她提起了诉讼。由于这些清理人员受雇于康泰纳仕集团，因此该公司负有责任。七年后，也就是2004年，公司终于同保姆达成了和解，并答应赔付给后者210万美元[49]。安娜对此次意外感到非常恼火，但主要是因为费尔特不幸成了受害者[50]。

12月17日星期三，就在安娜的房子遭遇破坏的两周后，善待动物组织的抗议者再次来到康泰纳仕集团大楼寻衅滋事，不过他们被保安拦在了门外。这些抗议者在大楼下躺了一下午，到了晚上，他们转移战场，来到了巴尔萨扎餐厅外，因为 Vogue 杂志正在那里举办圣诞派对。当时，这家热门餐厅刚刚营业不久。抗议者站在警方关卡后，其上贴满了抵制皮草的标语。巧合的是，Vogue 杂志的一位团队成员正好站在对面餐厅的门口，身上穿了一件皮草外套。

餐厅里灯火通明，一切如常。安娜与加洛蒂带领整个团队举起香槟，共同庆祝这一特殊的日子。然而，大家仍对涂鸦事件记忆犹新。加洛蒂打算回击，并叫保安给他们送去平日罕见的烤牛肉来羞辱他们。不过，保安担心此举会导致事态恶化，因此拒绝了加洛蒂的要求[51]。

但是安娜并没有在这上面纠结。琼斯说："对于安娜来说，这些都是些稀松平常的事情。"[52]

* * *

20世纪90年代末，或许是因为安娜在杂志封面刊登麦当娜的照片让大家看到了商机，因此，Vogue 杂志封面发生了翻天覆地的变化。此后，该杂志逐渐将封面从超模换成了社会名流。1997年的12期 Vogue 杂志中，其中2期分别以女演员卡梅隆·迪亚兹（Cameron Diaz）与乌玛·瑟曼的照片作为封面。1998年，社会名流的照片总共在12张封面出现了7次，其中，第一期出镜的是辣妹合唱团（Spice Girls）。安娜预料到该封面将引起争议。果不其然，《女装日报》抨击其"非常不像 Vogue 杂志会选择的辣妹合唱团"。不过，这一评价非常牵强，假如你是辣妹合唱团的成员，肯定会认为这样的言论过于刻薄了。安娜解释称，这张封面旨在

214　　　　　　　　　　　　　　　安娜·温图尔传：为信仰痴狂

表明对"否认者"的认可[53]:"因为整期都在回顾1997年发生的悲欢离合。无论你作何感想,1997年都是属于他们的年代。因此,我认为这张封面完美地将其呈现了出来。"*[54]

按照 Vogue 杂志社的标准拍摄名人照片绝非易事。"就拍照而言,很多明星的身材往往没有达到你预想的尺码,因此你为她们准备的衣服都不太合身。"执行编辑琼斯说[55]。"这些人都不具备模特的尺码,她们普遍偏矮。模特的身高在6英尺左右,而女演员最多只有5.6英尺高。"柯丁顿说[56]。

Vogue 杂志的艺术总监查尔斯·丘格沃德(Charles Churchward)认为:"如此一来,编辑的工作量大大增加了。很多编辑很熟悉那些身材恰好能套进样衣的模特。模特们也不会就衣服或其他事情顶撞编辑,而且也没有经纪人在现场试图胡乱干扰镜头。"[57] 不过,该杂志偶尔也会为奥普拉·温弗瑞(Oprah Winfrey)等社会名流定制服装[58]。

* * *

1998年是安娜担任 Vogue 杂志主编的第10年。在刚开始担任 Vogue 杂志创意总监时,她曾以为编辑的职场寿命就只有5年[59],而这意味着她当前的工作寿命已经是自己预期的2倍了。此时,她依旧在这里工作,并且屡创佳绩。

1998年10月期 Vogue 杂志的封面刊登了奥普拉·温弗瑞的照片。"我们时常会遇到这样一个人,她就像很多读者一样,不只是单纯地翻动页面,而是想沉醉于美好的幻想之中。她想成为'Vogue 形象改造

---

* 安娜最终承认,将辣妹合唱团放在封面,确实最不像 Vogue 杂志社的一贯做法。2011年,安娜在接受《华尔街日报》专访时表示:"让辣妹合唱团登上封面,我并未引以为豪。"

者'。"安娜在编辑信函中写道。此外,她还提及了其他接受 Vogue 杂志形象改造的名人,比如考特妮·洛芙(Courtney Love)* 曾为杂志拍摄专题报道照片而一改往日垃圾摇滚文化的造型。"然而,最让我们激动万分的是,奥普拉·温弗瑞也想要变成一位更加光彩照人的魅力女性。"不过,安娜并不满足于此。她直言不讳地说,奥普拉太胖了,如果她不减肥,那么形象改造无济于事。安娜称:"奥普拉承诺在截止日期前减掉 20 磅。最终,正如你在本期杂志看到的那样,她做到了。对我而言,我们共同实现了梦想,这比取得成功更有意义。"[60]

安娜曾公开坦言,那些体型偏大的人士并不符合自己在 Vogue 杂志中宣扬的形象。她在 1998 年 11 月的《新闻周刊》上表示:"我只是觉得奥普拉减重 20 磅后会更漂亮。"针对她要求员工保持苗条的话题,安娜说:"如果这些年轻女性要代表该杂志的形象,我认为她们应该展现出该有的模样。"当被问及她对一个 250 磅的天才时尚编辑作何感想时,她回答道:"我对此难以接受。"[61] 2009 年,莫利·塞弗(Morley Safer)在《60 分钟》(60 Minutes)节目中询问了安娜对奥普拉封面照片的看法。她认为,告诉对方减重是"一条暖心的建议"。"我刚刚去过明尼苏达州。我发现大多数当地人的房子似乎买小了。"她继续谈道,"我只是觉得美国人民的超重现象非常普遍。此外,出于某种原因,大家都在关注厌食症……我们需要投入金钱、时间和教育来教会大家如何以更加健康的方式进食、锻炼并照顾好自己。"[62]

奥普拉的形象登上杂志封面确实意义非凡。一方面,她是一位大名鼎鼎、人气空前绝后的名人;另一方面,她是 1998 年第二个荣登 Vogue 杂志封面的黑人女性,第一个则是辣妹合唱团中的媚儿碧(Mel B),她与其他白人乐队成员一同上了封面。自 1892 年创刊以来,Vogue 杂志一直面临种族不够多样性的问题。此前,黑人女性的封面照

---

* 涅槃乐队主唱的遗孀。——译者注

片仅出现过 24 次。1989 年，安娜出其不意地将娜奥米·坎贝尔作为 *Vogue* 杂志 9 月期的封面人物，尽管如此，她似乎只接受偶尔在特定期刊封面选登黑人照片。早期，在安德烈·莱昂·塔利提倡刊登黑人模特封面照片时，安娜曾对另外一位 *Vogue* 杂志编辑说："能不能告诉塔利，不是每个月都是黑人历史月？"[63]

安娜亲自上阵，与设计师讨论了为奥普拉的拍摄定制服装的事宜。造型编辑保罗·卡瓦科（Paul Cavaco）曾称，设计师根据安娜的要求提交造型设计草图，然后由她进行挑选。"她会对大家发号施令：'也许你应该这样做。'然后大家就会听从她的安排。我没有任何发言权。她掌控着一切。"卡瓦科说。

奥普拉亲自给卡瓦科打电话讨论关于她的发型的问题。她希望用自己的美发师，不过这一提议被 *Vogue* 杂志社断然拒绝。"依我看，如果你想体验 *Vogue*，那么你得按 *Vogue* 的规矩来。"卡瓦科说，"你需要做到全面投入。"

奥普拉接受了对方的要求。当天，她虽然带来了自己的美发师安德烈·沃克（Andre Walker），但还是让著名发型师加伦（Garren）帮她做了头发[64]。

当时，为了同期报道温弗瑞在电影《真爱》（*Beloved*）中饰演的角色形象，作家乔纳森·范·米特（Jonathan Van Meter）特意拜访了她在科罗拉多州特柳赖德镇的住宅。据她称，自己在当地与朋友盖尔·金（Gayle King）及教练"进行为期一周的徒步旅行及节食减重训练"，为其拍摄照片做准备。范·米特询问她年轻时是否考虑过进入 *Vogue* 杂志社工作。"你问我是否梦想过成为 *Vogue* 杂志社的一员吗？我是一个来自密西西比州的黑人女孩，怎么会奢望进入 *Vogue* 杂志社工作呢？我从未想过自己会有这种机会。"她回答道[65]。

通常来说，每年 9 月期 *Vogue* 杂志的销量为全年最高。然而，以奥普拉为封面人物的当期杂志是安娜担任主编以来销量最高的一期，其在报摊总共卖出了81.6万本，甚至超过了一个月前以蕾妮·齐薇格（Renee Zellweger）为封面人物的9月期杂志[66]。

1999年，很多杂志社开始在封面人物中启用名流，而非模特。琳达·威尔斯（Linda Wells）负责编辑康泰纳仕集团旗下的《诱惑》（Allure）杂志。1998年，社会名流的照片仅在该杂志封面出现过两次。年底时，她对员工们说，往后杂志将以社会名流为主，而且"没人再关注模特"[67]。

卡瓦科跳槽到了《诱惑》杂志社工作，因而安娜急需有人接替他的岗位。1999年，托恩·古德曼参加了安娜的面试并当场接受了时尚总监的工作。最终，她的职责变成了为名人设计封面造型。"在设计Vogue杂志的封面人物照片时，你需要将两种要素天衣无缝地结合起来。其一是该名人的名声和特质，其二是Vogue杂志的名声和特质。"古德曼说，"有时，两者并不对等。"[68]

古德曼没有把安娜视作咄咄逼人的顶头上司，她很快凭借自己的直率赢得了安娜的信任。"你很快就能熬出头了。"古德曼回忆称。尽管如此，在为安娜工作了几年后，她仍然不敢告诉老板自己除了会拍摄皮革制品外，对皮草、羽毛或兽皮服装的拍摄技巧一窍不通。"当我不再拍摄皮草制品时，她总会提醒我：'托恩。'因为她经常穿皮草。"古德曼说。不过，安娜从未强迫她拍摄这类照片。

在古德曼的早期工作阶段，她曾与安娜参与选装会议，共同为希瑟·格雷厄姆（Heather Graham）准备用于拍摄的服装。当时，古德曼相中了一件Dolce & Gabbana品牌连衣裙。"我觉得你不该选那件裙装，它看起来并不合适。"安娜对她说。古德曼原本希望为拍摄现场留有更多的空间去设计一些造型，但是她在犹豫过后，还是选择将那件连衣裙放了回去。然而，到了拍摄现场，她意识到格雷厄姆的确需要那件连衣裙。"从那以后，每当安娜不准备留下衣架上的某件服饰时，我都会对她说：'安娜，我要把它放在自己的后口袋里，以备不时之需。'"古德曼说。

此外，古德曼在拍摄现场时，她从来不会将照片发送给安娜过目。"你发给他们后，他们会说：'你看，我不喜欢口红的颜色。'你可能会盯着它看10秒钟后说：'你知道吗？我们应该改变……'场外人士根本不了解现场的状况，因此你不能任由这些人来干扰你的进程。"[69]

安娜在 Vogue 杂志封面刊登社会名流照片的决定产生了深远的影响。在这种趋势的推动下，时尚行业向一群新人敞开了大门，他们随后成为时尚与化妆品的广告代言人，时装秀场前排被狗仔队竞相跟拍的公众人物，以及大众印象中的时尚明星。与此同时，这些社会名流经常在红毯上被人追问："你穿的是哪个品牌的服装？"这些人还会反过来讨好安娜，旨在争取登上 Vogue 杂志封面的机会，以及获得参加大都会艺术博物馆慈善晚宴的入场券。不过，他们最终都是为了赢得安娜的认可。

* * *

社会名流与安娜及其团队会相互示好。英国版 Vogue 杂志社开创了此举的先河。20世纪80年代，该杂志社员工曾为黛安娜王妃提供过着装建议。虽然安娜并未亲自给别人设计过造型，但是她的 Vogue 杂志团队却可以做到。

1993年，希拉里·克林顿在其丈夫就任总统后，她便收到了此种邀约。当时，安娜寄给了她一张纸条，询问其是否需要 Vogue 杂志社帮忙挑选服装。"这只是一种非正式的协助。"Vogue 杂志公关保罗·威尔莫特（Paul Wilmot）对《纽约时报》说，"我们听说，克林顿经常收到设计师们的设计草图，而且常常接到相关电话，她对此不堪其扰。我们每天也是电话不断，对方询问她的服装事宜以及我们对其有何意见。后来，我们为她提供了一份精挑细选的服装清单。"[70] 最终，克林顿接受了 Vogue 杂志社的提议。[71]

第十七章　跟着钱走　　　　　　　　　　　　　　　　　　219

安娜的部分权力深植于公众人物的人际网络中心，而且她总能找到办法巩固自己的地位。2001年，*Vogue*杂志报道了鲁迪·朱利安尼（Rudy Giuliani）和朱迪丝·内森（Judith Nathan）的婚礼。当时，*Vogue*杂志社提出帮助内森设计婚礼造型，而且给她带了珠宝供她挑选，然而，她想把所有的珠宝都戴上。据琼斯回忆，这一要求让*Vogue*杂志社的编辑"略感为难"[72]。不过，安娜善于将品位相合的公众人物和设计师匹配起来，从而打造出一个皆大欢喜的作品，并且扩大她的交际圈。1998年，她打算进一步扩大自己的交际圈。

* * *

此前，第一夫人从未出现在*Vogue*杂志上。1998年，*Vogue*杂志封面刊登了希拉里·克林顿的照片。对于安娜而言，这是属于她的荣耀时刻。而在克林顿的丈夫与莫妮卡·莱温斯基（Monica Lewinsky）的婚外情曝光之后，她的出现就显得格外不同寻常了。当时，《纽约时报》报道称："克林顿登上了*Vogue*杂志封面，引起了国际媒体的强烈反响，以至于*Vogue*杂志社宣传部门用活页夹寄了出去。"*[73]

与奥普拉的照片一样，所有的衣服都是量身定制的。安娜打电话给设计师，告诉他们应该如何设计克林顿的服装。所有服装都以设计师的系列单品为模板，表现出克林顿自身的特点及风格，同时需与第一夫人的气质相衬。安娜会说："你知道你设计的那件裙子吗？如果换成勃艮第酒红色，希拉里穿上不是会更漂亮吗？我们将面料从天鹅绒换成绸缎吧。"[74]最终，克林顿穿了一条Oscar de la Renta品牌的深色

---

* 事实上，该封面故事最初只作为内页专题报道。随着丑闻的曝光，撰写这篇报道的历史学家安·道格拉斯（Ann Douglas）担心此文会被封杀。相反，安娜觉得这件事更加紧迫，于是她把克林顿放在了封面上。

天鹅绒连衣裙，呈现出了非常完美的效果。

据《纽约时报》报道，该杂志出版一周后，克林顿以"*Vogue* 形象改造者"的造型前往纽约，与各种杂志的编辑见面，并谈论起了她最为喜欢的事业。一天晚上，她参加了米拉麦克斯影业公司拍摄的电影《莎翁情史》(*Shakespeare in Love*)的首映式。当时，她挽着哈维·韦恩斯坦（Harvey Weinstein）的胳膊入场。韦恩斯坦不仅是米拉麦克斯影业公司的联合运营人，还是民主党的主要资金筹款人。在影片放映前的演讲中，克林顿对米拉麦克斯影业公司大加赞赏，并对起立为她鼓掌的1000名观众说，她和比尔非常喜欢在白宫观看韦恩斯坦的电影。正如安娜所了解到的那样，政治资金筹款人可能具备非常强大的实力[75]。

* * *

获得希拉里·克林顿等人的认可也是哈维·韦恩斯坦此次计划的一部分。虽然他可以通过自己的方式赢得她的好感，但赢得安娜·温图尔的青睐却没有那么简单。20世纪90年代中期，米拉麦克斯影业公司刚开始制作古装剧《英国病人》(*The English Patient*)时，韦恩斯坦就曾强烈期望安娜可以参加他的电影放映活动。韦恩斯坦渴望获奖，他认为 *Vogue* 杂志对自己的电影报道大有裨益，而且他希望最好在杂志封面刊登女演员的照片。此外，他还期待杂志编辑，尤其是安娜，亲自主持他的电影放映活动，相信这样做会提高自己获得奥斯卡奖的机会。随后，米拉麦克斯影业公司宣传部门的负责人开始打电话给认识安娜的人，请求他们说服其亲临现场。如果她应承下来，说明"这是一件极其重要的事情"。来自米拉麦克斯影业公司宣传部门的瑞秋·派恩（Rachel Pine）说："哈维必定会喜出望外。"他们在放映室中央为安娜安排了一个绝佳的位置，并且与米拉麦克斯影业公司宣传部门的三四名工作人员保持了适当的距离。其中，这些人被派来观察她的反应，并向韦恩斯坦汇报情况。

安娜是出了名的处事不惊。她安静地坐在那里，戴着墨镜看完了整部电影，因此，旁人很难察觉到她脸上的任何细微反应。米拉麦克斯办公室里甚至流传着一个谣言，说墨镜掩盖了她睡觉的事实。

韦恩斯坦一度非常沮丧，他甚至打算委派一名宣传部门的员工让安娜摘下墨镜。然而，另一位员工对他说："哈维，你不能要求安娜·温图尔摘掉她的墨镜。"[76]

* * *

1998年夏天，在加入 Vogue 杂志社的四年后，加洛蒂辞去了工作。在米拉麦克斯影业公司和韦恩斯坦的大力支持下，他与蒂娜·布朗共同创办了名为《对话》(Talk)的杂志，此前他曾在《名利场》与布朗共事。1992年，布朗离开了《名利场》杂志社，转而为《纽约客》杂志效力，从而成为该杂志唯一的女性编辑。当时，外界对《纽约客》杂志的评价褒贬不一，但是纽豪斯却对其大加赞赏。与此同时，理查德·贝克曼（Richard Beckman）接替了加洛蒂在 Vogue 杂志的岗位，前者是一位功成名就的出版商，曾为康泰纳仕集团旗下的 GQ 杂志工作[77]。

安娜和贝克曼不像她和加洛蒂那么合拍。事实上，Vogue 杂志的许多工作人员并不怎么期望他的到来。琼斯回忆说，当他第一次来到 Vogue 杂志社的楼层与安娜见面时，"安娜让他在等候室里坐了很久"。[78]

此前，加洛蒂成功扭转了 Vogue 杂志的业务形势。1998年，该杂志获得了1.49亿美元的广告收入[79]。在同类杂志中，该杂志收取的费用最高，广告销售也最多[80]。1997年，Vogue 杂志以2800页广告版面的喜人结果荣登榜首。与此同时，Elle 杂志以2100页位居第二，曾经被视作竞争威胁的《时尚芭莎》杂志卖出了1525页广告[81]。当时，*Vogue* 杂志的统治地位毋庸置疑。然而，并非无法撼动。

* * *

1998年春天，CondéNet部门的编辑总监琼·费尼打电话给安娜，并告诉了她一些好消息。"我想是时候了。"她说，"让我们把 *Vogue* 杂志放到网上吧。"费尼的想法是在杂志网站上发布所有的时装秀场照片，比如1998年春季以来米兰时装秀上出现的全部裙装，从而方便用户搜索。两人一拍即合[82]。

不过，在他们付诸实践前，费尼抛给了安娜一个非常重要的问题：你为什么想创建网站？此前，费尼询问了不同职位的利益相关者，她得到的是五花八门的答案。其中，有些人想利用网站向大型印刷广告商分发广告。然而 *GQ* 杂志的一位编辑告诉她："为了展示胸部。"

安娜的回答则简单明了："为了赚钱。"[83]

但是如何让网站盈利成为困扰 *Vogue* 杂志社乃至整个媒体行业数十年的问题。最初，费尼想像订阅杂志一样对内容收费，哪怕是很小的一笔钱，比如每年12美元，但是她在公司内部找不到志同道合的人。广告委员会决定高管薪酬，他们不想做任何导致纸质杂志受众流失的事情，从而降低广告比率。此外，高管们对数字技术也不甚了解。比如，纽豪斯以前从未使用过互联网，直到他去了费尼的办公室，后者向他展示了互联网的工作原理[84]。

鉴于无法对内容收费，费尼认为 Vogue.com 网站可以通过整合广告、发行量和电子商务来赚钱。其中，电子商务可以实现从该网站销售的服装中获取提成。费尼和她的老板罗谢尔·乌德尔为康泰纳仕集团未来的数字化发展制定了雄心勃勃的计划。不过，乌德尔不想只将 Epicurious 项目做成一个网站。她起草了一份商业计划书，涵盖了电视、平面杂志和店铺等。不过，这份计划书被搁置了下来，而且从未启用过[85]。

为了创办 *Vogue* 杂志网站，费尼和安娜继续推进有关于时装秀场的发布计划。安娜给她发了一份备忘录，旨在进一步丰富线上内容。安娜写道："琼，这是我们永远都不会启用的设计师名单。"[86] 塔利曾说："杂志社录用了一些名气较大的设计师，但我敢肯定，有些人的能力不言而喻，他们根本就达不到杂志社要求的水准。"[87]

然而，发布时装秀的照片面临两大挑战。当时，由于数字媒体还处于萌芽阶段，光是找到数字摄影师就非常困难。此外，照片不能直接从相机传输到办公室，因而对后期上传造成了麻烦。人们必须在摄影师和电脑之间操纵相机，其中，每张照片都需要单独上传，然后根据照片中的物品进行标记。

挑战之二是让时尚品牌同意将时装秀上的每张照片都发布在网站上，而这也正是安娜的切入点[88]。在律师的帮助下，她在 Vogue.com 网站上起草了一封信函并寄给了设计师们，其中，信头注明的日期为 1999 年 9 月 3 日。安娜在信中请求对方允许该网站刊登他们的时装秀图片[89]。

在当时看来，这种要求不同寻常，毕竟许多设计师从未使用过互联网。费尼走访了各大时装公司，展示 Vogue.com 网站并说服他们按照她的计划行事，可是她发现许多办公室甚至都没有互联网。此外，由于设计师担心自己的作品被人剽窃，因此参加时装秀的渠道受到严格控制。此外，90 天的禁令解除后，每种杂志只能刊登 10 种以内的造型。

尽管时尚界一直在关注最新潮流，但该行业本身却非常抗拒改变。在第一季中，大约半数设计师拒绝配合[90]。相比之下，纽约的设计师的接受程度较高，而巴黎和米兰的设计师表现得最为抗拒，但是费尼并未放弃。与此同时，安娜组织并批准了一批 *Vogue* 杂志员工专为时装秀撰写评论，而且委派她的公关团队负责协助网站的上线工作。为了主张自己的支持立场，她邀请费尼在 2000 年纽约春季时装秀前夕向媒体介绍自己的网站。

当时，*Vogue* 杂志社在公交车上举行了营销活动，并对外宣称："在潮流成为潮流之前，得先由 *Vogue* 定义。"如今，费尼已是 *Vogue* 杂志网站的正式编辑。此前，她曾告诉安娜自己想举办一次广告宣传活动，口号是："在由 *Vogue* 定义之前，先登录 Vogue.com 网站。"起初，她以为安娜会拒绝她的创意，因为这可能对印刷版的 *Vogue* 杂志造成威胁。

"我很看好。"安娜说。她喜欢打造更具现代化的品牌。

费尼还准备制作印有 Vogue.com 网站标志的 T 恤赠送给大家，以纪念上线活动。当时，*Vogue* 杂志团队的一名员工告知她使用最时髦、最昂贵的服装品牌，因此她最后选定了 Three Dots。另外，根据"政策"规定，该 T 恤仅有两种尺码可供选择，分别为小号和特小号，因为 *Vogue* 杂志希望上身的只有这两种身材的人。费尼说，这项所谓的"政策"将"考虑和把控信息的所有细节体现得淋漓尽致，深刻彰显了 *Vogue* 杂志社的行事风格"。

第一季过后，设计师们开始意识到，在 Vogue.com 网站上发布他们的时装秀作品强化了宣传效果，使之更易触达用户，而且还带来了其他诸多好处。网站上展现了全系列的数字时装画册，并通过幻灯片的方式呈现在了用户面前，此外，买家可以看到相应系列的标签。"我们为设计师节省了很多钱。"费尼解释说，"我们拍出了更好的照片，给它们做了标记，并以更高的分辨率将它们储存了下来。到了 2000 年，这已经不再是什么新鲜事了。当初是 Vogue.com 网站为时尚界打开了这扇门。"

Chanel 等品牌也希望像安娜一样成为现代化的流行品牌，因此它们欣然接受了与该网站的合作[91]。2000 年 6 月 7 日，在一场度假胜地时装秀上，安娜见证了该公司与 Vogue.com 网站的合作，这可能是高级时尚界的首次"实况直播"。该网站展示了该系列的现场画面。每件单品在秀场上展示完毕后，费尼团队就会拍下照片并发布在网站上，以便 Chanel 品牌的客户预订他们想要的产品。2013 年，Burberry 品牌也因采用了相同的营销模式而受到赞誉，当时的流行说法是"即看即买"[92]。然而，世人似乎都忘记了 Vogue 杂志和 Chanel 品牌早在 10 多年前就已经付诸实践了。

在 Vogue.com 网站的起步阶段，安娜还协助达成了与尼曼·马库斯百货公司的一笔交易，即对于该网站引导消费者在该公司连锁店购买的所有服装，Vogue 杂志社都能获得该公司的分成。这项协议在当时看来前所未闻，但是后来俨然成了惯例。当时，该公司是 Vogue.com 网站的首选零售商，而非萨克斯第五大道百货公司。费尼曾向尼曼·马库斯百货公司做了一次异彩纷呈的演示，以告诉对方为什么应该合作。但后来发现，该公司之所以答应与 Vogue.com 网站合作，全是因为安娜的主意[93]。

"她冒着巨大的风险，凭借自己的名字和声誉，强行将安于一隅的时尚行业推向了数字时代。这项壮举值得称赞，但依我之见，她并未得到应有的认可。"费尼说，"事后看来，在线时尚能引领潮流似乎是显而易见的一件事。但在当时却不是这样的。"[94]

* * *

Vogue.com 网站上线近两年后，公司做出了一个对 Vogue 杂志的数字业务影响深远的决定。安娜最终发现自己已身处其中，为该杂志的霸主地位挺身战斗。然而，她当时和许多人一样，都未曾料到康泰纳仕集团的数字业务会变得极其混乱。

这场战役的根源在于 Style.com 网站的推出。康泰纳仕集团打算利用它来拓展《女装日报》及其姊妹刊物 W 杂志的数字影响力，其中，后者的目标受众更加广泛。据称，1999 年，纽豪斯以 6.5 亿美元收购了弗莱查尔德出版社，随即获得了这两份出版物的运营权[95]。此举与该公司对 Epicurious.com 网站所采取的方法如出一辙。Epicurious.com 网站是《美食》杂志和《好胃口》(*Bon Appetit*) 杂志的在线网站，两种出版物共用一个网站，不仅可以做到资源共享，而且可以遏制相互之间的竞争。费尼曾说，纽豪斯希望将康泰纳仕集团旗下的所有时尚品牌都纳入该"超级时尚网站"中，他决定将该网站命名为 Style.com。Vogue.com 网站将保留其核心特色，即主办时装秀，发布幻灯片，但其现在还只是 Style.com 网站上的一个模块。

当时，Style.com 网站的 URL 归 Express 公司所有，其中，Express 公司是 Express 品牌服装店的母公司。费尼称，经过双方协商，她将 URL 的价格压到了 50 万美元，并自信满满地向纽豪斯提出了该报价。

"不行。"纽豪斯告诉她，"给他 100 万美元。我不想欠对方的人情。我不想让对方觉得我曾亏欠过他。"[96]

纽豪斯未曾料想到，经济衰退后的资金库将在 20 年内走向枯竭，不过他的公司竟有那么多闲钱可以挥霍，这一点尤为引人注目。

第十八章

离　婚

安娜肯定知道这是个糟糕透顶的故事。

1999年，在接受《纽约》杂志作家的采访后不久，她便接到了前同事乔丹·沙普斯的电话，后者仍在该杂志负责编辑封面的事宜。

一位助理用日常寒暄的语气接起了电话。"安娜·温图尔办公室。"她说。

"请接通安娜·温图尔。"沙普斯说。

"她现在不在。"助理说。对于安娜而言，有时电话响起，而她正在处理一些事情或者不想被打扰，她就会告诉助理："我不在这里。"但是她从来不会故意回避对方，即使那是一场让人不快的谈话。

"请告诉她，她的朋友乔丹来过电话。"沙普斯回复道，同时留下了电话号码[1]。

当时，《纽约时报》正在策划一篇关于安娜的封面报道，关乎她的丈夫大卫·谢弗和她的副主编凯特·贝茨（Kate Betts）两人与她分道扬镳的故事。在安娜接受采访期间，Vogue杂志的收入比1998年的1.49亿美元增长了9%[2]。此时的她站在成功的顶峰睥睨群雄，时尚地位已然确立，然而这正是媒体对其口诛笔伐的完美时刻。从某种程度上来讲，她让这些媒体有了可乘之机。

＊＊＊

20分钟后，沙普斯的助理告诉他："有个叫安娜·温图尔的人打来电话。"

沙普斯的目的是说服她为一张原创的封面照片设计造型。她把照片寄过去让他挑选，但他都不满意。其中，效果最佳的一张照片是她穿着皮草外套，戴着墨镜，头发遮住了脸庞。

"你我都知道这会是一篇索然无味的文章。但是我们也都清楚，人们都对精彩的杂志封面爱不释手。他们不会阅读，也不会理解，而仅是欣赏。我希望封面上的你足够光彩照人。"他告诉安娜。

安娜是一个注重视觉感受的人。如果说沙普斯的论点能引起某人共鸣，那必定是她。"也许你是对的，让我想想。我得走了。今天下午我要带孩子们去看网球比赛。"她说。

当天是周末，沙普斯安排了一名摄影师准备在周一为安娜拍摄照片。到了周一，安娜在电话里对他说，如果她能挑选摄影师，她就答应拍照。沙普斯说这行不通，但她可以列出五个摄影师的姓名，并让他自己从中挑选。最终，他们选定了赫布·里茨（Herb Ritts）[3]。

＊＊＊

1997年年末[4]，谢尔比·布莱恩和妻子凯瑟琳一起参加了社会名流安妮·巴斯（Anne Bass）为纽约城市芭蕾舞团举办的募款舞会。当天，他们坐在了安娜旁边，她和丈夫谢弗也一同出席了舞会。布莱恩参加过很多类似的聚会，他显然对一切已是司空见惯，然而安娜却吸引了他的注意力，因为他觉得安娜既迷人又聪明。当时，他对安娜的印象比较模糊，但却足以让他提起兴趣给对方打电话，并邀请她共进午餐。布莱恩说："我们两人很快就对对方生出了好感。"双方都未隐

第十八章 离　婚

瞒自己已婚的事实，他们自然而然地会在交谈中提到各自的配偶。与此同时，两人的婚外情也随之展开[5]。

布莱恩出生在休斯敦城外的弗里波特镇。他曾就读于得克萨斯大学奥斯汀分校，并在橄榄球球队短暂地待过一段时间，直到他发现自己的天赋并不在此。《得克萨斯月刊》(Texas Monthly)称他是一个"温文尔雅的牛仔"，具备"得克萨斯人无可争辩的真诚"，而且是"得克萨斯州之父"史蒂芬·福勒尔·奥斯汀（Stephen F. Austin）的后代。

读书期间，他主要学习艺术和历史，其中，后者是安娜在北伦敦学院真正热爱的少数科目之一。他在法国格勒诺布尔大学完成了最后一年的学业。聪明上进的他后来在得克萨斯大学奥斯汀分校获得了法律学位。在进入哈佛商学院之前，他曾为拉尔夫·纳德（Ralph Nader）短暂工作过一段时间，随后与人共同创立了米雷康姆国际移动通信公司（Millicom）——也是美国最早的移动电话公司，随即他来到了纽约发展事业。1995年退休后，他决定担任光纤网络公司 ICG 的首席执行官。到1999年，该公司的年收入达到了5亿美元，2000年预计为10亿美元[6]。由此来看，他是安娜首个腰缠万贯的男友[7]。

此外，布莱恩也因他在民主党的工作而远近闻名。1995年至2000年间，他向该党及其候选人捐赠了35万美元。1997年到1998年期间，他担任美国民主党国会竞选委员会的国家财政主席，收入超过了5400万美元。与此同时，他与阿尔·戈尔（Al Gore）、克林顿夫妇等人都是朋友[8]。

第一次见面的几个月后，布莱恩和安娜双双登上了飞往休斯敦的一架民航班机。布莱恩经常在休斯敦和纽约之间奔波，而安娜在休斯敦有工作需要处理，因此他们决定一起出行。有一回在飞机上，布莱恩注意到两人恰好正在读相同的书。那本书很厚，他已经读了1/3，而安娜刚翻开第一页。布莱恩自认为自己读得很快，但安娜翻得更快，这让他略感恼火。

"我觉得她当时并不在认真看书，若是专心致志，绝不可能读得那么快。"他回忆道。3个半小时后，他们降落了，而安娜已经花费15分钟看完了这本书。

"你并没有真正读完那本书，你只是在走马观花。"布莱恩告诉她说。

"不，我认为我读完了。"她回答道。于是，布莱恩询问她对书中某个角色的看法，借机来试探她的阅读效果。然而，她却说自己觉得另外一个角色更加有趣，但书中对该角色的描写不甚清晰，因此布莱恩不得不向安娜请教她说的这个角色是谁。"我对她的聪慧印象颇深。"他说。

到达休斯敦后，布莱恩看得出来那里并不是安娜想来的地方。"坦白地说，我认为她更喜欢待在巴黎或伦敦。"他说，"不过，她并不会计较这些。"

出于工作安排，布莱恩经常需要穿梭于各个国家。他计划去欧洲出差，这样一来，每当安娜前去欧洲出席时装秀时，两人就有机会见面了。

布莱恩和安娜的家庭背景不同，口音也相去甚远，其中，布莱恩说话带着明显的得克萨斯州口音，但是他们依然有很多共同之处。两人都非常准时，而且喜欢戏剧、芭蕾舞和视觉艺术。此外，布莱恩也热衷于时尚，但是与网球选手罗杰·费德勒（Roger Federer）不同，安娜从来不会为前者提供穿搭建议。布莱恩与安娜一样，对"自己的观点坚信不疑"。值得一提的是，布莱恩也喜欢歌剧，但是对于安娜来说，与他结伴前往并不是她最喜欢做的事情。

1999年夏天，他们的风流韵事被各种小报大肆报道[9]。"我不喜欢这种关系。我已经结婚了。"布莱恩说，"我猜到媒体肯定会闻声而来，但他们对我们的关系确实是夸大其词了。"随着他们的恋情公之于众，布莱恩甚至毫不避讳地与安娜一起去巴黎参加高定时装秀[10]。

这段婚外情在时装秀场旁边激情上演，为八卦专栏提供了诱人的

第十八章 离 婚

素材。与此同时，外界纷纷猜测，两对夫妻中的哪一方配偶终究会得到位于曼哈顿的联排别墅。布莱恩在当年7月中旬搬出了自己的房子。据称，谢弗想留在他和安娜在沙利文街的房子[11]，但安娜留了下来，于是他搬进了花费170万美元购入的一处联排别墅，别墅就位于格林尼治村唐宁街[12]。

正因谢弗身处幕后，所以他的行事很自由，他仍会阅读安娜的所有编辑信函[13]，并给出反馈[14]。据她的员工猜测，安娜经常在办公室里向大家复述这些反馈。不过，即使两人一起参加派对，他也对安娜的世界也保持着一种置身事外的冷漠[15]。

安娜和他在一起生活时并未感到丝毫不快。到了20世纪90年代末，尽管他们与前夫的两个儿子组成了一个复杂的重组家庭，但是一切似乎看来都风平浪静[16]。不过，据报道称，安娜厌倦了她与谢弗的感情，与此同时，无论是从财富、人脉还是外貌条件来看，布莱恩都捕获了安娜的芳心。然而，在和谢弗恋爱时，安娜也并非单身。对于安娜来说，她最崇拜的似乎不是男人帅气的外表。有一次，她与比尔·盖茨（Bill Gates）共进午餐。结束后，她回到办公室并告诉劳里·琼斯说，她觉得盖茨魅力十足。当时，微软业务的发展蒸蒸日上。琼斯心想：天哪，原来安娜喜欢有权有势的人[17]。

朋友们都说谢弗是一个"复杂"的人，但布莱恩不一样，他很直率[18]。虽然安娜为离婚给孩子们造成的影响而感到苦闷，但她还是在1999年9月提起了诉讼[19]。安娜从自己父亲的行为上感受到，父母出轨是一件多么令人痛苦的事情，但现在她却把同样的痛苦强加给了自己的孩子。

*Vogue*杂志的活动策划人斯蒂芬妮·温斯顿·沃尔科夫与安娜成了好友，她们喜欢一起讨论一些私人问题。沃尔科夫发现，自己与安娜并非纯粹的同事关系——其他员工可不会这般亲密。在洛杉矶工作时，沃尔科夫、安娜与碧三人经常一起打保龄球，每次安娜都会穿着牛仔

裤和保龄球鞋。有一次，沃尔科夫和安娜在伦敦参加活动期间，两人在酒店的房间里面谈论谢弗。这一幕与电影《穿普拉达的女王》中的一幕极为相似，其中，米兰达·普瑞斯特利（Miranda Priestly）在巴黎的酒店房间向安迪（Andy）透露自己正在考虑离婚的事情，而且边说边啜泣了起来。

对于安娜而言，离婚是一个非常艰难的决定，因为她是家里的顶梁柱。"她会难过吗？她当然很伤心。"温斯顿·沃尔科夫说，"她会在办公室里表现出来吗？不，她只会向前看。"安娜将工作和生活分得很清，这让一些员工无法理解，而温斯顿·沃尔科夫却完全能够理解。她说："虽然我和她有私交，但我一到办公室，就感觉我和她好像只是单纯的上下级关系。"[20]

* * *

随着安娜与布莱恩的感情愈发甜蜜，她的言行举止渐渐变得不像她自己——经常关上办公室的门，去接可能是他打来的电话。有人曾经看到两人一大早共同离开旺多姆公园（Parc Vendome）公寓大楼，女方身上裹着栗鼠皮大衣，显然是一件晚礼服[21]。

据媒体报道称，布莱恩的吸引力部分来自他深厚的政治人脉。当他与妻子凯瑟琳正式离婚时，克林顿总统曾从空军一号打来电话向她表示慰问。不过，安娜与希拉里也有一定的交情。自从希拉里成为第一夫人并登上 *Vogue* 杂志封面以来，安娜除了帮助她选择服装外，还在白宫与她联合举办了一场乳腺癌的筹款活动[22]。也许是受到了布莱恩的影响，安娜对政治和政治募款活动的兴趣有增无减。然而，将一位强大女性的欲望与新男友的成就联系起来，这是一种典型的性别歧视。"她对政治局势有一番自己的见解。"布莱恩说，"我无须帮她梳理些什么。"[23]

然而，安娜和布莱恩的恋情让她的密友们一度感到出乎意料[24]。

男方头脑精明而且富有教养，比如，他会从关于康泰纳仕集团的枯燥乏味的午餐谈话中抽出时间欣赏瓦格纳（Wagner）的唱片[25]。康泰纳仕集团的一些工作人员曾经在很多派对上都与他打过交道。然而，在他们看来，布莱恩有时会表现得非常粗鲁，而且似乎不具备像安娜那样的自制力。安娜生来就很有教养，她希望与她共事的每个人都能以礼相待，她甚至对自己的要求更为苛刻。比如，无论邮件内容有多短，她总是以"亲爱的某某"开头。布莱恩具有独特的幽默感，他像是20世纪80年代刚从证券交易所的交易大厅走出来的人。据三个了解他行为举止的人说，他曾抓着女人的臀部说过一些下流的笑话。"我从来没有这样做过。"布莱恩反驳道[26]。大家都很好奇，面对言行举止如此放荡之人，安娜每天是如何能忍受不对他动手的[27]？在执行编辑劳里·琼斯看来，布莱恩对安娜的一些行为"非常不友好"[28]。

在布莱恩与安娜相恋五年左右的时候，他参加了一次猎雉之旅，并于共同朋友的家中遇到了汤姆·福特。从那以后，福特成了素食主义者，而且不再使用皮草进行服装设计。他曾表示："但是我住在英国，人们喜欢结伴打猎。我经常受邀前往别人的家中做客，他们的房子令我印象深刻，而且我自己也觉得趣味十足。"福特出生在奥斯汀，他和布莱恩有着共同的得克萨斯州血统。他曾坦言："我和他一见如故，因为他让我想起了一起长大的得克萨斯州人。他直言不讳，从来不怕说出一些让别人听来瞠目结舌的话。此外，他讲话也没什么顾忌，从某种程度上看，这和安娜正好相反。当时，我的反应是：'哇，安娜竟然选择和他在一起，他有点狂野。'后来，我心里想：'哇，好吧。这与我了解的情况完全不同。'"[29]

* * *

1999年9月的一个晚上，安娜和赫布·里茨走进了摄影棚。那段时间，她正在处理与谢弗离婚的事宜[30]。7点半左右，沙普斯到达了现场，他骑着自行车到处穿梭。

"哦，天哪，他还在那辆自行车上。"安娜说[31]。

她把塔利带来做自己的造型师。她打算在淡粉色的Chanel品牌套装里穿一件简约的白色背心，该造型得到了塔利的认可。里茨为安娜拍摄了一组照片，有些是穿着夹克，有些是脱掉了。塔利认为，尽管那次的报道并不是什么光彩的事情，但是他那天在片场的表现让安娜感到非常欣慰。他告诉她：你看起来棒极了[32]。

自从安娜成为 *Vogue* 杂志的主编后，她经常向塔利征求着装的意见，而且对方非常乐意帮忙。"这是我的道德义务，也是一种道德准则，对我来说，这是莫大的荣誉。格蕾丝·柯丁顿曾说：'只有安德烈·莱昂·塔利见过只穿一件内衣的安娜。'但事实并非如此。安娜总是走到屏风后或更衣室里换装，然后穿着裙子或衣服走出来。因此，我看到的是她，而不是她的内衣。"塔利解释称。后来，柯丁顿表示，她不记得自己说过这样的俏皮话[33]。

不到半小时，他们就拍完了他们想要的照片[34]。

安娜的照片出现在了1999年9月20日的封面上，那时距离她50岁的生日还有一个半月的时间。杂志封面上用红色的加粗字体写着"温图尔浴火重生"，她在照片中交叉双臂，露出修长的手臂和肌肉线条，她的头发末梢看起来像是刚刚修剪过。她面无笑容，用一种迎接挑战的目光凝视着杂志前的人，仿佛在说：你想到我这里来吗？

这篇报道称，她对经营 *Vogue* 杂志失去了兴趣，这显然大错特错。除了报道安娜的离婚外，这篇文章还称，*Vogue* 杂志社的时尚新闻编辑凯特·贝茨是安娜的下属，前者由于不堪忍受工作中日积月累的失望情绪而选择一走了之，转而成为《时尚芭莎》杂志的主编。此前，该杂志社的上一任主编利兹·蒂尔贝里斯因卵巢癌病故[35]。与此同时，该报道还透露，克林顿总统钦点布莱恩加入国外情报顾问委员会，后

第十八章 离 婚

者的助理期望他在这段时间静待绯闻平息，但是却遭到了他的拒绝[36]。然而，布莱恩在多年后表示，这段往事"纯属捏造"[37]。

布莱恩在谈到这篇文章时表示："大家都不满意。"但是他从未与那些撰写他与安娜恋情的记者交谈过，担心"此地无银三百两"的举动会让他们抓住确凿的把柄[38]。

在此期间，安娜正在竭尽全力筹备她在慈善事业中的一项重大活动。当时，大都会艺术博物馆邀请她主持服装学院的年度慈善晚宴。由于蒂尔贝里斯的退出，博物馆习惯了与她合作，而且她也积累了丰富的成功经验[39]。为大都会艺术博物馆这类机构策划这种类型的活动是一项吃力不讨好的工作，众口难调，而且对座席的抱怨也不绝于耳[40]。但是安娜还是与博物馆签下了合作协议，并且全身心地投入了筹备工作中，架起了时尚界与博物馆沟通的桥梁。可想而知，她的加入必然让其成为所有批评家口诛笔伐的对象，他们谴责该展览打着艺术品的幌子，实则沦为了商人牟利的工具。此外，各大品牌方携着大额支票入驻，意味着社会捐助者逐渐被推出门外，这让纽约的富人颇感不满[41]。不过，这些都与安娜毫无关系。在她策划了1999年的活动之后，大都会艺术博物馆慈善晚宴早已面目全非。

* * *

迈拉·沃克（Myra Walker）是位于丹顿市的北得克萨斯州大学的一名时尚史教授。1987年，她在纽约时装技术学院看到了首席策展人理查德·马丁和哈罗德·柯达关于时尚与超现实主义主题的时装秀，随后她便成了马丁的门徒。在策划慈善晚会期间，他们想做一场"女装与摇滚"时装秀。该创意从未在纽约时装技术学院实践过，但是马丁终于有机会在大都会艺术博物馆大展拳脚了。

1998年，沃克得知马丁患有恶性黑色素瘤并做了肺部手术。听说他将出席摇滚时装秀，沃克主动向其提供了帮助。马丁说自己可能会考虑拉她入伙，毕竟他只钟爱猫王艾维斯（Elvis）的音乐。由于马丁心有余而力不足，在沃克搬到纽约后，她基本上接管了整个项目。与此同时，马丁深受爱戴且经验丰富，在这种压力下，该项目也成为一项颇具挑战性的任务。然而从最终结果来看，她在整个过程中发挥出了不可或缺的作用，远远超出了人们的预期[*]。

为了寻找赞助商，安娜联系上了汤米·希尔费格（Tommy Hilfiger）。该设计师将1999年称为他的"音乐之年"，他曾让伦尼·克罗维兹（Lenny Kravitz）作为广告宣传代言人，并举办了两场精心设计的摇滚主题时装秀，分别邀请了甜蜜射线合唱团（Sugar Ray）与布什乐团（Bush）登台表演。希尔费格希望让自己的名字出现在大都会艺术博物馆的展览上。另外，他非常尊重安娜[42]。他当时开出了一张价值100万美元的支票[43]。同年，希尔费格还与Estée Lauder品牌共同推出了一款香水，因此他借机邀请了年轻时尚的社交名媛、商界女企业家艾琳·兰黛（Aerin Lauder）担任此次活动的联合主席，毕竟她符合*Vogue*杂志的形象[44]。

此次活动与来自克利夫兰的摇滚名人堂以及参展服装的摇滚明星开展合作，然而这项政治策略却带来了很多麻烦。普林斯（Prince）想从大都会艺术博物馆的门票销售中分得一杯羹。麦当娜希望将她的衣服放在自己的箱子里，特别是不能放在布兰妮·斯皮尔斯（Britney Spears）的衣服旁边[45]。此外，麦当娜著名的锥形文胸由让-保罗·高缇耶设计，其安全性问题一度备受质疑。

---

[*] 在与沃克的首次会面中，安娜告诉她："如果你需要我们的帮助，或者需要研究*Vogue*杂志的文件资料，请告知我们。"她在会面结束时表达了自己的诚意。然而，据大都会艺术博物馆的工作人员称，随着展览的临近，安娜几乎从不联系沃克，而且将她当成了自己的新助理一样。安娜认为她可能不会坚持多久，因此懒得知道她的名字，索性称她为"默娜（Myrna）"。

第十八章 离 婚

"我不在乎。"安娜告诉杰夫·戴利（Jeff Daly），后者曾经设计了"摇滚风格"时装和大都会艺术博物馆的其他很多展品。安娜接着说："想办法处理吧。让麦当娜高兴，让迈克尔·杰克逊（Michael Jackson）的人高兴，让披头士乐队的人高兴。"其实换句话说：让安娜高兴[46]。

* * *

无论是这次还是后来的晚宴，安娜所做的每件事情都旨在筹集更多的资金。她是如何将这段体验打造得令人如此向往，以至于最终单桌的价格[47]达到了27.5万美元呢[48]？

汤米·希尔费格同名品牌Hilfiger成为赞助商的部分原因在于其与社会名流之间存在千丝万缕的联系。派对为电视剧《五口之家》（Party of Five）中的明星珍妮弗·洛芙·休伊特（Jennifer Love Hewitt）预订了一张桌子，并允许她带着母亲一同赴约。Hilfiger品牌的一位合伙人也希望携家人和朋友前来，但是遭到了婉言拒绝，因为这场晚宴更愿意招待那些魅力四射的嘉宾，比如Hilfiger品牌广告中的模特[49]。此外，从Vogue杂志社的工作人员到服务员，这些人也都是遵照同样的标准选拔出来的。温斯顿·沃尔科夫说："那都是一群非常上镜的人。"

Vogue杂志和Hilfiger品牌决定邀请"吹牛老爹"肖恩·库姆斯（Sean Combs）表演节目。当天，他和女友珍妮弗·洛佩兹（Jennifer Lopez）一同参加了演出。前来参加派对的嘉宾还有惠特妮·休斯敦（Whitney Houston）、鲍比·布朗（Bobby Brown）、克里斯蒂娜·里奇（Christina Ricci）、麦斯威尔（Maxwell）、伊丽莎白·赫莉（Elizabeth Hurley）、格温妮丝·帕特洛及其父亲布鲁斯、史蒂文·泰勒（Steven Tyler）、汤姆·福特、梅西·埃利奥特（Missy Elliott）和玛丽·布莱姬（Mary J. Blige）。当时，《华盛顿邮报》（Washington Post）评价说："说唱歌手莉儿·金（Lil'Kim）穿了一件镶有饰钉的粉红色比基尼，几乎裸露出了整个身体。如此穿搭让人感到一阵清凉，房间的窗户甚至都起了雾。"[50] 嘉宾中有像露西·道格拉斯（CZ Guest）、杰恩·赖茨曼（Jayne Wrightsman）和南·肯普纳（Lucy Douglas）这类的社会名流，也有像卡罗琳娜·埃雷拉（Carolina Herrera）、奥斯卡·德拉伦塔及其妻子安妮特这类的时尚达人。有趣的是，罗素·西蒙斯（Russell Simmons）并未购买门票就混进了派对[51]。在库姆斯表演时，一名与会者无意中听到亨利·基辛格问道："这个绒毛*老爹是谁？"[52]

这是大都会艺术博物馆有史以来举办过的最为惊艳的极致奢华派对。博物馆举行了现场说唱表演，这对于传统的赞助者来说也许前所未见，甚至有可能此生再难见到。这不是一次典型的纽约上城区慈善活动。正如安娜对自己负责编辑的所有杂志所做的那样，她打开了虫胶指甲油的盖子，释放出了时尚在未来更多的可能性。可惜的是，马丁没能活着见证这一切，因为就在一个月前，他因抗癌失败而与世长辞了——他的缺席自然也是在所难免。

那场慈善晚宴为博物馆筹集了 300 万美元的资金。然而，安娜在结束时哭了起来。在过去的两个晚上，她几乎都没有睡觉[53]。在经历了苦不堪言的一年和公开离婚之后，这应该是她和布莱恩的第一次公开约会之夜，但是他提早离场了。塔利看见她靠在墙上，身穿约翰·加利亚诺设计的礼服，肩上围着一件厚厚的红狐皮披肩，眼泪连带着睫毛膏顺着她的脸颊流淌了下来。"布莱恩不该让安娜一人在大庭广众之下哭泣。"塔利说，"她很脆弱。"随后，安娜的朋友奥斯卡·德拉伦塔护送她走出了博物馆后门并上了车。布莱恩回忆称，他不记得自己当时把安娜弄哭了[54]。

在塔利的记忆里，这是安娜第二次表现出如此强烈的反应，这也是她唯一一次在母亲去世后因情绪失控而崩溃大哭[55]。

---

* 英语中，"吹牛（puff）"与"绒毛（fluff）"单词相似。——译者注

第十八章 离　婚

***

安娜的新恋情与她的婚姻不同。她和布莱恩从未结婚，也从未同居。他们的关系公开后，两人都与各自的配偶分居，而且也习惯了在周末见面。见面地点通常选在马斯蒂克，因为彼此平日都忙于工作。安娜会在周末阅读 *Vogue* 杂志的手稿，但是她几乎从不过问布莱恩的意见。

两人偶尔一起回到休斯敦后，她会在那里做头发，这让布莱恩感觉再正常不过。"我从没见过不做头发的女人。哪有不做头发的女人呢？"布莱恩一面说着，一面指出安娜毕竟需要经常上镜，"如果她在大家面前头发蓬乱，我想人们会质疑她作为女性时尚领导者的身份。"

布莱恩和朋友在一起时，他喜欢谈论自己对家乡弗里波特镇的厌恶之情。尽管他不喜欢开一个小时的车前往那里，但是他还是在某天带着安娜亲眼见识了一番。当地的陶氏化学工厂是西半球最大的石化工厂。该镇人口约1.2万，树木稀少，房屋狭小。唯一一处景色优美的地方便是布莱恩海滩，其以布莱恩的家人命名。他们开车穿过小镇时，安娜沉默不语。

"安娜，你在想什么，怎么这么安静？"布莱恩问道。

"这里比我想象的还要糟糕。"安娜回答道。

他们都没下去看看[56]。

***

安娜的父亲查尔斯·温图尔是对她影响最大的编辑，也是她生命中最重要的人之一，其于1999年11月4日去世。他在遗嘱中说："我没有把剩余的财产分给我的女儿安娜·温图尔·谢弗，因为她生活得很好。但我希望她知道，我为她的巨大成功和成就感到骄傲。同样令我高兴的是，她能将事业和家庭生活幸福地结合在一起。"[57]

在安娜生命中最困难的日子里，她仍是众矢之的。查尔斯的追悼会于伦敦举行，当时，善待动物组织给安娜留下了一束花，上面写着："也请记住所有失去双亲的动物，正是那些仍然推销皮毛制品的人麻木不仁，才使得它们饱尝痛苦。"[58]

安娜和她父亲的关系一直很复杂。她崇拜他，钦佩他，并模仿他，但他对婚姻的不忠给她留下了创伤。查尔斯为她打开了出版界的大门，并认真呵护她对时尚的兴趣。她身上被人熟知的个性和天赋在很大程度上都受到了查尔斯·温图尔潜移默化的影响。而现在，这种惊人的强大影响力已经全然消失。

安娜会公开谈论自己父亲的成就以及对她后来职业生涯的影响，然而对于母亲，她从来三缄其口。2019年，她曾告诉CNN的克里斯汀·阿曼普尔（Christiane Amanpour）："父亲非常热爱自己的事业。在我的成长环境中，周围全都是记者和编辑，这让我对世界上正在发生的事情有所耳闻，因此我备受鼓舞。在这样的背景下，我爱上了新闻，也爱上了文化。我们一直置身其中。父亲经常把他的作品带回家，而且家中经常看到络绎不绝的政治家、编辑等。我真是太幸运了！"[59]

面对那些指责查尔斯行为冷漠的人，安娜锲而不舍地为他的性格辩护，或许她也在为自己辩解，她甚至可能在通过这一方式让父亲的精神得以永驻。与此同时，她将继续在父亲的光环下有条不紊地书写自己的传奇。

* * *

继"摇滚风格"时装秀后，服装学院本来计划在2000年12月6日举办一场Chanel品牌主题时装秀。然而，卡尔·拉格斐在朋友英格丽·西斯基（Ingrid Sischy）的怂恿下，退出了筹备团队，而且该表演

第十八章 离 婚

在最后一刻宣布取消[60]。

这种情况极为罕见，拉格斐似乎并不介意让安娜失望。安娜曾在《女装日报》中表示，由于理查德·马丁的缺席，"当时没人能扛起策划大都会艺术博物馆展览的重任"[61]。不过，整个活动由迈拉·沃克担任临时策展人，他已经把整个时装秀安排得井井有条[62]。

塔利称，时装秀取消之后，安娜和拉格斐陷入了冷战。尽管安娜还穿着拉格斐设计的服装，而且两人还在互发传真，但是他不愿意与安娜通电话。2004年，安娜询问塔利，她是否认为现在是让拉格斐重新举办Chanel品牌时装秀的好时机。塔利思考了一会儿回复说，她应该这样做。

"让卡尔接电话就像从棺材里拔钉子一样难。"塔利回忆说。不过拉格斐最后还是接了安娜的电话。于是，她关上了办公室的门，做了塔利认为她最擅长的事。"她能让拒绝你的人答应你的请求。"塔利说，"当安娜提出建议时，人们不仅愿意倾听，而且还会想方设法地向她献殷勤。"Chanel品牌展览于2005年5月开幕。身为时尚界的伟大偶像，拉格斐终究无法抗拒安娜的要求。

第十九章

关于网站

Style.com 网站是安娜的心头刺。从一开始,她就没有直接控制权。然而,即使 Vogue.com 网站与 *Vogue* 杂志无关,她仍然不希望为该网站做的努力前功尽弃。她还认为,如果 Style.com 网站有 *Vogue* 杂志的加持,其必定会更加成功[1]。

继琼·费尼离开 CondéNet 部门后,杰米·帕勒特(Jamie Pallot)于 2001 年 5 月 31 日正式成为 Style.com 网站的主编[2]。安娜批准了他的任命[3],但是她更喜欢让自己麾下的人管理工作。三个月后,她的前配饰编辑坎迪·普拉茨·普赖丝(Candy Pratts Price)成了 Style.com 网站的时尚总监。此前,普拉茨·普赖丝曾以规划负责人的身份参与筹备了 *Vogue* 杂志 VH1 "时尚大奖"等活动[4]。

据普拉茨·普赖丝称,在安娜请她"接管"Style.com 网站之后,她同意了,而且她对网站未来的发展方向有着一系列绝妙的想法。此时,秀场照幻灯片已不再是 Style.com 网站的专属特色,《纽约》杂志等出版物也开始展示这类幻灯片。"现在谁都能播放一堆幻灯片。"普拉茨·普赖丝告诉安娜,"我们应该为 Mac 品牌制作一本杂志。"

"这是个好主意。"安娜说。她似乎觉得只要普拉茨·普赖丝在,她就无须担心网站的问题[5]。

帕勒特也对这个想法深表认同。事实上，该网站已经成为时尚行业的重要资源，不过参考价值有限，因为只有少部分人需要查阅 Prada 品牌 2000 年春季时装秀的第 18 套造型[6]。然而，Style.com 网站的一些工作人员并未把普拉茨·普赖丝视为同心协力的伙伴，他们以为普赖丝只是替安娜把关，将不符合 Vogue 杂志的内容剔除[7]。普拉茨·普赖丝表示："考虑到我和安娜的关系，大家都觉得我只是 Vogue 杂志社的一员，而不是真正的 Style.com 网站员工。"她是 Styles.com 网站唯一一位随 Vogue 杂志团队参加过欧洲时装秀的员工，并且与他们一起入住四季酒店。她知道安娜对某些时装系列的看法，并且会告知评论家妮可·菲尔普斯（Nicole Phelps）。"例如我会说，安娜与 Vogue 杂志都欣赏这系列的麂皮裤。"普拉茨·普赖丝回忆说。最初几年，安娜似乎对 Style.com 网站的评论饶有兴趣。普拉茨·普赖丝经常前去安娜的办公室谈论自己的想法。有时，普拉茨·普赖丝因为没有权限而被挡在门外，安娜便打电话让人将她放进来。

当时，安娜无意经营 Style.com 网站，因为她从未同普拉茨·普赖丝分享过自己的想法。普拉茨·普赖丝表示，安娜最关心的问题是保持 Vogue 品牌的一致性。"你绝对不会先说：'麂皮裤是最差劲的单品。'然而突然之间，一整期杂志都是有关麂皮裤的内容。那不是很荒谬吗？"她说[8]。

如果安娜看不惯网站上的某些内容，她往往会通过普拉茨·普赖丝要求删除或更改。Style.com 网站早期制作过一期视频，向公众介绍"剪刀姐妹"——一支以女同性恋相关活动命名的表演艺术流行乐队。那会儿，他们正在试穿由扎尔迪（Zaldy）制作的戏服。扎尔迪曾为迈克尔·杰克逊和布兰妮·斯皮尔斯设计过巡演服装。普拉茨·普赖丝向 Style.com 转达了安娜的指令："给我把网站上有关同性恋的色情内容全部删除。"[9]普拉茨·普赖丝后来称自己不记得此事。不过当时，安娜的话起了作用，那期视频随即被撤了下来。

*　*　*

2001年，杰奎琳·肯尼迪（Jackie Kennedy）出席了大都会艺术博物馆的展览现场。当时，即使安娜尚未完全理解互联网这种媒介的存在意义，但她知道其显然成了派对宣传的绝佳工具。比如，活动结束后的第二天早晨，人们可以点开网页，浏览富豪名流穿着奇装异服出席大都会艺术博物馆慈善晚宴或电影首映式的现场照片。安娜把慈善晚宴从一场为社会名流举办的慈善派对转变成了一场极具诱惑力的主流名人活动，从而让外人对参加该晚宴的兴趣空前激增。

斯蒂芬妮·温斯顿·沃尔科夫是 *Vogue* 杂志的官方活动策划人，而且也是非官方的"将帅"。她负责策划了 *Vogue* 杂志社举办的所有派对，其中就包括大都会艺术博物馆慈善晚宴。她的团队中有一位助理，而安娜将其当作自己的第三个助理来使唤。即便安娜知晓她的名字，但是她也从不直接叫出来，而是称她为"斯蒂芬妮的女孩"。当安娜的两名助理分身乏术时，"斯蒂芬妮的女孩"就会被叫去接听安娜的电话，或者晚上把那本传奇之书送到安娜家里[10]。

策划慈善晚宴的第一步是创建宾客名单。首先，温斯顿会草拟一份775人的名单，其中包括新锐设计师、知名设计师、*Vogue* 杂志封面明星以及影视大片演员。然后，安娜会重新梳理一遍，划掉一些名字，并加上其他名字。温斯顿·沃尔科夫曾经感叹道："安娜缔造了慈善晚宴红毯上的娱乐和时尚帝国。"

为了吸引大家订桌，温斯顿·沃尔科夫会给设计师们发一封由安娜亲笔签名的私人信件，要求他们承诺前来参加晚宴。"事情并没有外人想象中的那么容易。"温斯顿·沃尔科夫说。有些宾客想免费获得一张桌位，但是安娜的目的是尽可能地让对方掏钱[11]。未被邀请的人打来电话要求参加，并保证只要他们拿到门票，就会送来巨额捐款。有些设计师初出茅庐，名声不够响亮，从而连最初的邀请名单上都没有他们的名字。此外，好莱坞经纪人也开始打来电话，试图让他们旗下的明星前来参加。*Vogue* 杂志社会派出一位代表将他们拒之门外，并告诉他们："我们很乐意接受你们的捐赠，但是我们的门票已经售罄了。"[12] 温斯顿·沃尔科夫称："就算你有 10 亿美元，也不一定能买到门票……让你进来肯定是经过了深思熟虑。"

卡戴珊（Kardashian）家族也曾让人打来电话，表示希望参加派对。据温斯顿·沃尔科夫称："卡戴珊一家缺乏时尚感，她们与 *Vogue* 杂志毫不相关。"安娜认为她们不具备"影响力"，这种评价无疑是沉重的打击[13]。出于相同的原因，卡戴珊家族、希尔顿（Hilton）姐妹*以及妮可·里奇（Nicole Richie）都在慈善晚宴的黑名单之列。不过，安娜最终同意了妮可·里奇参加派对[14]。

一旦有人买下桌位，温斯顿·沃尔科夫就会帮买家联系经安娜批准的宾客，请他们届时到场入座。这些宾客很多都是社会名流，他们无须付钱，但是仍然有很多人捐出了善款。面对社会名流各种各样的要求，*Vogue* 杂志社竭尽全力满足他们。如果有人希望在桌子底下摆放某种品牌的龙舌兰酒，温斯顿·沃尔科夫绝对不会照做，但是她会准备一瓶放在手边以备不时之需。这样做情有可原，毕竟有一次某位客人因喝醉而昏倒在盥洗室。此外，客人们也会提出吸烟的要求。温斯顿·沃尔科夫说："这是件大事，每个人都想抽烟。"尽管大都会艺术博物馆明令禁止吸烟行为，但是该规定对嘉宾来说形同虚设。

不过，有些嘉宾能享受安娜的特殊待遇，比如，汤姆·福特、卡尔·拉格斐、哈维·韦恩斯坦等人[15]。安娜小心翼翼地将这些人从红

---

* 然而，希尔顿姐妹成功地参加了 2001 年秋季举行的 VH1/*Vogue* 时尚大奖典礼。起初，*Vogue* 杂志社拒绝了她们参加慈善晚宴的请求，但是 VH1 现场的某位工作人员没有征求杂志社同意就让她们入场了。当时，两人身着红色绸缎连衣裙，都戴着钻石项链。那天，尼基（Nicki）与帕丽斯（Paris）的服装分别采用了褶皱领和不对称裙摆设计。据知情人士透露，她们在红毯上备受关注，这令安娜颇感震惊。

毯前排队的客人之中请出来，这样他们无须等待就能进场。

安娜和温斯顿·沃尔科夫非常关心客人的座席，就像最初安娜担任 *Vogue* 杂志编辑时在家中举办的那些派对一样。珍妮弗·洛佩兹和马克·安东尼（Marc Anthony）刚开始约会，双方都希望保密。温斯顿·沃尔科夫和安娜决定让他们背靠背坐在不同的餐桌旁，这样两人就可以挨坐在一起，但是又不会看起来像一对情侣。由于一些私人恩怨，有些名人不能坐在一起。此外，有些客人争强好胜，他们认为最好的座位应该属于自己，这也是安娜自己从来不选择这类座位的原因。温斯顿·沃尔科夫说："每块区域都安排了足够显眼的嘉宾，连他们周围的人都能被注意到，而且他们不会察觉自己就在盥洗室旁边。"

与此同时，安娜也想让宾客们混坐在一起，旨在促成更多的生意合作。她可能会让新锐设计师坐在投资者旁边，或者让模特坐在化妆品公司高管旁边。她会故意拆开情侣，鼓励他们在不经意之间碰撞出别样的火花。"安娜想让大家拓展人脉，从而带来更多的生意往来。"温斯顿·沃尔科夫说，"这是促进行业发展的一种方式。"晚宴还聘请了艾琳·兰黛等"*Vogue* 社交名媛"担任非正式的餐桌主人，以引导互不相识的宾客们相互交谈[16]。

在 *Vogue* 杂志社举办的一系列活动中，唐纳德·特朗普是一位深受欢迎的常客，不过他当时看起来并不完全像名副其实的纽约上流社会人士[17]。20 世纪 80 年代初，安娜就已经与特朗普相识。当时，她身为《纽约》杂志的一名编辑，受邀参观还在施工的特朗普大厦。"那种地方并不适合我去。"安娜回忆道，"唐纳德亲自带我参观，我感到受宠若惊。他对这座大楼感到非常自豪。"[18] 多年来，安娜和特朗普在纽约的很多活动上打过照面。他在安娜举办的活动上备受欢迎，原因很简单，因为他花了钱。不过，他仅为大都会艺术博物馆慈善晚宴贡献过 3000 美元，总共购买了 2 张最便宜的门票[19]。

但有时候，他也会勉强挤出更多的资金。2001 年 4 月 17 日晚上，安娜换上了一套橙色的丝质晚礼服，脖颈上系着一条皮草披肩，以让自己的肩膀保持温暖。她准备前去主持巴兹·鲁尔曼的电影《红磨坊》（Moulin Rouge）的放映典礼，此前她曾让该片演员妮可·基德曼（Nicole Kidman）登上了 Vogue 杂志的封面。当晚的活动现场拍卖了设计师受该电影启发而制作的服装，旨在为艾滋病慈善机构筹集资金。Brasserie 8 ½ 餐厅结束了电影放映后，随即在接下来的活动中举行了此次拍卖。设计师约翰·加利亚诺、女明星妮可·基德曼、报业大亨鲁伯特·默多克（Rupert Murdoch）、安娜的追随者哈维·韦恩斯坦和唐纳德·特朗普等人悉数到场。他们享用着香槟、鱼子酱和牛排薯条，陶醉在安娜的人脉圈里，并试图潜入得更深。

当时，现场正在拍卖一件 Versace 品牌的黑色连衣裙，特朗普和韦恩斯坦互相竞价。渐渐地，人群开始大声高呼"唐纳德！唐纳德！"。最终，特朗普以 3 万美元的价格竞拍成功[20]，然而却发现这条裙装的束腰过紧，并不适合女友梅拉尼娅·克瑙斯（Melania Knauss）[21]。不过，此举的重点并不在于裙子。重要的是，特朗普出现在了拍卖现场，他打开了自己的支票簿，想方设法地取悦安娜。反过来，这种方式也会为他的品牌带来珍贵的宣传机会。

Vogue 杂志对该活动进行了简要报道，文章刊出了特朗普和克瑙斯的照片，当天，克瑙斯身穿一身 Dolce & Gabbana 品牌白色长裤套装亮相活动现场[22]。

克瑙斯登上了 2003 年 5 月期的 Vogue 杂志，她为整理个人衣橱的专题报道拍摄了照片并接受了采访。报道称："特朗普三年前就曾考虑过竞选总统，因而梅拉尼娅有望成为第一夫人。出乎意料的是，她在该身份的着装选择上很有一套。"[23]

2004 年春天，安娜打算聘请 22 岁的伊万卡·特朗普为 Vogue 杂志社工作。当时，唐纳德鼓励女儿接受安娜的提议。"我觉得你应该考虑一下，伊万卡。"他对女儿劝说，"在 Vogue 杂志社工作听起来令人兴奋，更何况安娜在同行里出类拔萃。跟着她，你会受益匪浅。"不过，伊万卡拒绝了，她声称不愿"耽误自己成为建筑师的梦想"[24]。同年，在各大媒体的轮番炒作下，特朗普最终于大都会艺术博物馆慈善晚宴的"危险联络"主题展览上向克瑙斯求婚成功，后者在当天穿上了之前不合身的那条 Versace 品牌连衣裙。

晚宴结束后，克瑙斯和前 *Vogue* 杂志社公关保罗·威尔莫特一起前往安娜的办公室与她会面。当时，克瑙斯正在配合 *Vogue* 杂志社准备一篇报道。特朗普特地打电话给威尔莫特，委托其代表克瑙斯发声[25]。此前，特朗普、克瑙斯和安娜已经一致同意安排克瑙斯登上 *Vogue* 杂志封面。克瑙斯准备于夏天前往巴黎参加高定时装秀，以选购自己的婚纱。该报道也将此行程列为重要的关注点[26]。然而，工作人员并不理解安娜将克瑙斯的照片放在杂志封面的决定[27]。他们认为，对于安娜来讲，克瑙斯只不过是一个俗气的访客[28]。

第二年，梅拉尼娅的照片出现在 2005 年 2 月期的杂志封面上，照片中的她穿着一件由约翰·加利亚诺设计的高定婚纱。梅拉尼娅在塔利的帮助下相中了这款婚纱，并且得到了安娜的认可。实际上，婚礼于 1 月底举行，而在此之前该期杂志就已经出版。婚礼当天，安娜和塔利亲临现场，新任特朗普夫人穿了一条早先在 *Vogue* 杂志上展示过的连衣裙。"那一期的封面反响一般。"当时负责封面报道的莎莉·辛格说，"这与该杂志社首次刊登辣妹合唱团或麦当娜照片时的情况迥然不同。"据统计，当期杂志在报摊总共售出 41.7 万本[29]，与封面为桑德拉卓·布洛克（Sandra Bullock）等女演员的其他几期杂志相比，销量根本不值一提[30]。

* * *

Vogue 杂志社整层楼唯一的电视在安娜的办公室里[31]。2001 年 9

月 11 日上午 8 点 46 分，美国航空公司 11 号班机撞上了世界贸易中心北塔，地点位于康泰纳仕集团的时代广场总部以南 3.5 英里*[32]。当时，大多数人还没来上班，杂志社里只有康泰纳仕集团总裁兼首席执行官史蒂文·弗洛里奥以及几位助理在内的六七个人，他们聚集在安娜的办公室里收看新闻。

当时，纽约时装周进程过半，丽莎·乐福正在城里参加活动。上午 9 点，她到达办公室，安娜看着她说："丽莎，我们该做些什么？"在乐福眼中，安娜一直把她当作大难不死的幸存者，因为她住在洛杉矶，那里经常发生地震。

"我们去接孩子。"乐福说。

她和安娜上了车，尽量朝着上城区的方向行驶，直奔孩子们的学校。乐福认为，一旦两人离开了办公室，她们就不再是单纯的同事关系。就在那天，她们成了亲密的朋友。然而中央公园关门了，她们只好下车，穿着高跟鞋跑了大约 20 个街区。安娜非常担心自己的孩子。

安全接到孩子后，他们结伴前往奥斯卡·德拉伦塔在公园大道的公寓。那天德拉伦塔并不在家，他前去参加自己的时装秀，他的妻子安妮特招待了大家。他们聚在卧室里，电视里播放着新闻。由于第 14 街以下的路段均被封锁，因此安娜无法回到自己的家中。于是，她暂时住在了马克酒店，直到封锁解除[33]。

与此同时，在 *Vogue* 杂志社的办公室里，员工们不知道自己是否可以回家。最终，大楼内的人员全被疏散[34]。身为 *Vogue* 杂志主编，安娜第一时间就在思考自己应该在悲剧发生后做些什么[35]。现在，每个人都六神无主，时尚界急需一位能稳定军心的领导者，而安娜即是众望所归。

---

* 1999 年，康泰纳仕集团将办公地点搬到了四个半街区外的时代广场四号。

* * *

2001年9月12日,安娜照常前往杂志社工作[36]。一直以来,不管发生了什么事,她都雷打不动地继续工作。2000年年底,她做了一次面部拉皮手术,还未等脸上的黄色瘀伤痊愈,她便回到了工作岗位,这让她的工作人员甚是担心。在经历了大型手术后,她竟然还在工作,而不是在家休息[37]。然而,这一次她选择照常工作,不仅仅出于工作理念。或许对她而言,如果 Vogue 杂志停刊、时尚行业停摆、整个世界停转,那么就意味着恐怖分子得逞了[38]。

安娜希望让自己的员工认识到,虽然"9·11事件"是一场难以想象的可怕悲剧,但是最好的解决办法是继续努力工作[39]。尽管员工们都遭受了巨大的精神创伤,但是 Vogue 杂志社从来都不是一个宣泄不安情绪的好地方。虽然办公地点位于时代广场令他们格外紧张,但是他们依旧跟随着安娜回到了办公室。有些人为求心安,特意换上了平底鞋,以便随时能从楼梯逃生[40]。

9月12日,安娜的助理艾米·周(Aimee Cho)大部分时间都在整理 Vogue 杂志社时尚衣橱中待捐赠的物品,包括T恤、牛仔裤、短裤、袜子、运动鞋等等,并准备将这些实用单品送给灾难现场的急救人员[41]。与此同时,温斯顿·沃尔科夫和她的助理受命继续策划定于9月19日举行的纽约儿童基金会慈善活动。按计划,安娜当天会与纽约市市长鲁迪·朱利安尼共同主持,而后者希望活动不要因恐怖袭击而取消。在筹备期间,Vogue 杂志团队打电话告知宾客该慈善活动如期举行。然而,有些宾客在接到电话时感觉受到了冒犯,大发雷霆,特别是在恐怖袭击中失去了亲人或朋友的人。不过,Vogue 杂志团队不得不承受他们的怒火,而且尽量让自己忍住不哭[42]。

安娜立即指派格蕾丝·柯丁顿策划春季时装预展报道,以弥补受"9·11事件"影响而取消的时装秀活动季。在大约一周的时间里,柯丁顿及其团队联合捷克模特卡罗琳娜·柯考娃（Karolína Kurková）与摄影师史蒂文·卡莱恩（Steven Klein）共同完成了相关报道的拍摄任务[43]。在首张照片中，柯考娃身着Calvin Klein品牌的白色紧身背心，搭配黑色紧身外套和裤装，手持一面巨大的金边美国国旗，头发上戴着饰有美国国旗的围巾。在该系列的其他照片中，她要么手持国旗，要么背靠国旗，要么在指甲上涂绘了国旗图案。

在其中的一张照片中，柯考娃站在纽约市的某处房檐上，她背对着镜头，双手举着旗帜，并眺望街对面的一座办公楼。在拍摄期间，柯考娃穿着白色的细高跟鞋摇摇晃晃地靠近房檐的边缘，尽管其大约有3英尺宽，但是依旧让拍摄团队深感不安。当时，电视和报纸上尽是人们在双子塔倒塌前跳楼自杀的画面。"在拍摄这张照片的时候，我和对面办公楼内的人面面相觑。他们一定在想：天哪，难道又是一场炸弹袭击？"柯丁顿说，"这恰恰就是我们最先想到的创意。"

安娜从未对这组作品表示过担忧，而且完全认可摄影成片的效果。"我认为这系列照片必须要呈现出无所畏惧的主题，安娜希望给大家留下这样的印象。"柯丁顿解释称[44]。安娜的共情能力与她害羞的性格同样引人争议，有些人认为她难以驾驭这种情感。在她离婚时，她的前夫大卫·谢弗对朋友安东尼·哈登-格斯特说："安娜缺乏同情心。"[45]不过也有人不以为然[46]。对他们而言，安娜只是将这部分情感留给了家人，因而仅仅在她私人生活中的某些方面体现出来[47]。让她的团队感到匪夷所思的是：当她看到这张照片时，怎能不联想到那些从双子塔上跳下来的人呢？[48]

第二十章

全新联盟

2001年，杂志行业表现不温不火，即便是在"9·11事件"发生前，情况也并没有明显不同。恐怖袭击发生后，各品牌的市场营销人员担心被人指责自己对此事麻木不仁，于是纷纷决定全面削减支出，从而导致 Vogue 杂志失去了部分广告。2001年结束时，该杂志的广告版面数减少了1.9%。此外，2002年1月期杂志的广告版面数比前一年下降了30%[1]。最重要的是，乔治·阿玛尼（Giorgio Armani）于2001年底撤下了 Vogue 杂志上的所有广告，此举不是因为"9·11事件"，而是因为他认为时尚界并未赋予自己应得的荣誉[2]。

Vogue 杂志社需要有人雪中送炭。

2002年年初，安娜走进小塞缪尔·纽豪斯的办公室说："我想让汤姆·弗洛里奥（Tom Florio）担任我的出版商。"当时，弗洛里奥是 GQ 杂志社的出版商，他的哥哥、康泰纳仕集团首席执行官兼总裁史蒂夫打电话对他说，纽豪斯将来电讨论其到 Vogue 杂志社任职的事宜。然而，弗洛里奥表示自己无意离开 GQ 杂志社。

"Vogue 杂志社的出版商负责康泰纳仕集团最为重要的工作。"纽豪斯说，"甚至比首席执行官的职务还重要。"最终，他说服了弗洛里奥与安娜会面。

"你不会喜欢我这个出版商的。"弗洛里奥告诉安娜,"我们合作不来。我心直口快,必然会惹你生气。你会去找小塞缪尔抱怨,然后把我解雇。我不想看到这样的结果。"

安娜告诉他此言差矣。"我会成为你最好的商业伙伴。"安娜说。

安娜向他保证,只要他不和模特们鬼混,她绝对不会找纽豪斯抱怨[3]。

Vogue 杂志社聘用弗洛里奥旨在取代原出版商理查德·贝克曼,后者曾是一名摇滚乐推广人,业内人士称其为"疯狗"。1999 年 6 月,在一次销售会议结束后,他试图将两名女子的头按在一起,强迫她们接吻。然而,一人的鼻子不幸撞到了另一人的额头,进而导致前者受了严重的伤,不得不接受手术[4]。随后,她向康泰纳仕集团提起诉讼,最终获得了总额在 100 万到 500 万美元间的赔偿金。据称,当时高管们担心的不是两位女子的身体,而是 Vogue 杂志社的运行情况。他们不想做出重大的领导层人事变动,所以贝克曼暂且保住了自己的位置,而且仅需向员工公开道歉[5]。安娜对此事颇感震惊。一直以来,她与贝克曼的关系并不融洽。不过,据琼斯说:"她不会直接对上贝克曼,让他离开杂志社。"[6]

早在贝克曼进入 Vogue 杂志社前,康泰纳仕集团就像许多公司一样,在对待女性方面留下了一段极不光彩的历史。例如,级别较低的女性员工经常在职场公然遭到骚扰。20 世纪 90 年代初,史蒂文·弗洛里奥曾将一位年轻的女性助理叫进办公室,当时他正和另一位高管闲聊。弗洛里奥对那位助理说:"我们两人一直在讨论,现在达成了一致决定——你需要换上短一点的裙子来上班。"随后,他们爆发出一阵笑声。那位年轻助理也想一笑了之,但是却又觉得受到了羞辱[7]。

苏珊·伯恩斯坦(Susan Bornstein)曾在 Vogue 杂志社的商业部门工作。据她回忆称,时任副出版商的诺曼·沃特曼(Norman Waterman)经常骚扰年轻女性员工。在一次会议上,伯恩斯坦遭遇了沃特曼的"咸猪手"，她要求对方将手拿开。纽豪斯可能对这样的行为毫不知情，但是伯恩斯坦表示，尽管他自己不会这样做，但是他会认为这般男子汉行为值得鼓励。"他喜欢这种恃强凌弱的恶人。"伯恩斯坦说，"小塞缪尔不会做出这样的行为，但这是他第二自我的个性。"

"安娜一直认为诺曼是一头猪。"伯恩斯坦说。但是，*Vogue* 杂志社的出版团队从未向安娜检举过他。人力资源部门经常拿着有关沃特曼的调查文件与其谈论他的不当行为，不过，他们从来没有因此解雇沃特曼。"如果他能带来利润，那么他们还会在意这些事情吗？我认为他们丝毫不会在乎。"伯恩斯坦说[8]。

汤姆·弗洛里奥向安娜承诺，他不会借助自己在 *Vogue* 杂志社的工作之便接触模特。2002年2月4日，他搬进了 *Vogue* 杂志社的出版商办公室。此后他将感受到，安娜并未向他撒谎，她确实是自己遇到过的最好的商业伙伴[9]。

* * *

上任之初，弗洛里奥和安娜一起吃过早餐。两人约定，如果他们要在一起工作，就必须做到对内坦诚相待，对外统一战线。

弗洛里奥表示，*Vogue* 杂志的业内形象存在问题。从一方面来看，诸如 Gucci 品牌首席执行官多米尼克·德·索尔（Domenico Del Sole）等人与设计师汤姆·福特展开合作，他们待安娜担任主编后，才开始决定筹备品牌时装秀。其他时尚品牌高管纷纷致电，询问她对当前设计师的工作有何看法，并且请教应该聘请哪些设计师。从另一方面来看，有些品牌认为 *Vogue* 杂志社的做法简单粗暴，因为如果安娜不喜欢他们的作品，就会被她移出杂志版面。当时，设计师、社会名流和模特都想出现在 *Vogue* 杂志上，因为其从来不会刊登负面报道。对于安娜而言，她之所以将精挑细选的人物呈现在杂志版面上，是因为他们必然在某些方面值得赞美,而且需要向外界传递积极的信息。换句话说,假如你根本不在杂志的考虑范围之内,那么对你来说就是很大的负面影响。

"我们与哈维·韦恩斯坦别无二致。"弗洛里奥说。

"何出此言?"安娜问道。

"大家知道我们实力雄厚,都想与我们合作,但是他们觉得我们咄咄逼人、粗鲁无礼。"他说,"假如我们把你讨厌的事情告诉大家会如何?你曾经向奥斯卡·德拉伦塔、多米尼克等人做过同样的事,他们非常依赖你,而且尊重你的辛勤付出和诚实态度。如果这恰恰就是我们自己的处理方式呢?你和大家坐在一起,告诉他们你的喜恶以及缘由,不过你要用和女儿讲话的方式与他们沟通。我们绝不能采取不屑一顾的态度。"

"我们为什么要这样做?"安娜问道。

"因为你可以把 Vogue 杂志社打造成时尚界的麦肯锡。"弗洛里奥说,"这样一来,相较于杂志没为别人捧场而失去生意,我们提出的价值主张更胜一筹。"[10]

安娜欣然同意。然而,这并不意味着 Vogue 杂志社与时尚界之间的关系会在一夜之间缓和下来。

* * *

在弗洛里奥担任 Vogue 杂志社出版商的早期阶段,他曾在米兰与 Max Mara 品牌举行了见面会,与他同行的是 Vogue 杂志的首席市场编辑弗吉尼亚·史密斯(Virginia Smith)。当时,该服装品牌公关乔治·吉多蒂(Giorgio Guidotti)对史密斯说:"我们在杂志上投放过如此多的广告,但是却不见你们撰写过任何评论报道。"

在弗洛里奥看来,他有责任袒护自己的编辑。他从未将安娜推出去销售广告，也不想为了达成生意就随口答应对方说安娜会在杂志中介绍该品牌。"你在和我开玩笑。你是我见过的最懒的混蛋。"他告诉吉多蒂，"我的编辑也坐在这里。你可以抛给她一个创意，但是不能干扰她的编辑工作。"

那天深夜，弗洛里奥酒店房间里传真机响个不停。安娜向他发送了一张纸条，上面写着："汤姆，非常感谢你对我们编辑的支持和维护。然而，你没必要对别人那么苛刻。"

与此同时，媒体将 *Vogue* 杂志社与乔治·阿玛尼的关系描述成了一场趣味横生且戏剧性十足的争斗。"对于安娜而言，"弗洛里奥说，"当涉及实际产品时，如果你的影响力不够大，她不会为你报道。"当时，阿玛尼就遭遇了这样的情况。"这在时尚界实属罕见。因为即使在 *GQ* 杂志社，我们也会对他进行报道。"弗洛里奥补充说，"虽然我们不会刊登长篇大论，但是他深受我们的喜爱，我们全都认识他。我们已经从他那里赚了 15 年的钱。阿玛尼并非初来乍到的冷血之人，所以我们不会置之不理。"[11]

据康泰纳仕集团旗下多家出版物的编辑反映，阿玛尼对每个杂志社都采取相同的策略。

接下来要谈到的是阿瑟丁·阿拉亚（Azzedine Alaïa）。20 世纪 80 年代，安娜很喜欢穿着由他设计的服装出入各种场合。此外，她在担任编辑的早期阶段，曾于 *Vogue* 杂志上发表过相关专题报道。2003 年初，阿拉亚举办了他近 10 年来的首场高定时装秀，然而 *Vogue* 杂志社无人到场。阿拉亚告诉媒体，他之所以未向 *Vogue* 杂志社发出邀请，是因为对方对他设计的服装视而不见[12]。他后来称，安娜"表现得独断专权"[13]。随后，他向采访者透露：

> 在看到她的穿着打扮时，我完全有理由质疑她的品位。我甚至可以光明正大地说出来！我的服装在美国非常畅销，而且我在

巴尼斯百货公司拥有140平方米的实体店面，但是她很多年都没再给我的单品拍过照片。美国女性大众都喜欢我的服装，因此我根本不需要得到她的支持。安娜·温图尔从来不在乎摄影照片，她只在乎公关和生意，这让大家感到害怕。不过，如果她遇到我，她才是瑟瑟发抖的那个人……总而言之，时尚史上谁会记得安娜·温图尔的名字？答案是：没人会记得。[14]

安娜并非平白无故对阿拉亚的作品视而不见，只是她并未公开解释过个中缘由。20世纪90年代，阿拉亚在时装周期间取消了时装展示活动，因而编辑们不得不专程前往巴黎参加他举办的时装秀。另外，据柯丁顿解释说，阿拉亚此前并未遵照约定的计划让自己的服装依次上架。Vogue 杂志社本来打算根据该计划表拍摄服装照片，从而确保在当期杂志出版时，消费者可以参考其中的照片前往店中购买相应单品。据柯丁顿回忆称："当时，安娜并不想让大家失望，她不允许在杂志上刊登尚未上架的服装。"后来，阿拉亚不准 Vogue 杂志发布由他设计的任何衣服，或者"除非杂志社答应对他进行翔实的报道，否则他绝不妥协"，这让当时的情况雪上加霜。安娜并未对此做出任何回应，她选择视而不见，并且一如既往地继续工作。柯丁顿说："此后，他们两人渐行渐远，如同一对离了婚的怨偶。最终，很遗憾的是，他的名字再也没有出现在杂志上。我非常喜欢他的作品，而且欣赏他的聪明才智，可是他太难对付了。"[15]

好在阿拉亚并未像阿玛尼那样创建了同名品牌商业公司。康泰纳仕集团的首席执行官史蒂夫·弗洛里奥和小塞缪尔·纽豪斯在汤姆·弗洛里奥之前就曾拜访过阿玛尼。随后，史蒂夫告诉弟弟汤姆说："阿玛尼对我们表示，我们应该解雇安娜·温图尔。她的时代结束了，她根本不懂时尚，而且无法胜任。《时尚芭莎》杂志的新主编格伦达·贝利（Glenda Bailey）是非常出色的接班人。"此言一出，康泰纳仕集团的所有者和首席执行官亲自前去拜谒阿玛尼，充分表明前者意识到了这种分歧的严重性。弗洛里奥认为，他的哥哥和纽豪斯很可能认真考虑过阿玛尼的要求，但他们并未马上采取任何行动。

同一时期还发生了一件对安娜不利的事情。她的一个前助理撰写了一本回忆录，但与其说是回忆录，不如说她把为安娜工作的经历添油加醋的写成了一部小说[16]。

* * *

1999年圣诞节前后，安娜雇用了两位助理，其中一个就是执行编辑劳里·琼斯口中的"特权女孩"，该助理的父亲是一名外交官。当时，她想申请一整月的假期，然而这对大多数老板来说根本行不通，尤其是安娜·温图尔。

另一位助理是劳伦·魏丝伯格（Lauren Weisberger），她当时刚从康奈尔大学毕业。琼斯和安娜两人决定雇用她。然而，令人担忧的是，大家很快发现，魏丝伯格并不适合这份工作，因为她显然只想成为一名作家[17]。

担任安娜的助理并不意味着未来将会成为一名新闻工作者，而是穿着高跟鞋急匆匆地为她取回热拿铁。胜任这份工作的年轻女性很少有人能成为编辑。有些人成功地加入了时尚部门，然而实际上，那些在安娜麾下表现出色的助理很难成为第二个琼·迪迪翁（Joan Didion），更不可能成为第二个安娜[18]。

琼斯坦言，魏丝伯格显然"无法从我们这里得到任何实质性的工作任务"。琼斯补充道："魏丝伯格是一位可爱的姑娘，却不是一个伟大的作家。可怜的孩子。"在工作了数月后，魏丝伯格询问理查德·大卫·斯托里（Richard David Story），她是否可以去做他的助理。当时，斯托里是一名编辑，即将从 Vogue 杂志社跳槽到《启程》（Departures）

杂志社。他答应了魏丝伯格的请求，于是后者跟着他一同离开了 Vogue 杂志社。然而，当魏丝伯格尝试在《启程》杂志上发表文章时，她再次遭受重挫。斯托里读完她的作品后，直接告诉她去参加写作课程。

魏丝伯格遵照斯托里的建议报名参加了创意写作课程，继而果然开始撰写小说，事无巨细地将其担任安娜·温图尔助理的故事搬到了纸上。魏丝伯格在小说中描述了自己的所见所闻，特别是她认为大家可能感兴趣的话题。随后，她的指导老师让她将自己的作品拿给图书代理商德博拉·施奈德（Deborah Schneider）审读。尽管她还没有完成全稿，但是她欣然答应。随后，施耐德打来电话说："如果她想出售这本书，我今天下午就能帮她卖出去。"[19]

2002 年 5 月 21 日，据《女装日报》报道称，小说《穿普拉达的女王》以 25 万美元的价格卖给了道布尔迪出版社（Doubleday）[20]。安娜听闻这本书后，对琼斯说："我不记得那个女孩是谁了。"[21]

* * *

2002 年 11 月，Vogue 杂志社派出安娜最为得意的摄影师安妮·莱博维茨（Annie Leibovitz）为电影《芝加哥》（Chicago）中的演员拍摄照片。当时，凯瑟琳·泽塔-琼斯（Catherine Zeta-Jones）和蕾妮·齐薇格穿着 20 世纪 20 年代的歌舞剧服装拍摄了合照。哈维·韦恩斯坦为米拉麦克斯影业公司制作了这部电影，他想让女演员穿着戏服出现在杂志封面上[22]。不过，对于安娜而言，尽管她对 20 世纪 20 年代的时尚元素情有独钟，但是她几乎从来不会在杂志封面展示那个年代的戏服照片。在她看来，出现在 Vogue 杂志中的服装都应该可以被买到[23]。

尽管如此，大家还是想不通为何这张照片不能作为杂志封面刊登出来。泽塔-琼斯和齐薇格两人的照片，怎么会不合格呢？然而，就连米拉麦克斯影业公司的团队也看得出来，这张照片根本达不到安娜的要求[24]。

在 Vogue 杂志社为安娜工作，从来没有后备计划一说。有一回，在筹备大都会艺术博物馆慈善晚宴期间，办公室的工作人员不小心扔掉了一盒邀请函，他们都在讨论应该前往哪个垃圾填埋场把它找回来[25]。因此在处理封面照片的问题上，安娜要求使用米拉麦克斯影业公司的资金重新拍摄。时任米拉麦克斯影业公司公关阿曼达·伦德伯格（Amanda Lundberg）回忆说："当时，重拍在所难免，肯定需要一大笔资金，安娜让韦恩斯坦支付全部或部分费用。最终，他满足了安娜的要求。"[26] 韦恩斯坦渴望得到安娜的青睐。这类大型报道中刊登出来的照片旨在呼应电影情节，因此，影业公司通常需要承担部分拍摄成本，其中包括组建 Vogue 杂志社摄影师团队，以及提供该电影的妆发和灯光团队[27]。

韦恩斯坦和安娜的关系不仅仅是她在杂志上报道他的电影。2011年，韦恩斯坦曾说："在我的事业不尽如人意时，安娜会举办派对，安排我坐在贝尔纳·阿尔诺（Bernard Arnault）的身边。"对他而言，这样的安排为他带来了生意机会[28]。

伦德伯格坦言："让某人登上 Vogue 杂志封面就是一笔巨大的交易。"Vogue 杂志社可以做到为一部电影及其演员明星拍摄光鲜亮丽的照片，并用八页版面大肆宣传整个故事，这让其他杂志社望尘莫及。诚然，你可以选择与《名利场》杂志社合作，不过该杂志的报道不仅有热烈的赞美，还有尖锐的批评。此外，韦恩斯坦越来越渴望得到安娜的认可，他希望在后者的世界里找到属于自己的一席之地。

对于韦恩斯坦来说，以安娜为噱头可以吸引更多女演员拍摄他的电影并且进入他的业务领域，从而为自己赢取巨大优势。"他会对别人说……'我能让你登上 Vogue 杂志的封面。我可以安排你和安娜·温图尔见面'。这些对他来说非常重要。"伦德伯格说[29]。

安娜曾受韦恩斯坦之邀出席金球奖典礼[30]，两人的关系可见一斑。从电影类型来看，安娜倾向在 Vogue 杂志上报道的作品与韦恩斯坦喜欢拍摄的作品高度一致，都能给人带来高雅的视觉享受，而且由红极一时的女演员担当主角。当时，尽管很多人认为韦恩斯坦是一个行为卑鄙的冷血奸诈之人，但是他对待自己的电影就像安娜对待她的杂志一样精心呵护[31]。诸如安娜这类编辑通常不喜欢和韦恩斯坦打交道，不过，他们可以互取所需。对于安娜而言，她似乎擅长与自己厌恶的人维持关系，以此从对方身上获取有用的信息[32]。

"全天下凡是安娜想要的东西，哈维都会毫不犹豫地为她买单。"伦德伯格补充道，"他认为时尚才是对自己的终极认可。如果你和安娜·温图尔能够成为这种关系的朋友，那么你大功告成。"[33]

2002年11月期的封面照片非常简单。照片中，泽塔-琼斯和齐薇格两人涂着口红，身穿黑色薄款紧身衣，分别搭配一黑一白Ralph Lauren品牌定制礼服，露肩袖彰显飘逸动感。尽管这不是韦恩斯坦预想的画面，但是他得到了自己想要的结果。

* * *

2003年2月的第一周，小说《穿普拉达的女王》一经出版，便轰动一时。魏丝伯格曾在《今日秀》（Today）节目上对这本书大肆宣传。该书首印数量达到了10万册。制片人温迪·菲曼（Wendy Finerman）打算将这本书拍成电影，此前，她因奥斯卡获奖影片《阿甘正传》（Forrest Gump）而被世人所熟知[34]。

书中，米兰达·普瑞斯特利这个角色无休无止地向主人公安德莉亚·萨克斯（Andrea Sachs）提出看似琐碎的要求，有时甚至是不可能完成的任务，让后者饱受折磨。魏丝伯格曾对媒体大谈自己在Vogue杂志社的工作经历，但她坚称："本书与安娜无关。"[35]

在这本书出版后不久，《纽约时报》媒体专栏作家大卫·卡尔（David Carr）发表了一篇书籍简介，其中提到了安娜对这本书的看法：

"我一直都喜欢伟大的小说。但我还没决定要不要读它。"[36]

事实上,安娜和她的许多同事都阅读了这本书。"这本书很难读懂,并不能让人产生跌宕起伏的情绪。我知道安娜也读过,她对书中的内容感到困惑,不过她并未生气,她丝毫不在意。"琼斯说[37]。

威廉·诺维奇认为,即使这本小说在《纽约时报》畅销书排行榜上停留了六个月之久,但是安娜"完全不在乎"这本书[38]。"在我看来,安娜不像我们其他人那样对自己经历的文化现象感兴趣。"[39]安娜曾经对朋友们说:"我被自己烦透了。"[40]这也是她不打算撰写回忆录的原因之一。诺维奇解释称:"她不愿意驻足反思。"

* * *

然而,安娜对魏丝伯格的书不屑一顾,但是 *Vogue* 杂志社的员工却并非如此。"这本书伤人透顶。"[41]丽莎·乐福说。就对安娜忠心耿耿的员工而言,魏丝伯格笔下的安娜与他们心目中的形象存在天壤之别。与此同时,魏丝伯格明显的背主意图反而坚定了他们的忠心。尽管安娜看起来对此书漠不关心,但是办公室里的一些人认为,她实际上对此感到心烦意乱[42],这种情况只会加剧与其共事之人的长期焦虑感受。

在该书上市期间,艾米·周担任安娜的助理。她不仅读过这本书的终稿,还设法看到过媒体公开前的早期样书。她深切地感受到书中的文字改变"甚多",而且早期版本对安娜的描述更加消极。

周热爱自己的助理工作,她曾说过:"书中的描述生动逼真,但是充斥着负面滤镜。我心知肚明,安娜会应对好此事,而且不会受到任何影响。然而,对我本人来说,我自己在生活中做出的选择让我感觉良好,但是得知外人对我有负面的评价,对我来说这是一种压力。"[43]

2000年,周从布朗大学宗教专业毕业后便开始担任安娜的助理。

当时，周一直试图进入新闻行业，但始终没能成功。随后，她面见了《魅力》杂志主编辛迪·利夫（Cindi Leive），后者将她的简历提交给了人力资源部门。该部门与她面谈后的一天内带她与安娜见面。

周前去安娜的办公室面试时，安娜正站着观看电视上的网球比赛。当时，周说了声"你好"，并进行了自我介绍，以示意自己的存在。安娜关掉了电视，并走到办公桌后，面试正式开始。她询问了周的大学生活以及读过的杂志。从周记事起，她就一直在读 Vogue 杂志。她读过安娜的所有编辑信函，而且收藏着由安娜负责策划的首期 Vogue 杂志。该期杂志封面颇为著名，展示了一件缀满宝石的 Lacroix 品牌上衣。

和安娜的许多助理一样，周也意识到，如果你能随时满足老板的需求，老板就不会完全无视你的存在。周负责每天为安娜预订做头发和化妆的时间，为她的朋友购买美国网球公开赛特定场次的门票，以及确保她在工作日早上喝到热拿铁。此外，安娜家中安排了专门负责晚宴的厨师，周需要向他们索要收据后存档。周一直铭记自己的工作职责是照顾安娜，反过来，她也能感受到来自安娜的关切。

某个星期三，周要去安娜家送些东西。离开时，她正与安娜的保姆通电话，突然有两个男子走上前抢走了她的包。她和目击者一路追赶，然而两人跳上地铁逃走了。一名警官看到了这一幕，随即将周带到了警局。就在她做笔录时，有人敲门称，某人一直在试图与她取得联系。

此人便是安娜的另一位助理。安娜的保姆打电话到杂志社办公室，告诉对方自己在与周通话期间听到了其被抢劫的消息。随后，杂志社办公室给警察分局打电话，直到他们联系上了周并确保她安然无恙。Vogue 杂志社可以在如此短暂的时间内找到周，无疑得益于安娜采取的军事化运营管理手段。

周回到办公室后，安娜问她丢失的包里有多少钱，周如实回答。安娜打开自己的钱包，并拿出现金递给她。随后，两人回去继续工作[44]。

※ ※ ※

在汤姆·弗洛里奥看来，小说《穿普拉达的女王》一经问世，无疑给安娜当头一棒，淋漓尽致地展现了她遭人背叛的事实。在此期间，随着 InStyle 杂志步步紧逼，Vogue 杂志失去了包括 Armani 品牌在内的诸多业务，其利润只有罗恩·加洛蒂时期的一半。对于 Vogue 杂志社来说，小说出版、竞争加剧和业务流失，每一项单独拎出来都令人坐立不安，三件事同时发生足以将人逼向惊恐发作的边缘。

弗洛里奥告诉纽豪斯，他要去面见阿玛尼。

"目前情况并不乐观，你不能去。"纽豪斯回复道。

不过，弗洛里奥还是去了。最初，他未能成功地说服阿玛尼重新和 Vogue 杂志社合作。在此期间，媒体仍在大肆渲染阿玛尼和安娜之间的矛盾纠葛。2002 年 10 月 1 日，《女装日报》报道了阿玛尼举办的时装秀，文章称："尽管安娜·温图尔和她的团队在场，但是他们的座位与剧场式舞台遥遥相望。"最终，弗洛里奥让阿玛尼的公关罗伯特·特伦弗斯（Robert Triefus）相信，他们会让外界的流言不攻自破。"你们何不与我们做笔大生意，让外界不堪入耳的声音消散呢？"弗洛里奥说，"我并不是说将 Vogue 杂志打造成你们的首选对象。但是，即便你们每年只刊登六页广告，我也会确保你们享受大广告商的待遇。现在，我也要回去跟编辑们解释，阿玛尼是我的客户。他们肯定会揣摩我们两人究竟谈了些什么。"

弗洛里奥的这套游说之辞晓之以理，动之以情[45]。最终，在 2003 年 2 月期杂志上，大家再次看到了关于 Armani 品牌的报道。与此同时，媒体终于集体噤声。

从某种程度上来讲，弗洛里奥的行为与 Vogue 杂志社此前的做法大同小异。据柯丁顿回忆称，安娜从未强迫过编辑将某些品牌写进杂志。有时候，她会告诉大家："我们已经 100 万年没有报道过 Armani

第二十章 全新联盟

品牌了。要试一试吗？"不过，柯丁顿说："她没有拿枪指头强迫你做这种事，但是你会感受到来自她的鼓励。如果照做，你将得到物质以外的嘉奖。依我看，你要顾及所有人的利益。一旦出现问题，比如对方要求撤下广告，你不能转头大骂'滚蛋'，而是应该试图挽留对方。否则，你的做法愚不可及，毕竟这可是你的工资来源。"[46]

　　与阿玛尼之间的问题得到顺利解决，而小说《穿普拉达的女王》也即将拍成电影。此时，安娜将注意力转向了下一项重大挑战，即精心筛选美国下一代顶级设计师。

第二十一章

互利互惠

安娜曾多次在危急关头为 *Vogue* 杂志找到了至关重要的破局良机，比如她此前策划的"第七折扣"活动，另外还包括她专为培养下一代设计人才而创立的美国时装设计师协会（*Vogue* 时尚基金）。

"9·11事件"发生后，纽约时装周余下的时装秀活动均被叫停，杂志社的员工亲历了整个过程。"*Vogue* 杂志社上上下下陷入恐慌，他们不知所措，而且丝毫不清楚具体情况。当一切真相水落石出之后，我不禁思考：我该如何动员自己的团队？如何献出自己的绵薄之力？如何汇聚大家的力量提供帮助？"安娜说，"我们互相鼓励，坚信大家将带着必胜的信念回到工作岗位，并且引领整个行业回归正轨。"[1]

恐怖袭击事件发生后，有些人认为，关注时尚徒劳无功，而且是对人间悲剧的麻木不仁。然而对于安娜和其他许多人来说，时尚不仅可以总结过去，而且从最好的方面来看，它代表对未来的乐观期许。为了彰显自己的影响力，安娜动用 *Vogue* 杂志社的资金和人脉，为10位崭露头角的纽约设计师举办了一场时装秀。其中，*Vogue* 杂志社负责模特预约、妆发造型以及其他筹备工作，并邀请了来自巴尼斯百货公司、布鲁明戴尔百货公司、亨利·本德尔百货公司、尼曼·马库斯百货公司、波道夫古德曼百货公司和萨克斯第五大道百货公司的代表参加[2]。安娜批准了时装秀上准备展示的全部造型，并在活动前会见了所有设计师[3]。

在此期间，Vogue 杂志社源源不断地接到设计师们打来的电话，他们纷纷表示希望参加时装秀[4]。安娜被大家的热情感染，打算再次举办一场活动。随后，她联系上了美国时装设计师协会，提议对方与她及 Vogue 杂志社合作，共同筹措年度基金，旨在资助年轻设计师。同时，她向小塞缪尔·纽豪斯索要了一张 100 万美元的支票，并让她的编辑们加入了遴选委员会。

对于年轻设计师而言，美国时装设计师协会是支持他们在美国时尚界出人头地的主要力量，或许这同时也是他们接近安娜的重要途径。从本质上来讲，安娜借助该基金和 Vogue 杂志，为自己喜欢的品牌提供支持。获胜者名单最终由遴选委员会敲定，而委员会成员由安娜及其团队工作人员构成。每年入围的 10 名设计师都会进入"Vogue 大家族"，与杂志社建立关系。10 多年来，已有 100 名设计师成为 Vogue 杂志的忠粉[5]。

在首批获胜者中，有两位设计师值得一提：杰克·麦科洛（Jack McCollough）和拉扎罗·埃尔南德斯（Lazaro Hernandez）。在接下来的 20 年里，他们成功获得了安娜的青睐。后来，两人共同创建了 Proenza Schouler 品牌。

2000 年，埃尔南德斯首次与安娜邂逅。那段时间，他还在帕森设计学院读书。当时，他准备从迈阿密飞回纽约，正与母亲一起在登机口排队。当空乘人员要求头等舱乘客登机时，他恰巧看到安娜上了飞机。"妈妈，那是安娜·温图尔。"他对母亲说。

"她是谁？"母亲问道。

"她是 Vogue 杂志社的主编。她是一个举足轻重的女人。"埃尔南德斯回答道。

"既然如此，那就去找她谈谈！"母亲催促道。

埃尔南德斯坐在飞机尾部的座位上，他鼓起勇气给安娜写了一段话。由于他身上没带纸，因此只得潦草地写在了晕机袋上[6]。

"我向母亲保证会和您谈谈。"他写道，"我现在是帕森设计学院的学生。我还没有特定的目标，但我想免费为您工作，我想成为杂志社的实习生。我想了解这个行业，而且我相信您可能会为我打开一扇门。"

他在头等舱找到了安娜。"温图尔女士。"他试探性地打了声招呼。不过，安娜没有做出任何回应。他并未善罢甘休，而是鼓起勇气拍了拍她的胳膊。然而，对方仍然没有回应。"我现在知道了她当时是在睡觉。可是在那个时候，我根本没有察觉出来，心里想：'这到底是怎么回事？我都碰到她了，她竟然还是不理不睬。'"埃尔南德斯回忆称。

这时，他看到安娜座位旁的桌子上放着一杯酒，于是他将纸条塞在了酒杯下面。当他下飞机的时候，安娜早就离开了。

大约过了一两周后，埃尔南德斯接到了迈克尔·科尔斯的电话。此前，安娜告诉助理科尔斯，埃尔南德斯是一个勇敢的年轻人，应该给他一次面试的机会。正因如此，埃尔南德斯得到了一份实习工作。从当时来看，这件事非同小可，毕竟这类实习机会一般很难获得。

同年晚些时候，埃尔南德斯正在后台协助科尔斯团队准备一场时装秀。科尔斯叫住他说："来吧，带你见见安娜。"

安娜习惯提前到达时装秀现场，此时，她正一个人坐在前排位置。他们从后台走向秀场，并来到了她身边。"这位是拉扎罗，他就是在飞机上给你递纸条的孩子。"科尔斯说。

"祝贺你。"安娜回应道，"近来感觉如何？你还在读书吗？我很高兴看到你进展顺利。"

在帕森设计学院读大四时，埃尔南德斯和麦科洛得到了时任院长提姆·冈恩（Tim Gunn）的批准，两人共同完成了毕业设计。冈恩后来还成了《天桥骄子》（Project Runway）真人秀节目中的导师。在两人筹备毕业作品期间，科尔斯为他们提供了面料，麦科洛的实习导师

第二十一章 互利互惠

马克·雅可布帮助他们找到了生产这些服装的工厂。

当年，两位设计师在帕森设计学院时装秀比赛中获得了年度最佳设计师奖。随后，活动评委之一、巴尼斯百货公司采购员朱莉·吉尔哈特（Julie Gilhart）买下了他们的全部服装作品。安娜听闻此事后，指派时尚助理劳伦·桑托·多明戈（Lauren Santo Domingo）安排与两位设计师见面。该助理原姓为戴维斯（Davis）。

两人把自己设计的作品装进服装袋，直接拖到安娜位于时代广场四号的办公室。他们将这些服装挂在衣架上，准备与安娜会面。当他们走进安娜的办公室时，埃尔南德斯打招呼说："嘿，还记得我吗？"

"哦，天哪。你就是飞机上的那个人，太不可思议了。"安娜惊叹道。

"在我看来，那一刻，她心中想的是：'哇，这个和我非亲非故的孩子此刻居然就在我的办公室里。'可以说是她成就了我们的事业。"埃尔南德斯回忆说。

第二天，格蕾丝·柯丁顿让两人带来他们自行设计的系列服装，并且安排赫尔穆特·纽顿拍摄照片，以用在一篇专题报道中[7]。

* * *

2003年年初，哈维·韦恩斯坦向安娜和汤姆·弗洛里奥分享了一个电视节目创意。实际上，每当韦恩斯坦嗅到更好的生意机会时，米拉麦克斯影业公司就会跃跃欲试。当时，该公司本来安排在假期前后与康泰纳仕集团合作策划一场电影活动，然而前者却断然决定取消。随后，韦恩斯坦准备为安娜和汤姆·弗洛里奥制作一档真人秀节目以作补偿。

这档系列节目名为《天桥骄子》，每期邀请时装设计师们参加服装设计比赛，并记录他们相互竞争的全过程。韦恩斯坦同他在米拉麦克斯影业公司的团队认为，他们需要与一家杂志社展开合作，要求后者在杂志封面刊登获胜者照片或者进行其他相关报道，从而让这档真人秀节目获得公众认可。多年来，他一直没有放弃讨好安娜，这也得以让他安排该节目的创作人艾利·霍斯曼（Eli Holzman）同安娜和弗洛里奥见面[*]。

最初，Vogue杂志社和Elle杂志社都是米拉麦克斯影业公司的潜在媒体合作伙伴，其中，Elle杂志社对该提议的反响良好。然而，米拉麦克斯影业公司猜测，由于其此前单方面取消了电影活动筹备工作，因此可能会导致Vogue杂志社反馈冷淡。由此来看，这可能就是韦恩斯坦派出霍斯曼只身前往康泰纳仕集团大楼进行沟通的原因。

刚进大楼，霍斯曼就被带到了一间天花板很高的会客厅内。"令我印象深刻的是，房间里装饰着插花，我盲猜其价值可能达到了1000美元。"他回忆称。在这间宽敞的房间中央，摆放着一张双人桌。霍斯曼刚落座，安娜便走了进来。随后，一位助理模样的员工给两人端上了水果盘，里面放着若干片切好的杨桃、几颗草莓和四五粒蓝莓。

安娜通常喜欢在办公室开会，然而她如此安排本次会面，可能是希望让霍斯曼意识到他的与众不同。她也许知道韦恩斯坦打的算盘，即让Vogue杂志社参与到米拉麦克斯影业公司制作的真人秀节目中来，与此同时，她想邀请米拉麦克斯影业公司为她新成立的美国时装设计师协会筹划一场时装秀。

安娜和霍斯曼进行了一番长谈。在安娜看来，《天桥骄子》节目只不过是一个噱头，她大部分时间都在向霍斯曼介绍自己的基金；然而对于霍斯曼而言，他的目标是说服安娜制作一档纪实节目，而不是

---

[*] 韦恩斯坦原本打算制作一档关于模特的节目。当时还有一档节目叫《绿光计划》（*Project Greenlight*），其以初出茅庐的制片人为主角。霍斯曼看到这档节目大获成功后，他认为可以将镜头对准时尚设计师，以期带来更佳的节目效果。据知情人士透露，霍斯曼在宣传中提到了设计师挑选模特的环节，所以韦恩斯坦仍然认为这是一场关于模特的真人秀节目。

第二十一章　互利互惠

一场时装秀。因此，他们两人就可行的合作方式展开了讨论。

霍斯曼坦言，安娜的创意的确可以拍成一部伟大的电影，但是这并非他此行的目的。此外，米拉麦克斯影业公司担心，如果安娜继续将自己的想法付诸实践，即以基金的名义举办时装秀，那么将对《天桥骄子》节目构成竞争威胁。Elle杂志社对《天桥骄子》节目兴趣盎然，而且韦恩斯坦和Vogue杂志社都希望Elle杂志社与米拉麦克斯影业公司合作。由此来看，霍斯曼此行并不是去拯救安娜关于时装秀的想法，而是试图将其扼杀。

最终，安娜和弗洛里奥放弃了《天桥骄子》。他们无法预料这档节目是否会成功，而且也不能确定节目的品位能否匹配杂志的内涵。要知道，Vogue杂志社可是会为尊客奉上切好的杨桃片，配上可能来自皇室婚礼的插花[8]。

对于这一决定，弗洛里奥表现得有些恼火。他希望公众在电视上看到Vogue杂志，从而让他获得潜在的收入来源。他并没有将美国时装设计师协会作为敛财的工具。安娜志在利用该基金提升杂志在行业内的领导地位，弗洛里奥对此表示尊重，但是他认为这种做法不能带来直接的收益。

《天桥骄子》在开播两年后获得了巨大成功。然而，安娜依旧对自己当初的决定无怨无悔。在某次会议上，她强调："不要因贪图短期的流行趋势和丰厚回报而让该杂志的品牌贬值。"她认为Vogue杂志社应该将时装秀活动传承下去。她继续说："Vogue杂志社的业务并不是通过贩卖新人设计师的痛苦而制造娱乐，我们的抱负是培养下一代美国才俊。"[9]

* * *

2004年，继Proenza Schouler品牌赢得该基金最高奖金20万美元和受教资格后，麦科洛和埃尔南德斯成了纽约时尚界的新宠，同时被奉为成功的典范。他们的成功也让其他年轻设计师相信，如果能遇到像安娜·温图尔这样的伯乐，他们也可以开创自己的事业并获得成功。然而，20万美元对于两人来说是杯水车薪。"我们当时负债累累，钱刚到手就花光了。"麦科洛回忆称，"不过，在安娜的促成下，我们得到了时任Burberry品牌首席执行官罗丝·玛丽·布拉沃（Rose Marie Bravo）的指导，而且这段关系维持了数年之久。她甚至成了我们品牌的董事会成员，多年后对公司进行了投资。这段经历让我们受益匪浅。毋庸置疑，我们收获的无形财富比金钱更持久。"

随着时间的推移，麦科洛和埃尔南德斯两人与安娜的关系从一季一见的普通人变成了她的朋友。在女儿碧15岁的生日派对上，安娜让他们带来了与杰克·吉伦哈尔（Jake Gyllenhaal）的合照蛋糕。2004年，在大都会艺术博物馆慈善晚宴结束后，两位设计师带着安娜一起前往Bungalow 8酒吧参加派对。不过，她待了几分钟后就匆匆离开了，声称香烟烟雾让她感到"恶心"。"外界都将她刻画成冷若冰霜的人，听起来让人不寒而栗。然而，一旦你了解她，就会意识到这些失之偏颇的评价不攻自破。"麦科洛说。

"她全身心扑在事业和家庭上，我认为她没工夫闲扯。"埃尔南德斯说，"在我看来，这也许是外人认为她冷漠的原因。她没有时间跟人闲聊，也没有时间跟人闲逛。她要处理家庭和工作事宜，一直都忙得不可开交。"

然而，不管有多忙碌，安娜都会随时为埃尔南德斯和麦科洛提供帮助。在两人职业生涯之初，他们收到了来自欧洲时尚集团的诱人邀约。当时，他们首先想到的就是打电话咨询安娜，因为她对所有求助者了解得一清二楚，而且会如实告诉对方如何妥善处理每个问题。

投资者经常给安娜打电话，向她询问应该关注哪些时装品牌。她通常会向投资者介绍各家情况，这次也毫不例外。"我们当时年轻气盛。"埃尔南德斯说,"在很多事情上,她就像我们的神仙教母一样。我们经常给她打电话,比如说:'正在出现某种情况。''我们的钱快用光了。''我们需要一位新的投资者。'"2011年,经过安娜牵线搭桥,Theory品牌创始人投资了Proenza Schouler。

"安娜的力量源自她的慷慨无私。"埃尔南德斯说,"她对很多人倾情相助。因此,当她要求你做事时,你必然会在所不辞。这与她的强大影响力无关,而是因为她曾为你穿针引线,既然她为你提供了这么多帮助,你当然会投桃报李。"[10]

* * *

在时尚界的一些人看来,麦科洛和埃尔南德斯非常幸运,他们从职业生涯初期就受益于安娜和 Vogue 杂志社的鼎力支持。设计师伊萨克·米兹拉希(Isaac Mizrahi)享受着安娜30年如一日的支持,尽管随着时间的推移,这种力量似乎有增有减。1998年,米兹拉希因缺乏资金支持而被迫关闭自己的品牌公司。他在回忆录中描述称,尽管他最终得以重新开张,但是还会"对安娜关注的其他人士心生嫉妒"。2010年左右,他在重整旗鼓后举办了一系列时装秀,他期待安娜来到现场坐在前排欣赏表演。然而20分钟过后,没有任何迹象表明她会出现,于是大家让其他人坐在了那里。"这对我来说是一种打击。"米兹拉希说,"表明我的时装设计师生涯每况愈下。"[11] 米兹拉希补充说:"对于这样一个充满魅力的行业来说,这份工作任务艰巨。有很多方式可以轻而易举地改变你的命运,要么一蹶不振,要么一举成名。"[12]

安娜对设计师的兴趣也可能转瞬即逝。

早在1989年年初,冼书瀛(Zang Toi)就得到了安娜的帮助。当时,后者刚刚进入 Vogue 杂志社不久。"她爱上了我的设计。我是首位得到安娜·温图尔支持的亚洲设计师。"来自马来西亚的冼书瀛说。

安娜委派一位市场编辑前去查看他设计的首个系列的时装，该系列只有13件单品。市场编辑将这些服装的拍立得照片带回去交给安娜审阅，而杂志社最终借用了三套造型。后来，他们将两套服装寄回，而要求保留第三套，即一件亮橙色和粉色相间的娃娃裙。杂志社曾在摩洛哥为一篇关于年轻设计师的报道拍摄了这件单品照片，并刊登在了1990年2月期的杂志上。

随后，冼书瀛的名字开始定期出现在杂志上。第二个月，一篇有关"20世纪90年代值得关注的设计师"的报道对他进行了介绍，称他"身材矮小，皮肤黝黑，面露朝气，嘴唇丰满，活像一个异域精灵"[13]。不久之后，安娜独自来到冼书瀛200平方英尺的工作室，查看他的第二个系列的时装，她全程都在做笔记。当时，衣架上的一件红色牛仔布风衣深深吸引了安娜的注意，这件风衣采用了金色缝线与心形纽扣设计。

"我能看看那件风衣吗？"安娜问道。

"那是半成品。"冼书瀛回应道。

"没关系。我能看看吗？"安娜追问道。

她让冼书瀛办公室的一个女人穿上这件衣服，记下了一些笔记，随后便转身离开。两小时后，*Vogue*杂志社的市场编辑给冼书瀛打来了电话。"那件风衣做好之后马上拿给安娜。你到时候告诉我们，我们会派信使来取货。"市场编辑说。于是，冼书瀛将这件外套寄给了对方，这件单品随之出现在了1991年2月期*Vogue*杂志上。

冼书瀛对安娜的提携感激涕零。事实上，他发现安娜非常友好。"她在第一年就对我们大肆宣传，稳固了我在行业内的知名度。"冼书瀛说。从那时开始，他的作品吸引了一批生活富裕、拥有私人飞机的女性客户群体。1990年，安娜甚至亲自赞助他参加了一场年轻设计师比赛。冼书瀛获得了比赛的胜利，从而进一步扩大了自己的影响力。

1991年春季时装秀前夕，安娜前去查看了冼书瀛的系列时装。"你

第二十一章　互利互惠

应该举办一场时装秀。"安娜说,"你是个伟大的设计师,而且是我最为欣赏的年轻设计师。他们会对你顶礼膜拜。"

"我手头拮据。"冼书瀛告诉她。众所周知,举办时装秀耗资巨大,设计师必须承担场地、模特、妆发等成本。与此同时,此类活动不能确保会提升服装销售。然而,安娜鼓励他无论如何也要举办一场。最终,他租下了一家酒店的舞厅,成功地实现了自己的处女秀。

冼书瀛同安娜及 *Vogue* 杂志社之间的友情一直持续到 20 世纪 90 年代中期。据他回忆,安娜以前总会提前几日过来查看他的秀场系列时装,而且从未对自己的作品指手画脚。不过有一天,安娜未能到场。当天,她团队的两名工作人员前去参观冼书瀛的作品,可是他正与《时尚芭莎》杂志的一位编辑共进午餐。他错过了两人的拜访,于是重新安排了见面时间。

待他吃完午餐回来后,助理告诉他:"他们两人对这个系列赞赏有加,并且觉得非常漂亮。但是他们也对我说,有两件服装不太符合 *Vogue* 杂志的风格,不要在时装秀上呈现出来。"冼书瀛听后不以为意。在他看来,他准备在时装秀场上展示大约 45 套造型,就算其中 2 套造型不受 *Vogue* 杂志社待见,又有何妨呢?他还认为,安娜总归会为他的作品拍摄照片,况且这只是市场编辑的要求,而非安娜直接下达的指令。

尽管 *Vogue* 杂志社预订了七八个前排座位,但是安娜并未参加冼书瀛那一季的时装秀。当天,他在现场展示了那两套对方不喜的服装。从那以后,安娜或她的团队再未亲临现场欣赏他的时装秀表演,也不再到工作室里查看他的作品。于他而言,自己的生意丝毫不受影响,毕竟那些乘坐私人飞机的女人从来对他的作品不离不弃。"她们根本不在乎安娜·温图尔的言论。"他说。

两人最后一次见面是在 Bill Blass 品牌时装秀现场,当时距他失宠已过去 10 年之久。当安娜出现时,冼书瀛正巧被记者们蜂拥拦住。安娜一言不发地凝视他两分钟,然后在保镖的簇拥下头也不回地离开了[14]。

第二十二章

Vogue 大家族

在安娜的苦心经营下，*Vogue* 杂志成为同行中规模最大、最具价值的刊物。与此同时，她借助这一优势地位，将其打造成时尚行业的领头羊[1]。20世纪90年代中期，她帮助约翰·加利亚诺解决了资金需求问题，让他入主 LVMH 集团旗下的 Givenchy 品牌[2]。后来，他成功加入 Christian Dior 品牌。同期，安娜向 Louis Vuitton 品牌推荐了设计师马克·雅可布[3]。此外，她身为主编，动员整个时尚界参与慈善事业，以此希望这份工作可以成为其职业生涯成就的闪光点。对安娜来说，她母亲对世界产生的深远影响不是源自其撰写过的影评，而是她的社会工作。不过，还有一种方法可以让自己变得更加强大、更加努力地工作。

做得更多。

***

21世纪前10年间，*Vogue* 杂志逐渐衍生出 *Vogue* 男士（*Men's Vogue*）、*Teen Vogue* 和 *Vogue* 生活（*Vogue Living*）等品牌。安娜称自己的帝国是"*Vogue* 大家族"。"编辑这些杂志就如同策划一场晚宴。

你需要安排漂亮的女孩坐镇，而且既要谈论充满争议的内容，也要讲述足以抚慰人心的故事。"安娜说[4]。然而，并不是每场晚宴都能完美收场。

Teen Vogue 杂志于 2003 年应运而生。当时，安娜指派 *Vogue* 杂志社资深美容总监艾米·阿斯特利（Amy Astley）设计杂志样刊，后者在两年的时间内更新了四版[5]。在该杂志试发行阶段，安娜每晚回家都要带上两本样刊，即一本 *Vogue* 杂志，一本 *Teen Vogue* 杂志。因此，她的员工每天都要先后完成 *Vogue* 杂志与 *Teen Vogue* 杂志的所有工作。有时，艾米·周要等到晚上 10 点左右才会收到 *Teen Vogue* 杂志的样刊[6]。

阿斯特利期望将其打造成面向年轻女性的杂志，内容涵盖美容与造型的自我表达、职业发展、身体健康和心理健康等领域，而不是教女孩们如何找到男友。据她回忆，安娜给出的最佳建议是让这份杂志"更贴近读者自身的生活"[7]。

在纽豪斯承诺将 *Teen Vogue* 杂志作为固定出版物之前，该杂志经历了几次试发行。然而，2001 年两期杂志的广告版面数总共仅有 123 页，而且相比竞争对手《都会女孩》（*Cosmo Girl*）杂志来说，*Teen Vogue* 的受众只有一小部分[8]。外界纷纷批评，这份杂志对青少年来说过于高端，无论是外观设计还是整体感觉，都与 *Vogue* 杂志非常相似。安娜的女儿碧·谢弗（Bee Shaffer）原本打算涉足新闻业，但是她并不热衷于时尚[9]。据阿斯特利在《纽约观察家报》（*New York Observer*）中称，碧的名字之所以出现在刊头，原因为"她显然是 *Teen Vogue* 杂志的理想读者。对于该杂志而言，她和她的朋友们是现成的受众群体。这些人聪明伶俐且见过世面，她们对时尚了如指掌，但仍然是普通女孩"[10]。2004 年，年仅 16 岁的碧首次参加了大都会艺术博物馆慈善晚宴，当时她穿了一袭 Chanel 品牌长裙[11]。

每次面临竞争，纽豪斯通常都会用钱来摆平。因此，*Teen Vogue* 杂志也像 *Vogue* 杂志一样消耗了大量资金。2003 年，赫布·里茨受雇为格温·斯蒂芬妮（Gwen Stefani）拍摄了当年首张封面照片，拍摄地点选在了马里布的一处海滩。

当时，*Vogue* 杂志社的设计总监查尔斯·丘格沃德也前往了拍摄现场。就他的经验而言，在拍摄沙滩照片时，肯定免不了呈现沿海边奔跑的场景。斯蒂芬妮喜欢在拍摄现场播放音乐，然而当她在室外的沙滩上奔跑时，这一要求很难得到满足。于是，里茨找来了一辆平板货车，在斯蒂芬妮跑过沙滩的时候，他开着扬声器播放响亮的音乐。"感觉像是在迪斯科舞厅一样。"丘格沃德回忆称，"我当时的感触是，天哪，我们是如何做到这种程度的？"

21世纪初，康泰纳仕集团挥霍无度的行为达到了无以复加的地步，因此才会出现上述情况。丘格沃德说："我们想要更多更好的结果，因此花销越来越大。尽管我们获得了成功，但迟早会付出代价。"[12]

相较于在 Style.com 网站上完善 *Vogue* 杂志的数字化形象，安娜在 *Vogue* 杂志的衍生品牌上投入了更多的精力，从结果看，她显然误判了形势[13]。不过，阿斯特利预见到了数字化的未来。当时，*Teen Vogue* 杂志是康泰纳仕集团旗下首个配有社交媒体经理的刊物[14]。

* * *

2003年，纽约大都会艺术博物馆举办了一场名为"女神：经典模式"的展览，其主题是关于古典服饰对当代时尚的影响。不过，可能让安娜意想不到的是，活动联合主席汤姆·福特竟然如此坚持己见。

福特是 Gucci 品牌的首席设计师，他同意担任联合主席并为该活动赞助了数百万美元。在那段日子里，"捐款额度上不封顶"。福特说："你这么做一方面是为了品牌推广，另一方面是为了安娜。"

福特打算全权负责整个筹备计划，安娜也期望他能深度参与其中，这段经历让两人成了亲密朋友。福特想要确认食物和餐桌布置，于是

第二十二章　*Vogue* 大家族

斯蒂芬妮·温斯顿·沃尔科夫安排派对御用大厨直接飞到伦敦为他演示。福特表示："我们端上来的菜肴必须与盘子看起来相得益彰。我关注的不只是摆盘造型。如果一道菜中各种蔬菜的颜色搭配不协调，不管怎样，这道菜都需被撤下。我记得她曾经对此发表过评论。她说：'不过那些只是胡萝卜。'我说：'我知道，但它们是橙色的，不能与其他蔬菜的颜色搭配，看起来两不相宜。我绝不允许这种事情发生。'" [15]

安娜对食物也极其挑剔。在试吃时，她几乎什么都不尝。温斯顿·沃尔科夫表示："安娜会确保食物的造型看起来非常美观。"她禁止使用香葱、大蒜、洋葱和欧芹等原料，因为这些蔬菜容易塞牙，而且会制造难闻的口气。此外，为了避免腥味，晚宴从不提供鱼类食物。不过有一年，派对为宾客们提供了冷龙虾沙拉。通常来说，安娜钟爱的食物是羊排、牛排和法式青豆，但是在 Vogue 杂志社举办的活动上，她最喜欢的菜肴是鸡肉馅饼。这道菜是安娜的理想之选，因为其包含了蛋白质、蔬菜等一切所需的营养。至于甜点，她醉心于烤布蕾[16]。

福特在其他方面也格外挑剔，比如他规定服务员的头发必须要梳得整整齐齐。据温斯顿·沃尔科夫所言，雇用服务员"就像挑选演员一样"，然而安娜相信其在此标准下也可以选出 50 个合适的人。派对当晚，温斯顿·沃尔科夫一直在提醒这些服务员吐出嘴里的口香糖[17]。

当年，安娜穿着一件由约翰·加利亚诺设计的白色修身丝质礼服参加了晚宴。当她踏入博物馆时，她的礼服外还套了一件引人注目的羽毛夹克。她步履轻盈地走上了裸露在外的混凝土台阶，当时入口处还未完全铺设红毯。温斯顿·沃尔科夫回忆称，安娜在派对上表现得非常"亢奋"，她在楼梯顶上向每位前来的客人寒暄。如果对方和她交谈超过 20 秒，就会被她请到别处。放眼望去，大约 80% 的嘉宾都会穿着得到她认可的衣服亲临现场。大多数明星都愿意接受她的穿搭建议，毕竟这些都是免费造型[18]。除安娜和福特之外，妮可·基德曼也担任该活动的联合主席。她身着福特本人设计的裙子亮相现场，一侧挽着阿德里安·布洛迪（Adrian Brody）的胳膊。此前，两人分别拿下了奥斯卡最佳女主角奖和最佳男主角奖。"他们入场时，大厅里顿时沸腾了起来。"首次出席晚宴的服装学院策展人安德鲁·博尔顿（Andrew Bolton）说。后来，博尔顿成了主管整个部门的首席策展人。"那天晚上，我看起来格格不入，十足像个新人。一个女演员以为我是服务员，她竟然让我给她拿杯酒。"他回忆说，"我当时一定看起来非常别扭。"[19]

* * *

Vogue 男士杂志依靠海量广告的滋养为生，这种简单粗暴的运营方式很快便被时代抛弃。

弗洛里奥等出版商在很多杂志的早期和中期阶段成功地售出了大量广告。于是，*Vogue* 杂志社自然而然地推出了关于男士时尚内容的增刊，以展示男士专用品牌商品[20]。在安娜的指导下，*Vogue* 杂志社艺术编辑杰伊·菲尔登（Jay Fielden）对部分增刊进行了编辑，并将其附在了 *Vogue* 杂志中。这些增刊的封面照片通常为科林·法瑞尔（Colin Farrell）和大卫·贝克汉姆（David Beckham）等社会名流。

据弗洛里奥回忆说，此前成功的销售战绩让纽豪斯意识到，他们可以推出一种针对高端市场的男性杂志，从而让赫斯特国际集团旗下的《时尚先生》杂志、康泰纳仕集团旗下的 *GQ* 杂志等同类刊物望其项背[21]。纽豪斯和菲尔登认为，*Vogue* 男士杂志可以吸引那些沉醉于高档手表、名车和定制西装等拥有可支配收入的男性受众，他们可能拥有滑雪小屋，墙上挂着死去的动物头颅。

在安娜的全力支持下，菲尔登制作了一版 40 页的样刊交由纽豪斯审阅。2005 年年初，纽豪斯准许 *Vogue* 男士杂志于秋季发布，同时任命安娜为编辑总监、菲尔登为主编。不过，虽然该杂志表面上由菲尔登负责，但是真正的掌权人是谁，大家都心里有数[22]。

安娜曾前往新西兰参加继子的婚礼。在为期三天的行程中，她与谢尔比·布莱恩交换了对 *Vogue* 男士杂志的看法。"我告诉她这样做很不明智。"布莱恩说[23]。

安娜以经营 *Vogue* 杂志和 *Teen Vogue* 杂志的方法管理 *Vogue* 男士杂志，她在最初阶段表现得尤为积极。她每晚都会将样刊带回家审阅，还会亲自面试员工候选人，评估他们为 *Vogue* 品牌的工作情况。此外，该杂志内出现的每条标题、每张照片和每件服装都由她来审阅[24]。然而随着时间的流逝，她的参与度越来越低，不过她从未作壁上观[25]。

工作人员从未察觉到她与菲尔登之间的权力斗争。不过，菲尔登的一个巨大的优势在于：他是个直男。在安娜的世界里，直男并不多。因此，从她职业生涯的早期开始，她似乎倾向于在这些男人面前展露她标志性的妩媚姿色。

"安娜崇拜杰伊。她喜欢男人。"同在 *Vogue* 男士杂志社工作的琼斯说[26]。菲尔登每天上班时衣着得体，品位高雅，他在工作中完全尊重主编安娜的意见。

对安娜来说，尽管她对男装并不十分上心，但是她认为 *Vogue* 男士杂志不仅是一种商业机会或夺权工具，更重要的是，这是一本充满乐趣的刊物[27]。这与她被束缚了近 20 年的生活截然不同。然而，对于从《纽约客》杂志社来到 *Vogue* 杂志社的菲尔登来说，他旨在确保该杂志具备应有的认可度和知识内涵。尽管安娜从未在 *Vogue* 杂志上发表过评论文章，但是她决定和菲尔登在 *Vogue* 男士杂志上小试牛刀，从而采取更为严肃的纪实方式讨论政治等话题[28]。

安娜和菲尔登早就料到世人会嘲讽 *Vogue* 男士杂志，就像他们取笑电影《超级名模》(*Zoolander*)一样。什么是高端男装？蕾丝边背心吗？从巴黎和伦敦男士时装周的情况来看，时尚最前沿的男装并没有广泛的吸引力[29]。

然而，安娜并不想在杂志上展示这些服装，不是因为她不感兴趣，而是因为受众不够多。"*Vogue* 男士杂志的读者喜欢女强人，他们父爱深重，彰显出全新的男士感性魅力。"汤姆·弗洛里奥说，"他们的妻子都有工作。所以，我们想为参与房屋装饰的男性打造一本非常高端的专属杂志……我认为，除了我和安娜之外，没人能理解这种理念。"[30]

尽管如此，纽约媒体对 *Vogue* 男士杂志的报道依旧毫不留情。"封面人物是乔治·克鲁尼（George Clooney），内页里充斥着 Gucci 品牌单品。"Gawker 网站在该杂志正式亮相前不久评价道，"这本新杂志的目标受众是一群坐拥一切的男人，他们各个渴望成为穿着短裤的花花公子，手中拖着大步枪和死鹌鹑或雉鸡等猎物。该杂志对这群人冷嘲热讽，然而当事人却浑然不知。"[31]

* * *

2005 年 9 月 8 日，大家下班时，安娜把菲尔登叫进了办公室，讨论次日早上将在《今日秀》节目中播出的关于 *Vogue* 男士杂志的内容。两人获得了与主播马特·劳尔（Matt Lauer）在节目的黄金时段宣传该杂志的机会。安娜希望在两人即将接受早间节目现场采访前，确保菲尔登保持放松。

"我认为你说得对，我们正在尝试为这类人做一些与众不同的事情。"安娜说[32]。

第二天早上 6 点左右，他们在 NBC 的演播室碰面。在休息室里，安娜的脸上写满了焦虑。她经常对公开演讲和电视露面感到紧张，不过她从未因此动摇自己的立场，无论如何都会表达自己的想法。尽管如此，她说话的声音还是稍显颤抖。等待期间，她紧握双手，下巴向锁骨处缩紧[33]。

终于，他们开始了直播。劳尔开门见山地问道："男人们会喜欢这本杂志吗？"

安娜和菲尔登首先谈到了他们的目标读者，即"品位成熟之人"。随后，两人讨论了 Vogue 男性杂志可能会报道的话题，比如"打猎、美食、酒水、高尔夫、体育"等。劳尔对安娜说："安娜，两性是一个不同寻常的话题，但是当大家谈论这类杂志时，经常会联想到这方面的内容。我认为，有些时候，有些人会认为部分男性杂志已经开始迎合男同性恋读者。"

"你说得对。"安娜回复道。

"所以，你对此作何感想？你如何从杂志的角度看待这个问题？"劳尔追问道。

安娜回答道："嗯，我表示赞同。我认为很多男性杂志都针对男同性恋受众。显而易见，他们是时尚行业中庞大的消费者群体。然而，我认为很多直男对他们在秀场上看到的时尚服装兴味索然。不过在我看来，杰伊在 Vogue 男士杂志中成功地将这些元素展示得淋漓尽致，为大家呈现源自现实的时尚单品，非常适合像你这样的时尚型男，马特。"[34]

对于安娜而言，在此后的 15 年里，她可能绝对不会再说出这样的话。她当时的这番言论也让 Vogue 男士杂志的工作人员感到出乎意料。劳尔显然是在现场诱导她如此发言。即便他确实是在围绕 Vogue 男士杂志发问，但是在一档早间节目中提出这样的问题着实让人感到奇怪。对于 Vogue 男士杂志团队而言，考虑到康泰纳仕集团担心广大男性误以为这是男同性恋杂志而不会翻阅，她当时也许只得做出这样的回应[35]。

安娜偶尔也曾表示，她担心 Vogue 男士杂志的报道内容看起来"过于基情"[36]。为此，她倾向于让男女合拍照片[37]。有些人很快将她定性为恐同人士[38]，也有些人认为她在使用政治上不正确的语言，以达到强调某种观点的目的[39]。许多员工认为安娜在杞人忧天，毕竟该杂志社与 Vogue 杂志社乃至康泰纳仕集团一样，员工主要由白人异性恋人士组成，他们必然会支持这一观点[40]。有一次，Vogue 男士杂志社拒绝刊登由于尔根·特勒（Juergen Teller）为 Marc Jacobs 品牌拍摄的男装广告。在这则广告中，迪克·佩奇（Dick Page）与詹姆斯·吉布斯（James Gibbs）两个男人抱头拥吻。这段插曲随即成为引人注目的头条新闻，不过全在大家的意料之中[41]。

* * *

尽管 *Vogue* 男士杂志为纽约媒体界带来了无穷无尽的笑柄，但是该杂志的市场表现却不同凡响。安娜负责该杂志的编辑工作，同时也处理广告相关事宜[42]。在涉及有关社会名流的问题上，她遇到了自己在运营 *Vogue* 杂志期间面临的相同挑战。

2007 年，菲尔登预定为欧文·威尔逊（Owen Wilson）和韦斯·安德森（Wes Anderson）两人拍摄封面照片。然而在康尼岛拍摄期间，威尔逊迟到了几个小时，然后又在海里游了一个小时，从而严重限制了他们拍摄照片的时长。当安娜得知威尔逊的行为后，她和菲尔登就照片质量问题争论不休。菲尔登认为这些成片达到了作为封面照片的标准，然而安娜却举棋不定。

当时，杂志社尚未向对方回复有关该封面照片的事宜。好莱坞及其公关人员拥有强大的权力，他们决定外界与明星的合作机会，因此编辑们不想惹恼他们。然而，安娜从未明确保证过明星的照片一定会刊登在杂志封面，这为自己赢得了一些回旋余地。如果有人希望借用 *Vogue* 杂志的声望提升自己的影响力，她希望对方遵守她的规则[43]。

另外，*Vogue* 男士杂志丝毫不担心与明星合作的问题。除乔恩·斯图尔特（Jon Stewart）之外，名人一般都想出现在杂志内或封面上。其中，斯图尔特曾多次拒绝拍摄封面照片的邀约，因为他觉得 *Vogue* 男士杂志所传达的理念相当荒谬[44]。

与 *Vogue* 杂志相比，*Vogue* 男士杂志的封面更加多元化。2007 年，小丹泽尔·华盛顿（Denzel Washington）和威尔·史密斯（Will Smith）背靠背出现在杂志封面上，这让安娜感到颇为紧张。当时，她告诉同事们说，以黑人为封面照片的杂志销量堪忧。多年来，公司一直为她和其他编辑提供研究和报摊销售数据，并期望他们做出相应的编辑决策[45]。

哈维·韦恩斯坦自己也密切关注 Vogue 男士杂志，也许是因为他知道这本杂志对安娜来说至关重要。2007 年的某个周日晚上，他给安娜写了一封电子邮件，内容不乏溢美之辞："拜读完 Vogue 男士杂志后，我对自己的一部电影中的艺术家彼得·布莱克（Peter Blake）的作品和演员塞巴斯蒂安·科赫（Sebastian Koch）产生了兴趣。毋庸置疑，你对我的工作和生活产生了重要影响。"[46]

尽管安娜希望在封面上刊登明星的照片，但是她希望能得到合作伙伴的尊重，让拍摄对象可以像她的员工一样认真对待整个任务。最终，她将威尔逊与安德森的照片用在了一篇内页报道中*。在一些人看来，安娜的决策旨在彰显权力。然而，对于那些有意将自己的客户塞进她的杂志的人来说，此举昭然若揭：他们需要遵守规矩[47]。

安娜继续尽其所能地帮助 Vogue 男士杂志的出版团队取得成功。她随时记录他们正在跟踪的品牌，以及他们赚取广告收入的策略。她从不与销售团队开会，也从不要求客户确认他们的交易，但是她会通过谈话鼓励对方在杂志上刊登广告："我们为 Vogue 男士杂志所做的一切感到骄傲。与此同时，我们非常感谢您的支持。"最终，她的提议悉数奏效[48]。

* * *

随着 Vogue 杂志的蓬勃发展，安娜的名声也愈发响亮。2005 年 5 月，

---

* 当期的封面人物为拉夫·劳伦。

有消息称，梅丽尔·斯特里普（Meryl Streep）将在电影《穿普拉达的女王》中饰演以安娜为原型的角色米兰达·普瑞斯特利[49]。

当时，导演大卫·弗兰科尔（David Frankel）坚决表示，他不会参与扳倒安娜·温图尔的行径中来。"安娜·温图尔成就非凡。这部电影将作为一封情书，献给工作出色的职业女性。"他对电影公司的人员说。他希望这部电影诠释的理念是："凡成大事者，必然要经历牺牲，其中之一就是不再对所有人和颜悦色。如果这就是代价，那么它就是成功的必然条件。"当然，该理念与小说的基本框架并不相同。

电影公司坚称，他们不会复现"安娜·温图尔的故事"。与此同时，斯特里普表示，她不会模仿安娜·温图尔。弗兰科尔称，斯特里普实际上是根据她同克林特·伊斯特伍德（Clint Eastwood）和迈克·尼高斯（Mike Nichols）相处的经历塑造了她在电影中的角色。她说："克林特·伊斯特伍德从来不提高嗓门说话，安娜·温图尔也一样，你可以发现两人的相似之处。"[50]但是，不管弗兰科尔作何解释，安娜无疑是该角色的灵感来源，正如不管魏丝伯格如何否认，安娜都是她那本小说的原型。当时，电影制作设计师甚至潜入康泰纳仕集团大楼，并拍摄安娜的办公室，以便在电影场景中进行复现[51]。

就在斯特里普签约后，她遇到了设计师伊萨克·米兹拉希，并向对方表示："我同意扮演安娜·温图尔。我是疯了吗？"随后，她将剧本交给米兹拉希，希望对方提供帮助。然而，在米兹拉希答应之前，他邀请安娜共进午餐，并将剧本递给她过目。他想确保的是，假如自己协助拍摄这部电影，不会让安娜感觉遭受背叛。"她的反应和我的预期截然相反。她似乎非常开心，并劝告我别再犹豫。"米兹拉希回忆道[52]。

此外，弗兰科尔还邀请了其他设计师阅读剧本并提供反馈意见。不过，设计师们纷纷表示，除非弗兰科尔保证消息绝不会泄露出去，他们才愿意配合，因为他们害怕被安娜发现。弗兰科尔在之前的一个项目中认识了娜奥米·坎贝尔，他打算让坎贝尔参与进来，然而她却在后期神秘地消失了[53]。最终，吉赛尔·邦臣（Gisele Bündchen）在与 *Vogue* 杂志商议后，决定在电影中饰演一名美容编辑[54]。

　　据弗兰科尔所知，时尚界及纽约市的许多人都非常害怕得罪安娜。电影的服装设计由因电视剧《欲望都市》出圈的服装设计师帕特里夏·菲尔登（Patricia Field）负责，但其他设计师都不敢把衣服借给她。弗兰科尔无法在大都会艺术博物馆或时装周举办地布莱恩特公园取景拍摄，因为那里的人都担心会惹恼安娜。不仅如此，弗兰科尔甚至不能拍摄纽约的现代艺术博物馆，因为该馆董事会成员与安娜有来往，他们不敢冒险令安娜不快。最终，只有自然历史博物馆允许他在馆内拍摄舞会的场景。据他称，那里是"唯一不受安娜影响的地方"[55]。

*　*　*

　　电影《穿普拉达的女王》于 2006 年 6 月 30 日正式首映。但是在全球观众看到它之前，安娜参加了 5 月 23 日晚上在纽约巴黎剧院举行的一场特别放映仪式。安娜应该片公关团队之邀亲临现场，并携女儿碧和 *Vogue* 杂志社特约编辑威廉·诺维奇一同出席。对于外人而言，安娜之所以出现，或许是好奇心使然，或许是希望支持放映后的慈善义拍活动，抑或是为自己创造绝佳的公关机会。当晚，安娜身着 Prada 品牌礼服亮相，似乎是在巧妙地回应电影的名字。不过这并不罕见，因为她平日也经常穿着 Prada 品牌定制连衣裙。

　　安娜坐在整排座位最边缘的位置，弗兰科尔坐在安娜和碧的后面[56]。此前，如果安娜看电影时觉得无聊，她会直接夺门而出，不过这次她竟然看完了整部电影。其间，碧转向她说："妈妈，他们确实懂你。"[57]待演职员表播放结束后，安娜在大家开始议论前便悄悄溜了出去。[58]

这部电影对安娜的形象产生了深远影响。她掌管着"*Vogue* 大家族",而她的非凡成就让康泰纳仕集团更有理由推出另一部衍生刊物——*Vogue* 生活杂志,预计在当年年底前与大家见面[59]。2006 年年底,安娜入选芭芭拉·沃尔特斯(Barbara Walters)节目中的"十大精彩人物",并跻身主流名人行列,与雪儿(Cher)或麦当娜等人相提并论——提起安娜,很多人的第一反应都是安娜·温图尔。不过,安娜志不在此。据安妮·麦克纳利说:"安娜认为这是她工作的一部分。她心知肚明,这只不过是她在当前这份工作中展现出来的特有形象。假如她没有这份工作,情况肯定会大有不同。"[60]

如今,"安娜"两个字业已成为响亮的品牌,她的人气影响力超越了时尚和媒体行业。可想而知,康泰纳仕集团不会轻易让她离开。

第二十三章

冲　击

最初，R.J. 卡特勒（R. J. Cutler）被《纽约》杂志上一篇关于2005年"危险关系"主题派对策划的文章深深吸引，他打算拍摄一部针对大都会艺术博物馆慈善晚宴的纪录片。此前，卡特勒曾联合制作了电影《战略室》(*The War Room*)，讲述了比尔·克林顿于1992年竞选总统的全过程。卡特勒设法与安娜的公关总监帕特里克·奥康奈尔（Patrick O'connell）会面，并将想法告知了对方。然而，尽管 *Vogue* 杂志社和安娜欣然接受，但是大都会艺术博物馆却强烈反对。可是卡特勒心有不甘，他仍想拍摄一部关于 *Vogue* 杂志的电影。"我们很愿意和你们合作。也许我们还能想出别的办法，或许我们可以采取其他方式进行拍摄。不要有顾虑。"他安慰奥康奈尔道。

几周后，奥康奈尔打电话给卡特勒，称他们想到了解决办法。随后，卡特勒从洛杉矶飞到纽约，他修剪了指甲，随后前往安娜位于时代广场的办公室同她首次见面。当时，安娜坐在会议桌前，建议卡特勒围绕9月期 *Vogue* 杂志拍摄一部电影。由此来看，一部由这样一位制片人负责的电影，既符合 *Vogue* 杂志社的商业利益，也能满足安娜获得政治纪录片制作人认可的期望。

"你们会花费多长时间准备这期杂志？"卡特勒问道。

"我们从高定时装秀之后的1月份开始准备，到8月或7月底完成。"安娜回道。

令卡特勒欣喜的是，整个过程持续数月之久，并且在最终的活动中达到高潮，从而成为当期杂志的谢幕之笔。但是，有件事情他得想办法解决，即获得影片的最终剪辑权。他希望现在就能与安娜面对面解决，而不是后期通过律师协商。

"如果我们制作这部影片，我需要获得最后的剪辑权。"卡特勒告诉安娜，"关于你的所有电影都理应得到认真对待。假如一部电影的最终剪辑由安娜·温图尔亲自操刀，我认为就事与愿违了。"

安娜立刻回复道："我父亲是记者，我也是记者，这不成问题。"[1]

* * *

2007年年初，卡特勒团队正式开始拍摄。然而，*Vogue*杂志社的工作人员不知道他们是谁，也不知道他们在那里做什么。安娜并没有提前告诉大家纪录片摄制组要来公司取材。事实上，第一个真正欢迎卡特勒及其团队的人并不是*Vogue*杂志社的员工，而是安娜的女儿碧。当时，安娜安排了不同的工作人员带着他们四处参观，并且展示各种物品。其中，安德烈·莱昂·塔利受托在巴黎高定时装秀期间照看卡特勒，并带他前往Charvet品牌店定制衬衫。卡特勒回忆称："那段时间，每当穿上Charvet品牌定制服装时，我都能感受到安娜对我的优待。"[2]

不过，无论拍摄团队的成员身穿什么服装，格蕾丝·柯丁顿都觉得他们特别烦人。"这些人快把我逼疯了。他们在我们办公里室待了一年，让我深恶痛绝。"她抱怨道[3]。在当年1月的高定时装秀拍摄期间，她指责卡特勒的录音师曾用悬吊式麦克风敲打她的头部。"我很爱格蕾丝，可是没人打过她。"卡特勒解释说，"不过，她正好利用这一借口，

第二十三章 冲击

经常拒绝摄影团队进入自己的办公室。"[4]

安娜的办公室也设置了人员进出权限。当时有一个镜头是，愁容满面的汤姆·弗洛里奥走进了她的办公室。

Vogue 杂志和它的姊妹刊物一直在资助一项名为"时尚摇滚"的企业活动，其中涵盖电视特别节目和《时尚摇滚》(*Fashion Rocks*)年度增刊。杂志社会把 *Vogue* 杂志上的部分版面内容放到《时尚摇滚》杂志上刊登出来，比如将 Calvin Klein 品牌的 24 页广告中的一半刊登在该副刊上。但是不管怎样，版面和收入才是至关重要的考量因素，尤其是 9 月期杂志。

"安娜，现在面临一个问题。"弗洛里奥说。

安娜听到后，示意摄制团队回避。

"如果我们置之不理，2007 年 9 月期杂志就会变成一本宣传册。"

弗洛里奥提出的解决方案是，同时销售纸质杂志与数字内容，从而弥补以上举措带来的收入损失。不过，他无法在 Style.com 网站上进行销售，原因是相关负责人有意未对他授权。相反，他决定吸引平面广告商，承诺他们的广告也可以出现在名为 ShopVogue.TV 的全新在线视频频道上。通过该网站，用户可以购买四个原创节目频道中展示的产品，其中一个频道叫作"时尚 60 秒"。此举成功地实现了品牌化内容布局，走在了整个行业的前列。

"我会将所有内容呈现给你，确保得到你的认可。"弗洛里奥告诉安娜。她表示完全认同，并告诉他继续做下去。[5]

Vogue 杂志的广告商反响良好，他们都想入驻 ShopVogue.TV 网站，从而导致 2007 年 9 月期 *Vogue* 杂志的广告销售激增。弗洛里奥后来表示，此项目为该杂志增加了 100 页广告版面。[6] 同月，正当弗洛里奥收割广告订单时，他接到了一通电话，而对方正是纽豪斯·康泰纳仕集团首席执行官查克·汤森德（Chuck Townsend）和 CondéNet 网站负责人莎拉·查布（Sarah Chubb），他们听起来快快不悦。"你在做什么？"

他们质问道，"你私自开通了数字通道，连声招呼都不打。我们要开会讨论一下。"

弗洛里奥和安娜的做法显然对公司现有的网站造成了破坏。不幸的是，随着数字化浪潮的兴起，行业的传统运营模式不可避免地受到了冲击，然而公司依旧驱策弗洛里奥聚焦纸质杂志广告版面的销售。与此同时，公司没有授予安娜对 Style.com 网站的官方监督权，并且同样迫使她只关注自己的纸质杂志。

弗洛里奥在正式会议前与汤森德进行了交谈。"你必须关掉这个网站。"汤森德命令弗洛里奥说。

弗洛里奥将已经预订的订单情况告知了对方。汤森德听后有些难以置信，但他说："嗯，你马上就要参会了，这对你来说会很棘手。"

弗洛里奥向安娜汇报说："公司叫我和纽豪斯一起去参会，其他人也都在场。"

"我和你同去。"安娜回道。

会议期间，安娜注视着弗洛里奥直抒己见。会场上的其他人感到愤愤不平，他们认为，公司本来已经赋予了 Vogue 杂志数字资产，弗洛里奥不该抢先一步另起炉灶，自行为该杂志创造数字资产。弗洛里奥坚持他和安娜的决定。随后，安娜站了起来。

"你们应该知道，"她对在场的所有人说，"我们刚刚发布了史上篇幅最大的一期杂志。"[7]诚然，2007 年 9 月期杂志共计投放 727 页广告，的确是 Vogue 杂志有史以来篇幅最大的一期，也是消费者月刊杂志历史上篇幅最大的一期。[8]"你们都应该向他表示祝贺。这次会议完全是在浪费时间，我想没必要继续开下去了。"话音刚落，她便转身离开。

结果，弗洛里奥的项目照常运行[9]。

然而，有关 ShopVogue.TV 网站运营的这段插曲暴露出一个更大的问题，即康泰纳仕集团缺乏明确的数字战略。对于安娜来说，她需要运营 Vogue 杂志网站，从而强化 Vogue 品牌并扩大自身影响力。不过，

第二十三章 冲 击

尽管她缔造了"*Vogue* 大家族",但是仍然需要几年的光景才真正取得成效。

* * *

毫无疑问,"*Vogue* 品牌"的业内价值不言而喻。斯科特·斯滕伯格(Scott Sternberg)先后于 2004 年和 2007 年创立了男装及女装同名服装品牌 Band of Outsiders。他表示:"*Vogue* 杂志是巅峰之作。你看待的角度不同,*Vogue* 杂志会呈现出不同的样貌,它要么是金字塔的顶尖,要么是整个结构的基础。整个行业唯 *Vogue* 杂志马首是瞻。"

斯滕伯格申请加入美国时装设计师协会,以获得 20 万美元的资助。他意识到,由于女装行业刚刚起步,而且较高的生产成本导致其服装售价居高不下,因此他需要获得 *Vogue* 等杂志和安娜等人的认可。他选择了批量销售的商业模式,也就意味着将衣服卖给萨克斯第五大道百货公司这样的商店至关重要。此外,他打算发展大型批发业务,因此最为要紧的是获得良好的口碑。对于整个行业而言,安娜对品牌口碑具有举足轻重的影响力。

2007 年,斯滕伯格获得了该基金的资助,从而踏入了安娜的轨道。*Vogue* 杂志开始借用他的服装作品进行拍照,让他感到如释重负。他表示:"如同置身于一站式服务点,整个过程行云流水。"安娜从未强迫过他设计某样东西,但是他认为自己受益匪浅。比如,安娜曾告诫他,不要再浪费时间和金钱在纽约增设 Band of Outsiders 品牌商店,而是将衣服架在尚未完工的场地上进行售卖。"安娜所言极是,我一直对这句话印象深刻。为了建造这家理想的商店,我们损失了八个月的销售额。"斯滕伯格回忆称,"这是我的品牌遭受的惨痛教训之一。"[10]

2015 年,斯滕伯格宣布 Band of Outsiders 品牌濒临破产[11]。如果他听从了安娜的话,或许本不必如此。

***

作为 Vogue 杂志社的主编,安娜身兼编辑与时尚行业顾问的双重角色。

2006 年,威廉·麦库姆(William McComb)担任 Liz Claiborne 品牌公司的首席执行官,安娜随后邀请他共进午餐。麦库姆正在讨论该公司前任首席执行官与设计师纳西索·罗德里格斯(Narciso Rodriguez)之间达成的一项交易,安娜对此事非常挂念。长期以来,安娜一直支持罗德里格斯的事业发展。罗德里格斯急需资金来摆脱自己与意大利制造商 Ferretti 公司的协议,并重获自己品牌的控制权,所以他给安娜打电话求助[12]。安娜建议他与 Liz Claiborne 品牌公司进行商讨[13]。不久后,麦库姆正式上任。

当天,安娜带着麦库姆前往她办公室附近的 db Bistro Moderne 餐厅用餐。她真正关心的是罗德里格斯尚未与另外一家差劲的合作伙伴断绝关系,而似乎对培养友情丝毫不感兴趣,她希望麦库姆履行之前讨论过的协议。"一切都是公事公办,大家开门见山。她既没有插手协商事宜,也没有参与谈判或幕后工作,只是提出了很多精彩的想法。她一直在说罗德里格斯是一位才华横溢的设计师,而且前途无量。"麦库姆回忆称。

麦库姆是位行业新人,他延续了前任首席执行官的一系列举措,其中就包括与罗德里格斯之间的协议,他为此与安娜见过几次面。但是合作不久,他就清楚地意识到,其与他规划的公司转型策略并不相符,因此该公司打算全身而退。此时,安娜再次介入,而这一次是为了解决问题。"从最后的结果来看,这对纳西索来说是好事一桩。"麦库姆说,"在开销方面,纳西索需要一个好的合作伙伴为他撑腰,但是我们无法继续为他提供支持,因此我们决定再次还他自由。"安娜如愿以偿,罗德里格斯得以保留自己的作品署名权和对其品牌的控制权[14]。

第二十三章 冲击

身为这般幕后权力掮客，安娜足以让设计师们不敢与之作对。在如此步履维艰的行业中，设计师都希望她能成为自己的倡导者和咨询顾问，他们的整个职业生涯都会因此而改变。

2007年，伊萨克·米兹拉希与塔吉特百货公司的五年合同即将到期，麦库姆再次给安娜打电话[15]。塔吉特百货公司每年的销售额高达3亿美元[16]，但是这对该公司的设计师米兹拉希来说并不满足，他希望找到合作伙伴来资助自己举办时装秀，并重振昔日风采。麦库姆知道米兹拉希和安娜是朋友关系，所以他打电话给安娜寻求建议。麦库姆接连问道：米兹拉希对 Liz Claiborne 品牌公司有利吗？Liz Claiborne 品牌公司对米兹拉希有利吗？安娜依次给予了肯定的答复。麦库姆随即与米兹拉希签订了协议*。

对于康泰纳仕集团旗下的出版物来说，Liz Claiborne 品牌是一家实力雄厚的广告商。尽管如此，麦库姆从未意识到，广告对他与安娜两人的亲近程度会有影响。从 Lucky Brand 到 Kate Spade，再到 Juicy Couture，在他监管的所有品牌中，他一直坚信设计师至关重要，安娜对此深表认同。对于安娜而言，身为时尚界的首席导师，设计师的成功就是她的成功。

话虽如此，麦库姆却并未意识到，正因为其公司在 *Vogue* 杂志上投放过广告，他才有机会购买大都会艺术博物馆慈善晚宴的席位。"安娜肯定不会把我放在眼里，但是她见过我，而且了解我。因此，她相信我知道自己作为生意场上的无名小卒有几斤几两。"他补充说，"这就是问题的关键所在。"[17]

有时，刊登广告并不是获得安娜关注的必要途径。安娜的前助理

---

* 然而，米兹拉希的服装一直没能出手，不过这并不是安娜或麦库姆的过错。这批服装原计划于2008年9月进入批发市场，可是就在同月，雷曼兄弟控股公司宣布倒闭。麦库姆感叹道："世界末日降临。"

艾米·周离开 Vogue 杂志社后，转而负责风衣系列商品的运营，安娜曾在 Vogue 杂志中为她做过相关报道。有一回，安娜要去办公室附近的时装周活动现场，恰巧那天阴雨绵绵，她便让助理们推来一个小型衣架，上面挂着各式各样的风衣供她试穿。安娜的助理打电话给当时正在附近工作的周，叫她马上送件外套过来供安娜参考。周照做了，安娜最终选中了她送来的那件外套。这对于负责该产品系列的周而言，无外乎喜从天降。就这样，安娜再次给予了一位设计师莫大的鼓励[18]。

* * *

由于 Vogue 杂志与时尚公司关系密切，因此，安娜和弗洛里奥在 2008 年年初的欧洲之行中发现了一些值得思考的问题。2008 年 4 月，欧元兑美元汇率的差距扩大到了 1 欧元兑 1.60 美元[19]，以致 Gucci 等品牌在美国销售商品时很难盈利，从而不得不降价抛售。Gucci 品牌利润减少，意味着其在 Vogue 杂志上的广告投资缩水。此外，如果 Gucci 品牌深受其害，那么必然会殃及整个欧洲。

弗洛里奥担心，这种情况会严重影响 Vogue 杂志社的业务。

安娜和弗洛里奥显然意识到，汇率差异的影响可能会让他们的行业领地损失惨重。于是，两人绞尽脑汁想出了计划 A、计划 B 和计划 C 来为杂志社节省成本。其中，计划 C 最为夸张：既不聘人补足离职员工的岗位，也不去国外拍摄照片。

然而，形势每况愈下。2008 年年初，贝尔斯登公司宣布倒闭，弗洛里奥随即召集康泰纳仕集团出版商召开会议。当时，销售部门的某位员工指出，公司在这项业务上增长了 10%，在那个板块上又增长了 10%。正当那个人沾沾自喜时，弗洛里奥满面愁容地站了起来。"我必须告诉你，我看到了截然不同的事实。"他严肃地说。他解释称，自己不仅担心贝尔斯登公司，也害怕这一冲击会重挫其他银行和康泰纳仕

第二十三章　冲　击

集团的业务。

公司业务团队的一位高级人员驳斥他道："好吧，如果真会发生你说的情况，那么我们大家早晚都会卷铺盖走人。"

这番话让弗洛里奥目瞪口呆，他回到了安娜的办公室。"我们有麻烦了。他们刚刚那种自以为是的态度会将我们拖入亏损的险境。除非立即采取行动，否则我们将损失惨重。"弗洛里奥警告安娜说。最终，他们一致同意采取 C 计划。弗洛里奥竭尽所能削减开支，他开始选择去巴黎时住在丽兹酒店，其价钱比每晚 2100 欧元的预留房间便宜许多。"2008 年，在康泰纳仕集团控制成本是一件突破性的举措。"弗洛里奥回忆称[20]。对于安娜来说，她在那段时间减少了派往欧洲参加时装秀的编辑数量。塔利称，他的薪水削减了 5 万到 30 万美元，这让他感到极不自在，毕竟当时时尚编辑的收入普遍高达 70 万美元[21]。然而据琼斯回忆称，塔利的薪水大打折扣的原因并非经济衰退，而是工作表现不佳[22]。2008 年，康泰纳仕集团旗下仅有两本刊物盈利，其中之一便是 Vogue 杂志[23]。

2008 年，虽然两人凭借自身的远见卓识拯救了 Vogue 杂志社的财务状况，但是安娜遭遇了职业生涯中最大的滑铁卢。当年的 4 月期 Vogue 杂志是"塑形专刊"，安娜在编辑信函中称，这一期"致力于宣扬时尚和全民健身"[24]。

Vogue 杂志的封面极少采用男性的照片，最多是以男女合照的形式出现。比如，乔治·克鲁尼就曾与吉赛尔·邦臣共同出现在了 2000 年 6 月期杂志的封面上。当时，吉赛尔·邦臣还很年轻，她不知道克鲁尼是何许人也[25]，可能正因如此，两人得以保持融洽的关系。那次合作帮助邦臣赢得了良好声誉，大家普遍认为她可以和那些可能没有高级时尚摄影经验的男性相处融洽[26]。这段佳话也让她顺理成章地成为勒布朗·詹姆斯（LeBron James）的搭档，双双荣登 4 月期 Vogue 杂志男性主题封面。其中，詹姆斯是首位登上 Vogue 杂志封面的黑人男性。

当时的拍摄地点选在了克利夫兰市，气温低至零摄氏度以下。所有取暖设备都放在了在詹姆斯和邦臣身边，而全体工作人员在低温中瑟瑟发抖。环境条件异常艰苦，而且詹姆斯还是一个彻头彻尾的职业篮球运动员[27]。

在安娜批准的成片中，詹姆斯摆出运球姿势，他张大嘴巴，露出牙齿，左手手臂搂在邦臣腰间，后者身着一件绿色丝绸连衣裙。

Vogue 杂志社的高级编辑们警告安娜说，这张封面照片存在问题，会让部分人立刻联想到金刚（King Kong）和菲伊·雷（Fay Wray）的合照。"很多人都表示：'安娜，结果恐怕会事与愿违。'但是她置若罔闻。"执行编辑劳里·琼斯说："安娜认为，这张照片与那样的刻板印象毫无关联。相反，她从这张照片中看到了热情、个性以及当红明星。我也不认可她的说辞，安娜就是没有看到过大家联想到的那张合照。"

一直以来，工作人员都非常欣赏安娜果断的性格。然而在那段时间里，她表现得更加明显。琼斯说："安娜从来都是一副胸有成竹的模样。假如换成另一个人，一边摆弄自己的手指一边犹豫不决地说：'嗯，我到底应不应该这样做？'我们肯定都会被她逼疯。"[28]

该封面一经推出，世人的抨击声盖过了大家对詹姆斯里程碑式亮相的热议。ESPN 网站专栏作家杰米勒·希尔（Jemele Hill）写道："这张封面照片也许旨在展示肌肉与美貌、男子气概与女性气质、力量与优雅之间的对比。然而，*Vogue* 杂志却突出强调了超级运动明星和超模之间的巨大差异，这样做只会强化人们对黑人运动员粗野形象的刻板认识。"她补充说："和往常一样，关键是要向房间里批准封面照片的决策人发问。"[29] 在这种情况下，重要的不只是谁在房间里说了些什么，而是做出最终决定的人是谁。毫无疑问，那个人就是安娜。

在琼斯看来，安娜似乎并未囿于外界的这些强烈反响。可想而知，这种事情也不会让小塞缪尔·纽豪斯深感烦忧，他也许最多纠结一分钟，然后很快便继续向前看[30]。对于 *Vogue* 杂志社的大多数工作人员

第二十三章 冲 击

而言，他们不明白为什么这张照片竟遭受如此非议。不过，大家都认为，这场颇具争议的闹剧终究会得到平息[31]。

那年夏天在巴黎，当期杂志刚刚出炉时，格蕾丝·柯丁顿的一个高定时装摄影团队正在外面共进晚餐。柯丁顿的助理桑娅·穆尼（Sonya Mooney）称，整个团队都无法理解为何这张封面照片会让人们如此不满。柯丁顿告诉团队说，外界认定这张照片暗含种族歧视，展现出了黑人历史上不堪回首的一段往事。

"一时间，大家的谈话戛然而止。"穆尼回忆称，"这不是故意无视，而是矫枉过正。餐桌上的人都未曾停下来思考过该照片何来冒犯之说，因为大家从头到尾丝毫没有察觉到两者的关联。"[32]

* * *

2008年的遭遇给*Vogue*男士杂志团队留下了沉重的阴影[33]。该杂志已运营三载，如今却在苟延残喘，而且其别具一格的理念也即将消失殆尽。无论安娜多么热爱这本刊物、版面上的作品以及为其打拼过的工作人员，她都已无力回天。

最初，一切进展顺利。但是后来，该杂志似乎对广告商来说失去了新鲜感，他们不再将*Vogue*男士杂志视为刊登广告的首选刊物。在2008年的年度预算会议上，小塞缪尔·纽豪斯火冒三丈。确切地说，他并非迁怒于安娜，而是因为*Vogue*男士杂志一直在赔钱。不过，该杂志沦落至此，全由纽豪斯一手造就，他早就预料到会遭受损失[34]。比如，在为时装专题报道拍摄照片时，除去聘用设计师等高昂成本外，总体开销可能轻而易举地达到5万美元，毕竟要获得称心如意的成片，就不能因为预算缩手缩脚[35]。然而，由于受众规模不尽如人意，该杂志的未来盈利前景一片黯淡。

承担高昂费用的唯一解决办法就是维持更高的收入。但是，一场暴风雨即将来袭。菲尔登从欧洲男士时装秀现场回到办公室时说："广告业阴云密布。"[36] 同期，*Vogue* 男士杂志团队打算在现代艺术博物馆为电影节目举办一场慈善活动，即效仿大都会艺术博物馆慈善晚宴。当时，该杂志的特稿编辑邦妮·莫里森（Bonnie Morrison）表示，她本来打算以 10 万美元的单价出售约 40 张桌位。随后，莫里森给她在 Chanel、Tommy Hilfiger 及其他时尚品牌的所有联系人都打过电话，但是所有人都无意参加。各大品牌早已做好了年度预算，他们都未考虑过留出 10 万美元用于电影慈善活动，即便主办方是 *Vogue* 男士杂志。其中，赞助商 Louis Vuitton 品牌倒是承诺提供 10 万美元。但是由于经济原因，该品牌表示其将在 2008 年和 2009 年各支付一半[37]。

2008 年 10 月 30 日上午，莫里森没有回到办公室，而是径直前往现代艺术博物馆参加会议。会上，博物馆的人告诉她说："我们刚刚得知，你们的杂志已经停刊了。"[38]

当天上午，*Vogue* 男士杂志团队的 35 名工作人员来到了公司办公室。随后，康泰纳仕集团首席执行官查克·汤森德带着安娜赶到了现场。

"从目前的市场形势来看，我们不得不停止运营。"汤森德解释说，"*Vogue* 男士杂志是我个人最为喜爱的刊物，我很遗憾要和它道别。"

随后，菲尔登又讲了寥寥数语，安娜在他身边使劲地点了点头，泪眼婆娑[39]。由此一来，*Vogue* 杂志社负责的刊物数量变少。与此同时，受金融危机影响，雷曼兄弟控股公司已于 3 月倒闭。然而，在此背景下，经济的多米诺骨牌还在接连倒塌。尽管这些情况人尽皆知，但是杂志社的高级员工依旧对杂志停刊事件大惊失色。相较而言，*Vogue* 男士杂志的亏损远不及昙花一现的奢侈品商业杂志《投资组合》（*Portfolio*），后者在数月后停刊，公司损失 1 亿美元[40]。2009 年，康泰纳仕集团总共损失了 30% 的收入，其不再继续投资扶持新兴杂志。然而，即便是《美食》等老牌杂志也未能幸免于难[41]。

第二十三章 冲击

关于杂志停刊一事，纽豪斯并未下楼通知员工，这符合他那种有所保留的沟通方式，或许也是因为他对此事感到惴惴不安。不过，他还是安排其他人将这则噩耗告诉了大家。第二天，他将菲尔登召进办公室，并用他一贯的断句方式说："菲尔登先生，我不想这么做。这不是我的本意，是他们逼我这么做的。这就是我想要对你说的全部内容。"毫无疑问，纽豪斯口中的"他们"就是"他"自己。接下来，菲尔登会继续负责即将出版的 *Vogue* 男士杂志增刊。然而，待他完成后，这里已经没有他的容身之地，因此他选择了辞职[42]。

Vogue 男士杂志停刊的第二天，安娜告知一位向她致以歉意的朋友说："我已经完全释怀。"[43]

* * *

2008 年的金融危机既是康泰纳仕集团发展的转折点，也是整个媒体行业发展的转折点。业内公司纷纷大幅削减广告预算，而且出版物的订阅量显著下降。或许最为重要的原因是，大家的阅读方式发生了翻天覆地的改变。2008 年之后，康泰纳仕集团旗下的纸质杂志收益明显缩水。当年上半年，*Vogue* 杂志的总发行量同比下降 6%，报摊销售额同比减少 15%[44]。相对来说，*Vogue* 杂志比大多数刊物历久弥坚。与此同时，令人难以置信的是，安娜仍然在让康泰纳仕集团为自己的生活方式买单，致使其他主编望其项背。然而，整个行业正在迅速推动数字媒体转型，可是该公司内外均未形成良好的商业模式。

这段遭遇让安娜感触颇深，光凭她个人的威望和毅力根本无法支撑这些杂志长盛不衰。*Teen Vogue* 杂志团队意外地发现，MTV 网站的真人秀节目《好莱坞女孩》（*The Hills*）可以作为一种很棒的宣传媒介。当时，惠特尼·波特（Whitney Port）和劳伦·康拉德（Lauren Conrad）以杂志实习生的身份参与了节目录制，两人一直坚持了下来。虽然安娜批准了杂志社与真人秀节目的合作协议，但她从未看过该节目[45]。此外，到2008年年底，由哈米什·鲍尔斯监制的*Vogue*生活杂志在仅仅出版了一期独立刊物后便被拦腰斩断。继而，有关安娜即将退休的谣言漫天飞舞，媒体纷纷猜测巴黎版*Vogue*杂志主编卡琳·洛菲德（Carine Roitfeld）将取而代之。

安娜已经掌管*Vogue*杂志社达20年之久。尽管纽豪斯认为这些报道"是愚蠢至极的谣言"，然而一系列舆论表明，时尚和媒体行业的部分人士正在大肆鼓动权力更迭[46]。事实上，高管们心知肚明，安娜不可能在这个时间节点扬长而去[47]。那年秋天，在美国国家图书奖颁奖典礼现场，当《纽约》杂志记者夏洛特·考尔斯（Charlotte Cowles）向她提及有关退休的问题时，安娜顿时勃然大怒。

"很抱歉。"安娜回答道，"我认为你的问题极为粗鲁。请不要打扰我。"

"我们换一种问法，你退休后会有什么安排吗？"考尔思穷追不舍。

安娜说："不要再问了。请你离开。"[48]

纵使对安娜而言，她最终也会选择离开。

第二十三章 冲击

第二十四章

政治与痛楚

2009年秋天,媒体行业刚刚经历了损失惨重的一年,安娜拥有了其他编辑没有的东西:一部电影。

诚然,安娜在此之前"拍过"一部电影,不过那是虚构出来的故事,对她经营杂志的情况添油加醋,她凭借实际的言行举止否认了剧情的真实性。2009年8月19日,在当年第9期 Vogue 杂志发布前,安娜在现代艺术博物馆安排了电影《九月刊》(The September Issue)的首映式。当天,R.J. 卡特勒派出公关人员阿曼达·伦德伯格前去参加。伦德伯格曾供职于米拉麦克斯影业公司,如今她是公关公司42West 的合伙人。在大都会艺术博物馆筹办慈善晚宴期间,安娜的团队习惯了享受有求必应的待遇。他们在现代艺术博物馆筹备活动,询问对方是否可以出于审美考虑将墙上的艺术品移走时,博物馆的一位代表拒绝道:"那些是展品。"[1]

数月前,在电影《九月刊》剪辑的最后阶段,卡特勒在纽约的 Soho House 俱乐部为 Vogue 杂志社的工作人员安排了试映。安娜和她的团队错过了放映时间,但是他们在几天后得到了一次更加私密的观影机会。为此,安娜特别邀请了 Vogue 杂志社的几位作家,包括她的戏剧评论家亚当·格林(Adam Green)和她唯一的伴娘、Vogue 杂志社电视评论员琼·朱丽叶·巴克。放映结束后，安娜给卡特勒留下了一些建议，其中最主要的一条是："感觉它像一部关于安娜和柯丁顿两个老女人在走廊上争吵的家庭电影。"卡特勒说："安娜根本不理解这部电影的魅力所在。"对他而言，这是一部别出心裁的电影，描绘了两位身处职业生涯巅峰的伟大女性，展现了她们充满活力的斗志和携手共进的力量。

安娜认为，也许卡特勒是时候考虑更换导演了。

对卡特勒来说，幸运的是，根据他们的最初协议，安娜无权干涉影片的最终剪辑。不过，卡特勒对她的反馈表示了由衷的感谢，并期望在下次登门造访时，她可以提供更多的建议以做参考。不过，安娜没有再接着给出建议，而是直接转发了 *Vogue* 杂志团队的评价。其中，巴克写的是："卡特勒在弄巧成拙。"

安娜试图以自己对这部电影的"支持"迎合卡特勒默许的理由。她理应亲临圣丹斯电影节的放映现场，尽管她没有必要参加。不过，卡特勒并不在乎。在他看来，如果安娜不支持这部电影，他可以在宣传中称这是"安娜·温图尔不想让你看到的电影"[2]。

弗洛里奥没有任何后顾之忧[3]。电影《九月刊》是当季最热门的纪录片，美国各大影院的电影票均已售罄。安娜最终决定支持这部影片，她不仅出席了圣丹斯电影节的活动，还参加了大卫·莱特曼（David Letterman）的节目中的一个环节，不过却遭到台下观众的一片嘲讽[4]。柯丁顿向安娜抱怨："这太疯狂了。为什么我在电影里面出镜了这么多次？"安娜笑着告诉她说："去做宣传吧。反正这也是你的电影。"[5]

* * *

随着电影《九月刊》即将全面上映，安娜可能更多的是在思考2008年经济危机所带来的持续影响。经济崩溃导致消费几乎全面停滞。

第二十四章　政治与痛楚　　305

在经济低迷时期，穷人由于丧失了抵押品赎回权而流离失所，而富人也不敢正大光明地消费。这种现象不仅沉重打击了时尚品牌，同时也严重抑制了 *Vogue* 杂志的发展。在此背景下，安娜和弗洛里奥需要做的是让人们重新开始购物。由此来看，*Vogue* 杂志的全新利他主义使命应运而生，即刺激大家光顾实体商店进行购物。

安娜召集 *Vogue* 杂志的所有国际编辑前往巴黎集思广益。于她而言，举办一场派对可以让很多问题迎刃而解。于是，他们创办了"全球购物夜"时尚庆典。当晚，各大商店纷纷组织庆祝活动，吸引顾客前来消费[6]。

整个时尚界俨然形成了妙不可言的默契，只要安娜指挥业内品牌腾空而起，它们就会毫不犹豫地问要跳多高，"全球购物夜"也不例外。参加活动的品牌商提出的创意都得到了安娜的批准，而她的反馈通常都是"规模还不够大"[7]。

当时，从事时尚宣传工作的邦妮·莫里森称："这类似在说，你指望我们邀请 U2 摇滚乐队前来助兴吗？"[8]2009 年 9 月的一个晚上，纽约市的 800 多家实体商店同时举办活动，其中有很多商家提供免费酒水。当晚，安娜身着精心定制的"全球购物夜"衬衫现身皇后区的梅西百货公司，并与格温·斯蒂芬妮合影。现场活动异彩纷呈：奥尔森（Olsen）姊妹在波道夫古德曼百货公司为宾客调酒；*Vogue* 杂志社特约编辑哈米什·鲍尔斯在 Juicy Couture 品牌商店内倾情献唱；Vena Cava 品牌设计师在位于布鲁克林的 Bird 商店参与"扣篮坦克"游戏，浑身湿透[9]。安娜和她的团队与熙熙攘攘的人群混在一起，营造出了不同寻常的气氛，这似乎是 *Vogue* 杂志社一直以来的追求目标——不过，这些都属于特殊时期。

然而事实证明，关键问题不在于让百姓走进商店，而在于让大家真正在商店里消费。夜晚时分，活动现场乱作一团，人们最后走上街头引发了暴乱。这种混乱的场面非但没有激励人们购物，反而给予入店行窃之人可乘之机。尽管如此，这项年度盛会仍在发展壮大。到2012年，该活动已经覆盖到美国500座城市乃至全球30个国家。但是在2012年后，这项活动戛然而止，康泰纳仕集团未做任何解释[10]。

当时，"全球购物夜"活动偃旗息鼓让许多业内人士着实如释重负。不过，这段历史也充分说明，举办购物派对不会改善经济衰退的影响。这与"9·11事件"后面临的情况如出一辙，即高级时装并不是解决世界问题的灵丹妙药。对于众人而言，一旦脱离了 Vogue 杂志殿堂，这些时尚单品便不再是值得大家历经千辛万苦去购买的宝贝。

* * *

2009年9月，也就是碧从哥伦比亚大学毕业的数月后，R.J. 卡特勒的电影《九月刊》正式上映，社会好评如潮。然而，曼诺拉·达吉斯（Manohla Dargis）却在《纽约时报》上嘲讽卡特勒说："这部吹捧之作如此精彩，倒不如让他到 Vogue 杂志社工作好了。"达吉斯同时指出，安娜之所以会支持这部电影，全是因为其对时尚界的黑暗乱象避而不谈。对此，她在文章中举例称："模特们为保持体型忍饥挨饿；中国工人惨遭剥削，粗制滥造高仿时装；为制作皮草制品而残忍宰杀动物。"[11] 此外，这部电影让托恩·古德曼和西恩娜·米勒（Sienna Miller）的关系降至冰点。原因在于，后者的封面照片是这部电影的故事线，而古德曼曾在纪录片中形容米勒的头发"暗淡无光"。"我因自己在镜头前出言不逊，已经向西恩娜道歉了1万亿次。"古德曼后来表示，"我们把她的头发全梳到脑后。她的脸蛋很美，但是我们做得没错。"[12]

这部电影的最大受益者不是安娜或者 Vogue 杂志，而是格蕾丝·柯丁顿。她在时尚行业里安分守己地工作了几十载，终于在68岁这一年一举成名——不过，她此前对名誉声望强烈排斥。

在这部电影中，安娜让柯丁顿展现了属于她的高光时刻。

***

虽然安娜的金兰之友经常称赞她为人忠诚，但是她却多次亲手斩断了与别人的深情厚谊。

2010年年底，安娜决定采访叙利亚共和国总统巴沙尔·阿萨德（Bashar al-Assad）的妻子阿斯玛·阿萨德（Asma al-Assad），安娜认为对方的形象非常契合 Vogue 杂志的审美。于是，安娜将这项任务交给了她的朋友琼·朱丽叶·巴克。

巴克对这篇涉及中东政治的报道颇感担忧，因为她不是这方面的专家。"我不是政治记者。"她对安娜说。

"我们不需要政治新闻。"安娜回答道，"报道内容与博物馆相关，第一夫人正在求助卢浮宫挖掘叙利亚的遗迹。历史遗迹领域是你的专长所在。"

随后，巴克前往大马士革，开启了为期九天的旅程。在此期间，她并没有如期参观帕尔米拉遗址，而是陪同第一夫人前往了一处青少年中心，那里的青少年们在讨论民主话题。然而，在行程的最后一天，当地的一名突尼斯水果商自焚，"阿拉伯之春"革命随之爆发。

返程后，巴克告诉编辑，他们应该将这个故事报道出来，但是她遭到了对方的反对："反正没人会注意到你的文章。"[13]

Vogue 杂志的传统是报喜不报忧，因此，巴克的整篇文章添加了吹捧之词。文章称阿萨德"年轻迷人且非常时髦，是活力十足、魅力无限的第一夫人"。此外，文章将叙利亚共和国描述成"中东最安全的国家"。行程期间，巴克还与巴沙尔·阿萨德有过接触，对方称自己曾研究过眼部手术："这类手术要求精益求精，纯粹是慢工出细活，而且很少出血。"然而，这篇报道根本没有提及阿萨德的独裁者身份。就在文章发表的同年，他杀害了数千名手无寸铁的平民和数百名无辜的儿童[14]。尽管如此，文章中称，阿萨德赢得了"97%的惊人支持率"，从而以绝对优势赢得了选举[15]。

劳里·琼斯称，她曾告诉安娜不该刊登这篇文章。通常来说，编辑们不会在小组会议上提出这种事情，但是他们可以向琼斯表达自己的担忧，然后再由她转告安娜。可是，安娜非常欣赏这则报道的开篇照片。照片中，阿斯玛站在大马士革的高处俯瞰整座城市，洋红色的披肩裹在她的肩膀上。对于安娜而言，是否刊登报道全然由照片决定[16]。"当时，我们苦口婆心地劝说安娜不要刊登这篇文章。"琼斯回忆称，"我们向她揭露当地的人权问题、百姓受到的屈辱以及阿斯玛差劲的丈夫。可是，安娜一心想要刊登那张照片，因此她毅然选择发表文章。"

同时，安娜也曾表示，假如这篇文章引发了社会争议，那么他们可以随时轻而易举地将其从网站上撤下。但是，令安娜没有想到的是，用琼斯的话来讲，该网站"非常原始"，因而难以进行及时性的操作[17]。

这篇报道一经上传，就遭到了民众的强烈反对。"这些来自四面八方的攻击如潮水般涌来，势头凶猛。我每天都在网络上受尽羞辱，大家认定我是被叙利亚人收买的江湖骗子。这些评论让我难以置信。"巴克在她的回忆录中写道。那一年，她再未接到过 *Vogue* 杂志社的任务，随后对方终止了与她的合同[18]。

文章发表后，安娜再也没有联系过巴克。她们的友谊始于50多年前的伦敦，而如今戛然而止[19]。为安娜效力了20年之久的劳里·琼斯表示："于我而言，这是 *Vogue* 杂志社有史以来最具争议的编辑问题……安娜对一切感到心安理得。我们当时苦苦哀求过她不要刊登那篇文章。"

在琼斯看来，尽管她与安娜在多年的合作中时有分歧，但是她依旧非常喜欢安娜。然而，直到2012年10月底，飓风"桑迪"袭击纽约市，琼斯才开始认真思考自己的角色定位。这场风暴对城市和周边地区造成了前所未有的破坏，导致曼哈顿市中心断电数天。此外，洪水造成地铁系统被迫关闭，城市交通陷入瘫痪。

第二十四章　政治与痛楚

风暴过后，安娜给琼斯打了电话。"劳里，我要所有人明天回到办公室上班。"安娜说。她向来如此，随时要求你重整旗鼓并继续前行。

不过，对于安娜这类生活优渥的人士来说，他们可以轻而易举地做到继续前行。虽然她住在曼哈顿市中心，但是她可以搬到上城区，在舒适的马克酒店下榻[20]，那里有电力、热水和奢侈品供她享用。此外，她还有专车司机接送她上下班。然而，她的员工却住在停电的公寓，每天步行穿过曼哈顿和布鲁克林赶到办公室。

当时，琼斯住在康涅狄格州，由于倒下的树木挡住了上班的去路，她无法驾车前往办公室。她又不想步行穿过泥泞的废墟，因此只能碰运气等待搭乘路过的顺风车。几个月后，她无奈选择了退休。"我无法忍受每天被这样的生活折磨。"琼斯感叹道[21]。

* * *

2011年7月5日，安娜前往巴黎参加朋友卡尔·拉格斐为Chanel品牌举办的高定时装秀。她平日里经常穿着Chanel品牌高定服装，对她来说，这场活动不仅提供了购物机会，而且可以激发Vogue杂志创意灵感。可是，她这次的采购时间异常紧张。法国总统尼古拉·萨科齐（Nicolas Sarkozy）将在第二天授予她法国最高荣誉之一——法国荣誉军团勋章，所以她急需挑选一件合适的礼服。

时装秀结束后，安娜和塔利一同赶往Chanel品牌公司的巴黎总部，该公司就在她下榻的丽兹酒店对面。这次可谓是世界顶级的购物体验之一，安娜必然会一丝不苟地认真对待。Chanel品牌公司的几名员工在高级定制屋中著名的楼梯顶上等候安娜的到来。随后，他们引领安娜进入了一个挂满礼服的房间。她在房间里尽情挑选试穿的服装，塔利则在旁边为她提供建议。当天晚上，塔利建议她试穿一件饰有白色镶边的海军蓝套装。安娜在化妆间换好衣服后，走出来对着镜子询问塔利的看法。通常来说，安娜在挑选高定服装时会试穿三到四次。然而，由于第二天就要举行仪式，因此她要求店家随即为她调整好服装尺寸，并于当晚送到她的酒店。平日里，她经常会穿着 Manolo Blahnik 品牌凉鞋，鞋面上采用交叉绑带设计。不过，在大都会艺术博物馆慈善晚宴等特殊场合，品牌方会提前寄给她织物样品供她审核，以便在意大利进行定制。

第二天早上，塔利和安娜一起前去参加典礼。他发现安娜的社交安排在时间上控制得"极其紧凑"。

在法国凡尔赛宫举行的仪式上，塔利坐在角落里，手里握着安娜的手提包。另外，拉格斐、多娜泰拉·范思哲（Donatella Versace）和汤米·希尔费格等宾客也应邀出席。活动结束后，塔利和安娜回到车里，准备参加美国大使馆的接风会。

此时，安娜发现自己的手机不见了。"你对我的手机做了什么？"她质问塔利。

"我没拿你的手机。"塔利回道，"你从始至终都没有从包里拿出过手机。我从来不会翻一位女士的手提包。"

他们到达大使馆后，塔利打电话给丽兹酒店，让门房前去安娜的房间寻找手机。随后，对方在安娜房间的桌子上找到了她的手机，并把它送到了大使馆。塔利把它递给安娜时，安娜哼了一声，并甩了甩头发。

第二天早上，安娜在一张撕开的信封上写了便条，并从丽兹酒店寄给了塔利，以感谢他的鼎力相助[22]。

* * *

毫无疑问，美国时尚行业本身更加亲近民主党派。如果与安娜结盟，那么必然可以带动整个行业同该政党建立紧密的联系。

第二十四章 政治与痛楚　　　　　　　　　　　　　　311

巴拉克·奥巴马（Barack Obama）曾两度登上 *Vogue* 男士杂志封面。第一次是 2006 年 9/10 月期杂志封面，那时他还是一名参议员；第二次是 2008 年 10 月期杂志封面，当时正值他首次竞选总统。2008 年，在奥巴马获得总统提名前，他的竞选团队非常感激安娜·温图尔给予的大力支持。当时，纽约市民似乎还都是希拉里·克林顿的拥趸。"我丝毫没有邀功之意，但是我还是要讲出来，是我说服了大家支持奥巴马。"听过奥巴马演讲的谢尔比·布莱恩回忆称，"我当时说，我认为对美国人民，尤其是黑人群体来说，拥有一位能力出众的黑人总统意义非凡。话音刚落，包括安娜在内的所有人即刻表示赞同。"[23]

安娜也曾希望在某期 *Vogue* 杂志中报道克林顿的故事。"当时我听说，唯一的女性总统候选人希拉里·克林顿刻意在竞选阶段拒绝成为我们杂志的封面人物。"她在编辑信函中写道，"可想而知，我着实大吃一惊。她的理由是担心自己看起来过于女性化。有人说，当代女性唯有表现得像个男人，世人才会认真地将她视为权力的追求者。坦白来讲，这种观念十分骇人。我们的文化是如何堕落到这一步的呢？《华盛顿邮报》怎能对露出一丝乳沟痕迹的参议员指手画脚呢？这里是美国，不是沙特阿拉伯。"[24] 不过，安娜很有可能是在闪烁其词，对克林顿拒绝接受 *Vogue* 杂志社报道的真实原因避而不谈——其实是与女性气质毫无关联，而是安娜打算支持奥巴马。

在奥巴马第二次登上 *Vogue* 男士杂志封面前，安娜正在为他竞选总统筹款。安娜希望每期 *Vogue* 杂志都涵盖政治新闻，不管读者是否会阅读，几十年来，她一直在杂志上报道政治内容。比如，她曾聘请朱莉娅·里德（Julia Reed）在杂志中评论极具实力的总统竞争者乔治·沃克·布什（George W. Bush）和副总统阿尔·戈尔，以及国家安全顾问康多莉扎·赖斯（Condoleezza Rice）等人。而当下，安娜利用慈善事业的强大威力对总统选举施加影响。2008 年 6 月，在奥巴马获得民主党提名后，她联合安德烈·莱昂·塔利、卡尔文·克雷恩和谢尔比·布莱恩共同主持了一场募捐活动。这次活动特邀贵宾米歇尔·奥巴马（Michelle Obama）前来参加，她已然在将自己打造成一位时尚偶像。当时，捐赠者只要拿出1万美元，就可以在卡尔文·克雷恩的家中与她共进晚餐[25]。

2008年9月，安娜和演员莎拉·杰西卡·帕克（Sarah Jessica Parker）共同举办了另一场鸡尾酒会，这是奥巴马竞选活动中"变革秀场"倡议的一部分。纳西索·罗德里格斯和王薇薇等设计师为该活动精心制作了背心和手提袋，并在奥巴马的网站上出售，所有收益都将用于竞选活动[26]。在活动期间销售系列单品的想法完全源自安娜的创意。每次有新品上架，一天之内都会悉数售罄。每逢总统大选之年，安娜都将销售系列单品作为筹款活动的主要项目。由此来看，在奥巴马的诸多资金筹集者中，最为尽心尽力且维持最低开销的人非她莫属[27]。在竞选团队看来，安娜善于组织高额筹资活动，然而却不贪图任何回报。许多人筹集的资金远远不及安娜，却会提出一系列要求，例如想为自己及其家人争取与奥巴马15分钟的相处时间。不过，安娜一直以军人般的严谨态度策划一切，比如家庭聚会和大都会艺术博物馆慈善晚宴，并且能够推动整个竞选活动顺利开展。因此，对于竞选团队而言，安娜无疑是很好的伙伴。虽然安娜不可能从未想过让米歇尔·奥巴马成为杂志的封面人物，但是她的注意力必定集中于擘画更大的蓝图。事实上，米歇尔·奥巴马曾三次荣登 Vogue 杂志封面，她每次都会安排一整天时间配合杂志社拍摄照片[28]。不过，对于拥有像她这样身份的人而言，留出这么长时间已实属慷慨。

2012年，安娜继续和她光鲜亮丽的朋友们举办高级筹款晚宴。她曾打电话给汤姆·福特，希望共同在他位于伦敦的家中举办一场活动。"我表示随时欢迎。因为我完全同意安娜的提议。"福特回忆称，"我完全不擅长组织这类活动。"他补充说："我主要负责出资，而安娜才是真正的组织者。"[29]

第二十四章　政治与痛楚

民主党全国代表大会结束后的那一年，奥巴马竞选团队需要资金支持，安娜自然是完美的求助人选。竞选团队打电话给安娜，期望她提供更多帮助，并且诱惑她说，承诺未来任命她为美国大使。不过，安娜可能对该职务丝毫不感兴趣。

奥巴马成功当选总统后，大使们开始纷纷辞职，给其他人选让位。竞选团队意识到，他们必须妥善处理给予安娜的承诺。此前，他们曾向奥巴马谏言，安排安娜担任驻圣詹姆士宫大使，这将成为最为瞩目、最负盛名的任命之一。当时，奥巴马表示将认真考虑此事。此外，竞选团队在她以前筹办募捐活动时，已经对她了解得一清二楚，他们尚未找到有必要撤销安娜大使资格的风险因素。

不过后来，竞选团队财务主席马修·巴尔赞（Matthew Barzun）盯上了这块肥差。他的地位力压安娜一头。无论如何，安娜为竞选活动鞠躬尽瘁，竞选团队至少应该和她正式洽谈关于此次提任大使的事宜。

奥巴马的顾问艾莉莎·马斯特罗莫纳科（Alyssa Mastromonaco）前去拜访安娜，挑明巴尔赞对圣詹姆士宫大使一职的兴趣。安娜心如明镜，巴尔赞将优先于自己获得该职位。不过，让她印象深刻的是，马斯特罗莫纳科有勇气当面告诉她这一事实，而竞选团队的其他男性成员在选举日结束后甚至懒得和她交谈一二。安娜并未对结果表现得不知所措，而是坦然接受。

马斯特罗莫纳科继续询问安娜是否对其他地方的职务感兴趣。"法国如何？"她问道。

"我不知道。"安娜回答道，"这不是我最初的想法。他们让我考虑一下。我会考虑的。"

随后，马斯特罗莫纳科向奥巴马团队报告建议安娜考虑担任法国大使的事宜。然而，据奥巴马团队透露，国务卿希拉里·克林顿在离职前唯一的夙愿就是让对冲基金经理兼奥巴马的资金筹集者马克·拉斯里（Marc Lasry）接手法国事务。此时，奥巴马进退两难，他不愿意让马斯特罗莫纳科收回对安娜的承诺。可是，他认为自己别无选择，因为这毕竟是克林顿唯一的请求[30]。后来，据报道称，拉斯里因与赌博团伙相互勾结而被迫退出，他再也没能成为法国大使[31]。

安娜似乎对自己失去担任法国大使机会的消息泰然处之。尽管媒体报道称，她正在谋求大使职位，以摆脱康泰纳仕集团的束缚，但是奥巴马团队不清楚她是否真想继续前行[32]。此外，安娜的老板小塞缪尔·纽豪斯和查克·汤森德也是一头雾水。她从来没有跟两人提及自己担任美国大使的意向。不过，纽豪斯对此不以为意，他料想安娜永远不会放弃功成名就的主编职位和炙手可热的权力，而去做费力不讨好且薪水只有六位数的大使苦差[33]。通常而言，对于那些获得大使任命的富人来说，他们贪图的不是工作本身，而是职务头衔。大使必须为自己的所有娱乐活动买单，对于安娜而言，她是否有能力或愿意承担此类负担，这事无人知晓[34]。

不过，安娜获得了另外一条晋升之路。总统大选结束后，她在谈话中屡次暗示，自己未来的发展道路将一马平川[35]。在她与大使职务失之交臂后，康泰纳仕集团宣布，正式任命她为该公司的艺术总监。在外人眼中，这份职务早在20年前就该非她莫属了。此后，安娜有权掌管 *Vogue* 杂志及康泰纳仕集团旗下的几乎所有其他刊物。

当时，安娜没有主动向老朋友安妮·麦克纳利提及此事，后者是在媒体上得知安娜的升迁喜讯的。麦克纳利发短信祝贺安娜。安娜回复道："谢谢你，安妮。我可能会因此遭受更多非议。"[36]

第二十五章

安娜·温图尔：艺术总监

2012 年年底，85 岁高龄的小塞缪尔·纽豪斯决定不再管理杂志部门的日常事务。当时，康泰纳仕集团的首席执行官查克·汤森德说："毫无疑问，安娜是最有资格接过火炬并将它带到未来的不二人选。"据《纽约时报》称，安娜担任艺术总监后，随即成为"杂志出版界最具影响力的女性之一"。[1]

自此，纽豪斯彻底将权杖传递给了安娜·温图尔。

* * *

2013 年 3 月 12 日，公司宣布安娜晋升，这合情合理：时年 63 岁的安娜在 Vogue 杂志主编工作中显然取得了赫赫战功，而该杂志仍然是该公司的皇冠之珠。安娜表示，新职务让她"如同置身于只有一人的咨询公司"。事实上，这份职务与她此前的主编工作非常类似，都是为别人提供建议，帮助设计师与投资者之间或设计师与时装公司之间牵线搭桥[2]。从本质上讲，她从始至终都在担任整个时尚界的艺术总监。

然而，在公司的某些编辑看来，该任命决定实难服众。大家纷纷质疑：安娜在 Vogue 杂志以外的刊物中表现如何？从结果来看，Vogue 男士杂志、Vogue 生活杂志和 HG 杂志皆以失败收场。既然如此，她现在如何做到妥善管理康泰纳仕集团旗下几乎所有的杂志系列？如何能够成功运营《连线》(Wired)、《高尔夫文摘》(Golf Digest)和《新娘》(Brides)等各类出版物？

  艺术总监的岗位职责不同于经营单一杂志品牌的工作技能。在担任 Vogue 杂志主编以来，安娜只需负责推动该杂志向前发展，以实现 Vogue 的独特愿景。然而，身为公司的艺术总监，她必然要兼顾所有杂志编辑的不同愿景。凭安娜的经验来看，抛开纽豪斯的缺点不谈，他确实为该公司培养出了形形色色的编辑理念。一直以来，他都鼓励杂志之间和主编之间进行竞争。《名利场》杂志主编格雷登·卡特从来不让手下的编辑在电梯里讨论他们的文章内容，因为他不想被康泰纳仕集团其他杂志社偷听之后抢先报道[3]。此外，Vogue 男士杂志和 GQ 杂志的竞争异常激烈。有一回，安娜和菲尔登共同现身男士时装周现场，这让其他编辑感到备受冷落而怒不可遏[4]。虽然纽豪斯对有些杂志偏爱有加，但是他很少对编辑们横加干涉。然而，安娜从未遵照手下员工的意愿经营 Vogue 杂志。对她而言，她为这份杂志赋予了自己的愿景，而且它只属于自己，因而她只需招募唯命是听的执行者。正因如此，拒绝或反感该愿景的员工早晚会离开杂志社。

  一直以来，安娜、格雷登·卡特和《纽约客》杂志主编大卫·瑞姆尼克（David Remnick）都绕过公司编辑总监汤姆·华莱士（Tom Wallace）以及前任编辑总监詹姆斯·杜鲁门等人，直接向小塞缪尔·纽豪斯汇报工作。自纽豪斯生病后，他们才开始向汤森德汇报。自从安娜担任艺术总监以来，她开始管理其他所有主编，但是公司依旧实施以上报告形式，其中，卡特和瑞姆尼克仍然向汤森德报告工作。然而，公司高管们认为，虽然安娜晋升为艺术总监，但是她目前仍然兼任 Vogue 杂志主编，这意味着其他杂志主编需要向他们的竞争对手汇报工作，这一局面着实令人尴尬。不过，高管们一心想扶持安娜，让她成为公司的门面担当，与此相比，其他顾虑显然微不足道[5]。

在安娜接手艺术总监一职时，由于公司资金周转不灵，旗下杂志均无法实现独立发展，从而加重了破局难度，因此改变运营模式势在必行。此外，公司的财务前景岌岌可危，进而导致安娜擅长经营的纸质杂志在时尚行业垂死挣扎。作为曾经让康泰纳仕集团盆满钵盈的收入来源，传统印刷出版物还能在市场上苟延残喘多久？在安娜的监管下，所有杂志不得不持续压缩成本，同时尽可能地保持世人皆知的高质量运营标准。

2010年，为有效应对经济衰退余波的影响，康泰纳仕集团向麦肯锡公司的顾问请教相应措施，随后决定削减部分杂志25%的预算[6]。然而，情况并未好转。2012年年底，有消息称，康泰纳仕集团旗下刊物在2012年夏削减10%的预算后，又于2013年再度削减5%的预算。不过，该公司并未对深得纽豪斯宠爱的出版物下手，比如《纽约客》杂志[7]。

以上一系列打击对安娜来说无疑是晴天霹雳。于她而言，自己刚刚担任康泰纳仕集团艺术总监不久，便遭遇到了如此巨大的挑战。不过，换个角度看，这种境遇也为她提供了绝处逢生的契机。当前，无论她采取何种行动，即使犯下过错，她都能以杂志行业低迷为借口，进而掩盖自己的失败。

* * *

安娜的职业责任越发重大，与此同时，她位于马斯蒂克的房产面积也在不断扩增。2013年夏天，安娜以35万美元的价格买下了住宅附近的6英亩（1英亩为4046.864798平方米）土地和房屋，比最初79.9万美元的要价低了一半[8]。如今，她在马斯蒂克拥有上下两层房屋、两个游泳池和许多改建后的谷仓。这些谷仓大多作为宾客的起居房间，另外还有一间"小酒馆谷仓"，专为大家提供餐食[9]。

安娜在家和在办公室判若两人。"我们每天大概步行10英里，就在她的各个住所之间往返，帮助她做家务、搬东西、摆桌子等等。"丽莎·乐福说，"她会询问你需不需要毛巾。在类似的很多细微之处，她无异于常人。她给你的感觉就如同你在拜访普通朋友一样。她会对你说：'我给你倒杯水好吗？你想喝点什么吗？'她从不会在工作中做这些事，而在家中却恰恰相反。"[10]

每逢周末，安娜都在马斯蒂克度过。早上8点，她会穿上深蓝色或褐红色的Prada品牌运动服，准备开始打网球。据米兰达·布鲁克斯回忆称："安娜在网球上是一把好手。"结束后，她会和布鲁克斯在花园里进行全面巡查，以查看哪些植物需要修剪[11]。在餐食方面，安娜的主厨为她准备了丰盛的食物，包括羊肉、鱼、鸡肉、冷汤、烤土豆等等，都是一些家常便饭[12]。此前，布鲁克斯曾试图说服安娜搭建一处蔬菜园，不过她并未采纳。布鲁克斯回忆称[13]，原因是"她说自己讨厌蔬菜"。事实上，自从康泰纳仕集团将办公地点搬到世界贸易中心一号大楼后，安娜的午餐从来都是牛排配卡布里沙拉，而没有从附近的Palm餐厅买来的西红柿[14]。

在马斯蒂克享用午餐和晚餐的宾客人数可能有30人左右[15]。当时，除了悄悄离席的客人外，剩下的人都要一起参加游戏。尽管游戏内容不同，但是规则大体一致。比如，大家轮流说出20世纪60年代艺术家的名字，假如轮到你时，你想不出来答案，那么你就得接受惩罚，比如像安娜那样往自己头上浇一杯水[16]。晚饭后，客人们可能会移步一处谷仓内，里面吊着一个小型的迪斯科旋转灯球。当晚，每个人都会喝酒跳舞，喜欢跳舞的安娜也会加入其中[17]，直到她在众人面前悄悄溜走[18]。

每年夏天，安娜都会为30位最为亲密的朋友和家人举办"马斯蒂克夏令营"活动。大家可以参与艺术课程、游泳或唱歌。此外,他们还可以同她的网球教练一起打球。有一年她过生日,她邀请到了罗杰·费德勒前来助兴。"她拥有一处设施完备的网球训练营,里面摆放着奖杯及其他相关物品。通常来说,尽管竞争非常激烈,但是每年的获胜者都是她的家人。这就是她的家族实力。"丽莎·乐福说,"此外,安娜还经常举办电影之夜、赌场之夜以及各种主题活动。她非常热爱派对。"[19]这处40英亩豪华宅院坐落于工人阶级居住的长岛中间地带,这件事情似乎让安娜感到困惑。有一次,她曾开玩笑地为前来的宾客制作了印有"马斯蒂克海景房"字样的T恤[20]。

在买下这栋房产的18年后,安娜如愿以偿地获得了一片长势旺盛的树篱。对她来说,这片花园的照片终于可以第一次登上杂志封面。然而,当她和布鲁克斯在《纽约时报》旗下的T杂志上看到相关报道时,她们并不满意。"我本以为,当看到安娜的这片充满原始魅力和自然情趣的花园时,那些人一定高兴得手舞足蹈。不过,他们故意选择了一些看起来凌乱不堪的照片刊登在杂志上。"布鲁克斯抱怨称,"放眼望去,那片花园有郁郁葱葱的树木,还有芳香扑鼻的花草。每当夏季来临,花儿争奇斗艳,你可以自由地在花园中漫步。然而,这些场景在杂志照片中丝毫没有体现出来。"她补充说:"这一切都得益于我们的悉心照料。"[21]

*　*　*

2014年年初,一种文化现象在时代潮流中异军突起,引发了安娜的沉思。当时,金·卡戴珊(Kim Kardashian)与坎耶·维斯特(Kanye West)的婚期在即,他们和安娜是多年的老友[22]。安娜对格蕾丝·柯丁顿说:"金和坎耶快要结婚了。你为什么不找《周六夜现场》(Saturday Night Live)的演员和他们一起拍张照片呢?"

柯丁顿回答说:"既然我们能联系他们,何不邀请他们两人拍摄照片呢?"

"哦,我的天哪。"安娜感叹道。她滑稽地看了柯丁顿一眼,意识到对方的想法确实很有道理。她说:"你的主意很棒。"[23]

在正式预约拍摄前,安娜和维斯特面对面讨论了 Vogue 杂志品牌的发展转折点[24]。多年来,Vogue 杂志社一直禁止卡戴珊参加大都会艺术博物馆慈善晚宴。然而,2013 年 5 月,她首次亮相慈善晚宴现场。温斯顿已经不再负责该派对的策划工作,但是她依旧和安娜保持着朋友关系。当时,在温斯顿·沃尔科夫看来,安娜确实将自己的灵魂出卖给了魔鬼。尽管如此,她对安娜的态度转变深表理解。"归根结底,Vogue 杂志就是一场交易。"她说,"我认为,在某种程度上,你必须屈于大众认可的文化。"[25]

安娜后来谈及杂志封面的选择决策时说:"他们当时盛极一时。对于 Vogue 杂志社而言,如果未能意识到两人如此重大的影响力,那么必然是相当大的失误。不过我也知道,刊登两人的封面照片必然会引起轩然大波,我们的读者和观众定会大吃一惊。"[26]

安娜明白,她必须要做到守口如瓶。柯丁顿要求设计师为卡戴珊定制婚纱,不过她自己几乎没有为社会名流设计服装的经验。柯丁顿有时候会负责为定制服装造型拍摄创意照片,比如赫赫有名的《爱丽丝梦游仙境》(Alice in Wonderland)宣传广告即是出自她手。当时,她曾让约翰·加利亚诺和卡尔·拉格斐等设计师为她定制蓝色服装。对于卡戴珊的礼服设计,柯丁顿只提供了相关尺寸。设计师们可能通过这些数据猜测到了服装的主人,但是直到卡戴珊本人亲自试穿时才得到确认。[27]"所有设计师的激动之情都溢于言表。"相关报道作者哈米什·鲍尔斯回忆说[28]。

柯丁顿提前结束了巴黎时装周之旅,随即启程参加秘密拍摄任务。敏锐的 Vogue 杂志社工作人员察觉到了有大事发生。当时,马克·霍尔盖特曾以为她是为剑桥公爵夫人凯瑟琳（Catherine, Duchess of Cambridge）拍摄照片[29]。

安娜曾叮嘱柯丁顿和鲍尔斯，两人在前往洛杉矶同安妮·莱博维茨拍摄照片时，一定要乔装打扮。当时，虽然新闻报道中出现了卡戴珊和维斯特在巴黎塞纳河畔散步的照片，但真实情况并非如此。他们实际上是在洛杉矶的私人机场跑道上跑步，而文章却将照片背景替换成了巴黎。如果有人看到 *Vogue* 杂志社的工作人员与莱博维茨及卡戴珊同时出现，那么他们肯定就会猜测出来这些照片的来源。于是，柯丁顿系上了一条头巾，并将她标志性的蓬松红发塞进了帽子里，最后又戴上了墨镜[30]。杂志社艺术部门的展板上，挂着一张模特凯特·阿普顿（Kate Upton）的封面照片以做掩护，从而避免在媒体那儿走漏风声[31]。

霍尔盖特负责编写每期杂志的编辑信函。有一天，安娜回到办公室后打电话给他，讨论其为5月期杂志编写的信函内容。当他走进安娜办公室的一刹那，接连发生了两件极不寻常的事情：首先，安娜的助理在他身后关上了门；其次，安娜拿着一份马尼拉纸质信封，从她办公桌后走了过来。这一系列充满戏剧性的举动让霍尔盖特感到匪夷所思，他有一瞬间以为自己要被解雇。

"马克，我想给你看样东西。"安娜边说边从信封里拿出了真正的杂志封面："这是最高机密。这才是我们准备刊登的封面照片。我要你再写一封编辑信函。"[32]

封面照片一经公开，社会上各种反对声音接踵而至。当期封面上，卡戴珊身穿阿尔伯·艾尔巴茨（Alber Elbaz）专为 Lanvin 品牌设计的象牙色 A 字型公爵夫人缎面连衣裙，而维斯特则穿着由赫迪·苏莱曼（Hedi Slimane）设计的深色 Saint Laurent 品牌运动外套。Twitter 平台上出现了 #boycottvogue* 话题标签，大家扬言要取消订阅 *Vogue* 杂志[33]。公

---

* 意思为"抵制 *Vogue*"。——译者注

众广泛接受 *Vogue* 杂志长期以来宣扬的阶级偏见，然而这件事也成了他们此后对安娜嗤之以鼻的原因。

这组照片并不是柯丁顿最为欣赏的系列作品。不过，她喜欢其中一张成片：画面中，金抱着她的孩子诺斯（North）自拍，而坎耶正在旁边用平板相机记录这一瞬间。然而对柯丁顿来说，其他刊登出来的照片"完全在意料之内，而且和平常毫无二致"，比如，夫妻两人坐在塞纳河旁的私人飞机里，下面停着一辆黑色哑光兰博基尼跑车[34]。

* * *

马克·霍尔盖特陪同安娜出席过很多时装秀活动，这本身就是非同凡响的体验。安娜通常会提前到达现场，先去后台品鉴即将进行展示的时装系列服装，然后再走回到自己的座位。落座后，她可能会告诉霍尔盖特："今天要展示大量的粗花呢时装。"有一回，安娜恰好看到了设计师德姆纳·格瓦萨里亚（Demna Gvasalia）首次为 Balenciaga 品牌设计的系列时装。她当场表示："这个系列让人眼前一亮。我们有没有发送合作请求？"随后，在格瓦萨里亚的作品悉数登台展示前，霍尔盖特坐在自己的位置上向品牌商发送了电子邮件，请对方允许 *Vogue* 杂志社为该设计师的首秀进行专题报道。霍尔盖特回忆称，坐在时装秀场前排人士的谈话内容通常与生意相关。"我绝不会对老板说，"他说，"'哦，我刚刚在丹佛街集市看到了一件非常不错的 Balenciaga 品牌夹克。'"

有一次，米特帕金区 Soho House 俱乐部的一处小型放映室内举办了一次会议。在休·杰克曼（Hugh Jackman）的要求下，安娜邀请到了霍尔盖特、哈米什·鲍尔斯、弗吉尼亚·史密斯、莎莉·辛格和吉尔·德姆林前来参加。对于霍尔盖特来说，这场会议充满"超现实感"。杰克曼为尚未开机的电影《马戏之王》（*The Greatest Showman*）

进行宣传。于霍尔盖特而言，杰克曼和安娜是互相帮助的朋友，前者向杂志团队征求了关于戏服和演员挑选等方面的建议。当时，杰克曼需要物色一位适合古装扮相且歌声优美的女演员，因此霍尔盖特向他推荐了阿黛尔（Adele）。不过，她最终并未入选。

2017年9月期 *Vogue* 杂志上发表了一篇关于这部电影的专题报道，其中出现的一系列照片都由安妮·莱博维茨负责拍摄。这篇文章的作者是鲍尔斯，那场非同寻常的会面给他留下了深刻印象，他形容杰克曼散发着"不羁的超凡魅力"。然而，这并不会引起 *Vogue* 杂志读者的共鸣，因为通篇文章都未曾提及那次会面的情况。安娜和以往一样，在幕后发挥着自己强大的影响力[35]。

* * *

自从安娜担任康泰纳仕集团的艺术总监后，主编们有充分理由对她心存戒备。回顾历史，每次接手新的杂志编辑工作时，安娜做的第一件大事就是解雇大部分现有员工，并以自己的得力干将填补空位。不过，购物杂志《幸运》（*Lucky*）的编辑布兰登·霍利（Brandon Holley）决定主动尝试与安娜建立合作。在那段时间，《幸运》杂志社的发展前景每况愈下。2012年，该杂志广告版面数减少了20%，而到2013年4月又下降了2.7%[36]。

在安娜升职前，霍利就得到了执行团队的大力支持。然而这次，她希望安娜能够帮助《幸运》杂志社找到更好的摄影师和模特。她认为，《幸运》杂志在未来必将实现数字化，虽然她心系纸质刊物，但是她深知这是一种垂死挣扎的媒介。与此同时，安娜能够在时尚界呼风唤雨，因此她更有能力提升纸质杂志的影响力[37]。相对来说，安娜关注的焦点是杂志的视觉效果，而不是文章内容[38]。她很快便参与到了《幸运》杂志社的各项事务中来，其中就涉及选装会议。不久之后，她每周都会亲临《幸运》杂志社了解情况。关于霍利及其他编辑应该做些什么，她会表达强烈的意见，并推动他们朝着像Vogue杂志那样更加时尚的方向迸发前进。

2013年4月，安娜在接手艺术总监职位大约一个月后，雇用了曾经负责Teen Vogue杂志工作的陈怡桦（Eva Chen），希望后者能为《幸运》杂志的前途问题"答疑解惑"。同年6月，该杂志社将霍利解雇，并任命陈怡桦为新一任主编[39]。在康泰纳仕集团的员工看来，安娜无非是想让自己手下的员工担任主编[40]。不过，鲍勃·索尔伯格（Bob Sauerberg）表示，该杂志社的人员流动不只与安娜的个人决定有关。他说："每个重大决策都由安娜和我共同制定。我们在研究和权衡财务、消费者指标以及商业战略等方面投入了大量精力。同时，我们还得到了来自所有小组的建议。因此，该决定是我们大家共同商定的结果。"[41]

《幸运》杂志并非唯一一份让人担心可能会沦为"山寨版Vogue杂志"的刊物，因为《悦己》（Self）杂志也改头换面，接受了高级时尚摄影改造。该杂志社效仿《幸运》杂志社，同样将主编从露西·丹齐格（Lucy Danziger）替换为来自《柯梦波丹》（Cosmopolitan）杂志社的张愉珍（Joyce Chang）。没过多久，该杂志的封面就出现了模特琼·斯莫斯（Joan Smalls）和坎迪丝·斯瓦内普尔（Candice Swanepoel）身着时尚镂空泳衣的写真照片，而不再是像菲姬（Fergie）这类身穿短裤的社会名人照片。整座大楼的工作人员对这种改变嗤之以鼻，他们纷纷戏称，《悦己》杂志就是"扎着马尾辫的Vogue杂志"[42]。公司的一位高管承认，安娜采取的这种方式大错特错[43]。

在担任艺术总监的最初几年里，安娜还任命了米歇尔·李（Michelle Lee）和皮拉尔·古斯曼（Pilar Guzman），并让他们分别取代了《诱惑》杂志社老牌编辑琳达·威尔斯以及《康泰纳仕旅行者》（Condé Nast Traveler）杂志社编辑卡拉·克罗兹瓦斯卡（Kara Glowczewska）的位置。然而，两份杂志上很快就出现了类似Vogue杂志中的造型。在此期间，康泰纳仕集团搬出了位于时代广场四号的办公室，告别了周围充满活力的剧院和餐厅，并迁到了世界贸易中心一号大楼。新址地处纽约市相对单调乏味的金融区。对于整个公司的工作人员来说，在安娜的领导下，康泰纳仕集团旗下各杂志的独创性也在经历着无情的销蚀[44]。面对出版行业日渐凋敝的现状，她可能没有足够的发挥空间来提高各种杂志的业绩。然而，此前埋下的祸根似乎导致问题不断发酵：2014 年，《幸运》杂志社与在线零售商 Beachmint 公司合并，后者在 2016 年将该杂志社关停；2017 年，《悦己》杂志缩减印刷刊物发行量；2018 年，《魅力》杂志和 Teen Vogue 杂志也相继缩减印刷刊物发行量。随着噩耗接踵而至，不同杂志社的员工纷纷陷入思考：提任安娜是否为扭转集团现状的最佳解决方案？

在此期间，安娜的团队一直希望她少为 Vogue 品牌的工作费心，毕竟她还肩负着其他重任。然而，据员工所知，她仍然坚持承担运营 Vogue 杂志和 Teen Vogue 杂志的职责。她每天早上 4 点半起床[45]。在工作期间，她要求 Vogue 杂志社工作人员根据她的日程表安排会议，而不是随意进出她的办公室讨论事情[46]。这样一来，她就能挤出更多的宝贵时间。据哈米什·鲍尔斯回忆称，安娜在 Vogue 杂志社的工作量"未发生任何改变"。

安娜的时间安排总让鲍尔斯感到不可思议。21 世纪初，他们曾一起参加巴黎时装周活动。当时，他在某个庆生派对上待到很晚，凌晨四五点左右才回到自己下榻的丽兹酒店。当他摇摇晃晃地穿过酒店大门时，安娜正准备去城外一小时车程的地方打网球。"早上好。"两人擦肩而过时，安娜笑着和他寒暄。上午 9 点，她准时坐在了当天第一场时装秀表演的前排座位。在此之前，她打完网球回到酒店，做完了发型并化好了妆。鲍尔斯则坐在她的身旁，看起来筋疲力尽。两人的状态形成了鲜明对比[47]。

***

《名利场》主编格雷登·卡特刻意对安娜避而远之，而后者似乎有所察觉。当安娜得到提任后，她并没有打算监管卡特[48]。但是，她确实计划对他负责的杂志社削减开支。2016年夏季的一天，安娜打电话对他说："我们要把你们杂志社的艺术部门、摄影部门、事实核查和复印部门都调到另一层楼，与其他杂志社共用办公区域。"

当时，卡特即将参加《名利场》杂志社在旧金山举办的新企业峰会，他得知该消息后怒不可遏。《名利场》杂志向来以刊登综合性强的文章见长。因此，卡特认为，他需要组建一支由事实核查员构成的团队，而这些人不必参与 Teen Vogue 杂志等其他刊物的编辑工作。"你在和我开玩笑吧。我马上登机，现在没空和你理论。"他说。

他回到杂志社后，随即向安娜提及此事。"你没和别人商量就擅自行动，这样做不讲道理。"他说。

安娜回答道："你错了，我和很多人都谈过。"

卡特问道："你都和谁说过了？"

安娜回复道："硅谷的人。"

"他们到底知道些什么？"卡特追问道。他不是唯一一位对这件事感到愤愤不平的编辑，毕竟没人想失去自己对团队的控制权。

当时，卡特正在处理与公司的续约事宜。他打算继续供职，但是提出了两项要求：一是不参加行政楼层会议[49]，二是自己的员工不和其他团队共用办公区域[50]。其中，他提到的会议即是安娜组织的编辑特别小组会议，每期都会邀请社会杰出人物与康泰纳仕集团的主编互相交流[51]。

此前，卡特深切体会到来自安娜的支持。安娜曾经为他安排过 Vogue 杂志和 HG 杂志的写作任务。在他负责编辑《名利场》杂志的头两年，每当他感觉力不从心时，安娜都会安慰他说："据我所知，纽

第二十五章 安娜·温图尔：艺术总监

豪斯从未质疑过你的能力。"

但是如今，20多年已经过去，两人这种惺惺相惜的感觉全然消失[52]。

在康泰纳仕集团内外，安娜的影响力都得到逐步增强。2014年5月5日星期一，就在她的儿子查理和他的大学恋人伊丽莎白·科德里（Elizabeth Cordry）结婚的两个月前[53]，米歇尔·奥巴马参观了大都会艺术博物馆，为安娜·温图尔服装学院的开幕式活动剪彩。

当时，第一夫人表示："我今天之所以出现在这里，完全是因为安娜对时尚业以及这座伟大的博物馆所做出的贡献让我印象深刻。"[54] 改建后的服装学院中心刻有安娜的名字，整片区域拥有画廊、图书馆、艺术品保存实验室和办公室。此次活动成功举办，得益于声名显赫的艺术慈善家、亿万富翁蒂施家族的慷慨捐赠[55]，以及安娜近20年来筹备慈善晚宴所筹集到的资金。

"今天，我因安娜而来。我来到这里是因为我非常尊重和钦佩这位女士，我很自豪地将她称作我的朋友。"米歇尔·奥巴马对众人说。当时，一系列重量级主流时装设计师应邀出席活动，包括来自Proenza Schouler品牌的杰克·麦科洛和拉扎罗·埃尔南德斯、马克·雅可布、奥斯卡·德拉伦塔、多娜泰拉·范思哲、卡尔文·克雷恩以及拉夫·劳伦，阵容相当豪华[56]。安娜还表示："时尚不该成为少数参加时装秀或在特定商店购物之人的独享属性。该中心向真正关心时尚的人士敞开大门，支持他们深入探索时尚对我们文化和历史的影响。"[57]

安娜曾向朋友们表示，她渴望世人铭记自己在慈善事业中做出的贡献[58]，而不是她在出版行业中积攒的声誉或她运营的更多杂志。也许正因如此，在那天早上的活动现场，安娜在大家面前展现出了另一面。对于员工而言，他们很少看到如此激动和骄傲的安娜，明显感受到她的脸上神采飞扬[59]。

* * *

自从坎迪·普拉茨·普赖丝在经济衰退期间被公司裁掉后,安娜便失去了自己在Style.com网站上安插的耳目。普拉茨·普赖丝曾经担任Vogue杂志社的配饰编辑,转而成为Style.com网站的时尚编辑[60]。后来,Style.com网站无力继续支付她的薪水,安娜便签署协议让对方走人。与此同时,安娜也减少了自己在该网站上的参与度[61]。

2010年,康泰纳仕集团将Style.com网站并入《女装日报》的母公司——弗莱查尔德出版社,并让员工们搬进该出版社的办公室。安娜从此进一步脱离了Style.com网站。当时,该网站迫切希望挣脱康泰纳仕集团和安娜的束缚而独立运营[62],并且推动编辑工作蓬勃发展。不过对于安娜而言,该网站采取的数字策略毫无意义[63]。Vogue杂志是世界一流的时尚媒体品牌,其线上内容致力于协助发展Style.com网站,而不是树立其自身在网络上的强大影响力。2010年,康泰纳仕集团的高管们一致决定,让安娜从Style.com网站中剥离出Vogue杂志的内容,进而搭建Vogue.com网站,以便更好地利用Vogue品牌的数字化优势[64]。

为了创建Vogue杂志的专属网站,安娜决定放弃使用康泰纳仕集团现有的技术手段,而是与一家名为Code and Theory的外部公司展开合作。该公司负责Vogue.com网站的系统维护,由此一来,汤姆·弗洛里奥可以随心所欲地在该网站上营销广告。

到了2013年夏天,康泰纳仕集团的数字业务有所好转[65]。公司旗下的网站不再是广告商眼中的劣质倾销场所,也不再是吸引读者订阅印刷刊物的廉价伎俩。除了Style.com网站和Epicurious网站之外,康泰纳仕集团的杂志编辑们纷纷运营自己的网站,而且出版商也在为他们营销广告[66]。这些网站每年吸引大约2亿美元的资金,进而激励该公司进一步投资网站建设[67]。在此期间,Vogue.com网站每月的独立访客人数始终徘徊在100万人。然而，因为该网站由外部公司管理，所以公司上下无人知晓安娜运营该网站的真正意图[68]。

安娜需要投入精力了解如何运营数字媒体。时任康泰纳仕集团总裁鲍勃·索尔伯格曾表示："对安娜来说，这是一项充满挑战的工作，不仅事实核查的机会更少，而且只有半小时的工作交接时间。"索尔伯格告诉过她，Vogue.com网站在发布新闻时必须快人一步，并且要聘用擅长解决在线新闻周期的编辑。"我每天对她耳提面命，但是我不知道她是否相信我的话。"不过，安娜似乎转变了态度，因为她前往硅谷，并从科技公司管理者那里获得了同样的建议。索尔伯格解释称："担任安娜的老板煞是有趣。你从来不需要教她如何做事。她对自己弄清事实真相的能力引以为豪。因此，你只需引导她得出结论，并且让她按照自己的方式处理。"这段经历似乎让她的思维观念有所转变，就像索尔伯格描述的那样："我必须行动更加迅捷，必须找到与众不同的人才。我要比周围的人思维更加发散、能力更加出众。我不能让出版界人士负责数码产品，如果他们束手无策，那么我就得不到梦寐以求的结果。"[69]

安娜意识到自己的网站缺乏竞争力，于是她向本·贝伦松（Ben Berentson）寻求帮助。从2009年到2012年，贝伦松一直为《魅力》杂志社效力，帮助其网站获得了500万独立访客。他协助公司旗下的各家杂志社编辑制定网站的计划方案和运营策略，被誉为康泰纳仕集团的数字专家[70]。与此同时，公司的高管们都对此兴奋不已。此前，他们一直翘首以盼，希望安娜能亲口告诉大家自己期待 *Vogue* 杂志能在数字领域"大红大紫"[71]。在贝伦松的引导下，安娜成功说服老板们为扩大Vogue.com网站提供资金，并让该网站重返康泰纳仕集团的在线平台[72]。

在公司投资和新进员工的加持下，*Vogue* 杂志社重新启用Vogue.com网站。他们开始发布原创的时尚照片，并巧妙地设计成视频或动图格式。在不到 2 年的时间里，该网站的独立访客数量从 100 万左右增长到了 500 万[73]。

后来，安娜拿到了 Style.com 网站的财务报表。她直到此刻才发现，该网站从未盈利[74]。借此机会，她说服康泰纳仕集团的企业高管让她接管该网站，并将其并入日益强大的 Vogue.com 网站。只要 Style.com 网站和 Vogue.com 网站共存，该公司就既不会为前者的日常内容提供资金，也不会为后者的秀场活动给予资助，因而两个网站都无法充分发挥各自的潜力。数周后，高管们告诉安娜：我们拒绝将 Style.com 网站并入 Vogue.com 网站，但是你有网站的运营权。对于安娜而言，最终的结果事与愿违[75]。

在一些人看来，此次关于网站接管的拉锯战其实是谋权夺利之争[76]。不过其他人不敢苟同，他们认为，鉴于 Style.com 网站与 Vogue 杂志之间存在竞争关系，两家网站合二为一显然是无稽之谈。此外，Vogue 杂志社运营整个公司的 Style.com 网站也实属尴尬，即便是安娜也无法改变这种事实[77]。

安娜心中有数，她知道 Style.com 网站上有很多明星，比如街头时尚摄影师汤米·托恩（Tommy Ton）和评论家、时尚界名人提姆·布兰克斯（Tim Blanks）[78]。她开始努力取悦这些人[79]。2014 年年底，安娜飞往伦敦与布兰克斯见面。当时，她邀请对方前来她下榻的丽兹酒店，他们在大堂外找到了一间空房面谈[80]。

20 世纪 80 年代末至 90 年代，布兰克斯曾在一档时尚电视节目中采访过安娜，那时两人就认识了。他们当时非常默契，然而时过境迁，两人在数年后变得陌生起来。

当天，布兰克斯来晚了。安娜开门见山地表达了自己的想法。

"我向你保证，Style.com 网站和 Vogue.com 网站会双双运营下去。"她说，"二者各自独立，但相辅相成。我认为你做得还不够，我想让你负责运营社交媒体。"随后，她建议布兰克斯查看斯图亚特·艾默里奇

（Stuart Emmerich）的 Twitter 平台账户。其中，艾默里奇是《纽约时报》中《造型》栏目的编辑。多年后，安娜聘请他运营 Vogue.com 网站。

"你觉得'复古周四'如何？"布兰克斯问道。当时，Style.com 网站上正在播放某个视频系列，里面包含从《时尚档案》（Fashion File）获得授权的往期时装秀片段，涉及 Helmut Lang、Claude Montana 等品牌。其中，《时尚档案》曾是布兰克斯以前参与过的一档电视节目。

"毫不相干。"安娜回道。

"为什么？这是我们平台上最受欢迎的内容。"布兰克斯辩解道。

"没有人想回到过去。你必须着眼未来。"安娜说。

布兰克斯对此不以为然。于他而言，时尚正是通过回味昨天来展望明天。"孩子们喜欢，安娜。孩子们喜欢看以前的东西，他们对自己不曾经历的事物很感兴趣。"[81]

当时，Style.com 网站工作人员经常会遭遇这类个人认知与实际脱节的情况[82]。安娜并不精通数字技术，她不了解某些故事大受欢迎的原因，也未能掌握流量密码。对 Style.com 网站团队来说，他们享受此前由数字领域专业人士管理的工作模式，然而安娜专于印刷刊物领域，她的闯入实在让大家感到费解。在这些人看来，广大网民与安娜·温图尔的想法截然相反，前者痴迷于恋旧情怀。Style.com 网站的工作人员既不希望 Vogue 杂志社决定他们谁"去"谁"留"，也不接受 Vogue.com 网站对他们的工作说三道四[83]。

随着时间的推移，纽豪斯的堂兄、康泰纳仕国际的运营者乔纳森·纽豪斯（Jonathan Newhouse）正在酝酿创建电子商务网站，旨在弥补康泰纳仕国际几年前未能收购 Net-a-porter 网站*的损失。2015 年 3 月，Net-a-porter 网站的估值高达 7.75 亿美元[84]。该网站专注于编辑

---

* 英国著名时尚奢侈品电商。——译者注

在线购物内容，但是不提供履行订单或管理客户的服务。对此，*Vogue*杂志社的编辑们完全不能理解[85]。

2015年年初的一天，安娜将贝伦松叫进办公室并关上了门。她此前几乎从未有过这样的举动。她向对方解释说，康泰纳仕集团首席执行官鲍勃·索尔伯格有意将Style.com品牌及其网店URL交由康泰纳仕国际*[86]。随后，安娜加入了索尔伯格的董事会，全力以赴迎接全新挑战。"显而易见，安娜为*Vogue*杂志社的发展扫清了一切障碍。"索尔伯格称，"这是她朝思暮想的结果。"[87]假如没有Style.com品牌，那么它必然会失去作为媒体实体的价值，从而也会将该网站员工的未来命运置于危险境地。

安娜一如既往地阔步前进。随着康泰纳仕国际将Style.com网站揽入怀中，安娜终于可以随心所欲地执行自己为Vogue.com网站精心安排的计划。对她来说，该网站必将成为康泰纳仕集团乃至整个媒体行业中数字时尚的未来[88]。

---

* 据《每日电讯报》（*Telegraph*）称，康泰纳仕国际制定了电子商务计划，旨在将Style.com网站从安娜手中夺走。该计划耗资1亿美元，并最终以失败告终。

第二十六章

改 变

2015年之前，*Teen Vogue* 杂志一直保持着不败战绩。无论是数字网站还是纸质刊物，该杂志的广告销量都在增加。与此同时，该杂志大幅削减成本。因此，整体业务发展看起来甚是强劲。如果不计所有杂志社从各自预算中扣除的管理成本，比如办公场地费和共享邮件收发室使用费，那么该杂志连年创下了收入新高。不过，如果将300万到500万美元的管理成本纳入考虑范围，那么该杂志并无盈利[1]。*Teen Vogue* 杂志的优异表现给予领导层莫大鼓励，让他们在上级管理者面前更加自信地宣扬自己的杂志。然而在过去，这种美事无异于痴人说梦。

该杂志主编艾米·阿斯特利意识到，这本面向青少年的杂志绝不可能长久地依赖纸质出版物存活下去。当时，她已经着手将资源转向数字媒体。在此期间，每当出现印刷刊物相关岗位空缺时，她都会尽量补足相应数量的网站运营员工[2]。

但是从商业角度来看，她的杂志存在着很大问题——这是一个长期存在的事实。问题就出在了杂志名中的"*Teen*"*字眼上。通常来说，大多数广告商都不面向青少年做广告，因为他们认为这类群体不具备

---

* 中文意思为"青少年"。——译者注

可观的可支配收入。此外，该群体甚至都不想承认自己属于青少年。由此来看，这便解释了 Teen Vogue 杂志市场定位的策略。一直以来，他们将读者受众限定在 16 到 24 岁的在校女大学生或初入职场的女性[3]。因此，阿斯特利及其出版商杰森·瓦根海姆（Jason Wagenheim）再次将之前出版商的方案拿上台面：将 Teen Vogue 杂志中的 "Teen" 去掉，并用《Vogue 小姐》取而代之，或者重新恢复启用《小姐》杂志名。2001 年，《小姐》杂志因广告销售下降而停刊。对于大家来说，他们对杂志名《Vogue 故事》产生了强烈共鸣，其寓意将少数群体的声音公之于众，这与该杂志品牌在当时的做法如出一辙，都旨在宣扬多元化和包容性的文章报道[4]。2015 年 8 月期的杂志封面上刊登了三位黑人模特照片，依次是伊曼·哈曼（Iman Harman）、莱妮丝·蒙特罗（Lineisy Montero）和阿雅·琼斯（Aya Jones）。当时，这张照片广受欢迎。韦尔特罗特（Welteroth）在封面故事中写道，她们的职业 "在让不同面孔出现在时尚前沿的进步性巨变浪潮中起到了至关重要的作用"。阿斯特利后来表示，这是她 "有史以来最喜欢的 Teen Vogue 杂志封面"[5]。

　　安娜一直都在参与 Teen Vogue 杂志的制作。无论她身居何等高位，她都会亲自参加为每期印刷杂志拍摄封面照片而召开的选装会议。有时候，她会直接跑到该杂志的办公楼层，只是为了视察大家的工作情况。她大概每月会审查一次该杂志的样刊，然后将意见写在便利贴上并贴在相应版面上。总体来看，安娜似乎最为关心的是封面及时尚照片，而不是美容等其他栏目[6]。

　　此外，她对哪些品牌在杂志上投放广告的情况一清二楚。当品牌方试图撤掉广告时，出版商只需对对方说："如果你们不支持我们的杂志，那么安娜会非常失望。"这句话足以让广告商继续在杂志上做广告[7]。该杂志通过此种方式提醒客户，即安娜对品牌方是否在杂志上刊登广告心知肚明。正因如此，康泰纳仕集团希望安娜可以在该公司旗下的其他杂志中继续发挥她的影响力,这也就不足为奇了。

安娜一直坚决反对去掉杂志名中的"*Teen*"字眼[8]。她的想法倒也情有可原:如果 Teen Vogue 杂志变成了"年轻女性版 Vogue 杂志",那不就意味着 Vogue 杂志相应地变成了"老年女性版 Vogue 杂志"吗?如此来看,这种处理方式必定会削弱后者对广告商的吸引力。Vogue 杂志是该公司最大且最可靠的收入来源之一,削弱它的影响力无异于自掘坟墓[9]。

当时,22 岁的菲利普·皮尔卡迪担任 Teen Vogue 杂志网站的编辑才满 9 个月,他突然之间感受到,身边比自己年长几十岁的高管们每天都在苦苦寻求拯救该品牌的方法。"在我的职业生涯中,我从未在董事会见识过如此位高权重之人,他们个个慷慨激昂,但是总是心神不宁。"他回忆道,"当时,我并未意识到,其实你对他们说什么并不重要,因为他们掌握的信息比你多。一切已有定论。"[10]

在一年的时间里,阿斯特利和瓦根海姆向安娜及其他高管提出了自己的想法,即放弃 Teen Vogue 杂志,并逐步淘汰纸质刊物。然而,对方从来都不以为意。2015 年 11 月,瓦根海姆和阿斯特利最后一次向包括安娜在内的高层做了演示,他们不再宣扬 Teen Vogue 杂志的领先地位,转而开始讨论该杂志未来的生存问题。

最终,安娜和其他高管接受了他们的提议:合并运营 Vogue 杂志和 Teen Vogue 杂志以节省成本。当天下午,瓦根海姆被公司解雇[11]。

阿斯特利泣不成声地将这则消息告诉了她的团队[12]。

* * *

随着瓦根海姆的出局以及 Vogue 杂志与 Teen Vogue 杂志的合体,阿斯特利的位置变得岌岌可危。此时,对于所有工作人员来说,大家都处于被动地位。

皮尔卡迪也整天过得提心吊胆。一天早上上班前,他正在 Equinox

健身俱乐部的跑步机上运动。7点45分,他接到了来自康泰纳仕集团的电话。"这通电话非常符合安娜·温图尔一贯的行事风格:当你接到在她的时间里打来的电话时,你最好早点出现在她的面前。所以你最好早点过去,而且最好打扮一番。"他说。

这通电话是安娜的助理打来的,她告诉皮尔卡迪说,安娜想和他见面。一开始,皮尔卡迪以为自己要被解雇了。放下电话后,他赶忙跑到自己的储物柜更换衣服。不过,他只穿了一件Helmut Lang品牌网眼T恤、一条饰有破洞的American Eagle品牌水洗牛仔裤,以及一双New Balance品牌跑鞋。当时,他把自己在办公室穿着的鞋履落在了家中。随后,他冲向公司办公室,来到了安娜位于42楼的商务套房。房间的装修风格有些另类,当皮尔卡迪走进门时,他感觉自己仿佛置身于一所英国乡间别墅。

此时,安娜正坐在一张圆桌旁。"请坐。"她说,"我听到了一些非常不错的消息。"

皮尔卡迪坐了下来。

"你现在要和艾米·阿斯特利一起向本·贝伦松汇报工作。"她说,"我想知道整体的情况以及你们在网站运营方面取得的进展。我们对目前的业务增长非常满意,而且需要你们再接再厉,更进一步。"

安娜从来不会向别人讲清原委,这番话也让皮尔卡迪听的云里雾里[13]。

* * *

接下来的六个月里,*Teen Vogue*杂志的工作人员都感到匪夷所思,可能尤其是阿斯特利。她开始谈论自己对*Teen Vogue*杂志做出的贡献,并且打算再接再厉,做出一番更好的成绩[14]。瓦根海姆离开后没多久,该杂志团队收到一封电子邮件。邮件中说,安娜召集*Vogue*集团的全体人员见面，其中包括 *Vogue* 杂志社和 *Teen Vogue* 杂志社的所有领导[15]。当时，无人知晓会面的原因。此外，由于 *Teen Vogue* 杂志社的大部分工作人员与安娜接触甚少，因此会场气氛显得有些沉闷[16]。

安娜每次都会坐在办公桌的上首。那天，她走进会议室时，发现阿斯特利正占着她的座位，而阿斯特利以为自己是此次会议的主持人。安娜当着所有人的面，让对方站起来为她腾地方[17]。从下一期杂志开始，阿斯特利的名字在名单中的位置逐渐下滑。安娜经常在会上打断她的发言。每次阿斯特利开口说些什么，安娜都会插嘴说："好吧。"20多年前，阿斯特利从安娜的助理做起，而现在安娜似乎又在考验她。如果阿斯特利想多说几句话，安娜就会扭头问向她的工作人员："你觉得如何？"[18]

安娜经常在会议上故技重施[19]。早在她负责 *Vogue* 男士杂志期间，她曾询问过特别项目编辑邦妮·莫里森对另一位编辑挑选的一排裙子作何感想。莫里森心知肚明：这是一项考验。当时，她暗自盘算："我如何确保自己能回答正确，以便她在未来还会询问我的意见呢？在今天的这场选装会议上，安娜于众目睽睽之下征求了我的意见。假如我们接下来参加另外一场会议，安娜没有征求我的意见，那么在我看来，所有同事都会认为我没有通过此前的考验。这样一来，我肯定就得不到大家的敬畏和尊重了。"[20]

阿斯特利的团队应该在他们喜欢的老板面前说些什么？他们反对她的决定？或者，他们认为她的工作存在疏漏？于团队而言，他们感觉自己站在安娜和阿斯特利的面前，为阿斯特利的工作参加面试。此外，他们知道自己还要走出会议室，然后继续向阿斯特利汇报工作[21]。

阿斯特利把目光投向了一份新的主编工作。

* * *

如今，安娜与康泰纳仕集团的名字不足以成为吸睛招牌。一方面可能是由于安娜的管理风格，她继承了亚历山大·利伯曼不择手段的运营理念；另一方面或许是因为康泰纳仕集团在经济衰退后逐渐走向了没落。

包括安娜在内的 Vogue.com 网站团队曾试图谨慎处理 Style.com 网站的接管事宜，并且期望保留人们珍视的网站内容[22]。然而，对于提姆·布兰克斯等员工来说，他们感觉自己的权利遭到了倾轧[23]。尽管对安娜及其团队而言，该方案合乎逻辑且极具商业头脑，因为其成功地保住了两个重要网站，但是布兰克斯的许多同事却并不买账，他们仍然认定，这是一次恶意的接管行为。当时，虽然布兰克斯呼吁大家坚守岗位，但是他最终还是和别人一样，选择另谋高就。

话说回来，不管是否将负责 Style.com 网站的顶级人才揽入麾下，Vogue.com 网站都会大获成功。Vogue.com 网站团队留住了所有广告商并持续削减成本，同时让用户数量增加到了每月 1000 万独立访客[24]。安娜非常享受这份工作。对她来说，与纸质杂志相比，网站是一种新鲜事物，它可以带来营收增长。随后，她开始在 Vogue.com 网站视频中本色出镜。其中一段视频记录了她同本·斯蒂勒（Ben Stiller）及欧文·威尔逊出现在 Valentino 品牌时装秀后台的场景。当时，她正在为电影《超级名模 2》（*Zoolander 2*）宣传造势[25]。

Vogue 杂志社之所以能如此接近当红明星，部分原因在于，假如明星不配合她的团队，她就会亲自打电话给对方，誓要说服对方不可。不过，她会表态说："放过我吧，我们这样做全是为了这些明星，好让他们在 Twitter 上发文。"然而，唯一一位让安娜无计可施的便是碧昂斯，后者曾荣登 2015 年 9 月期 *Vogue* 杂志封面。当时，碧昂斯坚持由她自己提供封面照片的拍摄视频。她的团队只是将拍摄完成的录像带寄给了杂志社，并要求在 Vogue.com 网站上发布。该杂志社原本并未打算制作这段视频，但是由于有碧昂斯出镜，该视频获得了相当多的

浏览量[26]。

随着网站业务的不断发展，安娜日渐沉迷于流量数字。2015 年，Vogue.com 网站首次大张旗鼓地对大都会艺术博物馆慈善晚宴进行报道。从那时开始，他们每年都会刷新之前的单日流量峰值纪录。于 *Vogue* 杂志社而言，这一成绩至关重要，因为他们正在对外销售针对商品内容的海量广告[27]。早些年间，该杂志社不允许销售团队通过慈善晚宴赚钱[28]，然而现在，公司已将这笔钱收入囊中。

* * *

如今，安娜可能在康泰纳仕集团的办公室外明显感受到了 *Teen Vogue* 杂志中所宣扬的年轻一代的价值观，每个平台都应该对社会和政治话题进行一番更深层次的讨论。

2015 年，奥罗拉·詹姆斯（Aurora James）申请加入美国时装设计师协会。两年前，她开创了 Brother Vellies 品牌，致力于打造奢侈鞋履和配饰系列，所有商品均由非洲工匠采用可持续的生产方式制作而成。她并未奢望自己有机会获奖，对她来说，只要能参与项目就是胜利。她在西村的一家酒店里参加了首场活动，安娜走进来给入围决赛的选手们致辞。当时，詹姆斯穿着 Rachel Comey 品牌的牛仔裤和复古衬衫，脚上搭配了一双跳羚毛皮凉鞋。"我感到受宠若惊。"她回忆道。

在接下来的几个月里，詹姆斯和安娜打过几次照面。有一回，两人在詹姆斯位于布鲁克林的店铺中相见。当时，安娜的前来让詹姆斯惊恐万分，不过詹姆斯意识到，与安娜交流的最佳方式就是一五一十地回答她的全部问题。"那时，我们正在讨论可持续性话题，我提到了精妙绝伦的手工工艺，也评价了更新迭代过快的时尚潮流。对安娜来说，我说的话并不中听，毕竟没人愿意聆听年轻晚辈对自己的行事方式大加批评。"詹姆斯说。她是少数几名入围时尚基金决赛的黑人设计师之一。

但事实情况不止于此。在与安娜以外的基金评委等人的交流过程中，詹姆斯表示，绝大多数的时装公司、商店和杂志经营者都对不同商业元素的细微差别视若无睹，或者表现出自以为是的态度。詹姆斯举例称："有些白人对非洲黑人文化及农业一无所知，因此，穿戴皮草制品必然会引起争议。由此来看，有些人想将自己的道德准则强加在其他文化上，这其实是一种披着进步思潮外衣的殖民主义。"[29]

当时，高级时装的推广和进步主义的发展并非齐头并进。诚然，安娜组织过一系列筹款活动和各种派对，旨在提高大众对艾滋病、乳腺癌等问题的认识。此外，她还向民主党派人士提供政治支持。然而，这些活动势单力薄，组织者未曾意识到，解决问题不只依靠慈善机构筹集资金，可能更需要自我反省以及一份截然不同的宾客名单。

"你可能需要自己决定。"安娜告诉詹姆斯，"你到底是想成为全职设计师，还是活动家呢？"

詹姆斯回答道："我心意已决。"安娜对着她微微一笑。

"就在那一刻，我们彼此之间心有灵犀：哦，你可以做到。我们不再只是肤浅的人类、女性或富有创造力的个体。"詹姆斯说。

最终，詹姆斯赢得了基金。对她来说，20万美元的现金奖励是一笔巨款，她也尽可能地用了很久。与此同时，她也获得了接近安娜的机会。詹姆斯深知，如果自己有任何需要，她可以给安娜发送电子邮件，而且每次都能得到对方的迅速回复。"我希望多向她请教：一方面，她会毫不犹豫地为我提供帮助；另一方面，我现在可以轻松处理的问题，以后可能得花费更多精力才能解决。"詹姆斯说。她表示，对安娜来说，这"不是一份划算的合同协议"，对方本可以对自己撒手不管[30]。平日里，设计师们经常向安娜寻求建议。托里·伯奇（Tory Burch）回忆称，她在早上五点半给安娜发了一封电子邮件，希望得到一些建议。她很快就收到了邮件回复，对方称自己会在打完网球后的6点半给她回电话。从那

第二十六章 改 变

以后，伯奇就经常向安娜征求意见。有一次，她就聘用高级设计师一事举棋不定，安娜随即发给了她一份候选人名单[31]。

安娜也会向其他公司力荐詹姆斯。2016年，安娜聘用了首位黑人助理。同年，LVMH集团旗下Edun品牌的创意总监宣布辞职，安娜随即推荐詹姆斯接任这份工作。Edun品牌由波诺（Bono）和他的妻子阿里·休森（Ali Hewson）共同创立，其与詹姆斯的品牌内涵具有异曲同工之妙，都致力于采用合乎道德的可持续方式在非洲生产服装，以支持当地社区发展。如果詹姆斯得到这份工作，那么这将是属于时尚界女性的一场巨大的胜利，对黑人女性群体来说尤为如此。此前，很少有女性在大型时装公司担任创意总监，更不用说黑人女性了。

"你知道为何LVMH集团决定雇用别人而不是我吗？"詹姆斯说，"我不知道，你得去问他们。但我知道，安娜曾经竭力为我争取过这个职位。"[32]

* * *

就在那段时间，因机而变的不只有美国时装设计师协会。2016年1月底，一则震惊整个时尚界的消息传播开来——格蕾丝·柯丁顿决定辞职成为一名自由职业者。这意味着她不再是受薪员工，而且将根据新闻报道篇数结算报酬。此前，她在安娜的手下担任了整整25年的创意总监。Vogue杂志社出手阔绰的潇洒岁月一去不复返，如今该杂志社正在大幅削减预算，柯丁顿再也无法像昔日那样随心所欲地讲述故事。当下，Vogue杂志网站共有54名员工，整个杂志社的重心逐渐转移到了在线媒体，从而以更低的成本运营品牌[33]。安娜想要改变柯丁顿的工作方式，然而对于74岁高龄的柯丁顿来说，她并不想改变。

"也许你应该做个自由职业者，时不时地拍几张照片。"安娜告诉柯丁顿，后者欣然接受。

"我喜欢把每件事都做到绝对完美，但这在现在的世界里根本行不通。然而，我永远都不希望自己得过且过。"柯丁顿说，"我认为自己有太多的疑问。安娜希望在身边组建一支年轻的团队，他们会二话不说跳上飞机，前去完成安娜交办的任务。这些人为杂志社注入了活力。于是，我对安娜说：'好吧，我接受。'"

在为安娜效力的 25 年间，柯丁顿从未认真考虑过离开 Vogue 杂志社。"有时候，我感觉自己的工作充满挑战。安娜是一个很难对付的人，她设定的标准高不可攀。不过除此之外，她一直对我公正不阿、坦诚相待且直截了当。所以，我对她深表尊重。于我而言，我不会在其他地方找到更好的归宿，因此我理应留在这里。我有时不得不做一些无聊的工作，但也有机会做一些意义非凡的事情。"

柯丁顿在谈到自己的角色转变时毫无怨言，因为她认为安娜一直对自己关怀备至。20 年前，安娜曾帮助她协商过退休方案；后来，安娜还把她推荐给了一位财务顾问。"安娜不只每天和我一起工作，她还对我非常关心。"柯丁顿回忆称。

离开 Vogue 杂志社后，柯丁顿依然对安娜忠心耿耿："我这样做不是遵从她的要求，而是发自肺腑。我对身为编辑的她佩服得五体投地。在我看来，无人能及。"[34]

* * *

柯丁顿的角色转变只是公司内部新发展历程的一个缩影。与此同时，Teen Vogue 杂志也迎来了下一阶段，其中，不同代际群体对身份和责任的态度转变成为关注焦点。

2016 年 5 月，安娜再度将菲利普·皮尔卡迪叫进办公室。她告诉皮尔卡迪，从今以后，他将同美容总监伊莱恩·韦尔特罗特（Elaine Welteroth）和创意总监玛丽·苏特（Marie Suter）共同经营 Teen Vogue

第二十六章 改 变 343

杂志的。当时，他们依次在电梯里与安娜进行了简短而随意的面谈。此后，皮尔卡迪将继续监管网站运营，不过要向安娜汇报情况。当时，他的前任老板艾米·阿斯特利正在《建筑文摘》杂志社担任主编[35]。自1993年阿斯特利加入 Vogue 杂志社美容部以来，她一直忠心耿耿地为安娜卖命。在员工们看来，阿斯特利之所以得到赏识，完全是因为安娜被她的忠心打动了。不过，这次提任更多是阿斯特利积极争取的结果，安娜很快就相信了她就是该岗位的合适人选。她大学毕业后的首份工作是为南希·诺沃格罗德效力，后者正是安娜在 HG 杂志社的继任者。"艾米当时正在寻找新出路，我认为她有能力负责运营多个杂志品牌，但是她对《建筑文摘》情有独钟。"索尔伯格说[36]。

在与安娜会面时，美容总监韦尔特罗特也得知了该消息，即她将与另外两人一起监管纸质杂志运营并引领品牌向前发展。她得到的加薪数额相当于安娜修理家中暖通空调系统的费用[37]。"你是 Teen Vogue 杂志的编辑。"安娜告诉她说，"在这份文件上签字吧。"

和皮尔卡迪一样，韦尔特罗特同样感到一头雾水。她是康泰纳仕集团旗下杂志社的第二位黑人主编。第一位是卡利拉·迈纳（Keija Minor），他于2012年成为《新娘》杂志的主编。然而，韦尔特罗特并未荣升为"主编"，也没有迁至更好的办公室，更没有得到与新增任务相称的加薪。不过，她觉得自己不能向安娜开口索要，因为人力资源部门的同事告诉过她，安娜"从不谈钱"[38]。

安娜或许以为，她让三个人共同掌管 Teen Vogue 杂志，即是采用了一种全新方式来运营该年轻时尚的杂志品牌。但是对于该杂志的新任领导们来说，整件事情的进展让他们措手不及[39]。此外，不止一位同事表示，安娜的做法无外乎是成立了一家搏击俱乐部[40]。此前，她的导师亚历山大·利伯曼经常"雇用两人完成同一份工作，旨在让大家互相竞争"。由此来看，这究竟是安娜的别出心裁，还是她从利伯曼那里学来的管理手段？[41]

外界认为，这场改革另有所图。当时，该杂志因其多元化、包容性和政治进步的报道内容而闻名于世，而这种情况在 Vogue 杂志和 Teen Vogue 杂志等消费者刊物的历史上从未出现过。皮尔卡迪、韦尔特罗特和他们的同事曾在私下里提出，Teen Vogue 杂志的论调是，社会无法再接受婴儿潮一代人的现状。当时，唐纳德·特朗普正在竞选总统，其于全美范围内煽动种族主义。身为史上最为多样化的年青一代[42]，Teen Vogue 杂志的目标受众被彻底激怒，他们对此忍无可忍。长期以来，安娜经营杂志的理念同千禧一代及 Z 世代对工作和机会的看法势如水火。在那段时间，媒体界进退维谷，业内机会比以往任何时候都更加紧俏，青年人对安娜自以为是的观点并不买账。

韦尔特罗特在她的回忆录中，描述了自己被任命为 Teen Vogue 杂志编辑那天的情景："我多次回想起那一刻，就在我的职业生涯如日中天之时，我却感到对结果的无能为力。这件事让我无地自容且深感自责。即使多年以后，我也很难理清这两种消极感觉之间的联系。"[43]

* * *

韦尔特罗特在得知任命的决定后回到了自己的办公室，安娜随即和阿斯特利召集所有员工前往后者的办公室，两人当场向大家宣布了这则消息，几乎没有留给韦尔特罗特考虑和谈判的时间。安娜说："伊莱恩，过来。"当时，安娜身边站着皮尔卡迪和苏特，她即将向众人宣布 Teen Vogue 杂志的三位新领导。

对韦尔特罗特来说，这是在赶鸭子上架，安娜可能以为此次任命为她赋予了更多权力，但实际上却削弱了自己的影响力，因此她心有不甘。如果她长得像安娜以前雇来为 Vogue 杂志社工作的那些白人社会名流，还会发生这样的情况吗？此外，还有一些事情让韦尔特罗特对新工作感到极度不适，比如，安娜叫自己到她办公室的"语气"让

第二十六章 改 变

她生厌[44]。

安娜每个月都会同韦尔特罗特和苏特去一次艺术部门检查杂志封面和时尚布局的设计情况，这是她最关心的问题。她并未事无巨细地干涉报道内容，而是查看所有时尚照片、封面和相关服装的认可度。她提醒大家，虽然文章旨在宣扬行动主义，但 Teen Vogue 杂志仍是一本时尚期刊。韦尔特罗特和苏特竭力为该杂志塑造全新形象，不过他们很难满足安娜的特殊偏好。多年来，安娜一直倾向于将花园、自然妆容、花裙等要素有机融合，进而对欧洲时尚界产生深远影响。安娜会在 Teen Vogue 杂志样刊上留下便利贴，贴纸上有时会出现"黑暗"或"沉闷"等字眼。她的评价让一位编辑深感不安，因为这些消极反馈全部集中在没有白人照片的版面上。然而，在苏特看来，这是安娜对当今缺乏乐观的全新审美观做出的反应，相比之下，这比安娜数十年来推行的英式花园派对造型更加现代[45]。

身为美国民主党主要资金筹集人，安娜完全支持 Teen Vogue 杂志的左倾政治报道，然而这可能比"Teen"字眼更让众多广告商感到反感[46]。2016 年 12 月 10 日，在唐纳德·特朗普当选总统后，安娜在她的团队面前哭诉。当时，TeenVogue.com 网站发布了一篇由劳伦·杜卡（Lauren Duca）撰写的文章，标题为《唐纳德·特朗普正在精神蒙蔽美国》(Donald Trump Is Gaslighting America)，随即在网络上疯狂扩散[47]。当时，媒体对 Teen Vogue 杂志发表的这篇政治文章大吃一惊。《华盛顿邮报》写道："这篇文章尖酸刻薄，让人出乎意料，颠覆了大家对 Vogue 杂志的刻板印象。一直以来，该杂志充斥着化妆技巧和名人八卦，根本不会给内容严肃、逻辑缜密的政治评论文章留下一席之地。"[48] 皮尔卡迪和韦尔特罗特曾在《每日秀》(Daily Show) 节目上谈及此事。丹·拉瑟（Dan Rather）成了他们的粉丝。

一直以来，安娜都希望 Vogue 杂志上的政治报道可以让观众产生共鸣。不过，她的理念是只报道值得庆祝的事情，而不会刊登批评性的文章，因此这种想法行不通。皮尔卡迪和韦尔特罗特对特朗普展开了更加猛烈的口诛笔伐，然而她却选择冷眼旁观。在她眼里，25岁的皮尔卡迪天资聪颖[49]。于她而言，就在印刷行业日薄西山之时，*Teen Vogue*杂志却大获成功，这让她兴奋不已。当时，该杂志的网络流量从200万增长到了1200万，与此同时，印刷版杂志的订阅增加了2倍[50]。

Vogue.com网站虽然没能得到同样的认可，但是依旧在坚持报道进步主义文章。2016年秋天，该网站发表了丽贝卡·孟加拉（Rebecca Bengal）的一篇专题报道，内容关于阻止建造北达科他州输油管道的斗争。数月后，基奥玛·恩纳迪（Chioma Nnadi）在姊妹联谊会上发表了一篇专题文章。该联谊会是首个非裔美籍女性联谊组织，卡玛拉·哈里斯（Kamala Harris）就是其中一员。2018年，亚历山大里亚·奥卡西奥-科尔特斯（Alexandria Ocasio-Cortez）赢得众议院席位后，Vogue.com网站是第一批采访她的媒体之一[51]。

但是在康泰纳仕集团的许多人看来，安娜的管理理念与这些进步主义文章的立场相去甚远。同期，公司成立了多元化和包容性委员会，鲍勃·索尔伯格委任安娜全权负责[52]。然而，有些员工并未料到安娜对待此事的认真程度。当时，安娜对委员会忧心忡忡，她找到韦尔特罗特说："我不知道为什么大家都对多元化和包容性如此大题小做。一切都易如反掌，而且我们已经大功告成了。现在，我们只需要趁势追击即可。"[53]

工作一年后，韦尔特罗特爱上了这份工作，但是她对工作环境深感厌倦。她后来在回忆录中写道："我们因激励并赋予年轻女性及有色人种应有的权利，得以让*Vogue*杂志品牌声名鹊起。不过显而易见的是，我们笔下描绘的美好价值观并未在公司文化中反映出来。"[54]

于是，韦尔特罗特前去找安娜面谈，向她讲述了自己在当前岗位中没能分配到一个办公室、加薪以及身为康泰纳仕集团主编应有的尊重等种种冤屈。她告诉安娜，自己无法在这种情况下继续工作，并且已经完全做好了离开的打算。

安娜立刻回复说:"能给我 24 小时来补偿你吗?"她对韦尔特罗特的说辞没有任何疑问。无论是"一语点醒梦中人",还是一直心知肚明,她完全认可韦尔特罗特的说法。

不到 24 小时,安娜便给予了她想要的一切[55]。

* * *

安娜让编辑团队发布进步主义头条文章,积极支持青年激进主义发展。然而在外界看来,她也采取了一系列与其政治信仰背道而驰的举动。当时,尽管她对特朗普嗤之以鼻,但是她认为有必要邀请对方来到办公大楼与同事们见面[56]。在特朗普竞选总统期间,格雷登·卡特曾对他笔诛墨伐,因此无意参加会面。但是安娜执意说:"格雷登,特朗普将成为美国总统。我们都必须与他合作。"卡特干脆地说:"你是身不由己,但我无须勉强自己。"[57]

此外,诸多重要的民主党人士纷纷向美国民众传递团结一致的信号,其中就包括在就职典礼现场的希拉里·克林顿,大家认为特朗普足以担当国家领导人。2016 年 12 月,安娜通过公关团队发表了一份声明[58],她为自己此前的言论道歉。据称,有人曾无意间听到她说:"特朗普的基金会一无是处。""他的董事会成员都是亲属,他将利用总统职位为自己和家人推销自己及其品牌,从而以权谋私。"[59]

安娜批准整个会面过程不做记录,意味着所有内容都无须报道。事实上,编辑特别小组的所有会议都采用非公开的形式,其中包括早期与希拉里·克林顿的会面[60]。然而,在面对特朗普时,编辑们对迎接他进入办公楼的场面大为恼火,大家更是对非公开报道的决定感到愤怒。格雷登·卡特怒容满面地坐在会议室里,而安娜则双手交叉托住下巴,对着前来贵宾露齿而笑[61]。房间里的其他主编似乎对特朗普的虚华辞藻错愕不已，甚至感到他的表达方式有些异于常人[62]。当时，特朗普的顾问凯莉安·康威（Kellyanne Conway）也参加了此次会面，她在手机上输入了一条信息："总统先生，您的发型看起来很棒。"这可能是世界贸易中心一号大楼入口处的风比较大的缘故[63]。卡特在杂志的编辑信函中写道："这是一次未被记录的会面，既非我的本意，也非举办会议的目的。"[64]

当年晚些时候，那次会面过去了很久，特朗普对总统地位势在必得。安娜终于可以随心所欲地登上詹姆斯·柯登（James Corden）主持的节目，并直言不讳地对外宣称，特朗普将是她唯一一位不想再次邀请参加大都会艺术博物馆慈善晚宴的嘉宾[65]。

* * *

Teen Vogue 杂志完美诠释了消费者青年媒体中多样化和包容性的本质及可能性，这似乎让 Vogue 杂志难以望其项背。

从某种程度上来看，安娜清楚自己应该改变杂志现状，因此她开始聘请编辑帮助自己实现多样化的愿景。但是，由于习惯使然，她通常只会和自己喜欢的人一起工作，比如马里奥·特斯蒂诺（Mario Testino）。Vogue 杂志社就像一家乡间俱乐部，如果你不认识里边的会员，你甚至根本没有机会进入[66]。据 Vogue 杂志社的一名工作人员回忆称，其在办公室里听到过某个助理职位空缺时的情景："安娜想请社交名媛或王公贵族小姐填补这个空位。"[67]因此，名不见经传的新人要想进入杂志社，必要经历一番周折。当时，一位编辑决心扩大 Vogue 杂志中女性视角的关注面，于是力推来自英国的年轻女摄影师哈利·韦尔（Harley Weir）为该杂志拍摄照片。此前，韦尔成功拍摄过一些大型广告作品，未来大有可为。在一年多的时间里，她向 Vogue 杂志社频频示好。她曾与著名经纪公司 Art Partner 签约，并在独家活动

第二十六章 改 变　　　　　　　　　　　　　　　　　　349

中与 Vogue 杂志编辑见面，从而获得了进入该杂志社的入场券。2016年9月，她的名字首次出现在当月杂志上，足以证明她在 Vogue 杂志社中混得如鱼得水[68]。

然而，有些人才注定会因 Vogue 杂志名声大噪。克莱本·斯旺森（Claiborne Swanson）是速冻晚餐品牌创始人斯旺森家族的后裔，她于2007年9月发表了一篇题为《美国丽人》（"American Beauties"）的文章，描绘了一群"社会权势阶层家庭中的女儿"，她们"既没有参加过真人秀节目，也不曾被曝出过人尽皆知的丑闻"。2008年，斯旺森开始担任安娜的助理[69]。2009年年初，她离开了该杂志社，转行从事摄影事业。2010年10月期的 Vogue 杂志上，刊登了她出道以来的首张作品。当时，Vogue 杂志社的工作人员注意到，对于那些并非来自显赫家庭或不具备常春藤盟校学位的员工来说，他们没有享受过类似的优待[70]。

当新人摄影师也想与不同模特合作时，安娜经常会这样婉拒对方：在这一期杂志上，"男同性恋""男人""女同性恋"或"黑人"的数量够多了，我们无须额外增加人选。这番话的含义是，只要该杂志在形式上说得过去，自然就达到了多样化的标准[71]。另一位与安娜密切合作过时尚报道的人士辩称，这不能证明她并未在内容编辑中传达多样化的价值导向，而只是为了迎合每位读者的需要。假如她毫无作为，那么 Teen Vogue 杂志肯定不会成为现在的模样[72]。

安娜对杂志样刊中照片的评论毫不留情。此前，工作人员建议她查看 PDF 文件，从而无须再让助理每天晚上等待着将这本样刊送至安娜家中。不过，这一提议遭到了安娜的否决[73]。通常来说，她只在便利贴上留下一个字[74]，比如她喜欢某张照片就写"是"，不喜欢就写"否"[75]。不过，她有时也非常苛刻。据一位编辑描述，他收到过安娜写在便利贴上的反馈意见，其中"差劲"两个字赫然在目，还加了三条下划线[76]。由此来看，这便是 Vogue 杂志上的图片会被反复修改的原因之一。实际上，该杂志的每张照片都被修饰过[77]。当时，特斯蒂诺等摄影师会提交修整后的照片，在交给安娜审核前，*Vogue* 杂志社的编辑还会对这些作品进行二次修整，以免出现不合适的元素而被安娜毙掉[78]。大家知道安娜不希望照片中出现皱纹或衣褶，因此在她看到成片之前，人们会柔化人身与衣服上的线条[79]。她曾要求摄影部门消除照片中婴儿脖颈上的脂肪痕迹[80]。修饰完成后，照片中人物的个性和特质都会荡然无存。不过，即使是最为传统的美女形象也逃不过该过程。在一次关于美容理念的会议上，某位编辑提及了有关格温妮丝·帕特洛的GOOP护肤系列产品的文章。一直以来，安娜都非常在意自己的脖颈在照片和视频中呈现出的形态。她在会议上说："如果你打算报道，一定要确保我们对她的照片进行过修饰，因为她最近看起来皮肤相当粗糙。"[81] 在最终的成片中，帕特洛的脸上相当光洁[82]。

在媒体觉醒年代，身为一名领导者，安娜最大的优势在于处事果断，然而这也成了她的致命弱点之一，即她经常固执己见，并抗拒同那些与自己理念不合的人士共事。在工作期间，大家视她为至高无上的君主，而只有很少一部分人和她关系融洽并且有机会畅所欲言。另外，其他员工全都心照不宣：除非安娜先开口，否则你绝不能盯着她看或与她说话[83]。

在2017年3月期"多元化"主题的 *Vogue* 杂志上，安娜的管理风格所暴露出的问题愈发明显。当时，安娜打算让卡莉·克劳斯（Karlie Kloss）打扮成艺伎的形象[84]，并将她的照片插在一篇时尚社论文章中。克劳斯和特斯蒂诺都是 *Vogue* 杂志社的宠儿[85]。然而，这并不是该杂志社首次试水。此前，工作人员曾让白人模特穿着符合当地文化的服装进行拍照。比如，2012年7月期杂志上刊登了一篇关于克劳斯装扮成墨西哥画家弗里达·卡罗（Frida Kahlo）的文章，当时并未引起社会舆论的轩然大波[86]。此外，在2007年6月期"逃离"主题的杂志上，刊登了一组凯拉·奈特莉（Keira Knightley）穿着高级时装同马赛人在非洲牧牛的照片。不过，有人认为这张照片在本质上充斥着令人生厌的殖民主义色彩。但是，安娜手下的一名高级员工声称，他们买下了这些照片并决定发布出来[87]。

但是，*Vogue* 杂志社的工作人员知道，有关艺伎形象的报道会带来一系列问题[88]。因此，他们决定不在 Vogue.com 网站上发布这篇文章，心存侥幸地以为没人会关注到它。然而，当你选择卡莉·克劳斯出镜时，她的粉丝必然会浏览该杂志，并将她的所有照片上传到网络，所以，你根本无法阻止曝光[89]。

克劳斯为此在 Twitter 平台上向粉丝们道歉，这让安娜勃然大怒[90]。随后，美国亚裔记者协会联系上了 *Vogue* 杂志社。该杂志社派出一名代表与对方进行交涉。不过，杂志社的态度相当敷衍，并且对协会的意见充耳不闻[91]。

对于安娜而言，她当时拥有很多次重拍的机会。在这些成片拿去印刷前，她应该反复浏览过很多遍[92]。她白天守在艺术部门认真检查照片，晚上将样刊带回家中继续审校。她肯定未曾预料到会遭受这般质的非议[93]。这与她此前执意将麦当娜在泳池中的照片放在杂志封面的经历如出一辙，尽管她这次提前做足了心理建设，以承受来自四面八方的非议，但如今她的直觉看起来并不可靠。

即使在那期杂志事件发生后，大家仍不清楚安娜是否在种族问题上充分吸取了教训。在 2017 年 11 月期杂志的一篇报道中，模特吉吉·哈迪德（Gigi Hadid）以一袭被 *Vogue* 杂志誉为"华丽休闲单品"的时装亮相。照片中，她在公园里与一群黑人篮球运动员同框，而后者完全充当陪衬背景。一直以来，时尚杂志都存在此类种族攻击，但是令人意想不到的是，到了 2017 年，他们依旧不明事理[94]。

2018 年，在大都会艺术博物馆慈善晚宴的天主教主题展览开幕式上，拉夫·劳伦需要在他的桌位安排一位男性嘉宾。当时，安娜对选择普利策奖得主、黑人音乐家肯德里克·拉马尔（Kendrick Lamar）的建议质疑："他是一个安分守己的人吗？"多年来，她的白人宾客经常在博物馆里吸烟，也没多守规矩[95]。

不过，拉马尔为慈善事业贡献颇多，他曾捐赠数十万美元，用以支持康普顿联合校区的音乐、体育及课外项目发展[96]，他对是否参加晚宴毫无兴趣[97]。

* * *

2017年，尽管媒体的衰落给安娜的职业生涯带来了诸多挑战，但是她依然享受着充实而幸福的家庭生活。对于安娜来说，2017年是她人生里程碑式的一年。她的儿媳伊丽莎白·谢弗（Elizabeth Shaffer）为她诞下了第一个外孙女，取名为卡罗琳（Caroline）。当时，碧在Instagram平台上发布了一张自己开心地抱着婴儿的照片，卡罗琳戴着一顶从医院拿来的小型针织帽。碧在照片旁写下了自己对哥哥和嫂子的祝福，并补充说："期待看到更多时尚的帽子！"[98]

几个月后，卡罗琳刚学会爬行，安娜与安妮·麦克纳利便相约前往多米尼加共和国度假，她们在那里一起照顾孩子。"她非常宠爱自己的孙女。"麦克纳利回忆称，她经常看到安娜陪卡罗琳一起玩耍，并为她更换尿布[99]。2019年2月3日，安娜在喜悦之中迎来了第二个孙女艾拉（Ella）[100]。不过，孩子们并不知道她们的祖母是大名鼎鼎的安娜·温图尔。当然，在照看孩子们的时候，"安娜依然保持着自己的个性"[101]。

* * *

在此期间，安娜决定增加 *Teen Vogue* 杂志品牌刊物的印刷量，菲利普·皮尔卡迪对此感到非常沮丧。当前，印刷纸质杂志的开销仍然比他的线上运营成本高出一截。安娜一直认为，她可以拯救印刷刊物[102]。然

第二十六章 改 变

而，事实上，她的想法根本行不通，互联网才是该杂志的最终归宿。

尽管如此，皮尔卡迪却表示，他欣赏安娜做自己的老板。*Teen Vogue* 杂志的三位领导每周都要举行编辑会议。会上，安娜喜笑颜开地向大家提问，她似乎真心对他们的工作感兴趣。有一次，皮尔卡迪害羞地向她讲述了一则关于两性的故事，该素材堪称吸睛的顶流之作。安娜回复道："菲利普，相信我，你说的一切我早有耳闻。我知道你认为这是一篇颇具革命性的报道。"在三人担任领导的早期阶段，皮尔卡迪意识到，安娜的为人与其表面形象截然不同。他们让一名助理帮安娜守门，她告诉大家："你们知道，我不需要别人帮我守门。"[103]

"如果你想让她事无巨细地管理你，她会照办。但是依我看来，安娜无意管理更多的人，而是希望自己可以为别人提供帮助。我认为这是两码事。"皮尔卡迪说，"我们经常会碰到一些自找麻烦的编辑。他们会问：你不需要发送给她众多审批材料吗？实际上，我们绝无这样的流程。在这样的背景下，每个环节都会有人拒绝你的提议。那又为何要作茧自缚呢？"[104]

"有些编辑擅于独立行事，我每年只需和他们见一次面。"安娜说，"我所能做的只有祝贺他们，并赞许他们的工作表现。还有一些人需要我更多的关注。"[105]

当时，皮尔卡迪正在竞争对手公司参加面试，安娜得知他对现状并不满意。随后，她邀请皮尔卡迪在康泰纳仕集团的会议室享用三文鱼午餐。"我现在是你的老板。如果你遇到什么问题，我希望你直接告诉我，而不是从别人那里得知，因为这是我对你的尊重。"安娜说，"所以，你想要什么？"[106]

皮尔卡迪向她提出了自己的创意，他打算为 LGBTQ* 青年群体创建一个名为"Them"的全新数字媒体品牌。安娜对此欣然接受。在接

---

* 指性少数群体。——译者注

下来的三个月里，皮尔卡迪开始同她及其他高管会面，并着手拟订商业计划。定稿后，皮尔卡迪须将它提交给执行委员会审阅。当时，安娜出席了本次委员会会议，她戴着墨镜坐在会议桌旁的办公椅上。

在盘问皮尔卡迪的计划期间[107]，康泰纳仕集团的首席执行官鲍勃·索尔伯格心知肚明，对于整个公司而言，2017年将是步履维艰的一年，然而皮尔卡迪对此几乎一无所知。据《纽约时报》称，整个公司的损失终将超过1.2亿美元[108]，而且即将面临裁员潮。鉴于该公司决定在某些领域进行一次性投资，预计当年会有一些亏损。因此，高管们对该计划需要3千万至4千万美元的资金投入感到有些讶异[109]。

最后，安娜摘下墨镜，对索尔伯格说："我们需要筹集多少资金才能说服你？"

话音刚落，房间里的人全都转头看向她。在此之前，她一直都缄口不言。

索尔伯格惊愕地问道："什么？"

"如果你认为自己不想为这项计划提供资金，全是因为我们缺乏资源，那么让我们去获取资源并验证一下这个概念吧。需要多少钱？"她问道。

"我至少需要150万美元。"索尔伯格的话让皮尔卡迪难以忘怀。

安娜从桌上拿起康泰纳仕集团的个人身份徽章，并转向皮尔卡迪说："恭喜你，菲利普。很高兴与你合作。"然后头也不回地走出了会议室。

她依次打电话给Calvin Klein品牌首席执行官、Burberry品牌首席执行官、Apple公司以及Google公司："嗨，我是安娜。"她向对方寒暄："非常感谢您能与我们通话。我们非常欣赏您大力支持康泰纳仕集团为LGBTQ社区创建的全新项目。"随后，她挂掉电话，并让销售人员接听。

索尔伯格说，他并未要求在批准Them品牌前先进行财务审查，

第二十六章 改 变

通常情况下，该类审查会耗时数周之久。索尔伯格非常了解康泰纳仕集团的员工，他们经常向他询问有关中性盥洗室等相关问题，而且关心Them品牌即将报道的议题。此外，索尔伯格认为皮尔卡迪是一位不可多得的人才。"他们坚信，市场即将准备好迎接极具现代性和前瞻性的全新声音。"索尔伯格说，"这与推出《投资组合》杂志截然不同。"[110]

Them品牌于2017年10月隆重上市[111]。

正值安娜在全新风险项目上大获成功之时，康泰纳仕集团因两起令人咋舌的辞职事件而占领了各大媒体的头版头条。同年9月，格雷登·卡特宣称，他将离开自己经营了25年之久的《名利场》杂志社。一周后，为《魅力》杂志社效力16年的主编辛迪·利夫也宣布辞职[112]。在《纽约时报》爆料前，卡特曾瞒着自己的上司，将自己的辞职之事告诉了几位直接下属[113]。他希望自己在离开时，能控制住整个事件的舆论口径。但是事实上，他是因为安娜而选择离开，因为他不想与其创建的服务于众多杂志的中心化团队合作[114]。2018年，该公司新上任的明星编辑菲利普·皮尔卡迪和伊莱恩·韦尔特罗特相继离任。由此，安娜和《纽约客》的大卫·瑞姆尼克一样，都是该公司仅存的名人编辑。

当时，《名利场》急需一位新主编。在瑞姆尼克的帮助下，索尔伯格找到了时任《纽约时报》图书部门的编辑总监拉迪卡·琼斯（Radhika Jones）。一直以来，安娜都要求与 Vogue 杂志同市场的其他期刊将报道内容和封面照片交由她来审阅，比如《魅力》杂志。然而，索尔伯格希望琼斯可以在工作上脱离安娜的管束，从而无须征求后者的批准。索尔伯格称："安娜身为艺术总监，她本该负责监管事宜，而非日常工作。然而她很难撒手不管。"不过，安娜最终还是选择"为拉迪卡提供指导，并帮助她融入公司以及整个行业"[115]。

安娜的权力得到了进一步扩张。

***

安妮·麦克纳利认为，自从20世纪70年代两人相识以来，安娜没什么变化。然而，在安娜的其他朋友看来，她平添了几分威严之姿。曾经那个在晚餐时笑着与朋友相拥、偶尔一醉方休的安娜一去不返。如今，她的眼中依旧星光闪烁，然而却彰显出如女王般的高贵形象，再也不会与人轻吻脸颊以示寒暄[116]。安德烈·莱昂·塔利在回忆录中写道，安娜"不由分说地将各个领域中的佼佼者视作自己的挚友"[117]。

剧作家大卫·海尔与安娜相识20多年，他认为西恩娜·米勒与安娜的关系格外亲近。曾经有段时间，安娜和布莱德利·古柏一起用餐和登机的照片在网上疯传。此外，尽管安娜和塞蕾娜·威廉姆斯（Serena Williams）主要在大都会艺术博物馆慈善晚宴和奥斯卡派对等活动中见面，但是安娜将她视为自己最为亲密的朋友[118]，而且对方也对安娜情深义重。威廉姆斯曾将自己的每任男友引荐给安娜认识，包括她的现任丈夫亚历克西斯·瓦尼安（Alexis Ohanian）。瓦尼安是Reddit网站的创始人，他曾向安娜寻求过有关订婚戒指的建议。"从订婚的那一刻开始，直到我给安娜打电话之前，我几乎没有答应这门婚事。"威廉姆斯坦言，"若不是她，我绝不会结婚。"

事实上，威廉姆斯在任何事情上都想听取安娜的建议。在赢得第23个大满贯之前，她曾一度输掉几次决赛，因此她决定找安娜来开导自己。

"安娜的话让我重拾信心，帮助我赢得了温网比赛。"威廉姆斯回忆称。不过，据考证，她从未和安娜打过网球[119]。

对安娜这类人来说，社会名流可能是让他们感到舒适的伙伴。大家都拥有权利、金钱和繁忙的行程，而且很少有时间参与友好的社交活动，他们明白其中的酸甜苦辣。

***

2018年2月20日星期二，安娜出席伦敦时装周的秀场活动，她一如既往地坐在前排位置，欣赏年轻设计师理查德·奎因（Richard Quinn）的最新系列作品。奎因以其对印花图案的出色运用而闻名于时尚圈。当时，他的服装惊艳全场。身为名副其实的皇室成员，伊丽莎白女王本人亲临现场，她穿着淡蓝色的裙装，戴着黑色手套，手中拎着黑色手提包。在活动现场，她坐在配有天鹅绒靠垫的扶手椅上，然后将手提包放在脚边，而安娜就在她的身旁[120]。

女王为奎因颁发了首届伊丽莎白二世英国设计大奖[121]。2017年5月，安娜曾与女王有过一面之缘。当时，安娜在白金汉宫参加女爵士荣誉头衔授予仪式。据她后来回忆称，她当场穿着粉红色的Chanel品牌套装参加仪式，而女王不知道该把象征新身份的胸针别在哪里[122]。

但是对外界而言，人们对女王出席奎因时装秀活动的印象主要是她和安娜的合影。照片中，安娜戴着墨镜与对方相谈甚欢。据安娜后来回忆，她当时与女王回味了"两人在各自岗位上的工作时间"。这组照片在网络上蹿红，粉丝们欣喜地看到两位世界闻名的神秘偶像同框，足以说明她们显然很享受彼此的陪伴。后来，安娜批准 Vogue 杂志社在 Instagram 平台上发布了一张两人合照，她在照片中甘当陪衬，这种情况实属罕见[123]。

这张照片也让安娜忍俊不禁。"这张合照妙趣横生，整组照片都让人捧腹大笑。"大卫·海尔说，"我们一直笑个不停，原来安娜的生活也有充满乐趣的一面。"妮科尔·法尔希（Nicole Farhi）是海尔的妻子，她是一位时装设计师兼艺术家。安娜在夫妻两人面前怡然自得。"安娜在公共场生展现出独特的生存之道。她的言行举止并不能反映真实的自己。"海尔说，"有些人认为安娜趋炎附势，他们大错特错。于我而言，安娜拥有强烈的好奇心以及出色的行动力，她并非对权力趋之若鹜。她得到了自己梦寐以求的职位，因此她可以做任何事、见任何人……而且永远都乐此不疲。"[124]

* * *

安娜和女王的照片在网络上疯狂传播，这让安娜终究意识到：未来是属于数字化的世界，而她本人正是吸引眼球的话题制造者。

2018年，*Vogue*杂志互动创意总监莎莉·辛格打算利用YouTube平台宣传安娜。随后，"安娜随你问（*Go Ask Anna*）"系列节目应运而生。*Vogue*杂志社的工作人员先是在街头采访路人，让大家在镜头前向安娜提出一些平淡无奇的问题，然后画面一转，坐在办公桌前的安娜一一给予回复。辛格不想将其做成关于安娜的系列节目，这进一步增强了她深不可测的神秘感。该作品引人入胜之处在于：主角是安娜[125]。

安娜一直在追求流行趋势和现代时尚，因而这些视频旨在满足她一直以来的夙愿。此外，该节目别出心裁地将街头提问者等"非*Vogue*"人群同该品牌和安娜联系起来[126]。康泰纳仕集团旗下其他杂志社制作的视频里，都是长相一般和穿着普通的素人，根本不符合亚历山大·利伯曼对该公司的理想要求。不过，这也正是安娜和*Vogue*杂志社迎合大众口味的新方式。此外，YouTube平台上的视频也让该杂志社实现了创收。毕竟对于安娜而言，她一直都在密切关注损益表底线[127]。

销售团队打算将该系列节目卖给赞助商，并且商量让安娜带着广告商的产品出镜。尽管她百般不愿，但是销售团队迫使她应承了下来。她向来都喜欢喝星巴克咖啡，因此，办公桌上摆放星巴克的杯子顺理成章。此外，销售团队还要求她在视频中展示其他产品，比如某品牌的巧克力，该想法带来了更加棘手的麻烦。安娜对牛奶巧克力情有独钟，尤其是 Suchard 品牌的产品，但是她只同意与费列罗或瑞士莲品牌的巧克力同框。然而，她也会提出一些限制条件，比如她坚持在拍摄期间不能出现黑巧克力[128]。总之，你对她只能要求这么多。

第二十七章

大都会艺术博物馆慈善晚宴

每逢 5 月的第一个周一，纽约大都会艺术博物馆都会庆祝安娜·温图尔的专属节日。历年来*，博物馆只在圣诞节、感恩节和慈善舞会这三天闭馆谢客。正因如此，博物馆完成了从"年度派对"举办地到"东海岸奥斯卡"舞会场的华丽升级。

2018 年 5 月 7 日星期一晚上 6 点整，安娜和以往一样最先到场[1]。她身着一袭银色 Chanel 品牌高定礼服，步履轻盈地登上铺有奶油色手绘印花剑麻地毯的台阶[2]。她颈部的长项链缀有钻石十字架，是其为出席当晚活动特意准备的点睛配饰，寓意 2018 年"天赐之体：时尚与宗教的奇想"主题展览如约而至。这是属于她的高光时刻，举手投足间尽显坚韧的个性。她的女儿碧·谢弗拟于 7 月 7 日嫁给弗朗西斯科·卡罗齐尼（Francesco Carrozzini），在过去的一个月里，安娜一直在对外驳斥有关自己计划于女儿大婚后离开康泰纳仕集团的谣言[3]。其中，这位乘龙快婿便是意大利版 *Vogue* 杂志社深受敬爱的已故前主编

---

* 2020 年新冠疫情暴发，迫使该博物馆经常闭馆。

弗兰卡·索萨妮（Franca Sozzani）之子[*]。值得一提的是，碧和她哥哥都是在美国马萨诸塞州马斯蒂克举行的婚礼，其中她的婚礼由柯林·弗思（Colin Firth）主持，并且向任何社交媒体严格保密[4]。

活动当晚，安娜站在博物馆大礼堂的迎宾队列中——问候前来的尊客。在她头顶上方悬挂着一顶30英尺高的巨型仿制教皇三重冕，这款花冠造型由8万支玫瑰打造而成，重达4000磅[5]。每年这个时候，安娜的喜悦之情都溢于言表，毕竟一整年的精心准备都是为了今晚的完美呈现。虽然历届筹办大都会艺术博物馆慈善舞会的成功经验让她愈发游刃有余，但是她从未掉以轻心，依旧将其当作一项重要工作来对待。她不厌其烦地询问团队："时间到了，大家都去哪儿了？他们在哪里？你能告诉我他们在什么地方吗？他们到底在哪儿？"[6]

Vogue 杂志社的工作人员心知肚明，每个人都要遵守自己的到场时间，因此他们必须在出门前想清楚自己把车停在了哪里以及驾驶什么车辆前往，而且也要预先想到，如果半路衣服拉链出现问题需要修理，他们该如何保证按时到场[7]。

在安娜脚下的地下室里，她的数字化团队员工正坐在笔记本面前马不停蹄地对外发布现场活动内容[8]。*Vogue* 杂志社曾聘请过专业的动作指导教练，帮助嘉宾在Instagram平台上用八秒钟视频展示礼服[9]。此时，地下室里忙碌的员工都穿起了礼服和正装，因为他们今年有机会上楼欣赏几分钟的麦当娜表演。*Vogue* 杂志时尚团队帮助一些员工借到了设计师服装，然而这些服装对尺码为XXS或XS的员工来说非常友好，但是体型较大的人通常羞于要求借穿大号的服装。随后，员工们会穿着这些盛装拍照[10]，并交由安娜最为资深的时尚编辑进行批阅[11]。

安娜从来都不放过任何细节，因此晚宴的筹备工作面面俱到，小

---

[*] 弗兰卡于2016年12月22日因癌症去世。安娜得知后，在办公室里痛哭流涕，这种情况实属罕见。

到为所穿服饰不便坐普通靠椅的嘉宾更换无背座椅。在2019年坎普主题派对上，受邀嘉宾金·卡戴珊穿着一条定制款Thierry Mugler品牌乳胶连衣裙，重新诠释了紧身女装的理念。安娜注意到后反复询问Vogue杂志社西海岸总监丽莎·乐福："你能请卡戴珊坐下吗？"丽莎不得不实话实说，卡戴珊穿着那身衣服实在是没办法坐下来[12]。

***

2008年经济衰退的余震让出版行业日渐衰败，然而安娜筹办的大都会艺术博物馆慈善舞会却愈发精彩绝伦，如今的派对与1995年首秀相比，已经不可同日而语。不过在一些旁人看来，安娜过于追求整个派对的尽善尽美，由此造成了很多浪费[13]。但是她坚信自己所做的每个决定都旨在提升派对门槛，从而为博物馆筹集更多的慈善资金[*][14]。从票价上看，2008年派对桌位和门票价格分别对应7.5万美元和7500美元，然而10年后，单价分别提高至最低20万美元和3万美元[15]。

每届舞会的华丽落幕都宣告着下一年舞会筹备的开始。每年初秋，博物馆每四到六周都会在早上7点召开工作会议[16]。整个规划过程都是Vogue杂志社、安娜与博物馆之间的博弈：一方面是博物馆团队希望减少成本和占地空间，另一方面是Vogue杂志社希望派对上能出现4000磅重花冠之类的装饰。起初大家计划将预算从500万到700万美元削减到300万到400万美元，但是安娜和Vogue杂志社为了营造更

---

[*] 每年，安娜都会将一些送钱上门的人拒之千里，其中就包括提姆·冈恩。此前，Claiborne品牌公司的麦库姆一心想让该公司的创意总监、《天桥骄子》明星冈恩参加慈善晚宴。遭拒后，冈恩一直对安娜颇有微词。他曾公开表示，自己在时尚界见过最为可笑的事情便是安娜被两名保镖用消防锁具抬下楼梯，迅速离开了时装表演场地。他表示，尽管安娜的公关人员和律师要求他撤回相关报道，但是他坚称一切描述属实。"总而言之，"麦库姆说，"冈恩心知肚明，他再也无法踏入慈善晚宴现场半步。"

第二十七章 大都会艺术博物馆慈善晚宴　363

加引人瞩目且独领潮流的派对效果，每年反而会争取到更多的预算。

据前 Vogue 杂志社员工回忆称，安娜和她的助理都记不住每年在博物馆共事过的一些人叫什么。她有时候会直接指着对方叫"你"，有时候也会用不同的名字变体称呼他们，这让她的一些指令经常听起来莫名其妙，而博物馆团队往往对此一笑置之。有一次安娜穿过博物馆埃及画廊，看到了待更换的空展示柜，她转头对博物馆团队说："她在哪儿？对，就是你。你能不能去地下室取些艺术品放进柜子里？"还有员工透露，安娜曾认为丹铎神庙难看而希望用木板把它封住，但最后她不得不做出让步，干脆用凯蒂·佩里（Katy Perry）的表演舞台挡在前面[17]。

正当大都会博物馆为安排场地而不胜其烦时，Vogue 杂志社团队成功卖出了桌位并邀请到了一系列宾客。当时，Vogue 杂志社诚邀 200 位嘉宾坐在各大品牌商买下的餐桌旁。"每位社会名流都想盛装出席、从头到脚精心打扮，总得有人为此买单。"丽莎·乐福说，"这些支出绝不能从 Vogue 杂志社的预算中出。"[18]

这些名人不用花费一分一毫就能出席晚宴，所有费用主要由桌位买主承担，而部分资金来自服装学院的募款[19]。此外，博物馆本身也负有责任，其努力满足这些挑剔群体五花八门的需求。有一年，卡尔·拉格斐参加了慈善晚宴，他的团队要求同博物馆合作，以设法获得他想要的健怡可口可乐饮料。当时，博物馆将可口可乐锁在了一间办公室里进行保护[20]。还有一次，应乔治·克鲁尼和阿迈勒·克鲁尼（Amal Clooney）夫妇的要求，博物馆为他们搭建了一处私人酒吧，由此，两人就可以在远离其他（名不见经传？）一线明星的地方小酌一杯。与此同时，博物馆的书店还为阿迈勒配备了高档的租赁家具，以作为她的私人更衣场所。派对期间，博物馆为莎拉·杰西卡·帕克、安娜及其女儿碧等各位社会名流准备了休息室，供他们整理发型和补妆[21]。大都会艺术博物馆斥资 15 万美元为碧昂斯、Jay Z 等国际巨星购买私人飞机，专程接送他们参加派对[22]。与此同时，表演者们会收到一笔劳务费，有时报酬相当可观。经过双方长期谈判，蕾哈娜最终以超过100万美元的出场费在慈善晚宴现场为"中国：镜花水月"主题展览献唱[23]。当时，中国政府因担心展品损坏而不打算将其送至大都会艺术博物馆展出。在得知此消息后，安娜花费了一整天的时间前往中国与政府官员会面，最终成功说服对方借出展品[24]。

派对的奢华程度和成本徒然增加，但是也筹集得到了更多的资金。2011年，慈善晚宴的总收入为1250万美元，派对和展览支出为500万美元，净收入为750万美元；2018年，慈善晚宴的总收入高达2050万美元，总支出为850万美元，净赚1200万美元[25]。时尚历史学家兼策展人金伯利·克里斯曼-坎贝尔（Kimberly Chrisman-Campbell）表示："资金筹集对服装行业来说至关重要。这些系列时装需要高昂的保养成本，因此你必然需要配备管理员、工作人员以及充足的存储空间。大都会艺术博物馆正是利用服装学院的慈善晚宴成功地支持其时装藏品。公平地说，这些是世界上顶级的系列时装。"[26]

* * *

"大都会艺术博物馆慈善晚宴变成了一场化装舞会，这是我唯一不希望发生的事情。"汤姆·福特说，"宾客们穿着光鲜亮丽的服装前去欣赏关于18世纪的展览。你没必要按照18世纪的风格把自己打扮得像个汉堡一样。此外，你穿着形如枝形吊灯的裙装，根本无法乘坐轿车，只能搭载面包车前来。我怀念人们只穿漂亮衣服的时光。我从来不会设计戏服。每次别人请我给他们设计礼服时，我都会开门见山地告诉对方：'我会给你制作一件漂亮的衣服，让你看起来光彩照人。我们可以谈谈设计理念，了解你最喜欢的颜色，但是我绝不会为你做戏服。'"[27]

但是安娜欣赏这类造型夸张的装扮。2015 年，蕾哈娜在大都会艺术博物馆慈善晚宴开幕式的"中国：镜花水月"主题展览上，穿着一件黄色毛边披肩礼服亮相现场，安娜对这件服装偏爱有加。后来，网友们将这件礼服比作煎蛋卷[28]。"安娜有着英国血统，她喜欢化装舞会。"乐福坦言。

在"天赐之体：时尚与宗教的奇想"主题展览期间，斯嘉丽·约翰逊（Scarlett Johansson）当晚身着一袭 Marchesa 品牌晚礼服走上地毯，成就了另一番韵味十足的精彩场面，这件礼服更能诠释出女性落落大方的魅力气质。该品牌的设计师乔治娜·查普曼（Georgina Chapman）的丈夫正是哈维·韦恩斯坦，在此前 10 年间，他的事业曾因一则报道而一落千丈。这是该品牌在此次风波后，首次隆重亮相红毯。

2017 年 10 月 5 日，《纽约时报》刊登了约迪·坎特（Jodi Kantor）和梅根·吐赫（Megan Twohey）的一篇文章。报道中称，韦恩斯坦长期以来花钱收买遭受他性骚扰和性侵犯的受害者[29]。五天后，罗南·法罗（Ronan Farrow）在康泰纳仕集团旗下的《纽约客》杂志上发表了一则报道，列举了更多有关韦恩斯坦实施性侵犯和性骚扰的不堪事实。当时，这篇文章一面世就引发了社会舆论轰动[30]。

韦恩斯坦一直以来都是一个臭名昭著的恶霸。然而，那些与安娜合作密切的人员坦言，并无迹象表明她了解《纽约时报》和《纽约客》杂志报道中对韦恩斯坦指控的细情[31]。不过，安娜还是对韦恩斯坦等人忠心耿耿，她与后者的关系似乎比典型的业内友谊更加深厚[32]。这就是安娜再三对他网开一面的原因，即允许其同 Jimmy Choo 品牌联合创始人塔玛拉·梅隆（Tamara Mellon）分摊大都会艺术博物馆慈善晚宴的桌位费用，这是其他人不曾拥有过的待遇[33]。由此来看，这似乎也充分解释了安娜的避嫌之举：在《纽约时报》曝光韦恩斯坦的恶行后，安娜迫不得已拒绝对方的午餐邀请，以免被媒体拍到两人同框的画面[34]。此外，在《纽约时报》发表该文章整整八天后，安娜的谴责申明才出现在报纸上，个中缘由不言而喻[35]。

在发表声明之前，安娜断绝了与韦恩斯坦的一切联系，而选择与他的妻子通电话。10多年来，安娜一直都在支持查普曼的时尚事业[36]。慈善晚宴的第二天，安娜在《斯蒂芬·科拜尔晚间秀》(The Late Show with Stephen Colbert)节目中称："乔治娜是一位杰出的设计师，我认为她不该因丈夫的恶行而遭受指责。于我而言，让斯嘉丽在公开场合穿着一件如此漂亮的礼服，可以充分彰显这种支持态度。"[37] 安娜很可能对这件时装大加认可，这与她对大多数宾客的着装反馈如出一辙。

就在举办慈善晚宴的同一周，Vogue.com网站发布了2018年6月期 Vogue 杂志上刊登出的查普曼人物简介，这是她在丑闻风波后首次对关于韦恩斯坦的话题接受采访。"《纽约时报》上的那篇文章发布后不久，我去看望乔治娜，这一切让她瞠目结舌、愤怒、内疚、厌恶、恐惧的复杂情绪如洪水般涌上心头。与此同时，接踵而至的舆论和恶评几乎压倒了她。"安娜在当期杂志的编辑信函中写道，这封信函也被发布到了网上。她写道："我坚信乔治娜对她丈夫的行为一无所知。在钩心斗角的数字时代，有太多人希望把这一切都归咎于她，这纯属无妄之灾。"[38]

似乎对安娜来说，她的工作旨在为因丑闻缠身而蒙尘的心仪设计师恢复名誉，因此她的一系列做法经常遭受非议。安娜可以决定谁值得被她拯救。2011年，备受安娜青睐的设计师约翰·加利亚诺被 Christian Dior 品牌解雇，原因是有媒体拍到他在一家酒吧大肆宣扬反犹太言论，镜头中的他声称"我爱希特勒"。安娜随即采取了行动。她首先向帕森设计学院致电，询问对方是否能帮加利亚诺安排一份教职[39]。该学院准备让他教授三天的课程，然而由于外界的反对声音高涨，这一计划被迫中止[40]。后来，安娜设法帮助他找到了一份在 Maison Martin Margiela 时装公司任职的工作。

无独有偶，安娜拯救 Marchesa 品牌的行径也同样引发了轩然大波。《纽约》杂志的 The Cut 网站在一篇文章中评论道："查普曼无法与加利亚诺这样的天才相提并论。她完全是靠财大气粗的丈夫以及他同样有权有势的时尚编辑朋友才得以混得风生水起。尽管她与声名狼藉的欺凌者和施虐者脱不了干系，但是她的服装作品如今重见天日，很多女演员都被迫穿上由她设计的裙装走上红毯。安娜·温图尔的影响力不言而喻。"[41]

继韦恩斯坦倒台后，最受 *Vogue* 杂志社垂爱的摄影师马里奥·特斯蒂诺（安娜儿子的教父）和布鲁斯·韦伯也身陷性侵风波，他们成为社交媒体 #MeToo 运动的众矢之的，安娜与位高权重男性的联盟也随之受到严格审查[42]。安娜于当月宣布，尽管她与两人在私下里是好友关系，不过 *Vogue* 杂志社决定立即停止与他们的合作[43]。接下来，*Vogue* 杂志社的摄影师帕特里克·德马舍利耶也因不端行为而长期面临指控[44]。

托恩·古德曼是安娜手下的高级编辑，她与韦伯和特斯蒂诺的关系甚为密切。"我并不是在为他们开脱。"她解释道。她承认这一话题相当复杂，她表示："他们未经正当法律程序就被定罪。"她从未和安娜讨论过这些指控或自己的内心感受。"虽然我无从得知，但是我猜她和我们一样都不好受。"她说[45]。

从媒体当时的报道来看，所有针对摄影师的指控中，没有一项明确涉及 *Vogue* 杂志社的拍摄过程。这类高调的摄影活动往往受到严格限制，并不像私下里的选角过程那样，经纪人派模特前往酒店房间与摄影师见面。但是，随着社会名流纷纷涌入时尚圈，声名远扬的超模被名不见经传的普通模特取而代之。普遍来讲，后者年纪轻轻且身材纤瘦，而且她们基本都来自贫困潦倒的家庭。

当时，*Vogue* 杂志社的编辑海伦娜·苏里科（Helena Suric）负责预约和监管模特工作，她坦言，安娜非常关心模特的身体健康状况，因为她们是高级时装行业中最年轻、最脆弱的一群人。安娜希望这些毫无名气的模特能够在行业中同吉赛尔、娜奥米、克莉丝蒂、琳达等人相提并论，即只要外人只提名不提姓，大家第一反应就是这些人。此前，安娜坚持要在 Vogue 杂志社拍摄照片前与每位模特都见上一面，该过程就像一场典型的面试环节，她会询问对方的家乡或者她们在学校中修读的专业。她对那些在交谈中展现自我魅力的模特青睐有加，比如肯德尔·詹纳（Kendall Jenner）和阿什利·格拉哈姆（Ashley Graham）。

某些模特也享受着与设计师同等的优待，她们不仅与安娜建立了友谊，并且获得了与她交流的机会。格拉哈姆怀孕后，她找到从 Vogue 杂志社离职的苏里科，询问对方如何登上 Vogue 杂志的封面。苏瑞克让她直接给安娜发送电子邮件，一来分享怀孕喜讯，二来表达自己意欲为 Vogue 杂志贡献绵薄之力的决心。后来，格拉哈姆成了 2020 年 1 月期 Vogue 杂志的封面人物。照片中，她挺着孕肚，看起来神采奕奕。

在社交媒体发起 #MeToo 运动之前，安娜主要担忧模特单薄的身材与健康状况，而并非关注性骚扰问题。"安娜极其注意模特的体型。比方说，如果她每次和我讨论模特是否过瘦的问题，我就能得到 1 美元，那么我早已积累了一笔可观的收入了。"苏里科解释称[46]。安娜在 Teen Vogue 杂志样刊留下的很多评论都批判模特过瘦的问题[47]。苏瑞克回忆称："我和她曾就某人是否过瘦的问题各执己见，就像是说：'她的胳膊本来就是如此。'最终也没吵出个定论。"[48]

早在 #MeToo 运动开始的 10 年前，Vogue 杂志社就曾与美国时装设计师协会携手推出"健康倡议"，旨在解决世人的饮食失调问题。不过安娜认为，重要的是只选择 18 岁或以上的模特。部分原因在于，女性的身体会在 18 岁后发生变化，安娜希望该倡议有助于解决极端瘦弱的问题。

苏里科表示："身为该倡议的拥护者，我们需要做出更多的努力，不应该仅局限于一系列论坛，谈论模特如何做才能避免身材过瘦。"[49] Vogue 杂志社与时尚界的领军人物共同举办小组座谈会并制定

第二十七章　大都会艺术博物馆慈善晚宴

《行为准则》，其中规定拍摄照片期间禁止饮酒和吸毒、模特须事先同意裸体或穿着暴露的服装进行拍摄、摄影师在拍摄现场不得进行未经康泰纳仕集团批准的任何工作等[50]。

参与小组座谈会的选角指导詹姆斯·斯库利（James Scully）表示，康泰纳仕集团宣称不与18岁以下的未成年模特进行合作。"该承诺在业界得到广泛推广，其真正目的是阻止未成年女孩涌入时尚市场，形成一种不良的市场趋势。"他补充说："这是 *Vogue* 杂志社和康泰纳仕集团采取的一种自保方式，因为他们无论何时雇用未成年模特拍摄照片，完全都是自找麻烦。"[51]

Vogue 杂志社与特斯蒂诺等长期合作的摄影师解约，表明前者与恶劣行为势不两立。与此同时，这种做法也对该杂志社产生了另一种巨大影响，即为新人才俊提供了发展空间。虽然安娜经常以新人设计师的捍卫者自居，但是对于时尚和媒体行业中的摄影师及其他领域初出茅庐的新手来说，他们很少得到安娜的福泽庇佑。有一回，碧昂丝坚持要让一名黑人摄影师为她拍摄9月期 *Vogue* 杂志封面照片，该杂志社随即向其推荐了23岁的泰勒·米切尔（Tyler Mitchell）[52]，他曾经一直在为 Vogue.com 网站拍摄照片。后来，这张封面照片广受赞誉。但是让很多人感到匪夷所思的是，为何安娜这么久才雇到一位黑人摄影师？

* * *

2019年的慈善晚宴拉开了"坎普"主题展览的序幕，这是大都会艺术博物馆在新冠病毒疫情肆虐全球前举办的最后一场派对。当晚，安娜身穿一件珠光宝气的礼服出席活动，肩上裹着 Chanel 品牌羽毛披肩，其设计灵感取自苏珊·桑塔格（Susan Sontag）的文章《坎普札记》（"Notes on Camp"）。文中描写道："坎普身着一件由300万根羽毛制成的裙装走来走去。"[53] 然而，安娜的这件披肩非比寻常。就在前一年秋天，Burberry 品牌宣称不再使用真皮草来制作服装[54]。正是从那时开始，安娜决定不再穿着真皮草制品。其实，早在 2017 年 10 月，Gucci 品牌就推出了仿皮草单品，由设计师亚历山德罗·米歇尔（Alessandro Michele）操刀设计。随后，安娜将部分皮草服装退还给了 Celine、Fendi 等品牌的设计师，部分捐给了服装学院，部分直接售出，其销售所得悉数捐给了慈善机构[55]。

这是安娜有史以来首次离开大都会艺术博物馆的入口位置主持慈善晚宴，此前，她会站在朋友塞蕾娜·威廉姆斯身旁，观赏那些在红毯上争奇斗艳的嘉宾。在安娜批准延长嘉宾的展示时间后，Lady Gaga 每走几步便脱掉一层礼服，最后只剩下一件闪闪发光的内衣，整个过程持续了 16 分钟。作为一名忠实的戏剧观众，安娜对此甚是喜欢[56]。不过，这段趣味横生的表演并不像戏剧那样持续很久。众所周知，安娜在观看百老汇演出时，如果她在座位上不断地跷起二郎腿，那就说明她对表演极不耐烦，因而她通常在开始不到一小时后就会离场[57]。

当年，安娜还获得了一项殊荣，即博物馆将她的照片印在了一件手提包上，并放在礼品店中进行售卖。作为一名商业编辑和艺术领域的影响者，安娜置身于世界上最为著名的博物馆之一，她本身就是行走的商业品牌。"我们努力寻找那些外貌和身份独特的群体。于我而言，要想成为一名'坎普'偶像，你需要拥有自己的漫画形象，突出个人明显的特征，从而让外人一眼就能分辨出来。从某种程度上来说，这其实是在自娱自乐。"博尔顿说[58]。该系列的其他人气偶像还包括卡尔·拉格斐和苏珊·桑塔格。

这类形象恰如其分。安娜告诉朋友们说，她希望世人铭记自己是一位伟大的慈善家，而非一名编辑。不过对于大众来说，人们更愿意将她视作偶像。

后 记

新冠疫情

故事即将告一段落。

安娜参加了 2020 年 2 月底举办的巴黎时装周活动，大家纷纷提早赶回了家中。当时，《纽约时报》的媒体专栏作家本·史密斯（Ben Smith）报道称：安娜安抚她的团队说，新冠疫情"是小事一桩"[1]。不过，*Vogue* 杂志社的时尚总监弗吉尼亚·史密斯表示，安娜对这件事深表担忧。他们发现，那些前往巴黎推销自己时装作品的美国设计师纷纷无功而返，因为很多零售商还没来得及下单就早早打道回府了[2]。

当年 3 月，新冠疫情来势汹汹且前景尚不明朗，美国开始实施封控管理，安娜通过电话联系上了时任美国时装设计师协会主席汤姆·福特。

"我们必须行动起来。该做点什么好呢？"安娜问道。

"遗憾的是，我不知道还能有多少事情可做。很多人会因为疫情破产。"福特感叹道。

"不，我们不能坐以待毙。我们能做什么？你愿意帮助我吗？"安娜问道。她的团队一直在给设计师打电话，了解他们水深火热的处境。安娜希望帮助时装公司支付房租和员工薪水，以此来勉强维持生计[3]。

福特和安娜决定通过美国时装设计师协会组建基金会，并将其命名为"命运共同体"。拉夫·劳伦为基金会捐赠了 100 万美元。此基金会也呼吁社会大众倾囊相助。最终，整个活动总共筹集到了 500 多万美元，分发给了 128 位受援者[4]。2020 年 3 月，Brother Vellies 品牌设计师、2015 年美国时装设计师协会得主奥罗拉·詹姆斯的业务销售额骤减 90%，而且她无法再向政府申请贷款以维持公司生意。不过，多亏了来自"共同命运体"的资助，她才得以为员工发放薪资[5]。

安娜不得不向一系列现实低头：薪水砍掉 20%[6]、居家办公、白天穿运动裤[7]、慢跑锻炼身体、吃女儿碧自制的蓝莓松饼[8]。她无法再让挂满服装的衣架在办公室运进运出，而是通过 Zoom 软件举行电话选装会议。大家在线上只得使用由 *Vogue* 杂志社制作的秀场幻灯片进行展示，而不是真正的服装。在安娜的老同事们看来，这种工作方式让她备受煎熬。

与此同时，新冠疫情对 BIPOC 美国人*造成了不同程度的影响[9]，充分揭示出富人和穷人境遇的天壤之别。2020 年 5 月 25 日，乔治·弗洛伊德在街头被警察杀害[10]。抗议活动迅速席卷全球，数百万人游行示威，要求为黑人伸张正义。大约在一周后，安娜在 Vogue.com 网站上的一篇专栏文章中称，她认为总统候选人乔·拜登（Joe Biden）应该选择一名有色人种女性作为竞选伙伴。安娜指出："我们这类享有诸多特权的群体最需要自我变革。我们需要倾听、学习并采取行动，确保美国的有色人种享有社会正义和基本人权……我完全尊重和敬佩这些抗议活动背后的民愤和狂暴的举动，我与那些呼吁'黑人的命也是命'的人士守望相助。我坚决反对暴力，我们的城市和社区所遭受的破坏让我心如刀绞。"[11]

数月后，在万众抗"疫"和全民抗议的双重背景下，唐纳德·特朗普仍在执政。距离 2020 年美国大选仅剩下几个月的时间，整个传

---

* 指美国黑人、原住民和有色人种。——译者注

媒行业缺乏多元化和包容性的历史问题再次被推上风口浪尖。这正是 Teen Vogue 杂志编辑菲利普·皮尔卡迪和伊莱恩·韦尔特罗特坚持在平台上大声疾呼的原因：年轻人对现状疲惫不堪，对安娜那代人似乎熟视无睹的系统性种族歧视忍无可忍。然而，这种压迫在工作场所中表现得尤为明显。

最先变天的是年轻女性网站 Refinery 29，该网站总编克莉丝汀·巴巴里克（Christene Barberich）因被指控工作环境有毒而引咎辞职[12]。随后，安娜的直接下属之一、《好胃口》杂志社的主编亚当·拉波波特（Adam Rapoport）因工作人员指控其排挤有色人种而下台。此前，他曾经要求斯坦福毕业的黑人助理为他清理高尔夫球杆[13]。

安娜的管理风格似乎从未像现在这样不合时宜。她声称"黑人的命也是命"，并试图将 Vogue 杂志定位为进步刊物，以申明自己的坚定立场。然而，她的做法激怒了 Vogue 杂志的众多拥趸，他们认为一切都不合常理或谎话连篇。2006 年，电影《穿普拉达的女王》上映之时，安娜专横霸道的形象被众人奉为圭臬。但是从现在看来，这般飞扬跋扈的性格似乎成了一种累赘，大家似乎都认为她理应遭受非议。

每次在公关危机发生前，安娜都会采取火速低头认错的策略，希望早日平息事件，然后继续我行我素[14]。同年 6 月 4 日，安娜给工作人员群发了一封电子邮件，然而这封邮件很快就被 Page Six 网站获取。她在邮件中承认："我深知，Vogue 杂志社未能赋予黑人编辑、作家、摄影师、设计师及其他创作者充足的提升空间。我们犯过错误，发布过中伤他人或思想狭隘的图片与故事。我对这些错误负全责。"[15] 不到一周，《纽约时报》发表了一篇文章，题目是"安娜·温图尔能否在社会正义运动中幸免于难？"[16]。

媒体行业似乎确信，就连安娜·温图尔这类偶像也难辞其咎。

后　记　新冠疫情

* * *

就在《纽约时报》询问安娜是否能"在社会正义运动中幸免于难"的同时,她给奥罗拉·詹姆斯发送了一封电子邮件,希望了解有关"15% 承诺"的更多信息。2020 年 6 月初,詹姆斯发起了一项倡议,要求塔吉特等百货公司承诺在 15% 的货架上摆放由黑人经营的企业所生产的产品。"让我们把这项倡议提上日程,探讨一下相关事宜。"安娜写道,"我非常想了解这项倡议。"

随后,詹姆斯在 Zoom 视频电话上向安娜进行了解释。不过从当时的情况来看,詹姆斯一直专注于与零售商签约,她从未想过要同 *Vogue* 或其他杂志合作。

当时,"15% 承诺"的事情让詹姆斯忙得不可开交,她几乎没时间和任何人打电话沟通。但是,她的画家朋友乔丹·卡斯蒂尔(Jordan Casteel)一直试图联系她。终于在某天晚上 10 点,她给卡斯蒂尔回了电话。

"我必须在明天早上答复安娜·温图尔,你是否愿意和我一起做这个项目?"卡斯蒂尔问道。

"你说的是什么项目?"詹姆斯问道。

"我正在为 9 月期 *Vogue* 杂志的封面作画,我们希望刊登你的肖像。"卡斯蒂尔回复道。

詹姆斯疑惑不解。谁会打电话来要你的照片,并告诉你刊登在 9 月期 *Vogue* 杂志的封面呢?

"为什么这么做?"詹姆斯问道。

"在得到这次机会之前,我一直都很想为你画像。我一直在考虑时尚相关的问题以及你手头上的工作,'15% 承诺'对我来说至关重要。所以,我告知 *Vogue* 杂志社我想为你画像,对方兴奋不已。我告诉他们要征求你的意见,于是他们给我一周时间等待回复,我们都很想知道你是否愿意。"卡斯蒂尔解释道。

詹姆斯欣然答应。两天后，她穿着一件 Pyer Moss 品牌蓝色礼服在其位于布鲁克林的办公楼屋顶平台上摆拍。卡斯蒂尔随后以这张照片为原型进行创作。最终，这幅画与另外一幅作品同时刊登在了 2020 年 9 月期 Vogue 杂志的封面上。

在卡斯蒂尔拍完这张照片后不久，安娜询问詹姆斯是否可以与他再进行一次 Zoom 电话沟通。让詹姆斯感到出乎意料的是，对方在电话中表现得兴奋不已：安娜对 9 月期杂志感到心花怒放，对战胜疫情感到满心欢喜，对即将到来的美国大选感到情绪激昂。她向詹姆斯提出了一个问题："能否在出版行业推行这一倡议？"[17]

* * *

安娜积极支持有色人种在出版业发展事业。早在 1998 年，她曾任命安德烈·莱昂·塔利担任 Vogue 杂志社的创意总监，他后来称自己是"时尚新闻业史上地位最高的黑人"[18]。32 年后，他出版了自己的回忆录《雪纺战壕》(The Chiffon Trenches)。在书中，他谈及了两人的爱恨纠葛，其中包括安娜多次对他表现出的轻慢之意、两人在 20 世纪 90 年代发生争吵后重归于好、一个 YouTube 网红取代他出席大都会艺术博物馆慈善晚宴的红毯仪式等经历。

当时，这部回忆录登上了《纽约时报》的畅销书单之列。塔利曾在巡回发布会上称，安娜是一个"殖民主义婆娘"。他在桑德拉·伯恩哈德的播客上表示："安娜依旧身处殖民主义环境之中。她享受着这些权利，在我看来，她绝对不会让任何事情阻碍自己获得白人特权。"[19]

他的回忆录及其对安娜的评价将她伤害得体无完肤。此外，对于她核心交际圈的那些朋友来说，他们也不知该怎么回应这些尖酸刻薄的评论[20]。"安娜并不具备单纯的善良人性。"他写道[21]。然而，据安娜的这些朋友所知，她对塔利关照有加[22]。比如，安娜曾经在他需要工作的时候选择雇用他，让公司为他奢华的生活方式买单，以及在他需要纳税和为祖母买房的时候帮他申请公司的无息贷款。此外，安娜还为他的体重着想，她在康泰纳仕集团位于时代广场办公室三层的一间会议室里与他洽谈，并公款派他前往达勒姆的杜克生活方式与体重管理中心参加为期三个月的减重项目。

然而，塔利的体重出现了反弹，他也从安娜的社交圈全身而退。此后，他再未收到过慈善晚宴的邀请。两人只剩下装模作样地互祝生日快乐以及安娜召唤他参加选装会议等敷衍的交际互动。"我觉得她嫌弃我又老又胖。"塔利说。在他看来，安娜的工作和家庭让她忙得不可开交。"她变得越发引人瞩目，没有时间陪我交流。"[23]

塔利在书中提及了康泰纳仕集团及其领导层，他强调这些人都是惺惺作态的种族主义者，他们假装像安娜对《纽约时报》说的那样，致力于"为消除种族主义做出贡献"[24]。不过，劳里·琼斯声称，安娜从未对塔利怀恨在心。"安娜从来没有对安德烈发过脾气——这就是整件事情的讽刺之处。她从来不想让安德烈感到烦恼，她深切地同情对方的遭遇。身为一名黑人男同性恋，塔利遭受过不公待遇，所有糟糕的事情都发生在他一个人身上。安娜对此甚为敏感。"琼斯回忆称[25]。

然而，安娜从来没有试图通过媒体进行辩解，她彻底颠覆了自己在世人心目中的形象，大家认为她本来就是一个手段毒辣、为人轻率的女人，她毫无悔意的行为不值得钦佩，而且曾经对她的误解都情有可原。她从未以权谋私，但她却因此获得了前所未有的回报。一直以来，*Vogue*杂志宣扬白人至上和精英主义，进而赢得了广泛赞誉和非凡销量。安娜对待助理的方式虽遭质疑，但很快就被电影《穿普拉达的女王》奉为标杆。安娜在康泰纳仕集团任职期间，许多女性和男同性恋在该公司担当要职，这比美国其他大部分白领阶层展现出更加进步的特点。然而，尽管她拥有强大的权力且擅于敏锐地感知文化变迁，但是她从未宣扬过多元化和包容性的价值取向，也未能代表进步的年轻员工重新思考康泰纳仕集团的前途命运，最终她只得亡羊补牢。正是这种工作疏忽让那些与她密切合作的人士颇感震惊。

不久之后，各大媒体爆出安娜与布莱恩分道扬镳的消息。其实他们早先就已分手，而男方早已忘却了分手原因[26]。2020年10月24日，《纽约时报》发表了一篇关于安娜的报道，标题为："白人议题：安娜·温图尔的多元化挽救行动是否为时已晚？""18个工作人员都曾表示，在温图尔掌权期间，Vogue杂志社最为青睐一种类型的员工，即身材瘦削的白人，他们通常来自富裕家庭，并在精英学校接受教育。"报道指出："在这18人中，有11人认为，温图尔不该继续掌管Vogue杂志社，并且应该放弃自己在康泰纳仕集团的主编领导人之位。"[27]

不幸的是，这些员工似乎并未在谈话中承认，虽然安娜在掌权的几十年里犯过错误，并且在运营杂志社时太过独断专横，但是她也属于该公司的产物。她为亚历山大·利伯曼这类男人效力，他们欣赏富有魅力的员工。安娜基于某项研究结果开展工作，该研究旨在告诉编辑们哪些杂志封面照片会增加销量，然而这些照片历来不包含有色人种。该杂志社正是因为秉持这样的价值观才获益匪浅，因此，任何质疑的动机只可能来自体系内部。

媒体行业迎来了社会正义时代，对安娜来说，经受住负面媒体的考验并不是一件易事[28]。

"于我而言，安娜担心的问题是：一系列风波对我们的营收数据有何影响？"安娜的朋友威廉·诺维奇在谈到关于她面对批评的总体感受时说，"她是一名员工，是一名值得尊敬的员工。她只有达到自己制定的营收数据目标，才会善罢甘休。难怪他们会把她留在公司。"[29]

但是，安娜并不甘愿接受高管或公众的任意摆布。她选择留在自己的工作岗位上，保持自己的偶像地位，在充满荆棘和鲜花的道路上毅然前行。

多年来，那些与安娜有过密切合作的人以为，在预算削减的数字时代运营康泰纳仕集团，对她来说肯定苦不堪言。然而，令他们匪夷所思的是，面对严格审查和层层重压，70多岁的她放弃了躺在位于马斯蒂克庄园的两个泳池旁享受鱼子酱和香槟的晚年生活，而是义无反顾地一头扎进自己的事业。此外，让工作人员感到大为惊叹的是，安娜与 Vogue 杂志社的前两任主编截然不同，她虽然一直在跌跟头，但是依旧在努力适应当下的时代。

2018年8月，继 Them 品牌创始人菲利普·皮尔卡迪离开康泰纳仕集团后，安娜联系上了当时25岁的温布利·休厄尔（Whembley Sewell），后者曾负责运营 Teen Vogue 杂志的品牌内容和社交媒体。

"我不是一个传统的编辑。我当着安娜的面说出了这句话。我表示'自己不会随身携带红笔，也不会在句子下面画线'。"休厄尔回忆道。她曾在社交媒体和视频领域工作过，但是没有常规的剪辑作品集。"我不是大卫·瑞姆尼克。"她说，"安娜完全接受这一点。"

身为一名黑人女同性恋，休厄尔于2019年担任 Them 品牌的执行主编。第二年，英国时尚杂志《爱》(Love)的创办者、著名设计师兼主编凯蒂·格兰德（Katie Grand）宣布离职，她曾陪伴该杂志走过了12年的风风雨雨。此时，康泰纳仕集团必须确定是否继续出版该杂志。随后，安娜决定让休厄尔同时运营 Them 和《爱》两个品牌[30]。此外，在安娜手下工作的有色人种主编还包括《名利场》杂志社的拉迪卡·琼斯和《好胃口》杂志社的道恩·戴维斯（Dawn Davis）。

几十年来，和安娜一起共事的人都知道，让她等待无异于十恶不赦的大罪。事实上，很多人一直期待她能带领康泰纳仕和 Vogue 杂志社走向现代化，使其成为工作场所和文化领域的风向标，而且他们已经等待了太久。也许对安娜来说，她未来面临的最大挑战之一就是要不断地意识到这一点。

时尚行业建立在"留"和"去"两个对立的概念之上。在安娜的世界里，每个人都属于不同的阵营。有些人注定会"去"。比如表现不尽如人意的助理、被迫在 Viva 杂志中充当模特的《阁楼》杂志年度宠儿以及大都会艺术博物馆的活动策划者。这些策划者曾阻止安娜在一尊珍贵的雕像上安装天花板吊顶。有些人拥有成功的事业、强大的权力、新奇的创意和美丽的面孔，他们必定会"留"，比如塞蕾娜·威廉姆斯、罗杰·费德勒、米歇尔·奥巴马和汤姆·福特。有些人先"留"后"去"，比如塔利。还有些人先"去"后"留"，比如金·卡戴珊。

安娜能够决定谁可以拥有话语权，以及谁会在顷刻之间出局，这是她彰显强大权力的主要表现。"如果她出手阻挠你，那么你必然会被淘汰。作为天蝎座的人来说，她向来如此。"丽莎·乐福说，"她对你冷酷无情。"[31] 由此来看，这就是在她掌权期间，时装设计师、作家、编辑以及摄影师永远不能高枕无忧的原因。如果他们被迫离开，那么该如何是好？

奥罗拉·詹姆斯表示："假如你希望攀上纽约更高一层的社会阶梯，渴望获得大都会艺术博物馆慈善晚宴的邀请，那么情况会大不相同。你永远都无法感受到成功的快乐，而是会一直遭受失败的打击。如果你只是奢望得到权势之人的认可，那么你的处境又会呈现出另一番景象。但是，如果你谈论的内容关乎对服装、表达、颜色和文化的热爱，并且坚信不同的着装能对女性的自我感觉以及对世界的认知产生影响，那么这些可以作为成功的衡量标准，毕竟任何女人都无法左右别人的感受。"[32]

* * *

尽管有些人认为，安娜理应被解雇或迫于压力而选择辞职，但是人们无法忽略她无与伦比的深远影响力。2020 年 12 月中旬，她正式晋升为康泰纳仕集团的首席内容官，从而结束了多灾多难的一年。自此，她开始负责该公司旗下的所有杂志品牌，包括《纽约客》和所有国际杂志[33]。似乎再多的负面报道也动摇不了她的统治地位。相比之下，阿列克谢·麦卡蒙德（Alexi McCammond）的经历却大相径庭。2021年春天，安娜聘请她负责 Teen Vogue 杂志的运营工作。然而，她在10年前于Twitter平台上发表的言论激起了社会强烈反对。最终，正如她在推文中描述的那样，这件事导致自己与康泰纳仕集团"分道扬镳"[34]。如今，只要提到安娜的大名，就足以让广告商彻底打消从康泰纳仕集团旗下的杂志上撤资的念头。此外，只要她一个电话，就能让某个品牌心甘情愿地赞助一场价值数百万美元的博物馆展览[35]。由此来看，在资本主义社会，不管有多少底层员工认为她应该辞职，也不管她的管理风格多么专横，她都是康泰纳仕集团这类公司不惜一切成本希望挽留的人才。

　　安娜搭建了属于自己的帝国，在这片乐土上，生活着世界上最为美丽、最具权势的上层人士，帝国外的人只能望而兴叹。毫无疑问，安娜肯定对自己离开康泰纳仕集团和以后的生活制定了完备的方案[36]。安娜称，她未来可能会着手一些有偿工作，而不再免费提供建议[37]。不过，她并未做具体解释。毕竟，她天生不喜欢谈论自己。

致谢

2018年年底，我着手撰写这本传记。在第一批受访对象中，我听到了两种完全不同的声音。一部分人表示，安娜·温图尔危言耸听的名声更多是八卦专栏添油加醋的素材，而不能反映真实情况，因此她肯定会愿意为我提供更多信息。另一部分人认为，安娜会竭尽所能地让我打消完成这本书的念头：一方面，她会故技重演，采取之前对付一本未经授权传记的做法，比如警告知情人士要保持沉默；另一方面，她会威胁我的出版商，即如果康泰纳仕出版社胆敢出版这部作品，那么其永远没有机会再出版其他书籍。

虽然我不认识安娜，但是我对她而言并不完全陌生，我之前曾两度接受过她的工作面试。第一次，我接到了 *Vogue* 杂志社的电话，对方告知我于第二周末面试某个写作岗位，但是最终我落选了。第二次是在大约六年后，即2018年年初，当时我怀上了儿子。我曾经为安娜提供了一些创意，不过我对全职工作不感兴趣，我们最终未能共事。她向我提供的内容表示感谢，并诚邀我在生完孩子后再次与她取得联系。现在，我的儿子已经3岁了。当初，就在临产的前一天，我接到了一通电话，对方告诉我可能要撰写这本传记。

令人沮丧的是，在我接到这项任务后的几周时间内，没人愿意和我分享有关安娜的故事。知情者不太愿意和我讨论这些话题。最后,我从报道她的早年生活和职业生涯着手,逐步取得了一些进展,并且一直坚持至今。在此后一年半的时间里,我采访了100多位知情人士。有一次,安娜的公关人员和我取得了联系,他们称已经得知我正在撰写这部作品。我在电话里向对方解释,这本传记的主人公是安娜,旨在彰显她的位高权重。后来我收到回复说,安娜"婉拒"了我的采访请求,但是她会安排我采访她的密友。就在本书出版前,安娜还拒绝了另外一次正式的采访请求。

  在得到安娜本人的许可后,一切的进展都更加顺利了。除了她的挚友外,我还与其他人取得了联系,他们都愿意和我分享安娜的故事。多年来,这些人被性别歧视的报道和子虚乌有的谣言洗脑,他们担心我无法以公正的笔触勾勒出安娜的真正形象。我很快就了解到,安娜的力量部分来自她在生命不同阶段所接触的群体,这些人往往会对她产生强烈的保护欲。无论如何,他们的故事都让我深受启发,帮助我以近距离的视角描绘了一位极具神秘色彩的人物。

  然而,并不是所有人都愿意公开谈论安娜。为了让大家畅所欲言,我同意他们进行匿名采访。换句话说,此书不会标明匿名人士的消息来源。无论匿名还是公开的内容,均一一得到证实。不过,文中的对话都是基于知情人士的回忆内容重新创作的,可能与真实情况有些出入。此外,读者们请勿对号入座,书中提及的具体会议和相关对话并非一定出自当事人的匿名采访材料。

  我谨向为此书提供线索的250多名知情者表示衷心感谢,其中有很多人愿意花费数小时的宝贵时间和我交谈。在此,我特别感谢以下公开向我提供信息的人士:韦里纳·阿玛图里(Verrina Amatulli)、吉姆·安德森(Jim Anderson)、梅瑞迪斯·阿斯普朗德、安迪·贝拉米(Andy Bellamy)、苏珊·比德尔、彼得·布洛克、安德鲁·博尔顿、艾瑞克·博曼、迈克尔·布德罗、英格丽·博尔廷(Ingrid

Boulting）、哈米什·鲍尔斯、帕特里夏·布拉德伯里、凯瑟琳·布拉迪（Kathleen Brady）、西莉亚·布雷菲尔登、乔·布鲁克斯、米兰达·布鲁克斯、艾琳·布洛什·麦肯纳（Aline Brosh McKenna）、斯蒂芬妮·布鲁什、盖伊·布莱恩特（Gay Bryant）、玛吉·巴克利、托里·伯奇、卡洛·卡森（Carol Carson）、保罗·卡瓦科、亚历克斯·卡特林、艾米·周、金伯利·克里斯曼-坎贝尔、南希·奇尔顿（Nancy Chilton）、查尔斯·丘格沃德、格蕾丝·柯丁顿、蒙蒂·科尔斯、理查德·考克（Richard Cork）、R.J.卡特勒、凯瑟琳·戴利（Catherine Daily）、杰夫·戴利、盖瑞·德勒米斯特（Gary Delemeester）、吉尔·德姆林、旺达·迪贝内代托、黛比·迪希特、乔·杜尔斯、加布·多贝、让-德鲁谢多夫（Jean Druesdow）、苏珊娜·伊格尔（Suzanne Eagle）、苏珊·埃德米斯顿、利兹·埃格斯顿（Liz Eggleston）、米歇尔·埃斯特班、琼·费尼、温迪·菲曼、吉尔·费奇曼、汤姆·弗洛里奥、汤姆·福特、大卫·弗兰科尔、弗雷迪·甘布尔、里克·吉列（Rick Gillette）、托恩·古德曼、温迪·古德曼、贝丝·格里尔（Beth Greet）、芭芭拉·格里格斯、瓦莱丽·格罗夫、克莱尔·格鲁波、小鲍勃·古乔内、安东尼·哈登-格斯特、大卫·海尔、德博拉·哈金斯（Deborah Harkins）、罗丝·哈特曼（Rose Hartman）、克莱尔·黑斯廷斯、盖伊·哈布纳（Gay Haubner）、拉扎罗·埃尔南德斯、玛丽·亨顿（Mary Hilliard）、萨拉贾内·霍尔、杰德·霍布森、迈克尔·霍奇森、安娜贝尔·霍丁、马克·霍尔盖特、艾利·霍斯曼、芭芭拉·胡拉尼茨基、弗朗索瓦·伊尔斯尼尔（Francois Ilsneheur）、海伦·欧文（Helen Owen）、奥罗拉·詹姆斯、莱斯利·杰-古尔德（Leslie Jay-Gould）、大卫·约翰逊（David Johnson）、劳里·琼斯、安妮·卡普曼（Anne Kampmann）、玛丽·肯尼、哈里·金（Harry King）、玛丽莲·基斯纳、威利·兰德斯、薇薇恩·拉斯基、盖伊·勒鲍伯、吉姆·李、弗雷迪·莱巴（Freddie

致谢

Leiba）、苏·卢埃林（Sue Llywellyn）、伊芙琳·洛伦岑-贝尔（Evelyn Lorentzen-Bell）、丽莎·乐福、扎泽尔·洛文、阿曼达·伦德伯格、帕特里夏·林登、梅里·麦肯齐（Mairi Mackenzie）、朱莉·麦克洛威（Julie Macklowe）、莎拉·麦克弗森（Sarah MacPherson）、雅克·马林隆（Jacques Malignon）、斯坦·马利诺夫斯基（Stan Malinowski）、特里·曼斯菲尔登（Terry Mansfield）、比尔·马里布（Bill Marlieb）、米歇尔·马佐拉、杰克·麦科洛、比尔·麦库姆（Bill McComb）、南希·麦肯、凯利·麦克马斯特斯、安妮·麦克纳利、尼克·梅里尔（Nick Merrill）、厄尔·米勒（Earl Miller）、桑娅·穆尼、艾尔玛·摩尔、阿丽达·摩根、米歇尔·莫里斯（Michele Morris）、邦妮·莫里森、凯西·穆乔洛（Kathy Mucciolo）、佩吉·诺斯洛普、威廉·诺维奇、南希·诺沃格罗德、帕特里夏·奥图（Patricia O'Toole）、阿德里安娜·帕克（Adrienne Parker）、菲利普·皮尔卡迪、盖尔·平卡斯、瑞秋·派恩、考奇·波伦、菲利斯·波斯尼克、坎迪·普拉茨·普赖丝、贝弗利·珀塞尔（Beverly Purcell）、迈克·莱因哈特（Mike Reinhart）、琳达·赖斯、雪莉儿·瑞克森、迈克尔·罗伯茨、杰西卡·罗杰斯（Jessica Rogers）、鲍勃·索尔伯格、乔丹·沙普斯、劳里·谢克特、斯塔塞·李、詹姆斯·斯库利、丹妮塔·休厄尔（Dennita Sewell）、温布利·休厄尔、莱斯利·简·西摩、萨迪亚·谢帕德（Sadia Shepard）、莎莉·辛格、泰·史密斯（Tae Smith）、弗吉尼亚·史密斯、艾玛·索姆斯、斯科特·斯滕伯格、海伦娜·苏里科、辛西娅·斯沃茨（Cynthia Swartz）、安德烈·莱昂·塔利、冼书瀛、奥利维耶罗·托斯卡尼、基思·特朗博（Keith Trumbo）、罗谢尔·乌德尔、莎拉·范·斯克伦、克莱尔·维克多（Claire Victor）、卡洛·沃格尔（Carol Vogel）、迈拉·沃克、詹姆斯·威吉、卡洛·惠勒（Carol Wheeler）、塞蕾娜·威廉姆斯、金·威洛特、保罗·威尔莫特、斯蒂芬妮·温斯顿·沃尔科夫、布鲁斯·沃尔夫、罗西·杨和查克·祖雷蒂（Chuck Zuretti）。

此外，还有很多热心人帮助我寻找知情者并澄清事实，我在此向这些人表示感激。

正是因为有拉奎尔·拉内里（Raquel Laneri）的帮助，这本书才会如此精彩，他出色地完成了41人的专访。他是一位无所畏惧的合作者，对大都会艺术博物馆服装学院的研究做出了至关重要的贡献，尤其对整个项目发挥了不可磨灭的作用。劳拉·西尔弗（Laura Silver）在伦敦接受了采访，并查阅了只有在当地才能获取的档案。任孤云（Ko Im）、苏·卡斯威尔（Sue Carswell）和莱克斯·希尔（Lexi Hill）提供了额外的研究支持。我也非常感谢马克·戈德堡（Marc Goldberg），他帮助我查询、筛选并译解了数百页的法庭记录。

本·卡林（Ben Kalin）对此书的细节、敏感度和深入思考进行了细致入微的事实核查，我在此感谢他长时间的辛勤付出。

我在图书馆中找到了大多数由安娜负责运营的往期杂志，不过很难找到往期的 *Viva* 杂志。感谢瑞秋·大卫（Rachel David）和杰里米·弗罗默（Jeremy Frommer）慷慨地允许我进入你们在新泽西州李堡市的办公室，并允许我带着安娜的全部档案资料回家研究。

我还要感谢纽约公共图书馆帮助过我的每位工作人员。该馆提供了大量研究资料，包括小阿瑟·施莱辛格的论文，其中引用了查尔斯·温图尔的数百页信件，许多都是手写记录。我花费了很多时间阅读并辨认他的潦草字迹。此外，我查看了安娜在职业生涯中设计的所有杂志，以及她作为 *Vogue* 杂志主编所监管的更多杂志。

很多书籍对我的研究大有裨益，其中包括多迪·卡桑江（Dodie Kazanjian）与卡尔文·汤姆金斯（Calvin Tomkins）合著的《亚历克斯：亚历山大·利伯曼的一生》（*Alex: The Life of Alexander Liberman*）、托马斯·迈尔编著的《纽豪斯》以及卡洛·费尔森塔尔（Carol Felsenthal）编著的《公民纽豪斯：媒体商人画像》（*Citizen Newhouse:*

Portrait of a Media Merchant)。

以下回忆录提供了安娜在职业生涯不同阶段所经历的生动故事，并在本书中经常得到引用：伊丽莎白·蒂尔贝里斯的《无暇赴死：卵巢癌患者的生活》(*No Time to Die: Living With Ovarian Cancer*)、格蕾丝·米拉贝拉的《*Vogue* 杂志的"去"与"留"》(*In and Out of Vogue*)、格蕾丝·柯丁顿的《格蕾丝自传》(*Grace: A Memoir*)、安德烈·莱昂·塔利的《雪纺战壕自传》以及伊莱恩·韦尔特罗特的《绰绰有余：为自己争取空间（莫管他人言）》(*More Than Enough: Claiming Space for Who You Are (No Matter What They Say)*)。

我并非首个为安娜撰写传记的人。*Vogue* 杂志主编杰瑞·奥本海默编著的《秀场前排：揭秘 *Vogue* 杂志主编的时尚外表下隐藏的真相》(*Front Row: What Lies Beneath the Chic Exterior of Vogue's Editor-in-Chief*) 为本书提供了极大的参考价值。

最后，我感谢安娜让我进入了她的世界，这是任何记者从未享有过的经历。

***

2010 年左右，当我执迷于描绘威廉王子（Prince William）和凯特·米德尔顿（Kate Middleton）的婚礼时，凯琳·马库斯（Karyn Marcus）将我从博客世界中拉了出来。我从未料想到，博客世界会在大约 10 年后像垫肩一样销声匿迹，而且我有机会同她一起完成这本巨作。凯琳，感谢你多年来对我的信任，并且给我机会完成这项困难重重但趣味盎然的任务。

艾米·贝尔（Aimee Bell），也感谢你委托我完成这部作品。正是因为你在极为漫长而富有挑战的报道过程中的鼎力支持，也因为你对整本书描绘的世界有着深入的了解，我才得以实现这一目标，你的反馈为这本书注入了活力。

我也衷心感谢丽贝卡·施特罗贝尔（Rebecca Strobel），感谢她在整个过程中体贴周到的编辑和帮助。丽贝卡，感谢你的耐心以及及时提供的帮助。

我感谢画廊（Gallery）图书品牌的整个团队成员支持我完成该项目，包括珍妮弗·伯格斯托姆（Jennifer Bergstrom）、珍妮弗·隆（Jennifer Long）、莎莉·马文（Sally Marvin）和 TK PUBLICISTS TK。

我的经纪人吉莉安·麦肯齐（Gillian MacKenzie）是一位非常出色的合作伙伴。感谢你一直以来的支持，谢谢你在这本书及后续的事情中为我提供建议。

杰夫·桑德勒（Geoff Shandler），感谢你精彩的编辑。你是我的宝贝们最喜欢的人，我感谢你的努力工作和悉心照料。

许多朋友在阅读此书时，都热心地为我提供了反馈意见。还有些人在我情绪处于低谷时一直鼓励我。在此，我感谢萨默尔·阿布萨比（Samer Abousalbi）、奥马尔·艾尔维（Omar Alvi）、阿斯维尼·安布拉扬（Aswini Anburajan）、多里斯·约翰逊（Doris Johnson）、达拉·卡普尔（Dara Kapoor）、詹姆斯·林（James Lim）、梅瑞迪斯·戈德堡（Meredith Goldberg）、帕蒂·格雷科（Patti Greco）和贾斯汀·拉维茨（Justin Ravitz）。

我的家人给予了我无限的关爱、支持和鼓励。谢谢你们：帕梅拉（Pamela）、马克、洛里（Lorri）、艾莉莎、雷（Ray）、琼和玛丽莲。

霍利（Holly）、马克、杰克和凯（Kai），我一直深深挂念着你们，非常爱你们。感谢你们在我从事这项工作的这些年里，为我带来了许多无忧无虑的快乐时刻。

妈妈，您给我的建议永远都是最好的。如果我没能继承您的坚韧品质，没有您的每一次鼓励，那么我可能很难完成这项任务。我爱您，谢谢您成为世间最伟大的母亲。

我的父亲并未阅读过这本书，但是他的建议、幽默感和爱将永远影响我的工作。

我无法用语言表达出对孩子们的感激之情。科尔比（Colby）和莱拉（Lila），他们为我的生命带来了无穷无尽的快乐。玛塞拉（Marcela），感谢你在我写这本书的时候把他们照顾得如此周到。

最后，我要感谢我的丈夫里克，他陪伴我完成了这个充满挑战且异乎寻常的任务。感谢你在没有人愿意和我交谈的时候告诉我要坚持下去，感谢你理解我不得不将不计其数的夜晚和周末时光都用于赶在截止日期前完成采访，感谢你不厌其烦地反复阅读这部作品的草稿。没有你，我绝不可能完成。

注　释

序

1　不出所料：采访菲利普·皮尔卡迪，2020 年 8 月 10 日。
2　这一天是：采访两位知情人士。
3　高筒蟒皮靴：采访菲利普·皮尔卡迪，2020 年 8 月 10 日。
4　随即让第一：采访两位知情人士。
5　当天，Teen Vogue 杂志：采访菲利普·皮尔卡迪，2020 年 8 月 10 日。
6　白色的会议室：采访当时数位出席会议的知情人士。
7　她站在会议室：采访菲利普·皮尔卡迪，2020 年 8 月 10 日；采访当时在场的知情人士。
8　随着激烈的大选：Alexandra Steigrad, "Did Anna Wintour and Vogue's Hillary Clinton Advocacy Go Too Far?" WWD, November 9, 2016.
9　竞选顾问表示：希拉里·克林顿的发言人向作者透露的消息，2021 年 6 月 24 日；采访鲍勃·索尔伯格，2021 年 7 月 13 日。
10　她的时任男友：采访谢尔比·布莱恩，2021 年 7 月 21 日。
11　面对会议室：采访菲利普·皮尔卡迪，2020 年 8 月 10 日；采访当时在场的知情人士。
12　安娜的声音：采访当时数位出席会议的知情人士。
13　这十分罕见：采访斯蒂芬妮·温斯顿·沃尔科夫，2021 年 5 月 1 日。
14　她曾在美国：Fiona Sinclair Scott and Christiane Amanpour, "CNN Exclusive: Anna Wintour Says It's Time to 'Stand Up For What You Believe In,'" CNN.com, April 19, 2019, https://www.cnn.com/style/article/anna-wintour-interview/index.html.
15　然而这一次：采访谢尔比·布莱恩，2021 年 7 月 21 日。
16　她哭了：采访当时数位出席会议的知情人士。
17　现在，特朗普：采访菲利普·皮尔卡迪，2020 年 8 月 10 日；采访当时在场的知情人士。
18 话音刚落：采访菲利普·皮尔卡迪，2020 年 8 月 10 日。
19 随后，大家：采访知情人士。
20 安娜的老友：采访斯蒂芬妮·温斯顿·沃尔科夫，2021 年 5 月 1 日。
21 安娜请她出面：采访知情人士。
22 特朗普将会面：采访斯蒂芬妮·温斯顿·沃尔科夫，2021 年 5 月 1 日。
23 在场的人：采访当时数位出席会议的知情人士。
24 在特朗普正式：Winston Wolkoff, Stephanie, *Melania and Me*, (New York: Gallery, 2020), 335.
25 事实上：采访斯蒂芬妮·温斯顿·沃尔科夫，2021 年 5 月 1 日。
26 我不知道：采访劳里·谢克特，2020 年 2 月 14 日。
27 安娜的前：采访格蕾丝·柯丁顿，2020 年 12 月 19 日。
28 我从未听：采访托恩·古德曼，2021 年 6 月 10 日。
29 莎莉·辛格：采访莎莉·辛格，2021 年 1 月 14 日。
30 鉴于安娜：采访安德烈·莱昂·塔利，2021 年 3 月 20 日。
31 2.5 亿美元：大都会艺术博物馆发言人向作者发送的电子邮件，2021 年 6 月 14 日。
32 值得一提的是：采访知情人士。
33 邮寄给她：同上。
34 神奇的地方：采访汤姆·福特，2020 年 10 月 22 日。
35 当她穿过：采访知情人士。
36 匆忙检查：同上。
37 员工们不只：采访马克·霍尔盖特，2021 年 7 月 15 日。
38 正如她的老友：采访安娜贝尔·霍丁，2019 年 5 月 20 日。
39 甚至为孙子：采访安妮·麦克纳利，2021 年 5 月 6 日。
40 她非常顾家：采访艾玛·索姆斯，2021 年 5 月 17 日。
41 正如长期负责：斯蒂芬妮·温斯顿·沃尔科夫提供的文字信息，2021 年 5 月 2 日。
42 吉尔·德姆林：吉尔·德姆林发送的电子邮件，2021 年 6 月 21 日。
43 安娜的密友：采访安妮·麦克纳利、米兰达·布鲁克斯、艾玛·索姆斯等人。
44 作为那个年代：采访知情人士；André Leon Talley, *The Chiffon Trenches* (New York: Ballantine, 2020), 307, iBooks。

第一章 溯 源

1 诺丽·温图尔：拉德克利夫学院已故学生埃莉诺·崔戈·贝克的档案。
2 她的父亲拉夫："Professor Baker Of Law School Dies at Age 78," *Harvard Crimson*, Nov. 8, 1966.
3 拉夫擅长研究：同上。
4 他生前设立：拉夫·贝克于马萨诸塞州米德尔塞克斯县经证实的遗嘱和信托文件。
5 1938 年：Arthur Schlesinger, *A Life in the 20th Century: Innocent Beginnings*,

1917—1950, (New York: Houghton Mifflin, 2000), 201.
6　查尔斯于 1917 年：Michael Leapman, "Obituary: Charles Wintour," *The Independent*, Nov. 5, 1999.
7　当时，诺丽："Miss Eleanor Baker," *Harrisburg PA Telegraphe*, Jan. 6, 1949.
8　查尔斯则戴着：Arthur Schlesinger, *A Life in the 20th Century: Innocent Beginnings, 1917—1950,* (New York: Houghton Mifflin, 2000), 192.
9　在剑桥学习期间：Charles Wintour, *The Rise and Fall of Fleet Street* (London: Hutchinson, 1989), xi.
10　大学毕业后：拉德克利夫学院已故学生埃莉诺·崔戈·贝克的档案。
11　追求精简：查尔斯·温图尔写给小阿瑟·施莱辛格的信件，未标日期，小阿瑟·施莱辛格的文件，纽约公共图书馆手稿及档案部门。
12　查尔斯以学术：查尔斯·温图尔写给小阿瑟·施莱辛格的信件，1939 年 7 月 2 日，小阿瑟·施莱辛格的文件，纽约公共图书馆手稿及档案部门。
13　1939 年 9 月 1 日："Sept. 1, 1939 Nazi Germany Invades Poland, Starting World War II," *The New York Times*, September 1, 2011, https://learning.blogs.nytimes.com/2011/09/01/sept-1-1939-nazi-germany-invades- poland-startingworld-war-ii/.
14　刚入职：Charles Wintour, *The Rise and Fall of Fleet Street* (London: Hutchinson, 1989), xii.
15　这只不过是：查尔斯·温图尔写给小阿瑟·施莱辛格的信件，未注日期，小阿瑟·施莱辛格的文件，纽约公共图书馆手稿及档案部门。
16　在得知任务之前：查尔斯·温图尔写给小阿瑟·施莱辛格的信件，1939 年 9 月 12 日，小阿瑟·施莱辛格的文件，纽约公共图书馆手稿及档案部门。
17　就在诺丽到达：C. Peter Chen, "Battle of Britain," World War II Database, July 2010, https://ww2db.com/battle_spec.php?battle_id=95.
18　查尔斯见到她：查尔斯·温图尔写给小阿瑟·施莱辛格的信件，1940 年 2 月 14 日，小阿瑟·施莱辛格的文件，纽约公共图书馆手稿及档案部门。
19　诺丽并没有：诺丽·温图尔写给小阿瑟·施莱辛格的信件，1940 年 2 月 7 日，小阿瑟·施莱辛格的文件，纽约公共图书馆手稿及档案部门。
20　1940 年 2 月 13 日：贝克夫妇结婚通知，小阿瑟·施莱辛格的文件，纽约公共图书馆手稿及档案部门。
21　朋友们都前来：查尔斯·温图尔写给小阿瑟·施莱辛格的信件，1940 年 6 月 30 日，小阿瑟·施莱辛格的文件，纽约公共图书馆手稿及档案部门。
22　诺丽离开后：查尔斯·温图尔写给小阿瑟·施莱辛格的信件，1939 年 7 月 7 日，小阿瑟·施莱辛格的文件，纽约公共图书馆手稿及档案部门。
23　这种基本共识：查尔斯·温图尔写给小阿瑟·施莱辛格的信件，1940 年 8 月 22 日，小阿瑟·施莱辛格的文件，纽约公共图书馆手稿及档案部门。
24　在两人此后：采访知情人士。
25　当时，诺丽：查尔斯·温图尔写给小阿瑟·施莱辛格的信件，1940 年 8 月 22 日，小阿瑟·施莱辛格的文件，纽约公共图书馆手稿及档案部门。
26　11 月下旬：查尔斯·温图尔写给小阿瑟·施莱辛格的信件，1940 年 12 月 23 日，小阿瑟·施莱辛格的文件，纽约公共图书馆手稿及档案部门。
27 然而 5 年之后：查尔斯·温图尔写给小阿瑟·施莱辛格的信件，1945 年 11 月 24 日，小阿瑟·施莱辛格的文件，纽约公共图书馆手稿及档案部门。
28 产下杰拉尔德：查尔斯·温图尔写给小阿瑟·施莱辛格的信件，1941 年 3 月 1 日，小阿瑟·施莱辛格的文件，纽约公共图书馆手稿及档案部门。
29 查尔斯认为：查尔斯·温图尔写给小阿瑟·施莱辛格的信件，1944 年 10 月 11 日，小阿瑟·施莱辛格的文件，纽约公共图书馆手稿及档案部门。
30 她选择了与：查尔斯·温图尔写给小阿瑟·施莱辛格的信件，1942 年 2 月 2 日，小阿瑟·施莱辛格的文件，纽约公共图书馆手稿及档案部门。
31 查尔斯再次：查尔斯·温图尔写给小阿瑟·施莱辛格的信件，1945 年 7 月 6 日，小阿瑟·施莱辛格的文件，纽约公共图书馆手稿及档案部门。
32 酒店灯火辉煌："HISTORY OF WALDORF ASTORIA VERSAILLES - TRIANON PALACE," https://www.trianonpalace.fr/en/discover/about-trianon-palace/hotel-history/.
33 查尔斯和他: Charles Wintour, *The Rise and Fall of Fleet Street* (London: Hutchinson, 1989), xi.
34 比弗布鲁克勋爵: "In the Beaver's News Kingdom Empire Propaganda Comes First," *Newsweek*, April 28, 1952.
35 随后，他移居: Wyatt, Woodrow, "Beaverbrook: The Last of the Press Lords," *Harper's*, July, 1956, 48.
36 战争结束后: Charles Wintour, *The Rise and Fall of Fleet Street* (London: Hutchinson, 1989), TK.
37 1945 年 10 月 1 日：查尔斯·温图尔向小阿瑟·施莱辛格发送的电报，1945 年 9 月 28 日，小阿瑟·施莱辛格的文件，纽约公共图书馆手稿及档案部门。
38 查尔斯感受到: Charles Wintour, *The Rise and Fall of Fleet Street* (London: Hutchinson, 1989), TK.
39 比弗布鲁克: Charles Wintour, *The Rise and Fall of Fleet Street* (London: Hutchinson, 1989), TK.
40 他像个单身汉：查尔斯·温图尔写给小阿瑟·施莱辛格的信件，1945 年 11 月 24 日，小阿瑟·施莱辛格的文件，纽约公共图书馆手稿及档案部门。
41 1946 年年初：查尔斯·温图尔写给小阿瑟·施莱辛格的信件，1946 年 2 月 2 日，小阿瑟·施莱辛格的文件，纽约公共图书馆手稿及档案部门。
42 1947 年 5 月：查尔斯·温图尔写给小阿瑟·施莱辛格的信件，1947 年 10 月 11 日，小阿瑟·施莱辛格的文件，纽约公共图书馆手稿及档案部门。
43 吉米"：查尔斯·温图尔写给小阿瑟·施莱辛格的信件，1948 年 2 月 16 日，小阿瑟·施莱辛格的文件，纽约公共图书馆手稿及档案部门。
44 第一个女儿：查尔斯·温图尔写给小阿瑟·施莱辛格的信件，1949 年 11 月 17 日，小阿瑟·施莱辛格的文件，纽约公共图书馆手稿及档案部门。
45 除去这个：查尔斯·温图尔写给小阿瑟·施莱辛格的信件，1950 年 6 月 18 日，小阿瑟·施莱辛格的文件，纽约公共图书馆手稿及档案部门。

46 1951年7月3日：Jerry Oppenheimer, *Front Row: What Lies Beneath the Chic Exterior of* Vogue's *Editor in Chief,* (New York: St, Martin's Griffin), Feb. 7, 2006, 6.

47 他那一年10岁：一位美国公民的死亡报道：杰拉尔德·杰克逊·安娜，1951年8月28日；杰拉尔德·杰克逊·温图尔在汉普斯特德会自治市汉普斯特德北区的死亡记录。

48 当时，英国：采访玛丽·肯尼，2019年7月25日。

49 尽管如此：查尔斯·温图尔写给小阿瑟·施莱辛格的信件，1951年7月11日，小阿瑟·施莱辛格的文件，纽约公共图书馆手稿及档案部门。

50 虽然司机面临：查尔斯·温图尔写给小阿瑟·施莱辛格的信件，1951年11月18日，小阿瑟·施莱辛格的文件，纽约公共图书馆手稿及档案部门。

51 当月晚些时候：从南安普敦出发的伊丽莎白女王号轮船的入境旅客名单，1951年7月21日；查尔斯·温图尔写给小阿瑟·施莱辛格的信件，1951年7月11日，小阿瑟·施莱辛格的文件，纽约公共图书馆手稿及档案部门。

52 然而，假期：查尔斯·温图尔写给小阿瑟·施莱辛格的信件，1951年11月18日，小阿瑟·施莱辛格的文件，纽约公共图书馆手稿及档案部门。

53 家里从不在：采访薇薇恩·拉斯基，2019年7月19日。

54 尽管查尔斯：In Beaverbrook's News Kingdom, Empire Propaganda Comes First," *Newsweek*, April 28, 1952.

55 诺丽为她的丈夫：诺丽·温图尔写给小阿瑟·施莱辛格的信件，1958或1959年3月18日，小阿瑟·施莱辛格的文件，纽约公共图书馆手稿及档案部门。

56 此外，她极其：Jerry Oppenheimer, *Front Row: What Lies Beneath the Chic Exterior of* Vogue's *Editor in Chief,* (New York: St, Martin's Griffin), Feb. 7, 2006, 8-9.

57 在家照顾：查尔斯·温图尔写给小阿瑟·施莱辛格的信件，1957年1月16日，小阿瑟·施莱辛格的文件，纽约公共图书馆手稿及档案部门。

58 后来，她想：Anna Wintour, Interview by Tina Brown, Women in the World Conference, New York, April 12, 2019.

59 却很少提起：采访艾玛·索姆斯，2021年5月17日；采访安德烈·莱昂·塔利，2021年3月20日；采访其他人。

60 此外，安娜：采访知情人士。

61 1959年："Editorship Change," *Daily Telegraph*, April 24, 1959.

62 《伦敦旗帜晚报》：Charles Wintour, *The Rise and Fall of Fleet Street* (London: Hutchinson, 1989), xiii.

63 温图尔一家：采访薇薇恩·拉斯基，2019年7月19日。

64 惊叹不已：采访安妮·麦克纳利，2021年5月6日；采访劳里·琼斯，2021年5月20日。

65 他们全家通常：采访薇薇恩·拉斯基，2019年7月19日；查尔斯·温图尔写给小阿瑟·施莱辛格的信件，1957年4月14日，小阿瑟·施莱辛格的文件，纽约公共图书馆手稿及档案部门；Kevin Gray, "The Summer of Her Discontent," *New York*, Sept. 20, 1999, https://nymag.com/nymetro/news/people/features/1460/。

注 释

66 查尔斯严格: Charles Wintour, *Pressures on the Press* (London: André Deutsch, 1972), 5 - 20.
67 外出期间: Luke Leitch, "Anna Wintour: Beneath the Bob," *The Telegraph*, November 21, 2012. http://fashion.telegraph.co.uk/news-features/TMG9691700/Anna-Anna-beneath-the-bob.html.
68 当时, 我: Kevin Gray, "The Summer of Her Discontent," *New York*, September 20, 1999, https://nymag.com/nymetro/news/people/features/1460/.
69 每到周日午餐: 采访薇薇恩·拉斯基, 2019 年 7 月 24 日。
70 据安娜回忆: Kevin Haynes, "Anna's Big Year," *WWD*, November 10, 1989.
71 诺丽从小: 诺丽·温图尔写给小阿瑟·施莱辛格的信件, 未注日期, 小阿瑟·施莱辛格的文件, 纽约公共图书馆手稿及档案部门。
72 不过, 据安娜: *The September Issue*, Directed by RJ Cutler., New York: A&E Indie Films and Actual Reality Pictures, 2009.
73 然而, 诺丽: 采访薇薇恩·拉斯基, 2019 年 8 月 11 日。
74 因此, 对于: 同上。
75 在查尔斯的经营: Magnus Linklater, "Chilly Charlie: The editor with a real touch of genius A TRIBUTE TO ONE OF THE GIANTS OF MODERN BRITISH JOURNALISM," *Daily Mail*. Nov. 5, 1999.
76 他聘请国外: "Charles Wintour: Editor as Vital Talent Spotter and Mentor," 47 Shoe Lane. November 1, 2015, https://47shoelane.wordpress.com/editors/theme3/.
77 查尔斯非常重视: 采访玛丽·肯尼, 2019 年 7 月 25 日。
78 身为弗利特街: 采访西莉亚·布雷菲尔登, 2019 年 7 月 17 日。
79 手下的人: 同上。
80 在日常交流: 采访玛丽·肯尼, 2019 年 7 月 25 日; 采访西莉亚·布雷菲尔登, 2019 年 7 月 17 日; 采访其他人。
81 每年, 查尔斯: 采访玛丽·肯尼, 2019 年 7 月 25 日。
82 他的谈话方式: 采访瓦莱丽·格罗夫, 2019 年 8 月 1 日。
83 但是也有例外: 采访西莉亚·布雷菲尔登, 2019 年 7 月 17 日。
84 每一次, 当作家们: 同上。
85 如果查尔斯: 采访瓦莱丽·格罗夫, 2019 年 8 月 1 日。
86 查尔斯尽管: 同上。
87 不管别人: Kevin Gray, "The Summer of Her Discontent," *New York*, September 20, 1999, https://nymag.com/nymetro/news/people/features/1460/.
88 很多个夜晚: Georgina Howell, "Two of a Type" *The Sunday Times*, July 13, 1986.
89 两人相约出去: Charles Wintour, *Pressures on the Press* (London: André Deutsch, 1972), 5 - 20.
90 后来, 诺丽: Georgina Howell, "Two of a Type" *The Sunday Times*, July 13, 1986; 采访薇薇恩·拉斯基, 2019 年 7 月 16 日。
91 对于员工们: 采访玛丽·肯尼, 2019 年 7 月 25 日。

92　施莱辛格认为：Jerry Oppenheimer. *Front Row: What Lies Beneath the Chic Exterior of* Vogue's *Editor in Chief,* (New York: St, Martin's Griffin), February 7, 2006, 3.

第二章　不只是校服

1　当时的情景：Anna Wintour, "Anna Wintour Teaches Creativity and Leadership: Introduction." *Master Class.* https://www.masterclass.com/classes/anna-wintour-teaches-creativity-and-leadership/chapters/introduction. ⅱ Clothes for women: Interview with Liz Eggleston, June 28, 2019.

2　女孩们：采访利兹·埃格斯顿，2019年6月28日。

3　其中，最能：Liz Atkinson, "Knees up Dolly Brown!" *Daily Mail*, December 24, 1964.

4　芭芭拉·胡拉尼茨基：Barbara Hulanicki, *From A to Biba*, (London: V&A Publishing, 2012), iTunes eBook, 209-218. And interview with Barbara Hulanicki, May 15, 2019. And Barbara Hulanicki and Martin Pel, *The Biba Years* (London: V&A Publishing, 2014), 31-33.

5　随后，胡拉尼茨基：采访利兹·埃格斯顿，2019年6月28日。

6　但是每种：采访芭芭拉·胡拉尼茨基，2019年7月7日。

7　安娜没有耐心：采访薇薇恩·拉斯基，2019年7月24日与2019年8月11日。

8　虽然安娜：Georgina Howell, "Two of a Type" *The Sunday Times*, July 13, 1986.

9　但是她不喜欢：采访安妮·麦克纳利，2021年5月6日。

10　我们都不：采访艾玛·索姆斯，2021年5月17日。

11　这所学校学术：采访斯塔塞·李，2020年2月25日。

12　安娜的新同学：采访薇薇恩·拉斯基，2019年7月16日。

13　当时，新入学：同上。

14　拉斯基发现：采访薇薇恩·拉斯基，2019年7月19日。

15　不过，拉斯基：采访薇薇恩·拉斯基，2019年8月11日。

16　虽然两人：采访薇薇恩·拉斯基，2019年7月17日。

17　她父亲：采访芭芭拉·格里格斯，2019年9月20日。

18　她妹妹诺拉：采访薇薇恩·拉斯基，2019年7月17日。

19　参加工作后：同上。

20　白天大部分：采访薇薇恩·拉斯基，2019年7月16日与19日。

21　她最喜欢：Alice Steinbach, "Always in Vogue," *The Baltimore Sun*, May 22, 1990.

22　在安娜看来：采访薇薇恩·拉斯基，2019年7月19日。

23　这种认知：采访薇薇恩·拉斯基，2019年7月17日。

24　向皮肤科医生：采访薇薇恩·拉斯基，2019年7月17日与2019年7月24日。

25　在北伦敦学院：采访薇薇恩·拉斯基，2019年7月24日与19日。

26　通常来说：采访薇薇恩·拉斯基，2019年7月24日。

27　安娜和拉斯基：采访薇薇恩·拉斯基，2019年7月16日。

28　1964年：采访知情人士；Gardner Jameson and Elliott Williams, *The Drinking*

Man's Diet, (San Francisco, CA: Cameron & Co., 1964, 9. (iBook)
29　安娜喜欢拜访：采访薇薇恩·拉斯基，2019 年 7 月 19 日。
30　有一次：采访薇薇恩·拉斯基，2019 年 7 月 24 日。
31　住校期间：采访薇薇恩·拉斯基，2019 年 7 月 16 日。
32　安娜曾在采访：Linda Blandford, "Guardian Style: To Vogue with red herrings/Interview with Anna Wintour, incoming editor of Vogue magazine." *The Guardian*, March 20, 1986.
33　不过大家至少：采访艾玛·索姆斯，2021 年 5 月 17 日；采访安东尼·哈登-格斯特，2021 年 5 月 19 日；采访其他人。
34　拉斯基倒不：采访薇薇恩·拉斯基，2019 年 7 月 24 日。
35　家庭晚餐：采访玛丽·肯尼，2019 年 7 月 25 日。
36　拉斯基和安娜：采访薇薇恩·拉斯基，2019 年 7 月 16 日。
37　叱咤风云的女性：采访瓦莱丽·格罗夫，2019 年 8 月 1 日。
38　在安娜大概：采访薇薇恩·拉斯基，2019 年 7 月 16 日。
39　在北伦敦学院：北伦敦学院档案管理员苏·斯坦伯里的电子邮件，2019 年 5 月 13 日。
40　曾有两件：Rachel Cook, "Peggy Angus was a warrior. Women weren't supposed to be like that," *The Guardian*, July 5, 2014, https://www.theguardian.com/artanddesign/2014/jul/06/peggy-angus-warrior-painter-designer-tiles-wallpaper.
41　不过，安娜：采访薇薇恩·拉斯基，2019 年 7 月 19 日。
42　她和拉斯基：采访薇薇恩·拉斯基，2019 年 7 月 17 日。
43　这档电视节目 Tonight's TV," *Daily Mail*, Nov. 15 1963.
44　晚上 11 点：采访薇薇恩·拉斯基，2019 年 7 月 19 日。
45　安娜曾为：Anna Wintour, "London's Discotheques," *NLCS School Magazine,* 1966.
46　俱乐部保镖：采访薇薇恩·拉斯基，2019 年 7 月 17 日。
47　但是安娜和：采访薇薇恩·拉斯基，2019 年 8 月 11 日。
48　两人最多驻留：采访薇薇恩·拉斯基，2019 年 7 月 24 日。
49　父母都非常：采访薇薇恩·拉斯基，2019 年 7 月 16 日。

第三章　解雇和受雇

1　16 岁那年：北伦敦学院档案管理员苏·斯坦伯里的电子邮件，2019 年 5 月 13 日。
2　对安娜的父母：采访薇薇恩·拉斯基，2019 年 8 月 11 日。
3　几年后，安娜：采访大卫·海尔，2020 年 10 月 27 日。
4　安娜当时：采访艾玛·索姆斯，2021 年 5 月 17 日。
5　在那个年代：*Education: Historical Statistics*. SN/SG/4252. November 27, 2012, https://researchbriefings.files.parliament.uk/documents/SN04252/SN04252.pdf
6　果不其然：采访薇薇恩·拉斯基，2019 年 7 月 16 日。
7　形成鲜明对比：Linda Blandford, "Guardian Style: To Vogue with red herrings/

Interview with Anna Wintour, incoming editor of Vogue magazine," *The Guardian*, March 20, 1986.

8　虽然兄弟姐妹：采访芭芭拉·格里格斯，2019 年 9 月 20 日。
9　不过，时尚：采访玛丽·肯尼，2019 年 7 月 25 日。
10　查尔斯否认：Michael Leapman, "Media families; 23. The Wintour," *The Independent*, July 21, 1997.
11　然而事实上：Nigel Farndale, "'Nuclear' Anna Sets a Frosty Tone at Vogue," *The Telegraph*, April 4, 1998.
12　查尔斯时常：采访薇薇恩·拉斯基，2019 年 7 月 19 日。
13　从小到大：George Wayne, *Anyone Who's Anyone* (New York: Harper Collins, 2017), 175.
14　然而，在担任：*The September Issue*, Directed by RJ Cutler, New York: A&E Indie Films and Actual Reality Pictures, 2009.
15　1970 年 9 月：安娜·贝克的讣告，《波士顿环球报》。
16　留下了：拉夫·贝克为马萨诸塞州米德尔塞克斯县经证实的遗嘱和信托文件。
17　驾驶的迷你车：采访知情人士。
18　有一天，查尔斯在：采访芭芭拉·格里格斯，2019 年 9 月 20 日。
19　随后，格里格斯致电：采访芭芭拉·格里格斯，2019 年 5 月 15 日。
20　因为查尔斯：采访金·威洛特，2019 年 9 月 3 日。
21　她肯定：采访芭芭拉·胡拉尼茨基，2019 年 5 月 15 日。
22　胡拉尼茨基提醒：采访罗西·杨，2019 年 5 月 21 日。
23　碧姬·芭铎：采访芭芭拉·胡拉尼茨基，2019 年 5 月 15 日。
24　胡拉尼茨基经常：同上。
25　让人抓狂的是：Barbara Hulanicki, *From A to Biba*, (London: V&A Publishing, 2012), iTunes eBook, 271-272.
26　在 2002 年：Deborah Ross, "The Deborah Ross Interview: Alexandra Shulman," *The Independent*. July 22, 2002.
27　安娜在：采访罗西·杨，2019 年 5 月 21 日；采访知情人士。
28　杨显然没有：采访罗西·杨，2019 年 5 月 21 日。
29　蓝黑相间：Gloria Emerson, "In London's Staid Harrods, the 'Way In' Goes Far Out," *The New York Times*, Aug. 31, 1967.
30　此外，该店："'The Way In' at Harrods," *The Times UK*, Apr 5, 1967.
31　这种氛围：采访薇薇恩·拉斯基，2019 年 8 月 11 日；来自哈洛德百货公司档案管理员的确认。
32　同事既有："A History of Way In." Provided by Harrods archivist.
33　在拉斯基眼中：采访薇薇恩·拉斯基，2019 年 7 月 16 日。
34　拍摄当天：采访薇薇恩·拉斯基，2019 年 7 月 24 日。
35　安娜和其他几位：采访薇薇恩·拉斯基，2019 年 7 月 16 日与 24 日。
36　20 世纪 60 年代：Mary Kenney, "Why Anna Wintour Should Have No Regrets About Giving Uni a Miss," *The Belfast Telegraph*, February 22, 2016, https://

www.belfasttelegraph.co.uk/opinion/columnists/mary-kenny/why- Anna-anna-should-have-no-regrets-about-giving-uni-a-miss-34469152.html.

37　20 年后的一次：Georgina Howell, "Two of a Type" *The Sunday Times*, July 13, 1986.
38　在接手：采访劳里·琼斯，2020 年 12 月 5 日。
39　这就像你：*The September Issue*, Directed by RJ Cutler, New York: A&E Indie Films and Actual Reality Pictures, 2009.
40　父亲常在：Magnus Linklater, "Chilly Charlie: The editor with a real touch of genius A TRIBUTE TO ONE OF THE GIANTS OF MODERN BRITISH JOURNALISM," *Daily Mail*, Nov. 5, 1999.
41　安娜报名参加：采访薇薇恩·拉斯基，2019 年 8 月 12 日。
42　不过，在安娜：查尔斯·温图尔写给小阿瑟·施莱辛格的信件，1968 年 2 月 2 日，小阿瑟·施莱辛格的文件，纽约公共图书馆手稿及档案部门。
43　查尔斯在信中：查尔斯·温图尔写给小阿瑟·施莱辛格的信件，1968 年 2 月 2 日，小阿瑟·施莱辛格的文件，纽约公共图书馆手稿及档案部门。
44　施莱辛格是一位：查尔斯·温图尔写给小阿瑟·施莱辛格的信件，1968 年 4 月 5 日，小阿瑟·施莱辛格的文件，纽约公共图书馆手稿及档案部门。
45　20 世纪 60 年代：采访薇薇恩·拉斯基，2019 年 7 月 24 日。
46　即便在当时：采访薇薇恩·拉斯基，2019 年 7 月 19 日。
47　他拍摄的照片："Stephen Bobroff," Liz Eggleston, https://lizeggleston.com/category/photographers/stephen- bobroff/.
48　博布罗夫和："STUDENT 1969 + I-D 1991: HOW ANNA WINTOUR AND EDWARD ENNINFUL STARTED THEIR JOURNEYS TO THE TOP," Paul Gorman, https://www.paulgormanis.com/?p=21948.

第四章　安娜·温图尔：时尚助理

1　安娜接受：Georgina Howell, "Two of a Type," *The Sunday Times*, July 13, 1986.
2　当时安娜的面试：Jerry Oppenheimer, *Front Row: What Lies Beneath the Chic Exterior of Vogue's Editor in Chief,* (New York: St, Martin's Griffin), February 7, 2006.
3　面试期间：Nigel Farndale, "'Nuclear' Anna Sets a Frosty Tone at Vogue," *The Telegraph*, April 4, 1998.
4　老板威利·兰德斯：采访威利·兰德斯，2019 年 5 月 17 日。
5　兰德斯是一位："Willie Landels," Zanotta, https://www.zanotta.it/en-us/heritage/designers/willie-landels.
6　兰德斯认识：采访威利·兰德斯，2019 年 5 月 17 日。
7　顺理成章的事：深度采访知情人士。
8　兰德斯从最开始：采访威利·兰德斯，2019 年 5 月 17 日。
9　她的墨镜：采访克莱尔·黑斯廷斯，2019 年 6 月 13 日；采访薇薇恩·拉斯基，2019 年 7 月 16 日。
10　安娜的父亲：查尔斯·温图尔写给小阿瑟·施莱辛格的信件，1997 年 6 月 23 日，小阿瑟·施莱辛格的文件，纽约公共图书馆手稿及档案部门。

11　临床症状："Age-Related Macular Degeneration," NIH, https://www.nei.nih.gov/learn-about-eye-health/eye-conditions-and-diseases/age-related-macular-degeneration.
12　安娜解释称：采访丽莎·乐福，2021年10月20日。
13　拉斯基依稀：采访薇薇恩·拉斯基，2019年7月16日。
14　得到《哈泼与女王》：采访薇薇恩·拉斯基，2019年7月17日与19日。
15　3月：*Harper's Bazaar* UK March 1970 Masthead.
16　对于该杂志：采访特伦斯·曼斯菲尔登，2019年11月27日。
17　当时：Anna Wintour, "Anna Wintour Teaches Creativity and Leadership: Introduction," *Master Class,* https://www.masterclass.com/classes/anna-wintour-teaches-creativity-and-leadership/chapters/introduction. xviii Anna was a: Interview with Clare Hastings, June 12, 2019.
18　作为完美主义者：采访克莱尔·黑斯廷斯，2019年6月12日。
19　颇具讽刺意味：采访威利·兰德斯，2019年5月17日。
20　1986年：Geraldine Ranson, "A new realism in Vogue," *The Sunday Telegraph*, April 6, 1986.
21　安娜与年轻：采访威利·兰德斯，2019年5月17日。
22　正试图进军：艾瑞克·博曼的电子邮件，2021年5月28日。
23　她擅长：采访威利·兰德斯，2019年5月17日。
24　1971年11月："Christmas Presents." *Harpers & Queen.* Late Nov. 1971.
25　但是，查尔斯：Georgina Howell, "Two of a Type" *The Sunday Times*, July 13, 1986, p. 9, Gale Newspaper Archive.
26　安娜心仪的类型：查尔斯·温图尔写给小阿瑟·施莱辛格的信件，1978年7月31日，小阿瑟·施莱辛格的文件，纽约公共图书馆手稿及档案部门。
27　安娜约会过：采访知情人士。
28　与博布罗夫：采访艾玛·索姆斯，2021年5月17日。
29　内维尔是一个：Richard Neville, *Hippie Hippie Shake*, (London: Duckworth Overlook, 1995), 24-68.
30　作家安东尼：采访安东尼·哈登-格斯特，2021年5月19日。
31　内维尔和安娜：Jerry Oppenheimer, *Front Row: What Lies Beneath the Chic Exterior of Vogue's Editor in Chief,* (New York: St, Martin's Griffin, Feb. 7, 2006), TK.
32　内维尔继续：采访吉姆·安德森，2019年12月12日。
33　后来，*Oz* 杂志：Marsha Rowe and Geoffrey Robertson, "Richard Neville obituary," *The Guardian*, Sept. 4, 2016, https://www.theguardian.com/media/2016/sep/04/richard-neville-obituary.
34　在监狱里蹲：Natasha Frost, "The Underground Magazine That Sparked the Longest Obscenity Trial in British History," Atlas Obscura, Feb. 16, 2018, https://www.atlasobscura.com/articles/oz-magazine-obscenity-trial.
35　出狱不久：Anna Wintour's Valentine's Day Gift Ideas, Oscar Picks, and Worst

Date Ever (ft. Kendall Jenner)." Vogue, YouTube video, 6:33, Feb. 6, 2020. https://www.youtube.com/watch?v=KtSocOBSbYghttps://www.youtube.com/watch?v=KtSocOBSbYg&feature=em b_title.

36 黑斯廷斯注意：采访克莱尔·黑斯廷斯，2019年6月12日与13日。
37 有时，她会：采访詹姆斯·威吉，2018年5月24日。
38 曾有段时间：采访克莱尔·黑斯廷斯，2019年6月12日。
39 平日里，安娜：采访艾玛·索姆斯，2019年5月17日；采访安东尼·哈登 - 格斯特，2021年5月19日；采访知情人士。
40 你是外貌："Club Dell Aretusa-Kings Road, Chelsea," Bowie Blog, Aug. 13, 2020, https://davidbowieautograph.com/blog/f/club-dell-aretusa---kings-road-chelsea.
41 晚饭时：采访艾玛·索姆斯，2019年5月17日。
42 尼格尔·邓普斯特：采访安东尼·哈登–格斯特，2021年5月19日。
43 我知道饮酒：Tim Willis, *Nigel Dempster and the End of Discretion*, (London, United Kingdom: Short Books, 2010), 60.
44 安娜的工作：采访克莱尔·黑斯廷斯，2019年6月12日与13日。
45 安娜不断的：采访詹姆斯·威吉，2019年5月24日。
46 随着安娜：采访吉姆·李，2019年5月24日。
47 然而在一场：采访蒙蒂·科尔斯，2019年5月24日。
48 采访克莱尔·黑斯廷斯，2019年6月12日。
49 1972年：采访知情人士。
50 布拉德肖得到：Jon Bradshaw, *The Ocean Is Closed*, (Houston, TX: Ze Books, 2021), 15. (eBook)
51 就像前一段：采访薇薇恩·拉斯基，2019年7月16日。
52 在负责女性：Liz Tilberis, *No Time to Die*, (New York, NY: Avon, 1998), 88-89.
53 事实上：Anna Wintour, "Anna Wintour Teaches Creativity and Leadership: Introduction." *Master Class*, https://www.masterclass.com/classes/anna-wintour-teaches-creativity-and-leadership/chapters/introduction.
54 采访克莱尔·黑斯廷斯，2019年6月12日与13日。
55 为了帮助安娜：采访威利·兰德斯，2019年5月17日。
56 在5年的时间：Georgina Howell, "Two of a Type" *The Sunday Times*, July 13, 1986.
57 因错失晋升：采访克莱尔·黑斯廷斯，2019年6月13日。
58 迈克尔·霍奇森：采访迈克尔·霍奇森，2019年6月13日。
59 黑斯廷斯认为：采访克莱尔·黑斯廷斯，2019年6月12日。
60 有一次：采访威利·兰德斯，2019年5月19日。
61 这种低人一等：采访克莱尔·黑斯廷斯，2019年6月12日。
62 当时，安娜：Louise Chunn, "A Wintour's Tale," *The Guardian*, April 29, 1991.
63 安娜在旧金山：查尔斯·温图尔写给小阿瑟·施莱辛格的信件，1975年2月20日，小阿瑟·施莱辛格的文件，纽约公共图书馆手稿及档案部门。
64 在她眼中：采访艾玛·索姆斯，2019年5月17日。

65 1975 年 3 月 13 日：查尔斯·温图尔写给小阿瑟·施莱辛格的信件，1975 年 3 月 14 日，小阿瑟·施莱辛格的文件，纽约公共图书馆手稿及档案部门。

第五章　纽约新生活

1　在 1975 年 11 月：采访哈里·金，2019 年 11 月 26 日。
2　尽管在安娜：查尔斯·温图尔写给小阿瑟·施莱辛格的信件，1975 年 2 月 20 日，小阿瑟·施莱辛格的文件，纽约公共图书馆手稿及档案部门。
3　她和布拉德肖: Jon Bradshaw, *The Ocean Is Closed*, (Houston, TX: Ze Books, 2021), 8. (iBook).
4　在这里，没人: Alastair Campbell, *Winners*, (United Kingdom: Pegasus Books, 2015).
5　然而在多年后：采访劳里·琼斯，2020 年 12 月 5 日；采访知情人士。
6　杂志社是不是：采访米歇尔·马佐拉，2019 年 10 月 31 日。
7　该团队成员：采访弗朗索瓦·伊尔恩希尔，2020 年 3 月 9 日。
8　米歇尔对此：采访米歇尔·马佐拉，2019 年 10 月 31 日。
9　安娜的此种表现：采访弗朗索瓦·伊尔恩希尔，2020 年 3 月 9 日。
10　再比如，《时尚芭莎》：采访米歇尔·马佐拉，2019 年 10 月 31 日。
11　而在这里：采访米歇尔·马佐拉，2019 年 10 月 29 日。
12　马佐拉主要担心：采访凯瑟琳·戴利，2019 年 10 月 29 日。
13　他为杂志：采访阿丽达·摩根，2020 年 12 月 8 日。
14　虽然托尼同意：采访伊芙琳·贝尔，2019 年 10 月 29 日。
15　但是在杂志社：采访知情人士。
16　不过，大家：采访玛丽莲·基斯纳，2019 年 9 月 17 日；采访扎泽尔·洛文，2019 年 9 月 17 日；采访当时与她共事的人。
17　平日里：采访温迪·古德曼，2021 年 6 月 29 日。
18　一直以来：采访玛丽莲·基斯纳，2021 年 9 月 17 日。
19　多诺万曾聘请：采访温迪·古德曼，2021 年 6 月 29 日。
20　当时，安娜：采访当时数位同事。
21　深厚的友谊：采访卡洛·沃格尔，2020 年 2 月 28 日。
22　多诺万是一位: Profile of Carrie Donovan, *Avenue*, March 1986.
23　安娜也算: "Spice Girls," *W*, Aug. 1997.
24　在时尚编辑：采访扎泽尔·洛文，2019 年 9 月 17 日。
25　据摩根称：采访阿丽达·摩根，2020 年 12 月 12 日。
26　打扮随意：采访玛丽莲·基斯纳，2019 年 10 月 28 日；采访温迪·古德曼，2021 年 6 月 29 日；采访当时与她共事的人。
27　她身穿白色：采访知情人士。
28　在古德曼看来：采访温迪·古德曼，2021 年 6 月 29 日。
29　马佐拉和他：采访阿丽达·摩根，2020 年 12 月 8 日。
30　正如她的同事：采访玛丽莲·基斯纳，2019 年 10 月 28 日。

31 不过，两人：采访伊芙琳·贝尔，2019 年 10 月 29 日；采访知情人士。

32 究其原因：采访阿丽达·摩根，2020 年 12 月 12 日。

33 安娜在《时尚芭莎》：同上。

34 布拉德肖偶尔：采访温迪·古德曼，2021 年 6 月 29 日。

35 1976 年春：采访阿丽达·摩根，2020 年 12 月 12 日。

36 安娜随后澄清:"Spill Your Guts or Fill Your Guts w/ Anna Wintour," *The Late Show With James Cordon*, YouTube, Oct. 26, 2017. https://www.youtube.com/watch?v=gWQ3mhN_6iE.

37 虽然布拉德肖：采访阿丽达·摩根，2020 年 12 月 8 日。

38 在此期间：马丁·艾米斯，《内幕故事：一部小说》，纽约：Knopf 出版社，2020 年，312 页；深度采访知情人士。

39 安娜丝毫：采访温迪·古德曼，2021 年 6 月 29 日。

40 马佐拉喜欢：采访吉尔·费奇曼，2019 年 10 月 8 日。

41 这些临时：同上。

42 1976 年年中：采访阿丽达·摩根，2020 年 12 月 8 日。

43 在安娜看来：Marian Christy, "The Fine Definition of Style," *Boston Globe*, March 12, 1976.

44 其次，安娜：采访阿丽达·摩根，2020 年 12 月 8 日。

45 安娜当时：采访温迪·古德曼，2021 年 6 月 29 日。

46 主编把我：Anna Wintour, "Anna Wintour on Leaving London for New York," *The Guardian*, May 19, 1997.

47 多年后：Jerry Oppenheimer, *Front Row: What Lies Beneath the Chic Exterior of Vogue's Editor in Chief,* (New York: St, Martin's Griffin, Feb. 7, 2006), 109-110.

第六章　*Viva* 的生命力

1 尽管如此：Linda Blandford, "Guardian Style: To Vogue with red herrings / Interview with Anna Wintour, incoming editor of Vogue magazine," *The Guardian*, March 20, 1986.

2 安娜回到伦敦：查尔斯·温图尔写给小阿瑟·施莱辛格的信件，1977 年 2 月 14 日，小阿瑟·施莱辛格的文件，纽约公共图书馆手稿及档案部门。

3 据安娜的朋友：采访薇薇恩·拉斯基，2019 年 7 月 16 日；米歇尔·埃斯特班的电子邮件，2021 年 5 月 6 日。

4 尽管如此：同上。

5 当时，59 岁：查尔斯·温图尔写给小阿瑟·施莱辛格的信件，1977 年 2 月 14 日，小阿瑟·施莱辛格的文件，纽约公共图书馆手稿及档案部门。

6 然而，安娜：采访知情人士。

7 查尔斯与新伴侣：采访薇薇恩·拉斯基，2019 年 7 月 17 日。

8 从始至终：查尔斯·温图尔写给小阿瑟·施莱辛格的信件，9 月 25 日（年份不详），小阿瑟·施莱辛格的文件，纽约公共图书馆手稿及档案部门。

9 鲍勃·古乔内：Anthony Haden-Guest, "Anthony Haden-Guest Remembers Bob Guccione and Penthouse," July 14, 2017, https://www.thedailybeast.com/anthony-haden-guest-remembers-bob-guccione-and-penthouse.
10 2.2万平方英尺：Bess Levin, "Falcone Buys Penthouse Penthouse," Dealbreaker, March 5, 2008, https://dealbreaker.com/2008/03/falcone-buys-penthouse-penthouse.
11 令他感到烦恼：采访小鲍勃·古乔内，2019年11月22日；Joe Cappo, "Associate Publisher Said Male Nudity Hurt Viva," *The Atlanta Constitution*, June 25, 1976。
12 虽然布拉德肖：Jon Bradshaw, *The Ocean Is Closed*, (Houston, TX: Ze Books, 2021), 17. (iBook).
13 因此，当时：采访彼得·布洛克，2019年8月20日。
14 摩尔那时候：采访艾尔玛·摩尔，2019年9月13日。
15 我需要一份：Linda Blandford, "Guardian Style: To Vogue with red herrings / Interview with Anna Wintour, incoming editor of Vogue magazine," *The Guardian*, March 20, 1986.
16 比如指责美国：Viva 杂志，1977年6月。
17 另一个奇怪：采访薇薇恩·拉斯基，2019年7月24日。
18 基顿负责：采访乔·布鲁克斯，2019年8月22日；采访艾尔玛·摩尔，2019年9月13日。
19 在管理结构：采访知情人士。
20 *Viva* 杂志依旧：Joe Cappo, "Associate Publisher Said Male Nudity Hurt Viva," *The Atlanta Constitution*, June 25, 1976.
21 基顿之前是：采访乔·布鲁克斯，2019年8月22日。
22 在员工们看来：采访艾尔玛·摩尔，2019年9月13日。
23 安娜不想再次：采访小鲍勃·古乔内，2019年11月22日。
24 安娜入职后：采访艾尔玛·摩尔，2019年9月13日。
25 基顿每天都会：采访斯蒂芬妮·布鲁什，2019年5月10日。
26 安娜像其他：采访斯蒂芬妮·布鲁什，2019年5月10日。
27 她搬来了一个：知情人士的电子邮件。
28 每次回来：采访小鲍勃·古乔内，2019年11月22日。
29 坐在安娜办公室：采访旺达·迪贝内代托，2019年6月19日。
30 从杂志的文字：采访小鲍勃·古乔内，2019年11月22日。
31 他喜欢白天：采访雪莉儿·瑞克森，2019年11月7日。
32 然后，大家：采访乔·布鲁克斯，2019年8月22日。
33 古乔内的儿子：采访小鲍勃·古乔内，2019年11月22日。
34 他将自己的脸部：James Barron, "On the Block, a Peek Into the Lifestyle of Bob Guccione," *New York Times*, Aug. 17, 2009.
35 此外，安娜：采访知情人士。
36 与此同时：采访艾尔玛·摩尔，2019年9月13日。

37 安娜曾经：Arthur Elgort, "Jamaican Jamboree," *Viva*, June 1977.
38 尽管摩尔：艾尔玛·摩尔的电子邮件，2019 年 10 月 9 日。
39 究其原因：采访知情人士。
40 于是，安娜：艾尔玛·摩尔的电子邮件，2019 年 10 月 9 日。
41 斯蒂芬妮·布鲁什：采访蒂芬妮·布鲁什，2019 年 5 月 10 日。
42 安娜拒绝每天：采访艾尔玛·摩尔，2019 年 9 月 13 日。
43 布鲁什回忆称：采访蒂芬妮·布鲁什，2019 年 5 月 10 日。
44 安娜对布鲁什：同上。
45 这有些不同寻常：采访艾尔玛·摩尔，2019 年 9 月 13 日。
46 下班后，安娜：采访知情人士。
47 不过，安娜：蒂芬妮·布鲁什，2019 年 5 月 10 日。
48 安娜不喜欢：采访小鲍勃·古乔内，2019 年 11 月 22 日；采访乔·布鲁克斯，2019 年 8 月 22 日。
49 身为 Viva 杂志：采访乔·布鲁克斯，2019 年 8 月 22 日。
50 当时，由于：采访雅克·马林隆，2019 年 10 月 9 日。
51 冈恩拒绝接受采访。
52 冈恩工作非常：采访帕特里夏·林登，2019 年 8 月 21 日。
53 艾尔玛·摩尔：采访艾尔玛·摩尔，2019 年 9 月 13 日。
54 同事们纷纷：采访旺达·迪贝内代托，2019 年 6 月 19 日。
55 此外，冈恩：同上。
56 老生常谈的话题：Gay Haubner, "North Country Girl: Chapter 64-The Accidental Editor," *The Saturday Evening Post*, Aug. 8, 2018, https://www.saturdayeveningpost.com/2018/08/north-country-girl-chapter-64-accidental-editor/. [lvii] But of all their disputes: Interview with Cheryl Rixon, Nov. 7, 2019.
57 此外，两人：采访雪莉儿·瑞克森，2019 年 11 月 7 日。
58 呈现的："Autumn Tweeds," *Viva*, Sept. 1977; "Sweaters Are Better," *Viva*, Nov. 1977; and "Country Classic, City Chic," *Viva*, Sept. 1978.
59 据帕特里夏·林登：采访帕特里夏·林登，2019 年 11 月 11 日。
60 摩尔在 Viva 杂志：采访艾尔玛·摩尔，2019 年 9 月 13 日。
61 时任执行编辑：采访黛比·迪希特，2019 年 6 月 10 日。
62 这家杂志社：2019 年 9 月 13 日。
63 当时，薇薇恩：采访薇薇恩·拉斯基，2019 年 7 月 24 日。
64 安娜不拘小节：采访小鲍勃·古乔内，2019 年 11 月 22 日。
65 1978 年年初：电子邮件采访米歇尔·埃斯特班，2021 年 5 月 1 日。
66 然而，该杂志："Circulation Low, Viva Magazine to Stop in January," *The New York Times*, Nov. 18, 1978.
67 安娜听闻后：采访帕特里夏·林登，2019 年 10 月 11 日。
68 就在一周前：查尔斯·温图尔写给小阿瑟·施莱辛格的信件，9 月 25 日（年份不详），小阿瑟·施莱辛格的文件，纽约公共图书馆手稿及档案部门。

第七章　转战 *Savvy* 杂志

1. *Viva* 杂志社停运：通过电子邮件采访米歇尔・埃斯特班，2021 年 5 月 1 日。
2. 在巴黎时：采访安妮・麦克纳利，2021 年 5 月 6 日。
3. 埃斯特班回忆：通过电子邮件采访米歇尔・埃斯特班，2021 年 5 月 4 日。
4. 1980 年春季：Jerry Oppenheimer, *Front Row: What Lies Beneath the Chic Exterior of Vogue's Editor in Chief,* (New York: St, Martin's Griffin), Feb. 7, 2006, 152-155.
5. 不久后，安娜：采访米歇尔・埃斯特班，2021 年 5 月 1 日。
6. 与此同时：采访安妮・麦克纳利，2021 年 5 月 6 日。
7. 1980 年年初：Margalit Fox, "Judith Daniels, Editor of Savvy Magazine, Dies at 74." *The New York Times.* Sept. 4, 2013, https://www.nytimes.com/2013/09/05/business/media/judith-daniels-74-editor-of-savvy-magazine-dies.html.
8. 由于没有太多：采访克莱尔・格鲁波，2019 年 12 月 3 日。
9. 在早期的编辑会议：采访知情人士。
10. 丹尼尔斯运筹帷幄：同上。
11. 这些人喜欢阅读：*Savvy* 杂志，1981 年 3 月与 6 月。
12. 安娜意志坚定：采访苏珊・埃德米斯顿，2019 年 11 月 22 日。
13. 安娜为 *Savvy* 杂志：采访克莱尔・格鲁波，2019 年 12 月 3 日。
14. 安娜与冈恩：采访苏珊・埃德米斯顿，2019 年 11 月 22 日；采访克莱尔・格鲁波，2019 年 12 月 3 日；采访米歇尔・莫里斯，2020 年 6 月 2 日。
15. 安娜主要与：采访卡洛・德文・卡森，2020 年 9 月 25 日。
16. 在 Savvy 杂志社：采访两位知情人士。
17. 他非常富有：采访知情人士。
18. 安娜搭起了一张：采访苏珊・埃德米斯顿，2019 年 11 月 22 日。
19. 她将自己的衣架：采访米歇尔・莫里斯，2020 年 6 月 2 日。
20. 我们只拿到：采访卡洛・德文・卡森，2020 年 9 月 25 日。
21. 果不其然：采访卡洛・德文・卡森，2020 年 9 月 25 日；采访克莱尔・格鲁波，2019 年 12 月 3 日；采访米歇尔・莫里斯，2020 年 6 月 2 日。
22. 有一次，安娜：卡洛・德文・卡森的电子邮件，2020 年 10 月 13 日。
23. 尽管他当时的报酬：采访盖伊・勒鲍伯，2020 年 10 月 14 日。
24. 但读者：采访克莱尔・格鲁波，2019 年 12 月 3 日。
25. 丹尼尔斯为此：采访苏珊・埃德米斯顿，2019 年 11 月 22 日。
26. 执行编辑克莱尔：采访克莱尔・格鲁波，2019 年 12 月 3 日。
27. 1981 年 3 月 18 日：Andy Warhol, *The Andy Warhol Diaries*, (New York: Hackett, 1989), 365.

第八章　与 *Vogue* 杂志结缘

1. 劳里・琼斯：采访劳里・琼斯，2020 年 12 月 5 日。
2. 在全是记者：采访南希・麦肯，2019 年 9 月 15 日。

3　安娜的波波头：采访劳里·谢克特。2020 年 2 月 14 日。
4　她每天都会：采访知情人士。
5　安娜没有和其他："Between the Lines," *New York*, July 6-13, 1981.
6　此外，她也：同上。
7　和一把椅背：采访乔丹·沙普斯，2020 年 2 月 7 日。
8　她还向杂志社：采访考奇·波伦，2020 年 5 月 6 日。
9　堆满报纸的房间：采访帕特里夏·布拉德伯里，2019 年 12 月 6 日。
10　安娜的办公室：采访劳里·琼斯，2020 年 12 月 5 日。
11　具备军队将领：采访帕特里夏·布拉德伯里，2019 年 12 月 6 日；采访两位知情人士。
12　和负责男士版面：采访安东尼·哈登-格斯特，2021 年 5 月 19 日。
13　此外，安娜：同上。
14　但是作为时尚编辑：Anna Wintour, "Anna Wintour Teaches Creativity and Leadership: Case Studies: Lessons from Creative Leaders," *Master Class* video, https://www.masterclass.com/classes/anna-wintour-teaches-creativity-and-leadership/chapters/case-studies-lessons-from-creative-leaders.
15　平日里，她：采访劳里·谢克特。2020 年 2 月 14 日。
16　当员工们第一次：采访乔丹·沙普斯，2020 年 2 月 7 日。
17　有一次，安娜邀请：采访南希·麦肯，2019 年 9 月 15 日。
18　安娜的朋友：采访知情人士。
19　此外，安娜：采访艾玛·索姆斯，2021 年 5 月 17 日。
20　然而，当时：汤姆·弗洛里奥，2020 年 8 月 12 日。
21　她说服科斯纳：采访德博拉·哈克妮斯，2020 年 2 月 12 日。
22　有一次，科斯纳：采访安东尼·哈登-格斯特，2021 年 5 月 19 日。
23　科斯纳极其：采访帕特里夏·布拉德伯里，2019 年 12 月 6 日。
24　安娜渴望将：采访迈克尔·布德罗，2021 年 4 月 28 日。
25　勒鲍伯的想法：采访盖伊·勒鲍伯，2020 年 10 月 14 日。
26　安娜让麦道威尔：Anna Wintour, "In the Heat of the Night," *New York*, July 6-13, 1981.
27　虽然经常与安娜：采访盖伊·勒鲍伯，2020 来了 10 月 6 日与 14 日。
28　安娜在自己负责：Anna Wintour, "Furs for All Seasons," *New York*, Sept. 14, 1981.
29　此外，在 1982 年：Anna Wintour, "Now, Voyager," *New York*, Aug. 9, 2982.
30　编辑南希·麦肯：采访南希·麦肯，2019 年 9 月 15 日。
31　一个春天的晚上：采访乔丹·沙普斯，2020 年 2 月 7 日。
32　然而，托斯卡尼：采访奥利维耶罗·托斯卡尼，2021 年 6 月 16 日。
33　后来，两人：采访乔丹·沙普斯，2020 年 2 月 7 日。
34　首位助理：采访知情人士。
35　梅塞尔志在：采访知情人士。
36　科斯纳在杂志："Table of Contents," *New York*. April 5, 1982.

37　波利·梅伦：波利·梅伦未回应数次评论请求。
38　当安娜在《纽约》：Fetelberg, Rosemary, "Polly Mellen Behind the Scenes," *WWD*, Dec. 14, 2012. https://wwd.com/fashion-news/fashion-features/polly-mellen-behind-the-scenes-6541955/.
39　梅伦想知道：Jerry Oppenheimer, *Front Row: What Lies Beneath the Chic Exterior of Vogue's Editor in Chief,* (New York: St, Martin's Griffin), Feb. 7, 2006, 189-90.
40　于是安排了她：Jacob Bernstein, "More Mellenisms From Polly," *WWD*, March 8, 2002; Anna Wintour, "Anna Wintour on Leaving London for New York," The Guardian, May 19, 1997.
41　大家明显能：采访查克·祖雷蒂，2020 年 1 月 6 日。
42　然而，安娜：采访知情人士。
43　拍摄期间：采访查克·祖莱蒂，2020 年 1 月 6 日。
44　1982 年：采访乔丹·沙普斯，2020 年 2 月 7 日。
45　就在谢克特上班：采访劳里·谢克特，2020 年 2 月 14 日。
46　后来，据 *Vogue* 杂志：采访四位知情人士。
47　谢克特在：Anna Wintour, "Days of Heaven," *New York*, Nov. 8, 1982. https://books.google.com/books?id=AOgCAAAAMBAJ&lpg=PP1&lr&client=firefox-a&rview=1&pg=PA56#v=onepage&q&f=false.
48　安娜计划：采访劳里·谢克特，2020 年 2 月 14 日。
49　要求得非常严格：采访知情人士。
50　卡特林以前经常：采访亚历克斯·卡特林，2020 年 2 月 21 日与 5 月 26 日。
51　她的"荣冠战争"：采访劳里·谢克特，2020 年 2 月 14 日。
52　谢弗比安娜大："David Shaffer, MD, Professor of Psychiatry, Columbia University," Global Medical Education, https://www.gmeded.com/faculty/david-shaffer-md.
53　在彼得·佛格斯：采访知情人士。
54　在伦敦时，谢弗：采访迈克尔·罗伯茨，2020 年 11 月 21 日。
55　当时，安娜：采访劳里·谢克特，2020 年 2 月 14 日。
56　斯通一直怨恨：采访知情人士。
57　两人的分手让：采访乔丹·沙普斯，2020 年 2 月 7 日。
58　此外，劳里：采访劳里·琼斯，2021 年 5 月 20 日。
59　谢弗是土生土长：同上。
60　并且期望某一天：采访劳里·琼斯，2021 年 5 月 20 日。
61　虽然两人的职业：采访知情人士。
62　不过，早在：同上。
63　谢弗就梦寐以求：同上。
64　安娜不仅：采访迈克尔·罗伯茨，2020 年 11 月 21 日；采访知情人士。
65　然而，周围：采访两位知情人士。
66　然而，与谢弗：采访迈克尔·罗伯茨，2020 年 11 月 21 日；采访知情人士。
67　尽管谢弗：采访安东尼·哈登–格斯特，2021 年 5 月 19 日。
68　不过两人都：采访两位知情人士。

69	在 1983 年 2 月 28 日：Anna Wintour, "Metropolitan Life," *New York*, Feb. 28, 1983.
70	让托斯卡尼：采访奥利维耶罗·托斯卡尼，2021 年 6 月 16 日。
71	按理来说：采访南希·麦肯，2019 年 9 月 15 日；采访考奇·波伦，2020 年 5 月 6 日。
72	其中展示：采访南希·麦肯，2019 年 9 月 15 日。
73	此外，安娜：采访劳里·琼斯，2021 年 2 月 14 日。
74	然而有一次，在看到：采访南希·麦肯，2019 年 9 月 15 日。
75	办公室在：采访考奇·波伦，2020 年 5 与 6 日。
76	谢克特对她：采访劳里·琼斯，2021 年 2 月 14 日。
77	灰色西装：采访罗谢尔·乌德尔，2019 年 4 月 12 日。
78	在那里：Jesse Kornbluth, "The Art of Being Alex," *New York*, Oct. 12, 1981.
79	利伯曼致力于：Francine du Plessix Gray, *Them* (London: Penguin, 2004), 446.
80	利伯曼出生于：Dodie Kazanjian and Calvin Tomkins, *Alex* (New York: Knopf, 1993), 25, 54, 107.
81	从理论上来看：Jesse Kornbluth, "The Art of Being Alex," *New York*, Oct. 12, 1981.
82	1962 年：Thomas Maier, *Newhouse* (New York: St. Martin's Press, 1994), 45, 50.
83	他的朋友们：Jesse Kornbluth, "The Art of Being Alex," *New York*, Oct. 12, 1981.
84	这篇报道吸引：Anna Wintour, "Anna Wintour Teaches Creativity and Leadership: Introduction." *Master Class* video, https://www.masterclass.com/classes/anna-wintour-teaches-creativity-and-leadership/chapters/introduction.
85	安娜说自己：Dodie Kazanjian and Calvin Tomkins, Alex (New York: Knopf, 1993), 310.
86	不过也有传闻：采访知情人士。
87	据托斯卡尼回忆：采访奥利维耶罗·托斯卡尼，2021 年 6 月 16 日。
88	70 岁的利伯曼：采访数位了解两人关系的观察者。
89	安娜对利伯曼：采访罗谢尔·乌德尔，2019 年 4 月 12 日。
90	后来，利伯曼：Michael Gross, "War of the Poses," *New York*, April 27, 1992.
91	1983 年的夏天：Dodie Kazanjian and Calvin Tomkins, *Alex* (New York: Knopf, 1993), 310.
92	但是安娜却：多次采访劳里·谢克特；采访安德烈·莱昂·塔利，2021 年 3 月 20 日。
93	利伯曼曾担任：Grace Mirabella, *In and Out of Vogue* (New York: Doubleday, 1995), 11.
94	利伯曼称：Dodie Kazanjian and Calvin Tomkins, *Alex* (New York: Knopf, 1993), 316.
95	实际上：Jesse Kornbluth, "The Art of Being Alex," *New York*, October 12, 1981.
96	米拉贝拉很难：Grace Mirabella, *In and Out of Vogue* (New York: Doubleday, 1995), 11.
97	一位员工曾：采访知情人士。

98 1961 年: Thomas Maier, *Newhouse* (New York: St. Martin's Press, 1994), 55.
99 不出所料: Dierdre Carmody, "Alexander Liberman, Conde Nast's Driving Creative Force, is Dead at 87," *The New York Times*, Nov. 20, 1999, https://www.nytimes.com/1999/11/20/arts/alexander-liberman-conde-nast-s-driving-creative-force-is-dead-at-87.html.
100 此时，利伯曼: Dodie Kazanjian and Calvin Tomkins, *Alex* (New York: Knopf, 1993), TK.
101 在他看来: Michael Gross, "War of the Poses," *New York*, April 27, 1992.
102 那些知道安娜: 采访数位了解两人关系的观察者。
103 如果说利伯曼: 采访知情人士。
104 此外，安娜: 采访加布·多贝。
105 在得到高层: Dodie Kazanjian and Calvin Tomkins, *Alex* (New York: Knopf, 1993), TK.
106 在此期间: 采访布鲁斯·沃尔夫，2020 年 1 年 10 月。
107 随后，安娜: 采访格蕾丝·柯丁顿，2020 年 12 月 12 日。
108 安娜带着利伯曼: 采访南希·麦肯，2019 年 9 月 15 日。
109 安娜·温图尔: 采访德博拉·哈克妮斯，2020 年 2 月 12 日。
110 不过，在其他: 采访帕特夏·布拉德伯里，2019 年 12 月 6 日；采访南希·麦肯，2019 年 9 月 15 日；采访其他人。
111 决定到: 采访考奇·波伦，2020 年 5 月 6 日。
112 面对安娜: 采访劳里·谢克特，2020 年 2 月 14 日。

第九章　屈居第二

1 她与谢弗共同: 抵押贷款公共记录，1983 年 12 月 13 日。
2 这套房子: Carol Vogel, "Home Design; The Splendor of Simplicity," *The New York Times Magazine*, January 26, 1986.
3 格蕾丝·米拉贝拉: 采访知情人士。
4 刚开始为米拉贝拉: 采访劳里·谢克特，2020 年 2 月 14 日；采访安妮·卡普曼，2020 年 5 月 21 日；采访知情人士。
5 虽然安娜担任: 采访当时数位在 *Vogue* 杂志社工作的人。
6 她的存在令人: 采访安妮·卡普曼，2020 年 5 月 21 日；采访知情人士。
7 当时，造成这种: 采访知情人士。
8 安娜显然非常: 同上。
9 她一直梦寐以求: Anna Wintour, "Anna Wintour Teaches Creativity and Leadership: Introduction." *Master Class* video, https://www.masterclass.com/classes/anna-wintour-teaches-creativity-and-leadership/chapters/introduction.
10 安娜有时候: 采访劳里·谢克特，2020 年 10 月 6 日。
11 首先是办公室: 采访劳里·谢克特，2020 年 2 月 14 日。
12 玛吉·巴克利: 采访玛吉·巴克利，2020 年 1 月 19 日。

13 安娜是一个：采访莱斯利·简·西摩，2020 年 1 月 13 日。
14 与父亲一样：采访玛吉·巴克利，2020 年 1 月 19 日。
15 她从未要求：采访劳里·谢克特，2020 年 10 月 8 日。
16 然而，大家：同上。
17 西摩与其他：采访莱斯利·简·西摩，2020 年 1 月 13 日。
18 编辑们会将：采访莱斯利·简·西摩，2020 年 2 月 4 日。
19 随着两个：采访玛吉·巴克利，2020 年 1 月 19 日。
20 米拉贝拉希望：采访知情人士。
21 这是她经常：采访贝弗利·珀塞尔，2020 年 2 月 27 日。
22 米拉贝拉手下：采访知情人士。
23 双腿交叉在：采访安德烈·莱昂·塔利，2021 年 3 月 20 日。
24 脸上露出难以：采访玛吉·巴克利，2020 年 1 月 19 日。
25 利伯曼喜欢快速：采访杰德·霍布森，2020 年 2 月 4 日。
26 1952 年：Grace Mirabella, *In and Out of Vogue* (New York: Doubleday, 1995), TK.
27 当时，纽豪斯：Carol Felsenthal, *Citizen Newhouse* (New York: Seven Stories Press, 1998), 162-164.
28 1963 年：Grace Mirabella, *In and Out of Vogue* (New York: Doubleday, 1995), 103.
29 让大家记忆犹新：Gigi Mahon, "S.I. Newhouse and Conde Nast; Taking Off the White Gloves," *The New York Times Magazine*, Sept. 10, 1989.
30 然而到了 20 世纪：Thomas Maier, *Newhouse* (New York: St. Martin's Press, 1994). 58, 64-65.
31 这种对待杂志：Thomas Maier, *Newhouse* (New York: St. Martin's Press, 1994), 62-64.
32 不过，弗里兰：Grace Mirabella, *In and Out of Vogue* (New York: Doubleday, 1995), 139-140.
33 米拉贝拉的提任：Mirabella, Grace, *In and Out of Vogue* (New York: Doubleday, 1995), 142.
34 基于此前：Thomas Maier, *Newhouse* (New York: St. Martin's Press, 1994), 77.
35 米拉贝拉后来：Grace Mirabella, *In and Out of Vogue* (New York: Doubleday, 1995), 193-196.
36 尽管米拉贝拉：Grace Mirabella, *In and Out of Vogue* (New York: Doubleday, 1995), 215.
37 但是在周围：采访玛吉·巴克利，2020 年 1 月 19 日。
38 在回忆录中：Grace Mirabella, *In and Out of Vogue* (New York: Doubleday, 1995), 215.
39 在安娜加入：采访莱斯利·简·西摩，2020 年 1 月 13 日；采访知情人士。
40 *Vogue* 杂志社：采访杰德·霍布森，2020 年 2 月 4 日；采访知情人士。
41 利伯曼从不：采访安妮·卡普曼，2020 年 5 月 21 日。
42 对大多数员工：采访知情人士。
43 在谢克特看来：采访劳里·谢克特，2020 年 10 月 6 日。

44 在时尚摄影领域: The Strong Beat of Color," *Vogue*, February 1, 1984.
45 安娜所做的一切: Developing a creative: Anna Wintour, "Anna Wintour Teaches Creativity and Leadership: Starting Out: Finding Your Voice and Succeeding," *Master Class*, https://www.masterclass.com/classes/anna-wintour-teaches-creativity-and-leadership/chapters/starting-out-finding-your-voice-and-succeeding.
46 尽管安娜野心：采访劳里·琼斯，2020 年 12 月 5 日。
47 杂志社每回：采访玛吉·巴克利，2020 年 1 月 19 日。
48 有时候，安娜：采访知情人士。
49 杰德·霍布森：采访杰德·霍布森，2020 年 2 月 3 日。
50 时尚团队对她：采访劳里·谢克特，2020 年 2 月 14 日。
51 不过，这件事：采访加布·多贝，2020 年 11 月 13 日。
52 与此同时: Grace Mirabella, *In and Out of Vogue* (New York: Doubleday, 1995), TK.
53 米拉贝拉在: Grace Mirabella, *In and Out of Vogue* (New York: Doubleday, 1995), 216.
54 一直以来: Dodie Kazanjian and Calvin Tomkins, Alex (New York: Knopf, 1993), 312.
55 每天晚上：采访迈克尔·罗伯茨，2020 年 11 月 21 日。
56 不过，安娜：采访知情人士。
57 在工作期间：采访劳里·谢克特，2020 年 2 月 14 日与 10 月 6 日。
58 他的朋友们：采访知情人士。
59 有时，两人：采访劳里·谢克特，2020 年 10 月 6 日。
60 杂志的外观形象：采访安妮·卡普曼，2020 年 5 月 21 日；采访杰德·霍布森，2020 年 2 月 4 日；采访知情人士。
61 不过，她的影响力：采访劳里·谢克特，2020 年 10 月 6 日。
62 安娜一直非常：同上。
63 但是米拉贝拉: André Leon Talley, *The Chiffon Trenches* (New York: Ballantine, 2020), 187-88, iBooks.
64 随后，塔利：采访安德烈·莱昂·塔利，2021 年 3 月 20 日。
65 如今，他在: André Leon Talley, *The Chiffon Trenches* (New York: Ballantine, 2020), 191, iBooks.
66 在 1984 年 12 月：采访安德烈·莱昂·塔利，2021 年 3 月 20 日。
67 在塔利看来: André Leon Talley, *The Chiffon Trenches* (New York: Ballantine, 2020), 193, iBooks.
68 塔利对安娜：采访安德烈·莱昂·塔利，2021 年 4 月 10 日。
69 他在自己: André Leon Talley, *The Chiffon Trenches* (New York: Ballantine, 2020), 191, iBooks.
70 同样被米拉贝拉: André Leon Talley, *The Chiffon Trenches* (New York: Ballantine, 2020), 180-186, iBooks.
71 塔利曾经表示：采访安德烈·莱昂·塔利，2021 年 3 月 20 日。
72 与 *Vogue* 杂志团队: Georgina Howell, "Two of a Type," *The Sunday Times*, July

13, 1986.
73 婚礼前，安娜：米歇尔·埃斯特班发送的电子邮件。
74 Vogue 杂志社：采访安德烈·莱昂·塔利，2021 年 3 月 20 日。
75 在与建筑师：Carol Vogel, "Home Design; The Splendor of Simplicity," *The New York Times Magazine*, January 26, 1986.
76 安娜在白天：采访安妮·麦克纳利，2021 年 5 月 6 日。
77 在婚礼上：采访劳里·谢克特，2020 年 10 月 6 日。
78 婚礼前，巴克：采访知情人士。
79 让塔利感到意外：采访安德烈·莱昂·塔利，2021 年 3 月 20 日。
80 而是直接递给：André Leon Talley, *The Chiffon Trenches* (New York: Ballantine, 2020), 198, iBooks. 1985年4月23日："Sit. Vac." *The Telegraph*, April 24, 1985.
81 安娜·温图尔：Peter Hillmore, "Mag Bag," *The Observer*, July 14, 1985.

第十章 *Vogue* 杂志的"双城记"

1 天哪，我回道：Liz Tilberis, *No Time to Die* (New York: Avon, 1998), 137-138.
2 尽管这份工作：Nigel Dempster, "She's a Princess in Vogue," *Daily Mail*, June 7, 1985；Georgina Howell, "Two of a Type," *The Sunday Times*, July 13, 1986.
3 在哥伦比亚大学：James Fallon, "Anna Wintour Takes Charge," *Women's Wear Dally*, Nov. 5, 1986.
4 显而易见：Tina Brown, *Vanity Fair Diaries* (New York: Henry Holt, 2017), 379-381, iBooks.
5 就在第二个月：Peter Hillmore, "Guess Who's Coming to Dinner," *The Observer*, July 14, 1985.
6 布朗建议称：Tina Brown, *Vanity Fair Diaries* (New York: Henry Holt, 2017), 417., iBooks.
7 并声称安娜：Dodie Kazanjian and Calvin Tomkins, Alex (New York: Knopf, 1993), 312.
8 经过数月："Look: Start of the Wintour Season," *The Sunday Times*, Sept. 22, 1985.
9 打算前往伦敦：Rupert Christiansen, "Vogue's New Look," *The Telegraph*, July 21, 1986.
10 她喜欢在版面：Adrian Hamilton, "Beatrix Miller: 'Vogue' Editor Whose Own Talents and Her Nurturing of Others', Helped Set the Tone for the Swinging Sixties," *The Independent*, Feb. 26, 2014, https://www.independent.co.uk/news/obituaries/beatrix-miller-vogue-editor-whose-own-talents-and-her-nurturing-others-helped-set-tone-swinging-sixties-9152879.html；Joan Juliet Buck, "Beatrix Miller Obituary," *The Guardian*, Feb. 25, 2014, https://www.theguardian.com/media/2014/feb/25/beatrix-miller.
11 最多会将修长：Patrick Kinmonth, "Recalling the Legacy of Beatrix Miller, Longtime

Editor of British *Vogue*," Vogue.com, Feb. 23, 2014, https://www.vogue.com/article/recalling-legacy-of-beatrix-miller-longtime-editor-of-british-vogue；Liz Tilberis, *No Time to Die*. (New York: Avon, 1998), 137.

12　11 年前：Rupert Christiansen, "Vogue's New Look," *The Telegraph*, July 21, 1986.
13　蒂尔贝里斯：Liz Tilberis, *No Time to Die* (New York: Avon, 1998), 135-136.
14　与此同时：Grace Coddington, *Grace*. (New York: Random House, 2012), 162; Interview with Grace Coddington, Dec. 19, 2020.
15　安娜曾劝说他：采访迈克尔·罗伯茨，2020 年 11 月 21 日。
16　安娜本来为：采访劳里·谢克特，2020 年 2 月 14 日。
17　此外，安娜：采访知情人士。
18　后来，安娜：André Leon Talley, *The Chiffon Trenches* (New York: Ballantine, 2020), 200, iBooks.
19　但是她几乎：采访加布·多贝，2020 年 11 月 13 日。
20　与此同时：采访艾玛·索姆斯，2021 年 6 月 14 日。
21　安娜将蒂尔贝里斯：采访加布·多贝，2020 年 11 月 13 日。
22　当时，安娜：Liz Tilberis, *No Time to Die* (New York: Avon, 1998), 136-137.
23　安娜搬到伦敦：采访薇薇恩·拉斯基，2019 年 7 月 17 日。
24　安娜的办公桌：David Colman, "POSSESSED; A Desk to Depend on Through Thick and Thin," *The New York Times*, August 17, 2003, https://www.nytimes.com/2003/08/17/style/possessed-a-desk-to-depend-on-through-thick-and-thin.html.
25　此外，办公室：Liz Tilberis, *No Time to Die* (New York: Avon, 1998), 137.
26　这一点与米勒：采访艾玛·索姆斯，2021 年 6 月 14 日。
27　7 点刚过：Georgina Howell, "Two of a Type," *The Sunday Times*, July 13, 1986.
28　柯丁顿曾坦言：Nicolas Ghesquiere, "Grace Coddington," *Interview*, Nov. 28, 2012, https://www.interviewmagazine.com/fashion/grace-coddington.
29　尽管如此：Tilberis, Liz, *No Time to Die*. (New York: Avon), 1998, 139-140.
30　安娜会为员工：Christiansen, Rupert, "Vogue's New Look," *The Telegraph*, July 21, 1986.
31　从总体来看：Tilberis, Liz, *No Time to Die*. (New York: Avon), 1998, TK.
32　在每次拍摄：采访加布·多贝，2020 年 11 月 13 日。
33　安娜会戴着：Tilberis, Liz, *No Time to Die*. (New York: Avon), 1998, TK.
34　柯丁顿在回忆录：Grace Coddington, *Grace* (New York: Random House, 2012), 165.
35　让大家感到：采访加布·多贝，2020 年 11 月 13 日。
36　安娜只会在：采访萨拉贾内·霍尔，2020 年 10 月 23 日。
37　据蒂尔贝里斯称：Liz Tilberis, *No Time to Die* (New York: Avon, 1998), 139.
38　考虑自己：Grace Coddington, *Grace* (New York: Random House 2012), 163.
39　安娜曾感慨：Liz Tilberis, *No Time to Die* (New York: Avon, 1998), 139.
40　这些照片活灵活现：Rupert Christiansen, "Vogue's New Look," *The Telegraph*, July 21, 1986.

41 安娜后来承认：Michael Gross, "War of the Poses," *New York*, April 27, 1992.
42 不是所有人都：采访加布·多贝，2020 年 11 月 13 日。
43 虽说安娜没能：André Leon Talley, *The Chiffon Trenches* (New York: Ballantine, 2020), 193, iBooks.
44 此外，安娜：采访安德烈·莱昂·塔利，2021 年 3 月 20 日。
45 他们看起来是：Liz Tilberis, *No Time to Die* (New York: Avon, 1998), TK.
46 柯丁顿在回忆录：Grace Coddington, *Grace* (New York: Random House, 2012), 162.
47 尽管安娜很难：采访萨拉贾内·霍尔，2020 年 10 月 23 日。
48 有传闻称：Andrew Billen, "Wintour melts, a little," *The Times UK*, May 6, 2002.
49 在查尔斯编辑：Liz Tilberis, *No Time to Die* (New York: Avon, 1998), 138-140.
50 《私家侦探》：Fallon James, "Anna Wintour Takes Charge," *Women's Wear Daily*, Nov. 5, 1986.
51 在过去的几十年：采访安妮·麦克纳利，2021 年 5 月 6 日；采访大卫·海尔，2020 年 10 月 27 日；采访丽莎·乐福，2020 年 10 月 20 日。
52 艾玛·索姆斯：采访艾玛·索姆斯，2021 年 5 月 17 日与 6 月 14 日。
53 安娜很快带领：Fallon James, "Anna Wintour Takes Charge," *Women's Wear Daily*, Nov. 5, 1986.
54 在柯丁顿看来：采访格蕾丝·柯丁顿，2020 年 12 月 19 日。
55 不过，安娜：Tina Brown, *Vanity Fair Diaries* (New York: Henry Holt, 2017), 667, iBooks.
56 不过，蒂尔贝里斯：Liz Tilberis, *No Time to Die* (New York: Avon, 1998), 141.
57 安娜的前雇员：David Livingstone, "Seeing Broken Noses," *The Globe and Mail*, Sept. 15, 1987.
58 无独有偶：Michael Gross, "War of the Poses," *New York*, April 27, 1992.
59 不过，安娜：Michael Gross, "Notes on Fashion," *The New York Times*, March 17, 1987.
60 她并非因为：Nicolas Ghesquiere, "Grace Coddington," *Interview*, Nov. 28, 2012, https://www.interviewmagazine.com/fashion/grace-coddington.
61 柯丁顿曾是：Michael Gross, "War of the Poses," *New York*, April 27, 1992.
62 蒂尔贝里斯：Liz Tilberis, *No Time to Die* (New York: Avon, 1998), 142.
63 她经常穿着：采访萨拉贾内·霍尔，2020 年 10 月 23 日。
64 与丈夫隔海：采访迈克尔·罗伯茨，2020 年 11 月 21 日。
65 这只是安娜：Georgina Howell, "Two of a Type" *The Sunday Times*, July 13, 1986.
66 由于谢弗经常：Linda Blandford, "Guardian Style: To Vogue with red herrings / Interview with Anna Wintour, incoming editor of Vogue magazine," *The Guardian*, March 20, 1986.
67 与此同时：采访格蕾丝·柯丁顿，2021 年 7 月 24 日。
68 在安娜苦心：Dodie Kazanjian and Calvin Tomkins, *Alex* (New York: Knopf, 1993), 313.

69　每当柯丁顿：Grace Coddington, *Grace* (New York: Random House, 2012), 166.
70　1987 年 4 月："Eye Scoop," *WWD*, April 27, 1987.
71　同年 5 月：Micael Gross, "Notes on Fashion," *The New York Times*, May 5, 1987.
72　此外，也有：Carol Felsenthal, *Citizen Newhouse* (New York: Seven Stories Press, 1998), 281.
73　安娜后来解释：Michael Gross, "War of the Poses," *New York*, April 27, 1992.
74　不过，她当时：查尔斯・温图尔写给小阿瑟・施莱辛格的信件，1987 年 7 月 9 日，小阿瑟・施莱辛格的文件，纽约公共图书馆手稿及档案部门。
75　安娜有可能：Tina Brown, *Vanity Fair Diaries* (New York: Henry Holt, 2017), 667, iBooks.
76　由于担心安娜：Michael Gross, "War of the Poses," *New York*, April 27, 1992.

第十一章　住宅与服装

1　在赶往医院：采访加布・多贝，2020 年 11 月 13 日。
2　安娜在周末：采访萨拉贾内・霍尔，2020 年 10 月 23 日。
3　我要向大家：采访萨拉贾内・霍尔，2020 年 10 月 23 日；采访加布・多贝，2020 年 11 月 13 日。
4　安娜想在走：Liz Tilberis, *No Time to Die*, (New York, NY: Avon, 1998), TK.
5　两天后，安娜：Liz Tilberis, *No Time to Die*, (New York, NY: Avon, 1998), TK.
6　在宣布要到：采访萨拉贾内・霍尔，2020 年 10 月 23 日。
7　《住宅与庭院》：Carol Felsenthal, *Citizen Newhouse* (New York: Seven Stories Press, 1998), 162–164.
8　格罗普在该："Eye Scoop," *WWD*, August 26, 1987.
9　那年 9 月 1 日：Tina Brown, *Vanity Fair Diaries* (New York: Henry Holt, 2017). Pg. 649. iBooks.
10　安娜言出必行：André Leon Talley, *The Chiffon Trenches* (New York: Ballantine, 2020), 202, iBooks.
11　对格罗普手下：Felsenthal, Carol, *Citizen Newhouse* (New York: Seven Stories Press, 1998), 281 - 282.
12　不过，纽豪斯：Cynthia Crossen, "Revamped House & Garden Is Aiming to Regain Ground in Crowded Field," *Wall Street Journal*, Feb. 8, 1988.
13　每天早上 7 点半：André Leon Talley, *The Chiffon Trenches* (New York: Ballantine, 2020), 202 - 203, iBooks.
14　安娜会叫上：采访加布・多贝，2020 年 11 月 13 日。
15　据报道：Dodie Kazanjian and Calvin Tomkins, *Alex* (New York: Knopf, 1993), 316.
16　除此之外：Elaine Greene Weisburg, "Early Wintour," Voices, http://irpvoicesonline.com/voices/early-wintour/.
17　出于恐惧：Elaine Greene Weisburg, "Early Wintour," Voices, http://irpvoicesonline.com/voices/early-wintour/.

18 更新换代后: Deirdre Donahue, "A Remodeled 'HG': Style Is In," *USA Today*, Jan. 28, 1988.
19 史蒂夫·马丁: *HG*, April 1988.
20 以及社会名流: Deirdre Donahue, "A Remodeled 'HG': Style Is In," *USA Today*, Jan. 28, 1988.
21 随后,安娜: Cynthia Crossen, "Revamped House & Garden Is Aiming to Regain in a Crowded Field," *Wall Street Journal*. Feb. 8, 1988.
22 利伯曼与纽豪斯: 采访加布·多贝, 2020 年 11 月 13 日。
23 他说: "依我: Dodie Kazanjian and Calvin Tomkins, Alex (New York: Knopf, 1993), 314.
24 1988 年 2 月 10 日: 蒂娜·布朗,《名利场日记》, 纽约: 亨利·霍尔特公司, 2017 年, 707 页, 电子书。
25 及其德高望重: 采访卡洛·沃格尔, 2020 年 2 年 28 日。
26 安娜到达后: 采访罗谢尔·乌德尔, 2019 年 4 月 12 日。
27 数年后: 采访米兰达·布鲁克斯, 2021 年 5 月 7 日。
28 受到巴黎公园: 采访加布·多贝, 2020 年 11 月 13 日。
29 安娜说: 如果你的: 采访迈克尔·布德罗, 2021 年 4 月 28 日。
30 安娜派出: 采访南希·诺沃格罗德, 2021 年 4 月 28 日。
31 当天,纽豪斯: Tina Brown, *Vanity Fair Diaries* (New York: Henry Holt, 2017), 708, iBooks.
32 事实上: Dodie Kazanjian and Calvin Tomkins, Alex (New York: Knopf, 1993), 314.
33 康泰纳仕集团: Susan Heller Anderson, "HG Magazine Is Not What It Used to Be," *The New York Times*, June 8, 1988.
34 也有人认为: 采访迈克尔·布德罗, 2021 年 4 月 28 日。

第十二章 安娜·温图尔: 主编

1 6 月的一个早上: 采访南希·诺沃格罗德, 2021 年 6 月 3 日。
2 黑色的大办公桌: 采访罗谢尔·乌德尔, 2019 年 4 月 12 日。
3 格蕾丝: Grace Mirabella, *In and Out of Vogue* (New York: Doubleday, 1995), 9-11.
4 到 1988 年: Dodie Kazanjian and Calvin Tomkins, Alex (New York: Knopf, 1993), 316.
5 近年来: 采访菲利斯·波斯尼克, 2021 年 1 月 18 日; 采访琳达·赖斯, 2020 年 5 月 18 日; 采访知情人士。
6 1987 年初春: Francine du Plessix Gray, *Them* (London: Penguin, 2004), 448.
7 然而,由于利伯曼: 采访菲利斯·波斯尼克, 2021 年 1 月 18 日; 采访琳达·赖斯, 2020 年 5 月 18 日; 采访知情人士。
8 一些员工扛过: 采访知情人士。
9 菲利斯·波斯尼克: 采访菲利斯·波斯尼克, 2021 年 1 月 18 日。
10 当利伯曼: 采访琳达·赖斯, 2020 年 5 月 18 日。

11 相较于安娜：Mirabella, *In and Out of Vogue* (New York: Doubleday, 1995), 219-221.
12 对于纽豪斯：Dodie Kazanjian and Calvin Tomkins, Alex (New York: Knopf, 1993), TK.
13 当米拉贝拉向：采访杰德·霍布森，2020年2月4日。
14 布朗普表示：Francine du Plessix Gray, *Them* (London: Penguin, 2004), 444.
15 米拉贝拉被解雇的消息一经传开：采访莱斯利·简·西摩，2020年11月13日。
16 高级时尚编辑：采访杰德·霍布森，2020年2月4日。
17 当天，纽豪斯：待补充。
18 一个多月前：Dodie Kazanjian and Calvin Tomkins, Alex (New York: Knopf, 1993), 317.
19 其中，杜塞尔：Redazione, "Interview with Carlyne Cerf de Dudzeele," *Vogue Italia*, November 4, 2017, https://www.vogue.it/en/news/vogue-arts/2017/11/04/interview-carlyne-cerf-de-dudzeele-vogue-italia- november-2017/.
20 或许最重要：采访格蕾丝·柯丁顿，2020年12月19日。
21 此外，安德烈：André Leon Talley, *The Chiffon Trenches* (New York: Ballantine, 2020), 196, iBooks.
22 在米拉贝拉：采访劳里·谢克特，2020年2月14日；采访玛吉·巴克利，2020年1月19日。
23 3天后：采访琳达·赖斯，2020年5月18日。
24 在此期间：同上。

第十三章　预期风险

1 1988年8月1日：Liz Smith, "Wintour of Discontent at Condé Nast," *The New York Daily News*, Aug. 1, 1988.
2 为了制止有关：Liz Smith, "Wintour of Discontent at Condé Nast." *The New York Daily News*, Aug. 1, 1988.
3 然而在那天：Thomas Maier, *Newhouse* (New York: St. Martin's Press, 1994), 78.
4 对于安娜来讲：Dodie Kazanjian and Calvin Tomkins, Alex (New York: Knopf, 1993), 318.
5 安娜后来坦言：Kazanjian, Dodie, and Tomkins, Calvin, *Alex* (New York: Knopf, 1993). 318.
6 尽管如此：采访弗雷迪·甘布尔，2020年2月28日。
7 安娜告诉员工：Grace Coddington, *Grace* (New York: Random House, 2012), 204-206.
8 不过，她也：贝弗利·珀塞尔，2020年2月27日。
9 据多贝回忆：采访加布·多贝，2020年11月13日。
10 理查德·阿维顿：Dodie Kazanjian and Calvin Tomkins, Alex (New York: Knopf, 1993), 240-241.

11 安娜没有立刻：Philip Gefter, *What Becomes a Legend Most: A Biography of Richard Avedon* (New York: Harper, 2020), 506-507.
12 受到此般侮辱：Thomas Maier, *Newhouse* (New York: St. Martin's Press, 1994), 78. AND: Craig Bomberg, "The Glitzy Brits of Condé Nast," *Washington Journalism Review*, November 1989.
13 卡尔琳·瑟夫·德·杜塞尔拒绝评论。
14 对于瑟夫·德·杜塞尔："Interview with Carlyne Cerf de Dudzeele," *Vogue Italia*, November 4, 2017, https://www.vogue.it/en/news/vogue-arts/2017/11/04/interview-carlyne-cerf-de-dudzeele-vogue-italia-november- 2017/.
15 瑟夫喜欢将：同上。
16 夹克有一条：Anna Wintour, "Honoring the 120th Anniversary: Anna Wintour Shares Her *Vogue* Story," Vogue.com, https://web.archive.org/web/20120817004203/http://www.vogue.com:80/magazine/article/anna-wintour-on-her- first-vogue-cover-plus-a-slideshow-of-her-favorite-images-in-vogue/.
17 当时，不仅杂志社：Anna Wintour, "Anna Wintour Teaches Creativity and Leadership: A Look Back at Iconic Vogue Covers." *Master Class* video, https://www.masterclass.com/classes/anna-wintour-teaches-creativity-and- leadership/chapters/evolving-a-brand-a-look-back-at-iconic-vogue-covers.
18 纽豪斯送给：采访迈克尔·布德罗，2021 年 4 月 28 日。
19 安娜担任创意总监：采访莱斯利·简·西摩，2020 年 1 月 13 日；采访知情人士。
20 虽然米拉贝拉：采访知情人士。
21 高级时尚编辑：采访盖尔·平卡斯，2021 年 4 月 21 日。
22 在早期的一次：采访知情人士。
23 据另一位编辑：同上。
24 在选装会议上：同上。
25 安娜经常向：采访玛吉·巴克利，2020 年 1 月 19 日。
26 如果安娜没有：采访丽莎·乐福，2020 年 10 月 20 日。
27 安娜喜欢让：采访玛吉·巴克利，2020 年 1 月 19 日。
28 在编辑自己的：采访莱斯利·简·西摩，2020 年 1 月 13 日。
29 安娜的确为：采访格蕾丝·柯丁顿，2020 年 12 月 19 日。
30 米拉贝拉与安娜：采访盖尔·平卡斯，2021 年 4 月 21 日。
31 安娜曾经并不：采访知情人士。
32 安娜做任何：采访莱斯利·简·西摩，2020 年 1 月 13 日。
33 对于大家而言：采访保罗·卡瓦科，2020 年 12 月 23 日。
34 假如有人来迟：采访知情人士。
35 对于注重隐私：采访莱斯利·简·西摩，2020 年 1 月 13 日。
36 每次员工出现：采访莱斯利·简·西摩，2020 年 1 月 13 日；采访玛吉·巴克利，2020 年 1 月 19 日。
37 有一次，该杂志：采访知情人士。
38 还有一回：采访莱斯利·简·西摩，2020 年 1 月 13 日。

39 安娜也经常：Georgia Dullea, "The Royalton Round Table," *The New York Times*, Dec. 27, 1992.
40 安娜在办公室：采访佩吉·诺斯洛普，2019 年 4 月 2 日；Peggy Northrop, "My September Issues," unpublished piece of personal writing shared with author, Sept. 13, 2009。
41 安娜在 *Vogue* 杂志：Anna Wintour, "Anna Wintour Teaches Creativity and Leadership: Editorial Decision-Making," *Master Class* video, https://www.masterclass.com/classes/Anna-anna-teaches-creativity-and-leadership.
42 然而，在专辑："Pepsi Cancels Madonna Ad," *New York Times*. April 5, 1989.
43 安娜似乎对：采访丽莎·乐福，2020 年 10 月 20 日。
44 对于是否在杂志：Kevin Haynes, "Anna's Big Year," *WWD*, November 10, 1989.
45 玛吉·巴克利：采访玛吉·巴克利，2020 年 1 月 19 日。
46 在服装筹备阶段：采访安德烈·莱昂·塔利，2021 年 3 月 20 日。
47 当时我坐在：Anna Wintour, "Anna Wintour Teaches Creativity and Leadership: Editorial Decision-Making." *Master Class* video. https://www.masterclass.com/classes/Anna-anna-teaches-creativity-and-leadership.
48 安娜敏锐的直觉：Nina Darnton, "What's in a Name?" *Newsweek*, June 5, 1989.
49 75 万册的销量：该数字由销数审计局提供给作者。
50 由此看来：采访迈克尔·布德罗，2021 年 4 月 28 日。
51 在劳里·琼斯：采访劳里·琼斯，2020 年 12 月 5 日与 2021 年 5 月 20 日。
52 于是，格蕾丝：采访格蕾丝·柯丁顿，2021 年 5 月 17 日。
53 自己最钟爱：采访安德烈·莱昂·塔利，2021 年 4 月 10 日。
54 身穿泳装的照片：采访劳里·琼斯，2021 年 5 月 20 日。
55 后来，正如：Cover credit, *Vogue*, May 1993.
56 安娜有时和：采访劳里·琼斯，2020 年 5 月 20 日。
57 与洛杉矶"八字不合"：采访丽莎·乐福，2020 年 10 月 20 日。
58 正如柯丁顿所言：采访格蕾丝·柯丁顿，2021 年 5 月 17 日。
59 在她工作：凯文·海恩斯，"安娜的重要一年"，《女装日报》，1989 年 11 月 10 日。

第十四章 "去"与"留"

1 安娜接手：采访加布·多贝，2020 年 1 月 13 日。
2 因此，无论：同上。
3 加布·多贝经常：同上。
4 安娜喜欢：采访丽莎·乐福，2020 年 10 月 20 日。
5 坐在了亨利：采访加布·多贝，2020 年 1 月 13 日。
6 戏称巴茨奇为："Bartschland," http://www.susannebartsch.com/about.
7 数月后：采访佩吉·诺斯洛普，2019 年 4 月 12 日。
8 面对老板：同上。

9　安娜也曾因：采访劳里·琼斯，2021年5月21日。
10　1990年年底：Melanie Kletter, "When Bigger Was Better," *WWD*, May 28, 2002.
11　就像大家在：采访加布·多贝，2020年1月13日。
12　活动期间：Jeannie Williams, "Touching Travis Tribute Makes Hayes' Birthday," *USA Today*, Oct. 24, 1990.
13　此外，贝丝：Cathy Horyn, "Fashion Notes," *The Washington Post,* Nov. 18, 1990.
14　此前，安娜：Cathy Horyn, "Snap, Sparkle, Shop; In New York, Designers' Benefit for AIDS Research," *The Washington Post*, Nov. 30, 1990.
15　由此看出：采访加布·多贝，2020年1月13日。
16　活动开幕当晚：Cathy Horyn, "Fashion Notes," *The Washington Post,* Nov. 18, 1990.
17　Chanel品牌：Cathy Horyn, "Snap, Sparkle, Shop; In New York, Designers' Benefit for AIDS Research," *The Washington Post*, Nov. 30, 1990.
18　派对现场：@oldmarcjacobs, "A look from Perry Ellis by Marc Jacobs S/S 1991-modeled by Christy Turlington," Instagram, https://www.instagram.com/p/CGqJtHmAbnp/?utm_medium=share_sheet.
19　她将大量：Cathy Horyn, "Snap, Sparkle, Shop; In New York, Designers' Benefit for AIDS Research," *The Washington Post*, Nov. 30, 1990.
20　即便如此：采访威廉·诺维奇，2020年12月16日。
21　安娜将活动："Fashionably Late," *The Advocate*, Jan. 1, 1991.
22　该活动并非：Patrick Reilly, "Magazines Find Noble Causes Let Them Help Others, Themselves," *The Wall Street Journal*, Sept. 18, 1990.
23　杂志社的工作：采访许多在 *Vogue* 杂志社为安娜工作过的人。
24　不过，《华尔街日报》：Patrick Reilly, "Magazines Find Noble Causes Let Them Help Others, Themselves," *The Wall Street Journal*. Sept. 18, 1990.
25　1990年2月：Judith Newman, "Anna Wintour: editor of the year," *Adweek*, Feb. 12, 1990.
26　1990年：Joanne Lipman, "Vogue's Ads Sag in the Battle with Elle," *The Wall Street Journal*, July 13, 1990.
27　其中，*Elle* 杂志：Joanne Lipman, "Vogue's Ads Sag in the Battle with Elle." *The Wall Street Journal*, July 13, 1990.
28　1990年4月：James Barron, "Condé Nast Publications Get 3 New Publishers," *The New York Times*, Dec. 4, 1990.
29　她甚至每天：采访安德烈·莱昂·塔利，2021年4月10日。
30　尽管安娜和：采访琳达·赖斯，2020年5月18日；采访三位知情人士。
31　她遵守公司：采访弗雷迪·甘布尔，2020年2月28日；采访知情人士（萨拉·斯拉文）。
32　只要她有预算：采访知情人士。
33　有时，她甚至：同上。
34　身为主编：Anna Wintour, "Letter from the Editor: Traumas of a Cover Girl," *Vogue*, August 1996.

35 作为一名：采访玛吉·巴克利，2020年1月19日。
36 如果是在别的：采访丽莎·乐福，2020年10月20日。
37 长此以往：采访丽莎·乐福，2020年10月20日；采访安德烈·莱昂·塔利，2021年3月30日；采访知情人士。
38 1992年：采访知情人士。
39 1996年8月：Anna Wintour, "Letter from the Editor: Traumas of a Cover Girl," *Vogue*, Aug. 1996.
40 安娜每次"毙掉"：采访玛吉·巴克利，2020年1月19日。
41 20世纪90年代：采访知情人士。
42 在1993年4月：同上。
43 安娜看重：同上。
44 员工每次都将：采访佩吉·诺斯洛普，2019年4月12日；采访莎拉·范·斯克伦，2020年9月16日。
45 不过有时候：采访迈克尔·布德罗，2021年4月28日。
46 回家后：采访劳里·琼斯，2020年12月5日。
47 众所周知：采访安德烈·莱昂·塔利，2021年3月20日。
48 如果安娜认可：采访知情人士。
49 20世纪80年代：采访迈克尔·布德罗，2021年4月28日。
50 在1994年：采访当时出席会议的知情人士。
51 实际上：Georgina Howell, "Vogue Beauty: Eyeing the East," *Vogue*, May, 1994.
52 对于作家而言：采访劳里·琼斯，2020年12月5日。
53 然而，也有：采访琳达·赖斯，2020年5月18日；采访弗雷迪·甘布尔，2020年2月28日；采访知情人士。
54 安娜刚刚担任：采访安德烈·莱昂·塔利，2021年3月20日。
55 1990年：André Leon Talley, *The Chiffon Trenches* (New York: Ballantine, 2020), 239, iBooks.
56 据他后来回忆：采访安德烈·莱昂·塔利，2021年3月20日。
57 曾在人力资源部：采访弗雷迪·甘布尔，2020年2月28日。
58 正如琼斯所言：采访劳里·琼斯，2020年12月5日。
59 塔利在回忆录：André Leon Talley, *The Chiffon Trenches* (New York: Ballantine, 2020), 241, iBooks.
60 但是在琼斯：采访劳里·琼斯，2020年12月5日。
61 帮助他支付：采访安德烈·莱昂·塔利，2021年3月20日。
62 1995年：André Leon Talley, *The Chiffon Trenches* (New York: Ballantine, 2020), 289, iBooks.
63 安娜对自己：采访莱斯利·简·西摩，2020年1月13日。
64 该颁奖典礼由：Michael Gross, "War of the Poses," *New York*, April 27, 1992.
65 她上台后："Long Night's Journey," *WWD*, Feb. 27, 1991.
66 观众席中：采访知情人士。
67 同年12月：Michael Gross, "War of the Poses," *New York*, April 27, 1992.

注　释

第十五章　第一助理，第二助理

1　到 1991 年：查尔斯·温图尔写给小阿瑟·施莱辛格的信件，1991 年 7 月 25 日，小阿瑟·施莱辛格的文件，纽约公共图书馆手稿及档案部门。
2　164 万美元：抵押贷款公共记录，1993 年 2 月 28 日。
3　希腊复兴式：Steven Kurutz, "What Do Anna Wintour and Bob Dylan Have in Common? This Secret Garden," The New York Times, Sept. 28, 2016, https://www.nytimes.com/2016/09/29/fashion/new-york-secret-garden-anna-wintour-bob-dylan.html.
4　在安娜一家：采访米兰达·布鲁克斯，2021 年 5 月 7 日。
5　每当安娜：采访莱斯利·简·西摩，2020 年 1 月 13 日。
6　安娜在工作：Nigel Farndale, "'Nuclear' Anna Sets a Frosty Tone at Vogue," The Telegraph, April 4, 1998.
7　不过，她有时：采访瑞迪斯·阿斯普朗德，2020 年 8 月 7 日。
8　此外，她还为：Nigel Farndale, "'Nuclear' Anna Sets a Frosty Tone at Vogue," The Telegraph, April 4, 1998.
9　1997 年：Lori Feldt deposition, March 8, 2002, LORI FELDT against CONDE NAST PUBLICATIONS, INC., and CHEMICO PLUS, INC., d/b/a RICCARDI CONTRACTING, Supreme Court of the State of New York County of New York.
10　无论安娜：采访斯蒂芬妮·温斯顿·沃尔科夫，2021 年 5 月 1 日。
11　只要孩子们：采访苏珊·比德尔，2019 年 8 月 23 日。
12　禁止出现：Sara James, "Memo Pad: Deck the Halls," Women's Wear Daily, Nov. 30, 2005.
13　对此，巴克利：采访玛吉·巴克利，2020 年 1 月 19 日。
14　倒确实如此：采访劳里·琼斯，2020 年 12 月 5 日。
15　如果我告诉："Yes," The Chicago Tribune, July 18, 1990.
16　安娜确实对：采访莎拉·范·斯克伦，2020 年 9 月 16 日。
17　安娜希望劳里：采访劳里·琼斯，2020 年 12 月 5 日。
18　纵观安娜：1988—2020 年 Vogue 杂志刊头；采访劳里·琼斯，2020 年 12 月 5 日；采访莎拉·范·斯克伦，2020 年 9 月 16 日；采访艾米·周，2020 年 10 月 16 日；采访梅瑞迪斯·阿斯普朗德，2020 年 8 月 7 日；采访三位知情人士。
19　其中，第一：采访两位知情人士。
20　在长岛居住：采访知情人士。
21　第三助理：采访两位知情人士。
22　对此，汤姆：采访汤姆·福特，2020 年 10 月 22 日。
23　每周末：采访三位知情人士。
24　安娜经常给：采访两位知情人士。
25　每逢周末：采访三位知情人士。
26　有时候：采访知情人士。
27　不过，有些：采访两位知情人士。

28 每位第二助理：采访知情人士。
29 助理们的工作：采访三位知情人士。
30 由此来看：采访知情人士。
31 第二助理或：采访两位知情人士。
32 除此之外：采访知情人士。
33 并不是所有人：采访知情人士。
34 有一回：同上。
35 一直以来：采访劳里·琼斯，2020 年 12 月 5 日。
36 尽管助理工作：采访两位知情人士。
37 安娜经常表现：采访知情人士。
38 话虽如此：采访劳里·琼斯，2020 年 12 月 5 日。
39 不喜欢兰花：采访安德烈·莱昂·塔利，2021 年 4 月 10 日。
40 对于助理们：采访梅瑞迪斯·阿斯普朗德，2020 年 8 月 7 日。
41 1986 年：采访哈米什·鲍尔斯，2020 年 12 月 2 日。
42 菲利斯·波斯尼克：采访菲利斯·波斯尼克，2021 年 1 月 18 日。
43 经安娜批准后: Grace Coddington, *Grace*. (New York: Random House, 2012), 213-214.
44 据塔利描述称: André Leon Talley, *The Chiffon Trenches* (New York: Ballantine, 2020), 286, iBooks.
45 安娜似乎对：采访数位当时在 *Vogue* 杂志社与安娜共事过的人。
46 柯丁顿称: Grace Coddington, *Grace* (New York: Random House, 2012), 214.
47 安娜欣赏：采访劳里·谢克特，2020 年 2 月 14 日。
48 正如塔利所言: André Leon Talley, *The Chiffon Trenches* (New York: Ballantine, 2020), 286, iBooks.
49 然而，*Vogue* 杂志：采访丽莎·乐福，2020 年 10 月 20 日。
50 安娜在 *Vogue* 杂志: Edward Helmore, "New Brit on the Block; James Truman," *The Times UK*, Feb. 6, 1994. ; Meg Cox, "James Truman Gets Star Status at Condé Nast," *The Wall Street Journal*, Jan. 26, 1994.
51 1991 年 2 月: Francine du Plessix Gray, *Them* (London: Penguin, 2004), 455.
52 虽然他挺了: Francine du Plessix Gray, *Them* (London: Penguin, 2004), 486-491.
53 与格蕾丝·米拉贝拉: Dodie Kazanjian and Calvin Tomkins, *Alex* (New York: Knopf, 1993), 322；采访劳里·琼斯，2020 年 12 月 5 日。
54 安娜曾表示: Rebecca Mead, "The Truman Administration," *New York*, May 23, 1994.
55 但是与她共事的人：采访莱斯利·简·西摩，2020 年 1 月 13 日；采访知情人士。
56 1992 年：采访知情人士。
57 加布·多贝：采访加布·多贝，2020 年 11 月 13 日。
58 多贝的任命: Brian Leitch, "Vogue's Gabé Doppelt Succeeds Amy Levin Cooper at Mademoiselle," *WWD*, Oct. 2, 1992.
59 在多贝负责: Deirdre Carmony, "The Media Business; New Makeover for Made-

moiselle," *The New York Times*, March 21, 1994.
60 1993 年 9 月: Deirdre Carmody, "Top Editor Resigns at Mademoiselle," *The New York Times*, Sept. 30, 1993; 采访加布·多贝, 2020 年 11 月 13 日。
61 对此, 安娜: Francine du Plessix Gray, *Them* (London: Penguin, 2004), 488.
62 利伯曼晚年: 采访知情人士。
63 不过, 安娜: Brian Leitch, "Vogue's Gabé Doppelt Succeeds Amy Levin Cooper at Mademoiselle," *WWD*, Oct. 2, 1992.
64 然而在多贝: 采访加布·多贝, 2020 年 11 月 13 日。
65 利伯曼也深有: Deirdre Carmony, "The Media Business; New Makeover for Mademoiselle," *The New York Times*, March 21, 1994.
66 随后, 乌德尔: 采访琼·费尼, 2019 年 2 月 6 日。
67 乌德尔坚信: 采访罗谢尔·乌德尔, 2019 年 4 月 12 日。
68 乌德尔和费尼: 采访琼·费尼, 2019 年 2 月 6 日。
69 1994 年: 采访乔·杜尔斯, 2020 年 6 月 26 日。
70 不过, 自从: 采访琼·费尼, 2019 年 2 月 6 日。
71 Vogue.com 还没: 采访琼·费尼, 2020 年 12 月 21 日与 2019 年 2 月 6 日。

第十六章　新项目，老朋友

1 有些反常: "Weather History for New York, NY," The Old Farmer's Almanac, https://www.almanac.com/weather/history/NY/New%20York/1995-12-04.
2 作为晚宴: Ailee Mehle, "A report on the Costume Institute Gala and the New Regime," *WWD,* Dec. 6, 1995.
3 此次晚宴: Nadine Brozan, "Chronicle." *The New York Times*, July 18, 1995.
4 娜奥米·坎贝尔: "25 Years of Met Gala Themes: A Look Back at Many First Mondays in May," Vogue.com, April 27, 2020, https://www.vogue.com/article/met-gala-themes.
5 她们与模特: Ailee Mehle, "A report on the Costume Institute Gala and the New Regime," *WWD,* Dec. 6, 1995.
6 大都会艺术博物馆: Nadine Brozan, "Chronicle," *The New York Times*, Oct. 9, 1995.
7 不过在后来: 斯蒂芬妮·温斯顿·沃尔科夫提供的文字信息, 2021 年 7 月 17 日; 采访知情人士。
8 这类活动以往: 采访莎拉·范·斯克伦, 2020 年 9 月 16 日。
9 晚宴结束后: Nadine Brozan, "Chronicle." *The New York Times*, Oct. 9, 1995.
10 大家聚在一起: 采访莎拉·范·斯克伦, 2020 年 9 月 16 日; 采访知情人士。
11 一次庆典活动: 采访知情人士。
12 马丁曾任: 采访丹妮塔·休厄尔, 2020 年 7 月 29 日。
13 马丁于 1993 年: Bernadine Morris, "Costume Change at the Met," *New York Times*, Dec. 18, 1992.
14 因此, 马丁: Michael Gross, *Rogues' Gallery* (New York: Crown, 2010), 463.
15 安娜后来坦言: Anna Wintour, "Anna Wintour Teaches Creativity and Leadership:

Introduction," *Master Class* video, "Executing a Vision and Transforming the Met Gala," https://www.masterclass.com/classes/anna- wintour-teaches-creativity-and-leadership/chapters/executing-a-vision-transforming-the-met-gala.

16　不过，大都会：采访熟知该规划的知情人士。
17　此外，她也：采访艾玛·索姆斯，2021年6月14日。
18　不过，她也：Anna Wintour, "Anna Wintour Teaches Creativity and Leadership: Introduction," *Master Class* video, "Executing a Vision and Transforming the Met Gala," https://www.masterclass.com/classes/anna-wintour-teaches-creativity-and-leadership/chapters/executing-a-vision-transforming-the-met-gala.
19　身为首席策展人：采访知情人士。
20　安娜心想：采访迈克尔·布德罗，2021年4月28日。
21　蒂尔贝里斯：采访萨拉贾内·霍尔，2020年10月23日。
22　对此，安娜：采访玛吉·巴克利，2020年1月19日。
23　与此同时：Michael Gross, "War of the Poses," *New York*, April 27, 1992.
24　1996年：采访知情人士。
25　看起来更喜欢：同上。
26　马丁对自己：采访数位知情人士。
27　当时，马丁：采访知情人士。
28　诺丽在感染：查尔斯·温图尔写给小阿瑟·施莱辛格的信件，1996年2月7日，小阿瑟·施莱辛格的文件，纽约公共图书馆手稿及档案部门。
29　诺丽去世后：采访知情人士。
30　然而，据劳里：采访劳里·琼斯，2020年12月5日。
31　安娜一直坚信：Kevin Gray, "The Summer of her Discontent," *New York*, Sept. 20, 1999.
32　安娜回到伦敦：André Leon Talley, *The Chiffon Trenches* (New York: Ballantine, 2020), 310, iBooks.
33　塔利在多年后：采访安德烈·莱昂·塔利，2021年4月10日。
34　也许就在：采访劳里·琼斯，2020年12月5日。
35　塔利辞职时：Constance C.R. White, "Patterns," *The New York Times*, March 7, 1995, https://www.nytimes.com/1995/03/07/style/patterns-637095.html.
36　当安娜给塔利：André Leon Talley, *The Chiffon Trenches* (New York: Ballantine, 2020), 310 - 311, iBooks.
37　葬礼上：查尔斯·温图尔写给小阿瑟·施莱辛格的信件，1996年2月7日，小阿瑟·施莱辛格的文件，纽约公共图书馆手稿及档案部门。
38　安娜致悼词时：André Leon Talley, *The Chiffon Trenches* (New York: Ballantine, 2020), 311 - 312, iBooks.
39　雪上加霜的是：查尔斯·温图尔写给小阿瑟·施莱辛格的信件，1996年2月7日，小阿瑟·施莱辛格的文件，纽约公共图书馆手稿及档案部门。
40　对于安娜来说：采访数位安娜的朋友。
41　尽管两人达成：André Leon Talley, *The Chiffon Trenches* (New York: Ballantine,

2020), 313, iBooks.

42　随后，他在：André Leon Talley, *The Chiffon Trenches* (New York: Ballantine, 2020), 326, iBooks.

43　35 万美元：采访安德烈·莱昂·塔利，2021 年 4 月 10 日；采访劳里·琼斯，2021 年 5 月 20 日。

44　他对待安娜：采访劳里·琼斯，2020 年 12 月 5 日。

45　安娜二次聘用：采访知情人士。

第十七章　跟着钱走

1　安娜是时尚界：采访知情人士。

2　1994 年第一季度：Garth Alexander, "The gloss comes off at Condé Nast magazines," *The Times UK*, May 8, 1994.

3　正因如此：Lisa Lockwood, "Ron Galotti: Vogue's Hired Gun," *WWD*, May 13, 1994.

4　纽豪斯解雇：Garth Alexander, "The Gloss Comes Off at Conde Nast Magazines," *The Times UK*, May 8, 1994.

5　大家都对：Jay McInerney, "Goodbye, Mr. Big," *New York*, April 30, 2004.

6　加洛蒂公开：同上。

7　纽豪斯王朝：采访知情人士。

8　很快，流言：Garth Alexander, "The Gloss Comes Off at Conde Nast Magazines," *The Times UK*, May 8, 1994.

9　1994 年 9 月：Amy Spindler, "How Fashion Killed the Unloved Waif," *The New York Times*, Sept. 27, 1994.

10　据格蕾丝·柯丁顿：采访格蕾丝·柯丁顿，2020 年 12 月 19 日。

11　加洛蒂对：采访知情人士。

12　因此，让：同上。

13　到了 1997 年年初：Lisa Lockwood, "March: The Record Breakers," *WWD*, Feb. 27, 1997.

14　1997 年：Lisa Lockwood, "Forecast '98: The Ad Page Challenge: How to Beat '97," *WWD*, Oct. 23, 1997.

15　那一年的 9 月：Lisa Lockwood, "September Mags: Fat and Happy," *WWD*, Aug. 21, 1997.

16　1997 年："Memo Pad: What a Relief," *WWD*, Feb. 28, 1997.

17　纽豪斯的青睐：Kate Betts, "Ruth Reichl Dishes on the Last Days of Gourmet Magazine," *The New York Times*, April 9, 2019, https://www.nytimes.com/2019/04/09/books/review/ruth-reichl-save-me-the-plums.html.

18　不过，加洛蒂：采访了解这段对话的知情人士。

19　安娜在就餐时：同上。

20　但是她依旧：采访劳里·琼斯，2021 年 5 月 20 日。

21　不过在公司内：采访汤姆·弗洛里奥，2021 年 4 月 19 日。

22 正因如此：Nadine Brozan, "Chronicle," *New York Times*, Oct. 1, 1993, https://www.nytimes.com/1993/10/01/style/chronicle-638293.html.

23 到达后：采访威廉·诺维奇，2020 年 12 月 16 日。

24 警察将这些：Nadine Brozan, "Chronicle," *New York Times*, Dec. 20, 1996.

25 每年，*Vogue* 杂志：采访莎拉·范·斯克伦，2020 年 9 月 16 日。

26 从商业目的：采访知情人士。

27 对于安娜的助理：采访梅瑞迪斯·阿斯普朗德，2020 年 8 月 7 日。

28 1996 年 9 月："Letter from the Editor: An American Moment," *Vogue*, September, 1996.

29 据称，安娜："Memo Pad: Raccoon-ized," *WWD*, Dec. 20, 1996.

30 那天，该女子：Coddington Grace, *Grace*. (New York: Random House.) 2012, 248-249.

31 女子将它："Memo Pad: Raccoon-ized," *WWD*, Dec. 20, 1996; Nadine Brozan, "Chronicle," *The New York Times*, Dec. 20, 1996.

32 安娜将一张：Grace Coddington, *Grace*, (New York: Random House, 2012), 248-249.

33 后来，四季酒店：Nadine Brozan, "Chronicle," *The New York Times*, Dec. 20, 1996.

34 她后来成为：采访安妮·麦克纳利，2021 年 5 月 6 日。

35 布鲁克斯听说：采访米兰达·布鲁克斯，2021 年 5 月 7 日。

36 安娜在贝尔波特：同上。

37 不过，这：采访安妮·麦克纳利，2021 年 5 月 6 日。

38 尽管她后来：采访知情人士。

39 蓬塔卡纳旅游：采访安妮·麦克纳利，2021 年 5 月 6 日。

40 安娜适应不了：采访许多朋友。

41 在布鲁克斯看来：采访米兰达·布鲁克斯，2021 年 5 月 7 日。

42 朋友们劝说：采访知情人士。

43 后来，安娜：Kelly McMasters, *Welcome to Shirley: A Memoir from an Atomic Town* (New York: PublicAffairs, 2008), TK.

44 不过，令：采访凯利·麦克马斯特斯，2019 年 12 月 16 日。

45 漠不关心：采访许多朋友。

46 她就像在：采访米兰达·布鲁克斯，2021 年 5 月 7 日。

47 经过一番改造：Mara Miller, *Carrier and Company: Positively Chic Interiors* (New York: Harry N. Abrams, 2015). Brooks convinced: Interview with Miranda Brooks, May 7, 2021.

48 布鲁克斯说服：采访米兰达·布鲁克斯，2021 年 5 月 7 日。

49 1997 年圣诞节：LORI FELDT against CONDE NAST PUBLICATIONS, INC., and CHEMICO PLUS, INC., d/b/a RICCARDI CONTRACTING, Supreme Court of the State of New York County of New York; Dareh Gregorian, "Condé Clear$ Air-Pays Wintour Nanny $2M to Settle Toxic-Fume Suit," *New York Post*, Oct. 20,

2004.
50 安娜对此次：采访劳里·琼斯，2021 年 5 月 20 日。
51 12 月 17 日：Richard Johnson with Jean McIntoch and Sean Goodman, "Vogue fights PETA beef with beef," *New York Post*, Dec. 19, 1997.
52 但是安娜：采访劳里·琼斯，2021 年 5 月 20 日。
53 20 世纪 90 年代末：Lisa Lockwood, "Anna's Menage a Trois," *WWD*, Jan. 9, 1998.
54 因为整期都在：Orla Healy, "Girl Power," *New York Daily News*, Jan. 15, 1998.
55 按照 *Vogue* 杂志：采访劳里·琼斯，2021 年 5 月 20 日。
56 这些人都不：采访格蕾丝·柯丁顿，2020 年 12 月 19 日。
57 *Vogue* 杂志：采访查尔斯·丘格沃德，2020 年 6 月 4 日。
58 不过，该杂志：采访托恩·古德曼，2021 年 6 月 10 日。
59 在刚开始担任：采访知情人士。
60 我们时常：Anna Wintour, "Letter from the Editor: No Ordinary Oprah," *Vogue*, Oct. 1998.
61 她在 1998 年：Rick Marin, "She's Still in Vogue," *Newsweek*, Nov. 23, 1998.
62 2009 年：Amy Odell, "60 Minutes Outtakes: Anna Wintour on Fur, Photoshop, and Obese People," The Cut, May 18, 2009, https://www.thecut.com/2009/05/60_minutes_outtakes_anna_winto.html.
63 早期，在安德烈：采访两位知情人士。
64 安娜亲自上阵：采访保罗·卡瓦科，2020 年 12 月 22 日。
65 当时，为了：Jonathan Van Meter, "From the Archives: Oprah Winfrey in Vogue," Vogue.com, https://www.vogue.com/article/from-the-archives-oprah-winfrey-in-vogue.
66 通常来说：Lisa Lockwood, "Covers'98: Agony and Ecstasy," *WWD*, Jan. 29, 1999.
67 1999 年，很多：Alex Kuczynski, "Trading on Hollywood Magic; Celebrities Push Models Off Women's Magazine Covers," *The New York Times*, Jan. 30, 1999.
68 1999 年，托恩：采访托恩·古德曼，2021 年 6 月 10 日。
69 古德曼没有：同上。
70 当时，安娜："Notes," *The New York Times*, Feb. 7, 1993.
71 最终，克林顿：希拉里·克林顿的发言人向作者透露的消息。
72 当时，*Vogue* 杂志：采访劳里·琼斯，2021 年 12 月 5 日。
73 1998年：Alex Kuczynski, "MEDIA; The First Lady Strikes a Pose for the Media Elite," *The New York Times*, Dec. 7, 1998, https://www.nytimes.com/1998/12/07/business/media-the-first-lady-strikes-a-pose-for-the-media-elite.html. [lxxiv] Like the Oprah shoot: Interview with Paul Cavaco, Dec. 22, 2020.
74 与奥普拉：采访保罗·卡瓦科，2020 年 12 月 22 日。
75 据《纽约时报》：Alex Kuczynski, "The First Lady Strikes a Pose for the Media Elite," *The New York Times*, Dec. 7, 1998.
76 随后，米拉麦克斯：采访瑞秋·派恩，2020 年 8 月 3 日。
77 1998 年夏天：Robin Pogrebin, "Media: Publishing; Losing Vogue's publisher

could hurt Condé Nast as much as Tina Brown's departure," *The New York Times*, July 20, 1998.
78 安娜和贝克曼：采访劳里·琼斯，2021年5月20日。
79 此前，加洛蒂: Kevin Gray, "The Summer of her Discontent," *New York*, Sept. 20, 1999.
80 在同类杂志中：采访知情人士。
81 1997年: Jane L Levere, "THE MEDIA BUSINESS: ADVERTISING; Harper's Bazaar is moving to increase ad pages with a new Web site and television campaign," *The New York Times*, March 5, 1998.
82 1998年春天：采访琼·费尼，2020年12月22日。
83 不过，在他们：采访琼·费尼，2019年2月6日。
84 但是如何让：同上。
85 费尼和她：采访琼·费尼，2019年2月6日；采访罗谢尔·乌德尔，2019年4月12日。
86 为了创办 *Vogue*：采访琼·费尼，2019年2月6日。
87 塔利曾说：采访安德烈·莱昂·塔利，2021年4月10日。
88 挑战之二：采访琼·费尼，2019年2月6日。
89 在律师的帮助：琼·费尼向作者提供的信函扫描件。
90 在当时看来：采访琼·费尼，2019年2月6日。
91 Chanel等品牌：采访琼·费尼，2019年2月6日。
92 2013年: Teo van den Broeke and Zak Maoui, "How Burberry became Britain's most important brand," GQ UK, Sept. 17, 2018, https://www.gq-magazine.co.uk/article/how-burberry-became-britains-most-important- brand.
93 在 Vogue.com 网站：采访琼·费尼，2019年2月6日与2020年12月21日。
94 这项壮举值得：采访琼·费尼，2019年2月6日。
95 据称，1999年: Ravi Somaiya, "Condé Nast to Sell Fairchild Fashion Media for $100 Million," *The New York Times*, Aug. 19, 2017.
96 费尼称：采访琼·费尼，2019年2月6日。

第十八章　离　婚

1 1999年：采访乔丹·沙普斯，2020年2月7日。
2 当时，《纽约时报》: Kevin Gray, "The Summer of Her Discontent," *New York*, Sept. 20, 1999, https://nymag.com/nymetro/news/people/features/1460/.
3 20分钟后：采访乔丹·沙普斯，2020年2月7日。
4 1997年年末: Kevin Gray, "The Summer of Her Discontent," *New York*, Sept. 20, 1999. https://nymag.com/nymetro/news/people/features/1460/.
5 谢尔比·布莱恩：采访谢尔比·布莱恩，2021年7月20日与21日。
6 《得克萨斯月刊》: Smith, Evan, "In Vogue." *Texas Monthly*, Oct. 1999.
7 他是安娜首个：采访知情人士。

8 布莱恩也因他在：Smith, Evan, "In Vogue." *Texas Monthly*, Oct. 1999.
9 1999 年夏天："Encore: People Watch," *Fort Worth Star Telegram*, July 21, 1999.
10 我不喜欢：采访谢尔比·布莱恩，2021 年 7 月 21 日。
11 这段婚外情：George Rush and Joanna Malloy, "Jerry Gets a Beauty Over-Hall," *New York Daily News*, July 14, 1999.
12 安娜留了下来：Deborah Schoeneman, "David Shaffer Guts Downing Street Home In a Real Big Hurry," Observer.com, Feb. 14, 2000, https://observer.com/2000/02/david-shaffer-guts-downing-street-home-in-a- real-big-hurry/.
13 正因谢弗：采访知情人士。
14 给出反馈：采访劳里·琼斯，2020 年 12 月 5 日。
15 一起参加派对：采访知情人士。
16 安娜和他：同上。
17 她与比尔·盖茨：采访劳里·琼斯，2021 年 5 月 20 日。
18 朋友们都说：采访两位知情人士。
19 虽然安娜：Kevin Gray, "The Summer of Her Discontent," *New York*, Sept. 20, 1999. https://nymag.com/nymetro/news/people/features/1460/.
20 *Vogue* 杂志：采访斯蒂芬妮·温斯顿·沃尔科夫，2021 年 5 月 1 日。
21 随着安娜与：Kevin Gray, "The Summer of Her Discontent," *New York*, Sept. 20, 1999. https://nymag.com/nymetro/news/people/features/1460/.
22 举办了一场：Karen de Witt, "A 7th Ave. Campaign Goes to Washington," *The New York Times*, Sept. 22, 1996, https://www.nytimes.com/1996/09/22/us/a-7th-ave-campaign-goes-to-washington.html.
23 她对政治：采访谢尔比·布莱恩，2021 年 7 月 21 日。
24 让她的密友们：采访知情人士；采访汤姆·福特，2020 年 10 月 22 日；采访劳里·琼斯，2020 年 12 月 5 日。
25 男方头脑精明：采访知情人士。
26 据三个了解：采访三位知情人士。
27 大家都很好奇：采访两位知情人士。
28 在执行编辑：采访劳里·琼斯，2020 年 12 月 5 日。
29 在布莱恩与：采访汤姆·福特，2020 年 10 月 22 日。
30 她正在处理：George Rush and Joanna Molloy, "For Mogul, High Cost of Wintourizing," *New York Daily News*, July 25, 1999.
31 7 点半左右：采访乔丹·沙普斯，2020 年 2 月 7 日。
32 她把塔利带来：采访安德烈·莱昂·塔利，2021 年 4 月 10 日。
33 自从安娜成为：采访安德烈·莱昂·塔利，2021 年 3 月 20 日。
34 不到半小时：采访乔丹·沙普斯，2020 年 2 月 7 日。
35 安娜的照片：Kevin Gray, "The Summer of Her Discontent," *New York*, September 20, 1999. https://nymag.com/nymetro/news/people/features/1460/.
36 该报道还透露：Kevin Gray, "The Summer of Her Discontent," *New York*, Sept. 20, 1999. https://nymag.com/nymetro/news/people/features/1460/.

37　然而，布莱恩：采访谢尔比·布莱恩，2021年7月21日。
38　大家都：采访谢尔比·布莱恩，2021年7月21日。
39　当时，大都会：采访知情人士。
40　为大都会：采访威廉·诺维奇，2020年12月16日。
41　但是安娜还是：采访威廉·诺维奇，2020年12月16日；采访茱莉·麦克洛威，2019年8月5日。
42　为了寻找赞助商：采访知情人士。
43　他当时开出：采访迈拉·沃克，2020年5月4日。
44　同年，希尔费格：同上。
45　此次活动：同上。
46　此外，麦当娜：采访杰夫·戴利与加里·德勒米斯特，2020年5月6日。
47　无论是这次：采访斯蒂芬妮·温斯顿·沃尔科夫，2021年5月1日。
48　27.5万美元：该数字出现在知情人士提供的大都会艺术博物馆慈善晚宴的策划文件上。
49　Hilfiger品牌：采访知情人士。
50　*Vogue*杂志：Cathy Horyn, "A Rare Mix of Celebrity and Society," *The Washington Post*, Dec. 8, 1999.
51　有趣的是：采访斯蒂芬妮·温斯顿·沃尔科夫，2021年5月1日。
52　在库姆斯表演时：采访听说过该言论的一些知情人士。
53　那场慈善晚宴：George Rush and Joanna Molloy, "The Wintour of Her Discontent," *New York Daily News*, Dec. 8, 1999.
54　布莱恩回忆称：采访谢尔比·布莱恩，2021年7月21日。
55　在塔利的记忆里：采访安德烈·莱昂·塔利，2021年4月10日。
56　她和布莱恩：采访谢尔比·布莱恩，2021年7月21日。
57　他在遗嘱中说：查尔斯·温图尔的遗嘱，作者通过公共记录请求获得。
58　查尔斯的追悼会："People," *The Miami Herald*, Dec. 17, 1999.
59　2019年："Anna Wintour on Her Father Charles Wintour," CNN.com, Apr. 8, 2019, https://www.cnn.com/videos/fashion/2019/04/08/anna-wintour-interview-charlie-style-orig.cnn.
60　然而，卡尔：采访迈拉·沃克，2020年5月4日；André Leon Talley, *The Chiffon Trenches* (New York: Ballantine, 2020), 360, iBooks.
61　安娜曾在：Lockwood, Lisa. "Karl's Blank Canvas: No Chanel Sensation for the Metropolitan." *Women's Wear Daily*. May 19, 2000.
62　不过，整个：采访迈拉·沃克，2020年5月4日。
63　塔利称：采访安德烈·莱昂·塔利，2021年3月20日。

第十九章　关于网站

1　她还认为：采访艾米·周，2020年10月16日。
2　继琼·费尼："STYLE.com Names Online Media Veteran Jamie Pallot as Editor

in Chief," *Business Wire*, May 31, 2001.
3   安娜批准：采访知情人士。
4   三个月后：James Fallon, "Price Named Style.com Fashion Head," *Women's Wear Daily*, Sept. 5, 2001.
5   据普拉茨·普赖丝：采访坎迪·普拉茨·普赖丝，2020 年 12 月 8 日。
6   帕勒特也对：采访知情人士。
7   然而，Style.com：同上。
8   普拉茨·普赖丝：采访坎迪·普拉茨·普赖丝，2020 年 12 月 16 日。
9   Style.com 网站：采访两位知情人士。
10 她的团队：采访知情人士。
11 策划慈善晚宴：采访斯蒂芬妮·温斯顿·沃尔科夫，2021 年 5 月 1 日。
12 未被邀请的人：采访知情人士。
13 温斯顿·沃尔科夫：采访斯蒂芬妮·温斯顿·沃尔科夫，2021 年 5 月 1 日。
14 出于相同的原因：采访斯蒂芬妮·温斯顿·沃尔科夫，2021 年 5 月 1 日；采访知情人士。
15 不过，有些：斯蒂芬妮·温斯顿·沃尔科夫提供的文字信息，2021 年 5 月 2 日。
16 安娜和温斯顿：采访斯蒂芬妮·温斯顿·沃尔科夫，2021 年 5 月 1 日；斯蒂芬妮·温斯顿·沃尔科夫提供给作者的文字信息。
17 在 *Vogue* 杂志社：采访知情人士。
18 20 世纪 80 年代：Anna Wintour, "Letter from the Editor: The Bold & the Beautiful," *Vogue*, Feb. 2005.
19 多年来：Stephanie Winston Wolkoff, *Melania and Me*, (New York, NY: Gallery, 2020), 20.
20 2001 年 4 月 17 日："Radical Lecture Cancels Class," *New York Post*, April 19, 2001.
21 然而却发现：采访知情人士。
22 *Vogue* 杂志对：Alexandra Kotur, "Talking Fashion: Moulin Rouge Premiere: Kickoff Time," *Vogue*, June 2001.
23 克瑙斯登上：Eve MacSweeney, "Vogue View: Out With the Old," *Vogue*, May 2003.
24 2004 年春天：Ivanka Trump, *Women Who Work* (New York, NY: Portfolio/Penguin, 2017), 34.
25 晚宴结束后：保罗·威尔莫特的电子邮件，2021 年 7 月 21 日。
26 此前，特朗普：同上。
27 然而，工作人员：采访知情人士。
28 克瑙斯只不过：采访两位知情人士。
29 售出 41.7 万本：该数字由销数审计局提供给作者。
30 与封面为：采访莎莉·辛格，2021 年 1 月 14 日。
31 *Vogue* 杂志社：采访艾米·周，2020 年 10 月 16 日；采访知情人士。
32 2001 年 9 月 11 日："September 11 Attack Timeline," 9/11 Memorial, https://timeline.911memorial.org/#Timeline/2.

33 当时，大多数：采访丽莎·乐福，2020 年 10 月 20 日与 2021 年 5 月 25 日。
34 与此同时：采访知情人士。
35 身为 Vogue 杂志：Anna Wintour, "Anna Wintour Teaches Creativity and Leadership: The CFDA Vogue Fashion Fund." Master Class video. https://www.masterclass.com/classes/anna-wintour-teaches-creativity-and-leadership/chapters/spotting-designer-talent-cfda-vogue-fashion-fund.
36 2001 年 9 月 12 日：采访格蕾丝·柯丁顿，2021 年 5 月 17 日；斯蒂芬妮·温斯顿·沃尔科夫提供的文字信息，2021 年 7 月 19 日。
37 2000 年年底：采访劳里·琼斯，2021 年 5 月 20 日；采访知情人士。
38 或许对她而言：采访知情人士。
39 安娜希望：采访格蕾丝·柯丁顿，2021 年 5 月 17 日；采访两位知情人士。
40 尽管员工们：采访知情人士。
41 9 月 12 日：采访艾米·周，2020 年 10 月 16 日。
42 与此同时：采访知情人士。
43 安娜立即指派：采访格蕾丝·柯丁顿，2021 年 5 月 17 日；Sally Singer, "Amazing Grace," Vogue, Nov. 2001.
44 在拍摄：采访格蕾丝·柯丁顿，2021 年 5 月 17 日。
45 在她离婚时：采访安东尼·哈登-格斯特，2021 年 5 月 19 日。
46 不过也有人：采访劳里·琼斯，2020 年 12 月 5 日；采访知情人士。
47 安娜只是：采访两位知情人士。
48 让她的团队：采访两位知情人士。

第二十章　全新联盟

1 2001 年：Lisa Lockwood, "Mags Worry About Ads," WWD, Sept. 21, 2001. Lockwood, Lisa. "Mag Meltdown Spills into 2002," WWD, Dec. 14, 2001.
2 最重要的是：George Rush and Joanna Molloy, "Armani's in Fashion, But Not in Vogue," New York Daily News, Oct. 31, 2001.
3 2002 年年初：采访汤姆·弗洛里奥，2020 年 8 月 12 日。
4 Vogue 杂志社：Keith Kelly, "Muzzle for Mad Dog - Condé Nast Will Pay Seven Figures to Settle Assault Suit," New York Post, Sept. 22, 1999.
5 提起诉讼：Alex Kuczynski, "Conde Nast Pays Woman Injured by Executive," The New York Times, Sept. 22, 1999.
6 安娜对此事：采访劳里·琼斯，2021 年 5 月 20 日。
7 早在贝克曼：采访知情人士。
8 苏珊·伯恩斯坦：采访苏珊·伯恩斯坦，2019 年 8 月 7 日。
9 汤姆·弗洛里奥：采访汤姆·弗洛里奥，2020 年 8 月 12 日与 2021 年 4 月 19 日。
10 上任之初：采访汤姆·弗洛里奥，2020 年 8 月 12 日。
11 在弗洛里奥：采访汤姆·弗洛里奥，2020 年 8 月 12 日。
12 阿拉亚告诉：Cathy Horyn, "Fashion Review: Karl Lagerfeld's Understated Mastery,"

The New York Times, Jan. 26, 2003.

13 他后来称: "Memo Pad: Alaia Aloud," *WWD*, May 8, 2009.
14 在看到她: Eric Warroll, "Azzedine Alaïa Interview," Virginie, May 25, 2011, http://www.virginemag.com/home/azzedine-alaia-interview/.
15 另外，据柯丁顿: 采访格蕾丝·柯丁顿，2020 年 12 月 19 日。
16 康泰纳仕集团: 采访汤姆·弗洛里奥，2020 年 8 月 12 日。
17 另一位助理: 采访劳里·琼斯，2020 年 12 月 5 日。
18 很少有人能: 采访知情人士。
19 琼斯坦言: 采访劳里·琼斯，2020 年 12 月 5 日; "First Fiction-Publishers Spring Into Auction," *Publisher's Weekly*, Jan. 27, 2003。
20 2002 年 5 月 21 日: Lisa Lockwood, "Memo Pad: Wintour Tales," *WWD*, May 21, 2002.
21 安娜听闻: 采访劳里·琼斯，2020 年 12 月 5 日。
22 2002 年 11 月: 知情人士的电子邮件。
23 不过，对于: 采访知情人士。
24 尽管如此: 采访阿曼达·伦德伯格，2020 年 8 月 20 日。
25 有一回: 采访知情人士。
26 因此在处理: 采访阿曼达·伦德伯格，2020 年 8 月 20 日。
27 大型报道中: 采访知情人士。
28 2011 年: Joshua Levine, "How to get ahead in fashion: Rule No 1: make friends with this woman," *The Times UK*, July 9, 2011.
29 伦德伯格坦言: 采访阿曼达·伦德伯格，2020 年 8 月 20 日。
30 韦恩斯坦之邀: 同上。
31 关系可见一斑: 采访知情人士。
32 对于安娜而言: 同上。
33 全天下凡是: 采访阿曼达·伦德伯格，2020 年 8 月 20 日。
34 魏丝伯格曾在: "First Fiction-Publishers Spring into Action," *Publishers Weekly*, Jan. 27, 2003.
35 本书与安娜: Sheryl Connelly, "Mags to Riches on a Vogue Idea," *New York Daily News*, April 14, 2003.
36 在这本书出版: David Carr, "Anna Wintour Steps Toward Fashion's New Democracy," *The New York Times*, Feb. 17, 2003.
37 事实上: 采访劳里·琼斯，2020 年 12 月 5 日。
38 停留了六个月: Sheila Kolhatkar, "Devil Writes Nada: Why Is Weisberger Getting a Million?" *New York Observer*, Oct. 10, 2005. https://observer.com/2005/10/devil-writes-nada-why-is-weisberger-getting-a-million/.
39 在我看来: 采访威廉·诺维奇，2020 年 12 月 16 日。
40 安娜曾经对: 采访威廉·诺维奇，2020 年 12 月 16 日; 采访加布·多贝，2020 年 11 月 13 日。
41 这本书: 采访丽莎·乐福，2020 年 10 月 20 日。

42 一些人认为：采访艾米·周，2020 年 10 月 16 日；采访丽莎·乐福，2020 年 10 月 20 日；采访知情人士。
43 在该书上市：采访艾米·周，2020 年 10 月 16 日。
44 2000 年：同上。
45 在汤姆·弗洛里奥：采访汤姆·弗洛里奥，2020 年 8 月 12 日。
46 据柯丁顿回忆：采访格蕾丝·柯丁顿，2020 年 12 月 19 日。

第二十一章　互利互惠

1 *Vogue* 杂志社：Anna Wintour, "Anna Wintour Teaches Creativity and Leadership: The CFDA Vogue Fashion Fund." Master Class video. https://www.masterclass.com/classes/anna-wintour-teaches-creativity-and-leadership/chapters/spotting-designer-talent-cfda-vogue-fashion-fund.
2 为了彰显自己：Peter Braunstein, "Young Designers to Show Today," *WWD*, Sept. 21, 2001.
3 安娜批准了：采访艾米·周，2020 年 10 月 16 日。
4 在此期间：Peter Braunstein, "Young Designers to Show Today," *WWD*, Sept. 21, 2001.
5 每年入围：采访莎莉·辛格，2021 年 1 月 14 日。
6 写在了晕机袋：Bob Morris, "The Age of Dissonance; Fashion Isn't for the Meek," *The New York Times*, Feb. 11, 2001.
7 我向母亲保证：采访杰克·麦科洛与拉扎罗·埃尔南德斯，2020 年 11 月 18 日。
8 2003 年年初：采访艾利·霍斯曼，2020 年 9 月 23 日。
9 在某次会议上：Jeff Bercovici and Sara James, "Memo Pad: Win-Tour of Duty," *WWD*, March 7, 2006.
10 然而，20 万：采访杰克·麦科洛与拉扎罗·埃尔南德斯，2020 年 11 月 18 日。
11 设计师伊萨克：Isaac Mizrahi, *I: A Memoir* (New York: Flatiron Books, 2019), 473-474, iBooks.
12 米兹拉希补充：Eric Wilson, "Check, Please," *Women's Wear Daily*, Oct. 18, 2004.
13 第二个月："New Faces," *Vogue*, March 1990.
14 不久之后：采访冼书瀛，2020 年 10 月 6 日。

第二十二章　*Vogue* 大家族

1 行业的领头羊：采访知情人士。
2 20 世纪 90 年代：Amy M. Spindler, "Galliano Is Named Designer for House of Givenchy," *The New York Times*, July 12, 1995.
3 推荐了设计师：Cathy Horyn, "Citizen Anna," *The New York Times*, Feb. 1, 2007.
4 安娜称自己：Lee Wallick, "Media: Magazines: The Wintour Collection," *The Guardian*, May 9, 2005.

5   当时，安娜：艾米·阿斯特利向作者提供文章，2021年7月21日。
6   在该杂志：采访艾米·周，2020年10月16日。
7   阿斯特利期望：艾米·阿斯特利向作者提供文章，2021年7月21日。
8   在纽豪斯承诺：Lisa Lockwood, "Memo Pad: Teen Vogue's Future," *WWD*, April 5, 2020. SEE ALSO: Jacob Bernstein, "Teen Vogue to Become Bimonthly," *WWD*, June 7, 2002.
9   安娜的女儿："Bee Shaffer on What Life Is Like As Anna Wintour's Daughter-Teen Vogue," YouTube, May 6, 2014. https://www.youtube.com/watch?v=0gM0nEWxhf4.
10   据阿斯特利：Pappu Sridhar, "As Blix Unloads, News Comes Back to U.N. Bureaus；'It's to a point where I almost can't write about it anymore. If people don't understand it, I don't know what else to do？', Maggie Farley, The Los Angeles Times, on covering the Iraq story from the U.N.," *New York Observer*, Feb. 3, 2003.
11   2004年："Bee Shaffer on What Life Is Like As Anna Wintour's Daughter-Teen Vogue," YouTube, May 6, 2014. https://www.youtube.com/watch?v=0gM0nEWxhf4.
12   当时，*Vogue*杂志：采访查尔斯·丘格沃德，2020年6月4日。
13   相较于在：同上。
14   不过，阿斯特利：艾米·阿斯特利向作者提供文章，2021年7月21日。
15   安娜意想不到：采访汤姆·福特，2020年10月22日。
16   安娜对食物：斯蒂芬妮·温斯顿·沃尔科夫向作者提供的文字信息，2021年5月2日。
17   福特在其他：采访斯蒂芬妮·温斯顿·沃尔科夫，2021年5月1日。
18   当年，安娜：同上。
19   他们入场时：采访安德鲁·博尔顿，2020年12月15日。
20   弗洛里奥等：采访知情人士。
21   据弗洛里奥回忆：采访汤姆·弗洛里奥，2020年8月12日与2021年4月19日。
22   纽豪斯和菲尔登：采访知情人士。
23   安娜曾前往：采访谢尔比·布莱恩，2021年7月21日。
24   安娜以经营：采访两位知情人士。
25   然而随着时间：采访知情人士。
26   安娜崇拜：采访劳里·琼斯，2020年12月5日。
27   对安娜来说：采访劳里·琼斯，2020年12月5日；采访知情人士。
28   这与她被：采访知情人士。
29   安娜和菲尔登：采访三位知情人士。
30   *Vogue*男士：采访汤姆·弗洛里奥，2021年4月19日。
31   封面人物是："Just in Time for Thursgay Styles: Men's Vogue," Gawker.com, Aug. 18, 2005, https://gawker.com/118022%2Fjust-in-time-for-thursgay-styles-mens-vogue.
32   2005年9月8日：采访知情人士。
33   第二天早上：同上。
34   劳尔开门见山："Anna Wintour and Jay Fielden Discuss Their New Magazine,

Men's Vogue," *Today Show*, NBC, September 9, 2005.

35 对于安娜而言：采访数位知情人士。
36 安娜偶尔也曾：采访听闻这些评论的知情人士。
37 她倾向于：采访三位知情人士。
38 有些人很快：采访两位知情人士。
39 她在使用：采访知情人士。
40 许多员工认为：同上。
41 这段插曲随即：Amy Odell, "Men's Vogue Refused to Publish Marc Jacobs Ad Starring Gay Couple," NYmag.com, September 2, 2009, https://www.thecut.com/2009/09/mens_vogue_refused_to_publish.html.
42 该杂志的市场：采访知情人士。
43 2007 年：同上。
44 另外，*Vogue* 男士：采访三位知情人士。
45 2007 年：采访知情人士。
46 哈维·韦恩斯坦：哈维·韦恩斯坦发送给安娜·温图尔的电子邮件，2007 年 9 月 23 日，由知情人士提供给作者。
47 在一些人看来：采访知情人士。
48 安娜继续：同上。
49 2005 年 5 月：Amy Diluna, "Meryl Takes on a Wintour's Tale," *New York Daily News*, May 3, 2005.
50 当时，导演：采访大卫·弗兰科尔，2020 年 7 月 8 日。
51 当时，电影：同上。
52 就在斯特里普：Isaac Mizrahi, *I: A Memoir* (New York, NY: Flatiron Books, 2019), 472, iBooks.
53 此外，弗兰科尔：采访大卫·弗兰科尔，2020 年 7 月 8 日。
54 最终，吉赛尔：采访艾琳·布洛什·麦肯纳，2020 年 7 月 14 日。
55 据弗兰科尔所知：采访大卫·弗兰科尔，2020 年 7 月 8 日。
56 安娜坐在：威廉·诺维奇的电子邮件，2021 年 7 月 19 日。
57 其间，碧：采访大卫·弗兰科尔，2020 年 7 月 8 日。
58 待演职员表：威廉·诺维奇的电子邮件，2021 年 5 月 25 日。
59 她掌管着：Sara James, "Memo Pad: At Home With Hamish," *WWD*, March 27, 2006.
60 不过，安娜：采访安妮·麦克纳利，2021 年 5 月 6 日。

第二十三章 冲击

1 最初，R.J.：采访 R.J. 卡特勒，2020 年 9 月 29 日。
2 2007 年年初：同上。
3 不过，无论：采访格蕾丝·柯丁顿，2020 年 12 月 19 日。
4 在当年 1 月：采访 R.J. 卡特勒，2020 年 9 月 29 日。

5　当时有一个：采访汤姆·弗洛里奥，2020 年 8 月 12 日。
6　*Vogue* 杂志："More on Women's Beauty/Fashion Magazines: (1) 'Vogue's' Newest 'Connection' Is 'Shopvogue.Tv,'" *Media Industry Newsletter*, July 30, 2007.
7　同月，正当：采访汤姆·弗洛里奥，2020 年 8 月 12 日。
8　诚然，2007 年：Maria Aspan, "The Web Way to Magazine Ad Sales," *The New York Times*, Aug. 21, 2007, https://www.nytimes.com/2007/08/21/business/media/21adco.html.
9　你们都应该：采访汤姆·弗洛里奥，2020 年 8 月 12 日。
10　毫无疑问：采访斯科特·斯滕伯格，2020 年 8 月 14 日与 21 日。
11　2015 年：Irina Aleksander, "Sweatpants Forever," *The New York Times*, Aug. 6, 2020.
12　2006 年：采访威廉·麦库姆，2019 年 6 月 11 日。
13　安娜建议：Cathy Horyn, "The Fashion Designer Narciso Rodriguez Finds a Savior With Help From His Friends," *The New York Times*, May 7, 2007.
14　当天，安娜：采访威廉·麦库姆，2019 年 6 月 11 日。
15　2007 年：同上。
16　塔吉特百货公司：Eric Wilson and Michael Barbaro, "Isaac Mizrahi Leaves Target to Revamp Liz Claiborne," *The New York Times*, Jan. 16, 2008.
17　并未意识到：采访比尔·麦库姆，2019 年 6 月 11 日。
18　安娜的前助理：采访艾米·周，2020 年 10 月 16 日。
19　扩大到了："Euro breaches $1.60 as ECB warns of possible rate rise," *The New York Times*, April 22, 2008, https://www.nytimes.com/2008/04/22/business/worldbusiness/22iht-22euro.1.2230841.html.
20　*Vogue* 杂志：采访汤姆·弗洛里奥，2020 年 8 月 12 日。
21　塔利称：采访安德烈·莱昂·塔利，2021 年 4 月 10 日。
22　然而据琼斯：采访劳里·琼斯，2021 年 5 月 20 日。
23　2008 年：采访汤姆·弗洛里奥，2020 年 8 月 12 日。
24　编辑信函中称：安娜·温图尔，"主动出击"，*Vogue* 杂志，2008 年 8 月。
25　当时，吉赛尔：采访托恩·古德曼，2021 年 6 月 10 日。
26　可能正因如此：采访查尔斯·丘格沃德，2020 年 6 月 4 日。
27　当时的拍摄地点：同上。
28　*Vogue* 杂志社：采访劳里·琼斯，2021 年 12 月 5 日。
29　ESPN 网站：Jemele Hill, "LeBron Should Be More Careful With His Image," ESPN.com, March 21, 2008, https://www.espn.com/espn/page2/story?page=hill/080320.
30　在琼斯看来：采访知情人士。
31　对于 *Vogue* 杂志：采访桑娅·穆尼，2020 年 8 月 25 日；采访查尔斯·丘格沃德，2020 年 6 月 4 日。
32　一时间：采访桑娅·穆尼，2020 年 8 月 25 日。
33　2008 年：采访两位知情人士。
34　最初，一切：采访知情人士。

35 比如，在为：同上。
36 然而，由于：同上。
37 同期，*Vogue* 男士：采访邦妮·莫里森，2020 年 7 月 17 日。
38 2008 年 10 月 30 日：同上。
39 当天上午，*Vogue* 男士：采访两位知情人士。
40 于 3 月倒闭：Carr, David. "Portfolio Magazine Shut, a Victim of Recession." *The New York Times*. August 27, 2009.
41 2009 年：采访知情人士。
42 关于杂志停刊：同上。
43 第二天：采访邦妮·莫里森，2020 年 7 月 17 日。
44 当年上半年：Stephanie D. Smith and Miles Socha, "Memo Pad: You're Either In or You're Out," *Women's Wear Daily*, Dec. 3, 2008.
45 *Teen Vogue* 杂志：采访丽莎·乐福，2020 年 10 月 20 日。
46 纽豪斯认为：Stephanie D. Smith and Miles Socha, "Memo Pad: You're Either In or You're Out," *Women's Wear Daily*, Dec. 3, 2008.
47 事实上：采访查克·汤森德。
48 安娜顿时：Charlotte Cowles, "In Which We Offend Anna Wintour and She Soos Us Away," NYmag.com, Nov. 21, 2008, https://www.thecut.com/2008/11/in_which_we_offend_anna_wintou.html.

第二十四章　政治与痛楚

1 2009 年 8 月 19 日：采访 R.J. 卡特勒，2020 年 9 月 29 日；采访阿曼达·伦德伯格，2020 年 8 月 20 日。
2 数月前：采访 R.J. 卡特勒，2020 年 9 月 29 日。
3 弗洛里奥：采访汤姆·弗洛里奥，2020 年 8 月 12 日。
4 不过却遭到：采访知情人士。
5 安娜笑着：采访格蕾丝·柯丁顿，2020 年 12 月 19 日。
6 安娜召集：采访汤姆·弗洛里奥，2020 年 8 月 12 日。
7 参加活动：采访邦妮·莫里森，2020 年 6 月 24 日；斯蒂芬妮·温斯顿·沃尔科夫向作者提供的文字信息，2021 年 7 月 20 日。
8 这类似在说：采访邦妮·莫里森，2020 年 6 月 24 日。
9 2009 年 9 月：Sarah Spellings, "Remembering the Messiest Night in Fashion," NYmag.com, Sept. 11, 2019, https://www.thecut.com/2019/09/remembering-fashions-night-out-2009-10-years-later.html.
10 然而事实证明：Valeriya Safranova, "Why Fashion's Night Out Faltered," The New York Times, Sept. 3, 2014, https://www.nytimes.com/2014/09/04/fashion/why-fashions-night-out-faltered.html.
11 然而，曼诺拉：Manohla Dargis, "The Cameras Zoom In on Fashion's Empress," *The New York Times*, Aug. 27, 2009.

12　此外，这部电影：采访托恩·古德曼，2021 年 6 月 10 日。
13　2010年年底：Joan Juliet Buck, *The Price of Illusion* (New York, NY: Simon & Schuster, 2017), 941-944, iBooks.
14　他杀害了：Max Fisher, "The Only Remaining Online Copy of Vogue's Asma al-Assad Profile," *The Atlantic*, Jan. 3, 2012, https://www.theatlantic.com/international/archive/2012/01/the-only-remaining-online-copy-of-vogues-asma-al-assad-profile/250753/.
15　尽管如此：Joan Juliet Buck, *The Price of Illusion* (New York, NY: Simon & Schuster, 2017), 945, iBooks.
16　对于安娜而言：采访知情人士。
17　琼斯回忆称：采访劳里·琼斯，2020 年 12 年 5 日。
18　这篇报道一经上传：Joan Juliet Buck, *The Price of Illusion* (New York, NY: Simon & Schuster, 2017), 946-947, iBooks.
19　文章发表后：采访知情人士。
20　为安娜效力：采访劳里·琼斯，2020 年 12 月 5 日。
21　当时，琼斯：采访劳里·琼斯，2020 年 12 月 5 日。
22　2011 年 7 月 5 日：采访安德烈·莱昂·塔利，2021 年 3 月 20 日与 4 月 10 日。
23　我丝毫没有：采访谢尔比·布莱恩，2021 年 7 月 21 日。
24　安娜也曾：Anna Wintour, "Pretty Powerful," Vogue, Feb. 2008.
25　2008 年 6 月："Stylish Stampede," PageSix.com, June 13, 2008, https://pagesix.com/2008/06/13/stylish-stampede/.
26　2008 年 9 月：Kristi Ellis, "Fashion's Favorite Son: Executives, Designers Pony Up Cash for Obama," *Women's Wear Daily*, Oct. 21, 2008; "For Obama, the Devil Wears Pra-duh," The Caucus (blog), *The New York Times*, Aug. 13, 2008, https://thecaucus.blogs.nytimes.com/2008/08/13/for-obama-the-devil-wears-pra-duh/.
27　在活动期间：采访两位知情人士。
28　她每次都会：采访托恩·古德曼，2021 年 6 月 10 日。
29　她曾打电话：采访汤姆·福特，2020 年 10 月 22 日。
30　民主党全国代表：采访知情人士。
31　后来，据报道称：Donovan Slack, "Report: Lasry Drops Out After Ties to Gambling Ring Questioned," Politico. April 26, 2013, https://www.politico.com/blogs/politico44/2013/04/report-lasry-drops-out-after-ties-to-gambling-ring-questioned-162710.
32　安娜似乎：采访知情人士。
33　此外，安娜的老板：采访两位知情人士。
34　富人来说：采访知情人士。
35　总统大选结束：采访知情人士。
36　当时，安娜没有：采访安妮·麦克纳利，2021 年 5 月 6 日。

第二十五章　安娜·温图尔：艺术总监

1 2012年年底：Eric Wilson, "Condé Nast Adds to Job of Longtime Vogue Editor," *The New York Times*, March 12, 2013.
2 安娜表示：同上。
3 《名利场》杂志：采访知情人士。
4 此外，*Vogue* 男士：采访数位知情人士。
5 一直以来：采访知情人士。
6 在安娜接手：Stephanie Clifford, "Cuts Meet a Culture of Spending at Condé Nast," *The New York Times*, Sept. 27, 2009.
7 2012年年底：Keith Kelly, "Condé Budget Cuts of 5% on 2013 Agenda," *New York Post*, Oct. 5, 2012.
8 2013年夏天："Anna Wintour snaps up waterfront property next to her 62-acre Long Island estate 'to prevent anyone else from doing so,'" *Daily Mail*, July 16, 2013, https://www.dailymail.co.uk/femail/article-2364153/Anna-Wintour-snaps-waterfront-property-62-acre-Long-Island-estate-prevent-doing-so.html.
9 如今，她在马斯蒂克：采访丽莎·乐福，2021年5月25日。
10 安娜在家：采访丽莎·乐福，2020年10月20日。
11 每逢周末：采访米兰达·布鲁克斯，2021年5月7日。
12 在餐食方面：采访安德烈·莱昂·塔利，2021年4月10日；采访丽莎·乐福，2021年5月25日。
13 此前，布鲁克斯：采访米兰达·布鲁克斯，2021年5月7日。
14 事实上：采访两位知情人士。
15 在马斯蒂克：采访安德烈·莱昂·塔利，2021年4月10日；采访知情人士。
16 剩下的人：采访丽莎·乐福，2020年10月20日。
17 喜欢跳舞：斯蒂芬妮·温斯顿·沃尔科夫发给作者的文字信息，2021年5月2日。
18 直到她在：采访杰克·麦科洛与拉扎罗·埃尔南德斯，2020年11月18日。
19 每年夏天：采访丽莎·乐福，2020年10月20日。
20 这处40英亩：采访知情人士。
21 在买下：采访米兰达·布鲁克斯，2021年5月7日。
22 多年的老友：采访知情人士。
23 安娜对格蕾丝：采访格蕾丝·柯丁顿，2021年5月17日。
24 在正式预约：采访知情人士。
25 然而，2013年5月：采访斯蒂芬妮·温斯顿·沃尔科夫，2021年5月1日。
26 安娜后来谈及：Anna Wintour, "Anna Wintour Teaches Creativity and Leadership: Introduction," *Master Class*, https://www.masterclass.com/classes/anna-wintour-teaches-creativity-and-leadership/chapters/introduction.
27 安娜明白：采访格蕾丝·柯丁顿，2021年5月17日。
28 所有设计师：采访哈米什·鲍尔斯，2021年7月15日。
29 柯丁顿提前：采访马克·霍尔盖特，2021年6月15日。
30 安娜曾叮嘱：采访格蕾丝·柯丁顿，2021年5月17日。
31 杂志社艺术部门：采访马克·霍尔盖特，2021年6月15日。

32 有一天，安娜：同上。
33 Twitter平台：Hannah Marriott, "Why Kim Kardashian Deserves to Be on the Cover of Vogue," *The Guardian*, March 24, 2014, https://www.theguardian.com/fashion/2014/mar/24/why-kim-kardashian-deserves-to-be-on-the-cover-of-vogue.
34 这组照片：采访格蕾丝·柯丁顿，2021 年 12 月 19 日。
35 马克·霍尔盖特：采访马克·霍尔盖特，2021 年 7 月 15 日。
36 不过，购物杂志：Keith Kelly, "Anna Gets Lucky and Brides Altar-ation Jobs," *New York Post*, April 5, 2013.
37 在安娜升职前：采访知情人士。
38 相对来说：采访两位知情人士。
39 她很快便：Erik Maza, "Eva Chen to Succeed Brandon Holley at Lucky," *Women's Wear Daily*, June 18, 2013.
40 在康泰纳仕集团：采访知情人士。
41 不过，鲍勃：采访鲍勃·索尔伯格，2021 年 7 月 13 日。
42 《幸运》杂志：采访知情人士。
43 公司的一位：同上。
44 对于整个公司：采访三位知情人士。
45 每天早上：Anna Wintour, "Anna Wintour Teaches Creativity and Leadership: Getting Work Done and Anna's Management Tips," *Master Class* video, https://www.masterclass.com/classes/anna-wintour-teaches-creativity-and-leadership/chapters/getting-the-work-done-anna-s-management-tips.
46 她要求 *Vogue*：采访哈米什·鲍尔斯，2020 年 12 月 2 日；采访马克·霍尔盖特，2021 年 7 月 15 日。
47 未发生任何：采访哈米什·鲍尔斯，2020 年 12 月 2 日。
48 《名利场》主编：采访知情人士。
49 但是，她确实：同上。
50 自己的员工：采访知情人士。
51 编辑特别小组会议：采访康泰纳仕集团数位前工作人员。
52 此前，卡特：采访知情人士。
53 就在她的儿子：Mark Guiducci and Eaddy Kiernan, "Elizabeth Cordry and Charlie Shaffer's Wedding in Mastic Beach," Vogue.com, July 7, 2014, https://www.vogue.com/article/elizabeth-cordry-charlie-shaffer-wedding- in-mastic-beach-new-york.
54 当时，第一夫人：Nancy Chilton, "First Lady Michelle Obama Opens the Costume Institute's Anna Wintour Costume Center," MetMuseum.org, https://www.metmuseum.org/blogs/now-at-the-met/2014/anna-wintour-costume-center-ribbon-cutting.
55 改建后的："Lizzie and Jonathan Tisch Make $10 Million Gift to Launch the Renovation of the Metropolitan Museum's Costume Institute," MetMuseum.org, Jan. 11, 2011, https://www.metmuseum.org/press/news/2011/lizzie-and-jonathan-tisch-make-10-million-gift-to-launch-the- renovation-of-the-metropolitan-museums-costume-institute.

56 今天，我因：Ray A. Smith, "Michelle Obama Cuts the Ribbon for New Anna Wintour Costume Center," *The Wall Street Journal*, May 5, 2014, https://www.wsj.com/articles/BL-SEB-81096.

57 安娜还表示：Krissah Thompson, "Michelle Obama and Anna Wintour's Mutual Admiration Society," *The Washington Post*, May 5, 2014, https://www.washingtonpost.com/news/arts-and-entertainment/wp/2014/05/05/michelle-obama-and-anna-wintours-mutual-admiration-society/.

58 安娜曾向朋友：采访格蕾丝·柯丁顿，2020年12月15日。

59 也许正因如此：采访安德鲁·博尔顿，2020年12月15日。

60 自从坎迪：采访两位知情人士。

61 后来，Style.com：采访知情人士。

62 2010年：采访两位知情人士。

63 不过对于安娜：同上。

64 2010年：同上。

65 到了2013年夏天：同上。

66 公司旗下：同上。

67 这些网站每年：同上。

68 在此期间：同上。

69 安娜需要投入：采访鲍勃·索尔伯格，2021年7月13日。

70 安娜意识到：采访两位知情人士。

71 与此同时：同上。

72 在贝伦松：同上。

73 在公司投资：采访两位知情人士。

74 该网站从未盈利：采访当时了解经济状况的三位知情人士。

75 借此机会：采访了解谈论内容的两位知情人士。

76 在一些人看来：采访两位知情人士。

77 不过其他人：采访知情人士。

78 安娜心中有数：同上。

79 她开始努力：同上。

80 2014年年底：采访了解谈论内容的知情人士。

81 20世纪80年代：同上。

82 当时，Style.com：采访知情人士。

83 安娜并不：同上。

84 2015年3月：Kristin Tice Studeman, "Net-a-Porter and Yoox Are Officially Merging," NYmag.com, March 31, 2015, https://www.thecut.com/2015/03/net-a-porter-and-yoox-are-officially-merging.html.

85 该网站专注：采访知情人士。

86 2015年年初：同上。

87 随后，安娜：采访鲍勃·索尔伯格，2021年7月13日。

88 假如没有Style.com：采访知情人士。

第二十六章　改　变

1　2015 年之前：采访知情人士。
2　该杂志主编：采访两位了解她想法的知情人士。
3　但是从商业：采访知情人士。
4　因此，阿斯特利：采访两位知情人士。
5　阿斯特利后来：艾米·阿斯特利提供给作者的文章，2021 年 7 月 21 日。
6　安娜一直都在：同上。
7　此外，她对：采访知情人士。
8　安娜一直坚决：同上。
9　她的想法倒也：同上。
10　当时，22 岁：采访菲利普·皮尔卡迪，2020 年 8 月 10 日。
11　在一年的时间里：采访知情人士。
12　阿斯特利泣不成声：同上。
13　皮尔卡迪也：采访菲利普·皮尔卡迪，2020 年 8 月 10 日。
14　接下来的六个月里：采访知情人士。
15　瓦根海姆离开：同上。
16　当时，无人：同上。
17　安娜每次都会：采访当时在场的两位知情人士。
18　从下一期杂志：同上。
19　安娜经常在：采访两位知情人士。
20　早在她负责：采访邦妮·莫里森，2020 年 6 月 24 日。
21　阿斯特利的团队：采访两位当时在场的知情人士。
22　Vogue.com 网站：采访知情人士。
23　然而，对于：采访两位知情人士。
24　尽管对安娜：采访知情人士。
25　她同本·斯蒂勒："Anna Wintour Talks Runway Walks with Derek Zoolander and Hansel Backstage at Valentino," Vogue.com, March 10, 2015, https://www.vogue.com/video/watch/fashion-week-anna-wintour-talks- runway-walks-with-derek-zoolander-and-hansel-backstage-at-valentino.
26　*Vogue* 杂志社：采访知情人士。
27　随着网站业务：同上。
28　早些年间：采访汤姆·弗洛里奥，2020 年 8 月 12 日。
29　2015 年：采访奥罗拉·詹姆斯，2020 年 11 月 24 日。
30　你可能需要：同上。
31　托里·伯奇回忆称：采访托里·伯奇，2021 年 5 月 6 日。
32　安娜也会向：采访奥罗拉·詹姆斯，2020 年 11 月 24 日。
33　2016 年 1 月底: Lauren Sherman, "Grace Coddington to Step Down as Creative Director of American Vogue," BusinessofFashion.com, Jan. 20, 2016, https://www.businessoffashion.com/articles/news-analysis/bof- exclusive-grace-coddington-to-

step-down-as-creative-director-of-american-vogue.
34　安娜想要改变：采访格蕾丝·柯丁顿，2020 年 12 月 19 日。
35　2016 年 5 月：采访菲利普·皮尔卡迪，2020 年 8 月 10 日。
36　这次提任更多：采访鲍勃·索尔伯格，2021 年 7 月 13 日。
37　她得到的加薪：采访知情人士。
38　你是 Teen Vogue 杂志：Elaine Welteroth, *More Than Enough: Claiming Space for Who You Are (No Matter What They Say)*, (New York, NY: Viking, 2019) 228.
39　安娜或许以为：采访菲利普·皮尔卡迪，2020 年 8 月 10 日；采访两位知情人士。
40　此外，不止一位：采访知情人士。
41　此前，她的导师：Dodie Kazanjian and Calvin Tomkins, *Alex* (New York: Knopf, 1993), 316.
42　最为多样化：Richard Fry and Kim Parker, "Early Benchmarks Show 'Post-Millennials' on Track to Be Most Diverse, Best-Educated Generation Yet," Pew Research Center, Nov. 15, 2018, https://www.pewresearch.org/social-trends/2018/11/15/early-benchmarks-show-post-millennials-on-track-to-be-most-diverse-best-educated-generation-yet/.
43　韦尔特罗特：Elaine Welteroth, *More Than Enough: Claiming Space for Who You Are (No Matter What They Say)* (New York, NY: Viking, 2019), 231.
44　韦尔特罗特在：采访知情人士。
45　安娜每个月都：采访两位知情人士。
46　身为美国民主党：同上。
47　当时，TeenVogue.com：Lauren Duca, "Donald Trump Is Gaslighting America," TeenVogue.com, Dec. 10, 2016. https://www.teenvogue.com/story/donald-trump-is-gaslighting-america Accessed December 30, 2020.
48　《华盛顿邮报》写道：Katie Mettler, "In 'scorched-earth' op-ed, a Teen Vogue writer says Trump is 'gaslighting America,'" *The Washington Post*, Dec. 12, 2016, https://www.washingtonpost.com/news/morning-mix/wp/2016/12/12/in-scorched-earth-op-ed-a-teen-vogue-writer-says-trump-is-gaslighting-america/.
49　在她眼中：采访知情人士。
50　当时，该杂志：Elaine Welteroth, *More Than Enough: Claiming Space for Who You Are (No Matter What They Say)* (New York, NY: Viking, 2019), 264.
51　Vogue.com 网站：采访莎莉·辛格，2021 年 1 月 14 日。
52　鲍勃·索尔伯格：采访鲍勃·索尔伯格，2021 年 7 月 13 日。
53　当时，安娜对：采访了解该讨论的知情人士。
54　工作一年后：Elaine Welteroth, *More Than Enough: Claiming Space for Who You Are (No Matter What They Say)* (New York, NY: Viking, 2019), 265.
55　于是，韦尔特罗特：Welteroth, Elaine. *More Than Enough: Claiming Space for Who You Are (No Matter What They Say)*. New York: Viking, 2019. Pg. 265.
56　当时，尽管她：采访了解她想法的多位知情人士。
57　在特朗普竞选：采访知情人士。

58 安娜通过公关：知情人士向作者发送的电子邮件。
59 为自己此前：Samantha Cooney, "Anna Wintour Met With Donald Trump After Apologizing for Criticism," Time.com, Dec. 14, 2016, https://time.com/4602146/anna-wintour-donald-trump-apology/.
60 安娜批准整个：采访知情人士。
61 格雷登·卡特：作者在 FaceTime 与斯蒂芬妮·温斯顿·沃尔科夫的通话中看到的照片，2021 年 5 月 1 日。
62 房间里的其他：采访知情人士。
63 当时，特朗普：同上。
64 卡特在杂志：Graydon Carter, "A Pillar of Ignorance and Certitutde," *Vanity Fair*, March, 2017.
65 安娜终于可以：Hillary Weaver, "Donald Trump Is No Longer Welcome at the Met Gala," VanityFair.com, Oct. 26, 2017, https://www.vanityfair.com/style/2017/10/donald-trump-is-not-invited-to-met-gala.
66 由于习惯使然：采访两位知情人士。
67 据 *Vogue* 杂志社：采访知情人士。
68 当时，一位编辑：同上。
69 2007 年 9 月：William Norwich, "American Beauties," *Vogue*, Sept. 2007.
70 当时，*Vogue* 杂志社：采访四位知情人士。
71 当新人摄影师：采访两位知情人士。
72 另一位与安娜：采访知情人士。
73 此前，工作人员：采访两位知情人士。
74 通常来说：采访三位知情人士。
75 就写"是"：采访知情人士。
76 一位编辑描述：同上。
77 由此来看：采访两位知情人士。
78 当时，特斯蒂诺：同上。
79 大家知道安娜：同上。
80 她曾要求摄影：采访知情人士。
81 在一次关于：采访当时出席会议的知情人士。
82 在最终的成片中：Molly Creeden, "Face Time," *Vogue*, Feb. 2016.
83 在工作期间：采访至少五位知情人士。
84 当时，安娜打算：采访两位知情人士。
85 克劳斯和特斯蒂诺：同上。
86 比如，2012 年 7 月：采访知情人士。
87 不过，有人认为：同上。
88 但是，*Vogue* 杂志社：采访两位知情人士。
89 因此，他们决定：采访知情人士。
90 克劳斯为此：采访两位知情人士。
91 随后，美国亚裔记者协会：采访知情人士。

92 对于安娜而言：同上。
93 她肯定未曾：采访两位知情人士。
94 在 2017 年 11 月："Kicking It," *Vogue*, Nov. 2017.
95 2018 年：采访当时出席会议的知情人士。
96 拉马尔为慈善：Daniele Selby, "Activism & Charity: The Many Ways Kendrick Lamar Gives Back," Global Citizen, September 20, 2016, https://www.globalcitizen.org/en/content/kendrick-lamar-global-citizen-festival-2016/.
97 毫无兴趣：采访知情人士。
98 2017 年：Nicole Sands, "Anna Wintour Welcomes Granddaughter Caroline," People.com, March 31, 2017, https://people.com/parents/anna-wintour-welcomes-granddaughter-caroline/.
99 几个月后：采访安妮·麦克纳利，2021 年 5 月 6 日。
100 第二个孙女：Erica Temptesta, "'Watch out world': Anna Wintour's son and daughter-in-law welcome a baby girl named Ella Shaffer, making the Vogue editor a grandmother-of-two," *Daily Mail*, Feb. 5, 2019, https://www.dailymail.co.uk/femail/article-6671631/Anna-Wintours-son-daughter-law-welcome-baby-girl-named-Ella-Shaffer.html.
101 不过，孩子们：采访安妮·麦克纳利，2021 年 5 月 6 日。
102 在此期间：采访菲利普·皮尔卡迪，2020 年 8 月 10 日。
103 尽管如此：同上。
104 如果你想：同上。
105 有些编辑：采访大卫·海尔，2020 年 10 月 27 日。
106 当时，皮尔卡迪：采访菲利普·皮尔卡迪，2020 年 8 月 10 日。
107 皮尔卡迪：同上。
108 损失终将：Edmund Lee and Sapna Maheshwari, "Facing Losses, Condé Nast Plans to Put Three Magazines Up for Sale," *The New York Times*, Aug. 1, 2018.
109 鉴于该公司：采访知情人士。
110 索尔伯格说：采访鲍勃·索尔伯格，2021 年 7 月 13 日。
111 Them 品牌：采访菲利普·皮尔卡迪，2020 年 8 月 10 日。
112 正值安娜在：Katherine Rosman, "How to Quit a Magazine, By Cindi Leive," *The New York Times*, September 14 2017, https://www.nytimes.com/2017/09/14/fashion/cindi-leive-glamour.html.
113 在《纽约时报》：采访知情人士。
114 他希望自己：同上。
115 当时，《名利场》：采访鲍勃·索尔伯格，2021 年 7 月 13 日。
116 在安娜的其他：采访知情人士。
117 安德烈·莱昂·塔利：André Leon Talley, *The Chiffon Trenches* (New York: Ballantine, 2020), 457, iBooks.
118 剧作家大卫：安娜·温图尔的发言人发送的电子邮件，2020 年 10 月 1 日。
119 而且对方也：采访塞蕾娜·威廉姆斯，2020 年 10 月 7 日。
120 2018 年 2 月 20 日：Holly Ellyatt, "Queen shocks fashion world, joins Vogue's Anna

Wintour on the front row at London Fashion Week," CNBC.com, February 21, 2018, https://www.cnbc.com/2018/02/21/queen-surprises-london-fashion-week-with-anna-wintour.html.

121 女王为奎因：Brooke Bobb, "Queen Elizabeth-Favorite Richard Quinn Has Updated One of England's Most Iconic Prints," Vogue.com, June 29, 2018, https://www.vogue.com/article/richard-quinn-liberty-london-queen-elizabeth.

122 2017 年 5 月："Vogue editor Anna Wintour made a dame at Palace ceremony," BBC.co.uk, May 5, 2017, https://www.bbc.com/news/entertainment-arts-39817660.

123 后来，安娜批准：采访知情人士。

124 这张照片也：采访大卫·海尔，2020 年 10 月 27 日。

125 2018年：采访莎莉·辛格，2021 年 1 月 14 日。

126 此外，该节目：采访莎莉·辛格，2021 年 1 月 14 日；采访知情人士。

127 康泰纳仕集团：采访知情人士。

128 销售团队打算：同上。

第二十七章　大都会艺术博物馆慈善晚宴

1 2018 年 5 月 7 日：采访丽莎·乐福，2020 年 10 月 20 日。

2 她身着一袭：采访知情人士。

3 有关自己计划：Emily Smith, Ian Mohr and Oli Coleman, "Is Anna Wintour out at Vogue?" *New York Post,* April 2, 2018.

4 值得一提的是：Sarah Spellings, "Finally, We Know More About Anna Wintour's Daughter's Wedding," The Cut, July 10, 2018, https://www.thecut.com/2018/07/details-wedding-bee-shaffer-francesco-carrozzini.html.

5 30 英尺高："Met Gala 2018," BizBash.com, May 24, 2018.

6 每年这个时候：采访丽莎·乐福，2020 年 10 月 20 日。

7 *Vogue* 杂志社：同上。

8 在安娜脚下：采访两位知情人士。

9 *Vogue* 杂志社：采访知情人士。

10 此时，地下室：采访两位知情人士。

11 并交由安娜：斯蒂芬妮·温斯顿·沃尔科夫提供给作者的文字信息，2021 年 7 月 21 日。

12 安娜从来都不：采访丽莎·乐福，2020 年 10 月 20 日。

13 不过在一些：采访两位知情人士。

14 但是她坚信：采访知情人士。

15 2008 年派对：大都会艺术博物馆慈善晚宴包含财务数据的文件，由知情人士提供给作者。

16 每届舞会：采访安德鲁·博尔顿与南希·奇尔顿，2020 年 12 月 15 日。

17 整个规划过程：采访两位知情人士。

18 当时，*Vogue* 杂志：采访丽莎·乐福，2020 年 10 月 6 日。

19 这些名人不用：采访丽莎·乐福，2020 年 10 月 6 日；斯蒂芬妮·温斯顿·沃尔科夫提供给作者的文字信息，2021 年 5 月 2 日。
20 有一年，卡尔：采访知情人士。
21 还有一次：采访两位知情人士。
22 大都会艺术博物馆：采访知情人士。
23 与此同时：同上。
24 当时，中国：采访谢尔比·布莱恩，2021 年 7 月 21 日。
25 派对的奢华：大都会艺术博物馆慈善晚宴包含财务数据的文件，由知情人士提供给作者。
26 时尚历史学家：采访金伯利·克里斯曼-坎贝尔，2020 年 7 月 28 日。
27 大都会艺术博物馆：采访汤姆·福特，2020 年 10 月 22 日。
28 但是安娜欣赏：采访丽莎·乐福，2020 年 10 月 20 日。
29 2017 年 10 月 5 日：Jodie Kantor and Megan Twohey, "Harvey Weinstein Paid Off Sexual Harassment Accusers for Decades," *The New York Times*, Oct. 5, 2017.
30 五天后：Ronan Farrow, "From Aggressive Overtures to Sexual Assault: Harvey Weinstein's Accusers Tell Their Stories," *The New Yorker*, Oct. 10, 2017, https://www.newyorker.com/news/news-desk/from-aggressive-overtures-to-sexual-assault-harvey-weinsteins-accusers-tell-their-stories.
31 然而，那些与：采访知情人士。
32 不过，安娜还：同上。
33 这就是安娜：斯蒂芬妮·温斯顿·沃尔科夫提供给作者的文字信息，2021 年 5 月 2 日。
34 由此来看：采访当时了解安娜想法的知情人士。
35 整整八天后：Vanessa Friedman, Jacob Bernstein, and Matthew Schneier, "Fashion Breaks Its Silence on Harvey Weinstein Scandal," *The New York Times*, Oct. 13, 2017, https://www.nytimes.com/2017/10/13/style/harvey-weinstein-marchesa-georgina-chapman-anna-wintour.html.
36 在发表声明：采访知情人士。
37 安娜在《斯蒂芬·科拜尔晚间秀》：Dave Quinn, "Anna Wintour Calls Scarlett Johansson Wearing Marchesa to Met Gala 'Great Gesture of Support,'" People.com, May 10, 2018, https://people.com/style/anna-wintour-praises-scarlett-johansson- for-wearing-marchesa-to-met-gala.
38 就在举办慈善晚宴：安娜·温图尔，"乔治娜·查普曼打破沉默"，*Vogue* 杂志，2018 年 6 月。
39 她首先向：了解相关讨论的知情人士向作者发送的电子邮件。
40 该学院准备：Julia Talanova and Lorenzo Ferrigno, "Parsons Cancels Designer John Galliano's Class," CNN.com, May 8, 2013, https://www.cnn.com/2013/05/08/us/new-york-parsons-class/index.html.
41 在一篇文章中：Stella Bugbee, "Who Is Anna Wintour Asking Us to Forgive in Her Editor's Letter?" TheCut.com, May 11, 2018, https://www.thecut.com/2018/05/

anna-wintour-asks-us-to-forgive-in-her-editors-letter.html。

42 继韦恩斯坦：Jacob Bernstein, Matthew Schneier, and Vanessa Friedman, "Male Models Say Mario Testino and Bruce Weber Sexually Exploited Them," *The New York Times*, Jan. 13, 2018.

43 安娜于当月：Friedman, Vanessa. "Condé Nast Crafts Rules to Protect Models From Harassment." *The New York Times*. January 13, 2018.

44 接下来，*Vogue* 杂志：Jenn Ableson and Sacha Pfeiffer, "Modeling's glamour hides web of abuse," *The Boston Globe*, Feb. 16, 2018.

45 托恩·古德曼：采访托恩·古德曼，2021 年 6 月 10 日。

46 当时，*Vogue* 杂志：采访海伦娜·苏里科，2020 年 10 月 30 日。

47 安娜在 *Teen Vogue* 杂志：采访知情人士。

48 苏瑞克回忆：采访海伦娜·苏里科，2020 年 10 月 30 日。

49 早在 #MeToo：采访海伦娜·苏里科，2020 年 10 月 30 日。

50 *Vogue* 杂志社：Anna Wintour, "Anna Wintour Responds to Mario Testino and Bruce Weber Sexual Misconduct Allegations," Vogue.com, Jan. 13, 2018, https://www.vogue.com/article/anna-wintour-responds- mario-testino-bruce-weber-sexual-misconduct-allegations.

51 参与小组座谈：采访詹姆斯·斯库利，2020 年 8 月 4 日。

52 有一回，碧昂丝：采访当时了解该讨论的知情人士。

53 当晚，安娜身穿："Anna Wintour hits the red carpet in pink feather look," CNN, May 6, 2019, https://www.cnn.com/entertainment/live-news/met-gala-2019/h_442f13c3703d6d14df1840766d63e899.

54 就在前一年秋天：Imran Amed, "Burberry Stops Destroying Product and Bans Real Fur," Business of Fashion, September 6, 2018, https://www.businessoffashion.com/articles/news-analysis/burberry-stops-destroying- product-and-bans-real-fur.

55 正是从那时：采访知情人士。

56 这是安娜有史以来：采访丽莎·乐福，2020 年 10 月 25 日。

57 众所周知：采访大卫·海尔，2020 年 10 月 27 日。

58 当年，安娜还：采访安德鲁·博尔顿，2020 年 12 月 15 日。

后记　新冠疫情

1 当时，《纽约时报》："Anna Wintour Made Condé Nast the Embodiment of Boomer Excess. Can It Change to Meet This Crisis?" *The New York Times*, April 26, 2020.

2 不过，*Vogue* 杂志：采访弗吉尼亚·史密斯，2020 年 10 月 27 日。

3 当年 3 月：采访汤姆·福特，2020 年 10 月 22 日。

4 拉夫·劳伦为："A Common Thread," CFDA.com, https://cfda.com/programs/designers/cfdavogue-fashion-fund.

5 2020 年 3 月：采访奥罗拉·詹姆斯，2020 年 11 月 25 日。

6 薪水砍掉 20%：Edmund Lee and Vanessa Friedman, "Pay Cuts Come to Condé

Nast, the Glossy Publisher of Vogue and Vanity Fair," *The New York Times*, April 13, 2020, https://www.nytimes.com/2020/04/13/business/media/conde-nast-coronavirus-layoffs.html.

7 居家办公：Anna Wintour, "Anna Wintour Introduces *Vogue* Global Conversations," Vogue.com, April 13, 2020, https://www.vogue.com/article/anna-wintour-introduces-vogue-global-conversations.

8 慢跑锻炼身体：Anna Wintour, "My Dream of Re-Emergence," Vogue.com, April 27, 2020, https://www.vogue.com/article/anna-wintour-re-emergence-dream.

9 与此同时：William F. Marshall, III M.D., "Coronavirus infection by race: What's behind the health disparities?" Mayo Clinic, Aug. 13, 2020, https://www.mayoclinic.org/diseases-conditions/coronavirus/expert-answers/coronavirus-infection-by-race/faq-20488802.

10 2020年5月25日：Evan Hill, Ainara Tiefenthäler, Christiaan Triebert, Drew Jordan, Haley Willis and Robin Stein. "How George Floyd Was Killed in Police Custody," *The New York Times*, May 31, 2020.

11 大约在一周后：Anna Wintour, "Joe Biden Should Choose a Woman of Color to Be His Vice President-and He Should Do It Now," Vogue.com, May 31, 2020, https://www.vogue.com/article/joe-biden-vice-president-woman-of-colo.r

12 最先变天的：Katie Robertson, "Refinery 29 Editor Resigns After Former Employees Describe 'Toxic Culture,'" *The New York Times*, June 8, 2020.

13 随后，安娜：Jenny G. Zhang, "New Report Details Pervasive Culture of Racism at Bon Appétit: 'Nowhere Have I Ever Felt More Isolated,'" Eater.com, June 10, 2020.

14 安娜的管理：采访知情人士。

15 同年6月4日：Sarah Nathan, "Anna Wintour Admits to 'Hurtful or Intolerant' Behavior at Vogue," PageSix.com, June 9, 2020, https://pagesix.com/2020/06/09/anna-wintour-admits-to-hurtful-and-intolerant-behavior-at-vogue/.

16 不到一周：Ginia Bellafante, "Can Anna Wintour Survive the Social Justice Movement?" *The New York Times*, June 11, 2020.

17 她给奥罗拉：采访奥罗拉·詹姆斯，2020年11月25日。

18 他后来称自己：André Leon Talley, *The Chiffon Trenches* (New York: Ballantine, 2020), 208, iBooks.

19 当时，这部回忆录：Edmund Lee, "The White Issue: Has Anna Wintour's Diversity Push Come Too Late?" *The New York Times*, Oct. 24, 2020.

20 他的回忆录：采访多位朋友。

21 安娜并不具备：André Leon Talley, *The Chiffon Trenches* (New York: Ballantine, 2020), 448, iBooks.

22 然而，据安娜：采访劳里·琼斯，2020年12月5日与2021年5月20日；采访安妮·麦克纳利，2021年5月6日。

23 然而，塔利的：采访劳里·琼斯，2021年3月20日。

24 塔利在书中：Edmund Lee, "The White Issue: Has Anna Wintour's Diversity Push Come Too Late?" *The New York Times*, Oct. 24, 2020.

25 不过，劳里·琼斯：采访劳里·琼斯，2020 年 12 月 5 日。

26 其实他们早先：采访谢尔比·布莱恩，2021 年 7 月 13 日。

27 2020 年 10 月 24 日：Edmund Lee, "The White Issue: Has Anna Wintour's Diversity Push Come Too Late?" *The New York Times*, Oct. 24, 2020.

28 媒体行业迎来：采访大卫·海尔，2020 年 10 月 27 日；采访丽莎·乐福，2020 年 10 月 20 日。

29 于我而言：采访威廉·诺维奇，2020 年 12 月 16 日。

30 2018 年 8 月：采访温布利·休厄尔，2020 年 12 月 7 日。

31 如果她出手：采访丽莎·乐福，2020 年 10 月 20 日。

32 奥罗拉·詹姆斯：采访奥罗拉·詹姆斯，2020 年 11 月 25 日。

33 尽管有些人：Kerry Flynn, "Anna Wintour has long reigned supreme at Condé Nast. Now it's official," CNN.com, Dec. 15, 2020, https://www.cnn.com/2020/12/15/media/anna-wintour-conde-nast-promotion/index.html.

34 相比之下：Kerry Flynn, "Teen Vogue's New Editor Out of a Job After Backlash Over Old Tweets," CNN.com, March 20, 2021, https://www.cnn.com/2021/03/18/media/alexi-mccammond-teen-vogue- out/index.html.

35 此外，只要她：采访丽莎·乐福，2020 年 10 月 20 日；采访安德鲁·博尔顿，2020 年 12 月 15 日。

36 安娜搭建：采访丽莎·乐福，2020 年 10 月 20 日。

37 安娜称：采访安妮·麦克纳利，2021 年 5 月 6 日。